战略性新兴领域“十四五”高等教育系列教材

机　器　学　习

主　编　施云惠　张英俊
副主编　王　瑾　杨燕燕
参　编　李　彬　丁兴建　姜华杰
　　　　宋彩芳　李敬华　王少帆

机 械 工 业 出 版 社

本书从具体的应用实例出发，由浅入深，力求系统全面而又简明扼要地阐述机器学习的基本概念、理论、方法和算法，并提供必要的数学推导和详细算法描述，便于读者掌握机器学习方法的本质。本书主要介绍了线性回归、逻辑回归、决策树、支持向量机、聚类等经典机器学习方法，并对卷积神经网络、循环神经网络和 Transformer 等深度学习方法进行了简要介绍。本书结合编者多年从事人工智能科研和教学的经验，注重内容的实用性和先进性，并通过丰富的应用实例引导读者动手实现算法，使读者能够更好地理解理论知识，将其应用于实际场景中，培养读者解决实际问题的能力。

本书适合作为普通高校人工智能、计算机、自动化、电子信息、机器人等专业的教材，也可作为广大从事人工智能应用系统开发的工程技术人员的参考书。

本书配有教学课件、教学大纲、习题答案和教学视频等教学资源，欢迎选用本书作教材的教师登录 www.cmpedu.com 注册后下载，或发邮件至 jinacmp@163.com 索取。

图书在版编目（CIP）数据

机器学习 / 施云惠，张英俊主编. -- 北京 : 机械工业出版社，2024. 12. -- (战略性新兴领域“十四五”高等教育系列教材). -- ISBN 978-7-111-77675-8

Ⅰ. TP181

中国国家版本馆 CIP 数据核字第 2024YP5553 号

机械工业出版社（北京市百万庄大街 22 号　邮政编码 100037）

策划编辑：吉　玲　　责任编辑：吉　玲　张振霞

责任校对：贾海霞　丁梦卓　　封面设计：张　静

责任印制：单爱军

保定市中画美凯印刷有限公司印刷

2024 年 12 月第 1 版第 1 次印刷

184mm×260mm · 13 印张 · 320 千字

标准书号：ISBN 978-7-111-77675-8

定价：49.80 元

电话服务　　网络服务

客服电话：010-88361066　　机　工　官　网：www.cmpbook.com

010-88379833　　机　工　官　博：weibo.com/cmp1952

010-68326294　　金　书　网：www.golden-book.com

　　机工教育服务网：www.cmpedu.com

前言

PREFACE

本书是用通俗易懂的语言进行撰写的，即便是机器学习领域的初学者也能轻松掌握机器学习复杂的概念和模型。书中采用了大量源自实际生活的应用案例，引导学生通过亲自实践来深入领悟机器学习的方法和技术。本书借助生动形象的图表，将抽象理论具象化、复杂知识简单化，有效地促进学生对于机器学习内容的快速吸收与熟练运用。本书的内容涵盖机器学习的核心知识体系，确保知识的完整性和系统性。

全书共分 10 章：第 1 章介绍了机器学习的发展历史、基本概念和应用现状；第 2 章回顾了机器学习的数学基础；第 3 章讲述了几类经典的机器学习回归模型；第 4 章介绍了基于分而治之算法构造的决策树学习方法；第 5 章介绍了基于最优化理论的支持向量机；第 6 章介绍了贝叶斯分类器；第 7 章介绍了聚类的思想和三类典型的聚类算法；第 8 章介绍了集成学习的思想、集成策略和三类经典的集成学习算法；第 9 章介绍了线性降维与非线性降维；第 10 章介绍了传统前馈神经网络和几类经典的深度学习网络。

本书主要面向相关专业的本科生和研究生，同时也适合作为机器学习领域的科研人员和工程技术人员的参考书籍。本书的编者拥有不同的学科背景，他们不仅在人工智能领域拥有丰富的科研经历，还具备长期一线的教学经验。

本书编写分工如下：北京工业大学施云惠编写了第 3 章的部分内容、第 4 章和第 5 章，北京交通大学张英俊编写了第 1 章、第 6 章的部分内容、第 10 章的部分内容，北京工业大学王少帆编写了第 2 章，北京工业大学王瑾编写了实验、第 3 章的部分内容，北京交通大学杨燕燕编写了第 6 章的部分内容和第 7 章，华南理工大学李彬编写了第 8 章，山西师范大学宋彩芳编写了第 9 章，北京工业大学的姜华杰编写了第 10 章的部分内容，北京工业大学的李敬华编写了思考题与习题，北京工业大学的丁兴建编写了应用案例。本书由施云惠和张英俊统稿。

感谢本书编写过程中引用的各类参考文献和资料的原作者及其单位。鉴于编者对机器学习课程相关内容的理解有限，书中不足之处在所难免，敬请读者批评指正。

编　者

目录

CONTENTS

第 1 章 绪论

导读

以机器学习为代表的人工智能技术在飞速发展，在图像识别、语音识别、自然语言处理、图像和视频生成、智能机器人系统、博弈游戏等应用领域，已经接近甚至超过了人类的水平。可以说，机器学习理论和技术正推动整个人类社会跨入了智能时代的门槛，开启了一次重大的时代变革。就像望远镜让人们认识宇宙，显微镜让人们能够观测微生物，以机器学习为核心的人工智能技术正在改变人们的生活及理解世界的方式，成为新服务、新发明和新生活的源泉，而更多的改变正蓄势待发，必将大力推进信息化产业体系建设，加快发展新质生产力。

本章首先简述机器学习的基本内涵、发展历史和主要方法，其次回顾机器学习的基本概念，进一步总结机器学习的应用现状。

本章知识点

- 机器学习的基本内涵
- 机器学习的发展历史
- 机器学习的主要方法
- 机器学习的基本概念
- 机器学习的应用现状

1.1 机器学习简述

通俗地讲，机器学习（Machine Learning，ML）研究和构建的是一种特殊算法（而非某一个特定的算法），能够让计算机自己在数据中学习从而进行预测，属于人工智能的一个核心分支。对于机器学习，众多专家学者给出了不同的理解和定义，T. Mitchell 认为机器学习是能够通过知识和经验自动改进计算机算法的模型，E. Alpaydin 认为机器学习是利用过往经验或者信息来提升计算机程序能力的方法，张钹院士认为机器学习是数据驱动的自动化过程，周志华和王珏认为机器学习是研究如何通过计算的手段以及经验改善系统自身性能的一门学科。上述定义尽管表述不同，其共性之处是机器学习通过构造模型不断地从经验或数据中学习实现计算机的智能处理能力。

机器学习根据训练数据有无标签（label）信息大致可分为监督学习（supervised learning)、无监督学习（unsupervised learning）和半监督学习（semi-supervised learning）三类。

1. 监督学习

监督学习是使用标记数据集来训练算法，以便训练后的算法可以对数据进行分类或准确预测结果，其简单学习过程如图 1-1 所示。监督式学习可分为两类：分类和回归。

1）分类（classification）：使用一种算法来准确地将测试数据分配到特定的类别中，如将垃圾邮件从你的收件箱中识别出来并分类转移到垃圾邮件夹。

2）回归（regression）：使用一种算法来理解因变量和自变量之间的关系。回归模型有助于根据不同的数据点来预测数值，如天气预报中预测第二天的气温。

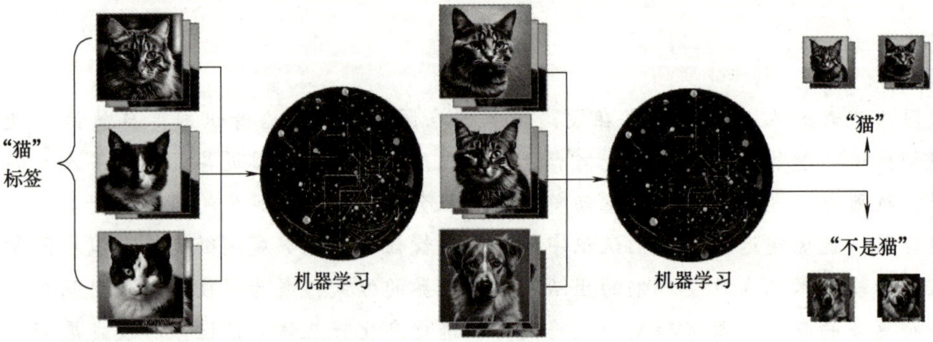

图 1-1 彩图

图 1-1　监督学习示意图

2. 无监督学习

无监督学习用算法来分析并聚类未标记的数据集，以便发现数据中隐藏的模式和规律，而不需要人工干预，因此称为“无监督的”学习，其简单学习过程如图 1-2 所示。

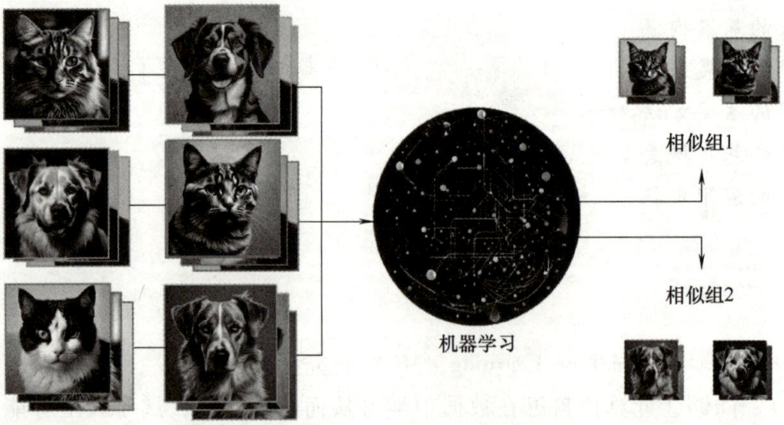

图 1-2 彩图

图 1-2　无监督学习示意图

无监督学习主要包含三类任务：聚类、关联和降维。

1）聚类（clustering）：用于根据未标记数据的相似性或差异性对它们进行分类分组。该方法适用于市场细分、疾病分类、风险评估、社交群体划分、图像压缩等众多领域。

2）关联（association）：使用不同的规则来查找给定数据集中变量之间的关系。该方法经常用于购物网站商品推荐或者社交媒体视频推荐等领域。

3）降维（dimensionality reduction）：当特定数据集中的特征（或维度）太多时，在保持数据完整性的同时，将数据输入的数量（维度）减少到可管理可操作的大小。例如，在金融领域，通过降维，可将成千上万的金融指标简化为几个主要的成分，帮助相关人员更好地理解市场动态，预测股票价格变动，或者评估客户的信用风险。

3. 半监督学习

半监督学习兼具监督学习和无监督学习的特点，使用标记和未标记数据来训练用于分类和回归任务的人工智能模型，其简单学习过程如图 1-3 所示。

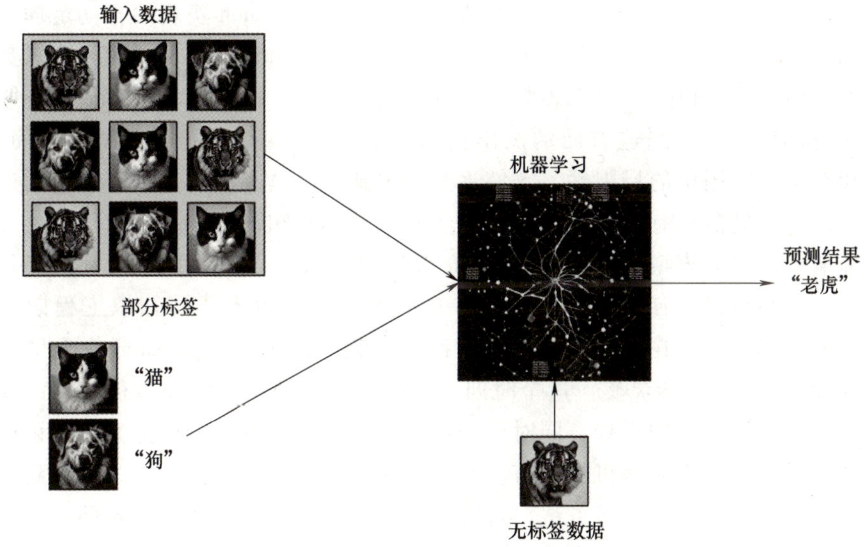

图 1-3　半监督学习示意图

图 1-3　彩图

1.2　机器学习发展历史

机器学习伴随着人工智能的发展，其历程（见图 1-4）就是在起起伏伏、寒冬与新潮、失望与希望之间跌宕前行，寻找着理论与实践的最佳结合点。

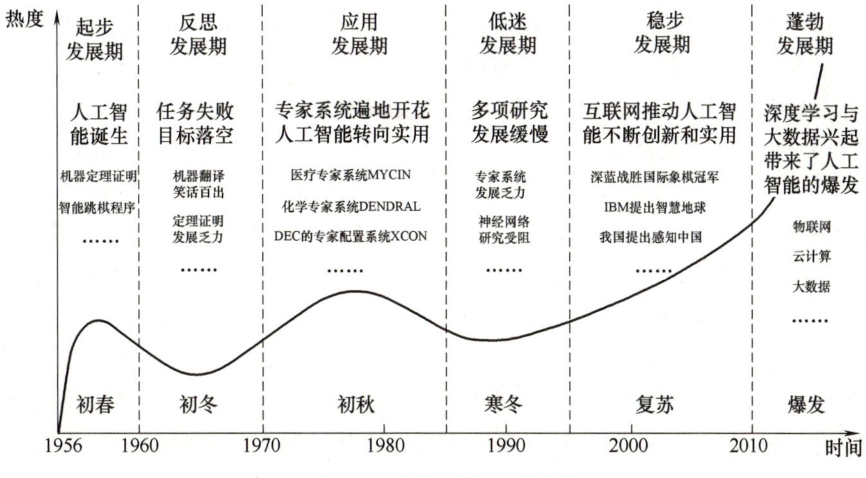

图 1-4　机器学习发展历程

机器学习最早可追溯到17世纪，贝叶斯、拉普拉斯关于最小二乘法的推导和马尔科夫链构成了机器学习广泛使用的工具和基础。现今普遍认为机器学习开始于20世纪50年代，自1950年Alan Turing提出图灵测试机，到21世纪深度学习的实际应用，如2012年的AlexNet、2016年的AlphaGo、2022年的ChatGPT和2024年的Sora等，机器学习有了巨大的进展。从20世纪50年代研究机器学习以来，不同时期的研究途径和目标并不相同，可以划分为知识推理期、知识工程期、归纳学习期和深度学习期四个阶段。

知识推理期起始于20世纪50年代中期，这时候人们以为只要能赋予机器逻辑推理能力，机器就能具有智能。这一阶段的代表性工作有A. Newell和H. Simon实现的自动定理证明系统Logic Therise，证明了著名数学家Bertrand Russell和A. N. Whitehead的名著——《数学原理》中的全部52条定理，其中一条定理甚至比Bertrand Russell和A. N. Whitehead证明得更巧妙。A. Newell和H. Simon因这方面的杰出贡献，获得了1975年的图灵奖。然而，随着研究向前发展和在实际应用中的局限性，人们逐渐认识到，仅具有逻辑推理能力是远远实现不了人工智能的，要使机器具有智能，就必须设法使机器具有知识。

受限于知识推理期人工智能模型的局限性，在20世纪70年代，E. A. Feigenbaum等指出要使机器具有智能，就必须设法使机器拥有知识，自此人工智能迈入了“知识工程期”。在这一时期，大量专家系统问世，在很多领域做出了巨大贡献。E. A. Feigenbaum作为“知识工程”之父也在1994年获得了图灵奖。这个时期主要研究将各个领域的知识植入到系统里，目的是通过机器模拟人类学习的过程，同时还采用了图结构及其逻辑结构方面的知识进行系统描述，主要是用各种符号来表示机器语言。在此期间，人们从学习单个概念扩展到学习多个概念，探索不同的学习策略和学习方法，且在本阶段已开始把学习系统与各种应用结合起来，并取得了很大的成功。同时，专家系统在知识获取方面的需求也极大地刺激了机器学习的研究和发展。不幸的是，随着专家系统的应用领域越来越广，问题也逐渐暴露了出来。专家系统应用有限，且经常在常识性问题上出错，因此人工智能再次迎来了寒冬，见图1-4。

接下来，人工智能迈入了“归纳学习”的门槛。20世纪80年代以来，研究最多、应用最广的是“从样例中学习”，即从训练样例中归纳出学习结果，也就是广义的归纳学习，它涵盖了监督学习和无监督学习等。在20世纪80年代，“从样例中学习”的一大主流是符号主义学习，其代表包括决策树和基于逻辑的学习。典型的决策树学习以信息论为基础，以信息熵的最小化为目标，直接模拟了人类对概念进行判定的树形流程；基于逻辑的学习的著名代表是归纳逻辑程序设计，可以看作机器学习与逻辑程序设计的交叉，它使用一阶逻辑（即谓词逻辑）来进行知识表示，通过修改和扩充逻辑表达式（如Prolog表达式）来完成对数据的归纳。符号主义学习占据主流地位与整个人工智能领域的发展历程是分不开的。20世纪90年代中期之前，“从样例中学习”的另一主流技术是基于神经网络的连接主义学习。连接主义学习在20世纪50年代取得了大发展，但因为早期的很多人工智能研究者对符号表示有特别偏爱，所以当时连接主义的研究未被纳入人工智能主流研究范畴。1983年，John Hopfield利用神经网络求解“旅行商问题”这个著名的NP难题取得重大进展，使得连接主义重新受到人们关注。1986年，著名的反向传播（Back Propagation，BP）算法诞生，产生了深远的影响。20世纪90年代中期，统计学习出现并迅速占据主流舞台，代表性技术是支持向量机（Support Vector Machine，SVM）以及更一般的“核方法”。这方面的研究早在20

世纪 60 年代就已经开始，统计学习理论在那个时期也已打下了基础，但直到 90 年代中期统计学习才开始成为机器学习的主流。一方面，由于有效的支持向量机算法在 20 世纪 90 年代初才被提出，其优越性能到 90 年代中期在文本分类应用中才得以显现；另一方面，正是在连接主义学习技术的局限性凸显之后，人们才把目光转向了以统计学习理论为直接支撑的统计学习技术。在支持向量机被普遍接受后，核技巧被人们用到了机器学习的几乎每一个角落，核方法也逐渐成为机器学习的基本内容之一。受制于算力和数据标注的问题，基于统计学习理论的人工智能模型再次步入低谷。

21 世纪初，有了数据和算力的强力支撑，连接主义学习又卷土重来，掀起了以“深度学习（Deep Learning，DL）”为名的热潮。2006 年，Geoffrey Hinton 以及他的学生 Ruslan Salakhutdinov 正式提出了深度学习的概念。他们在顶级学术期刊 *Science* 发表的一篇文章中详细地给出了“梯度消失”问题的解决方案——通过无监督的学习方法逐层训练算法，再使用有监督的反向传播算法进行调优。该深度学习方法的提出，立即在学术圈引起了巨大的反响，斯坦福大学、纽约大学、蒙特利尔大学等成为研究深度学习的重镇，至此开启了深度学习在学术界和工业界的浪潮。2011 年，ReLU 激活函数被提出，该激活函数能够有效地抑制梯度消失问题。2011 年，微软首次将深度学习应用在语音识别上，取得了重大突破。微软研究院和 Google 的语音识别研究人员先后采用深度神经网络（Deep Neural Network，DNN）技术降低语音识别错误率至 20%～30%，是语音识别领域十多年来最大的突破性进展。2012 年，DNN 技术在图像识别领域取得惊人的效果，在 ImageNet 评测上将错误率从 26%降低到 15%。在这一年，DNN 还被应用于制药公司的 DrugeActivity 预测问题，并获得世界最好成绩。2012 年，在著名的 ImageNet 图像识别大赛中，Geoffrey Hinton 课题组为了证明深度学习的潜力，首次参加 ImageNet 图像识别比赛，其通过构建的卷积神经网络（Convolutional Neural Network，CNN）AlexNet 一举夺得冠军，且碾压第二名（SVM 方法）的分类性能。也正是由于该比赛，CNN 吸引到了众多研究者的注意。深度学习算法在世界大赛的脱颖而出，也再一次吸引了学术界和工业界对于深度学习领域的关注。随着深度学习技术的不断进步以及数据处理能力的不断提升，2014 年，Facebook 基于深度学习技术的 DeepFace 项目，在人脸识别方面的准确率已经能达到 97%以上，跟人类识别的准确率几乎没有差别。这样的结果也再一次证明了深度学习算法在图像识别方面的一骑绝尘。2016 年 3 月，由 Google 旗下 DeepMind 公司开发的 AlphaGo（基于深度学习算法）与围棋世界冠军、职业九段棋手李世石进行围棋人机大战，以 4：1 的总比分获胜；2016 年末 2017 年初，该程序在中国棋类网站上以“大师”为注册账号与中日韩数十位围棋高手进行快棋对决，连续 60 局无一败绩。2017 年，基于强化学习算法的 AlphaGo 升级版 AlphaGo Zero 横空出世，其采用“从零开始”“无师自通”的学习模式，以 100：0 的比分轻而易举打败了之前的 AlphaGo。除了围棋，AlphaGo Zero 还精通国际象棋等其他棋类游戏，可以说是真正的棋类“天才”。此外，在这一年，深度学习的相关算法在医疗、金融、艺术、无人驾驶等多个领域均取得了显著的成果。2022 年，OpenAI 发布了聊天机器人 ChatGPT，它能基于在预训练阶段所见的模式和统计规律生成回答，还能根据聊天的上下文进行互动，真正像人类一样来聊天交流，甚至能完成撰写论文、邮件、脚本、文案、翻译、代码等任务；2024 年 2 月，Open AI 发布了人工智能文生视频大模型 Sora，该模型了解事物在物理世界中的存在方式，可以深度模拟真实物理世界，能生成具有多个角色、包含特定运动的复杂场景。以 ChatGPT 和 Sora 为代表的新一代生成式人工智能模型的问世掀起了新一代信息技术革命，加速推进了人与人工智能互动进程。

1.3 机器学习基本概念

1.3.1 机器学习术语

图 1-5 展示了一个典型的机器学习（监督学习）流程。首先，要有训练数据 $\boldsymbol{x}$ 及其标记 y；其次，针对训练数据选择机器学习方法，包括感知机、神经网络和决策树等；最后，经过训练建立模型函数 $f(\boldsymbol{x})$。

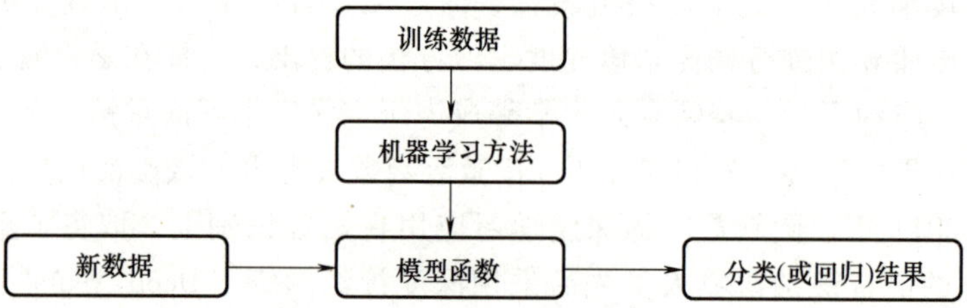

图 1-5 典型的监督学习流程

因此，要进行机器学习，首先要有数据。假设收集了一批关于花的数据，刻画花的特征包括花瓣颜色、花萼长度、花萼宽度、花瓣长度和花瓣宽度。针对每一朵花的一组记录是关于一个事件或对象（某一类花）的描述，称为一个“样本（sample）”或“示例（instance）”。反映事件或对象在某方面的性质，如“花瓣颜色”“花萼长度”或“花萼宽度”称为“属性（attribute）”或“特征（feature）”。某一朵花在 5 个属性上的取值，如“金黄色”“1.5”“2.3”“2.4”和“0.9”称为“属性值（attribute value）”或“特征值（feature value）”。属性张成的空间称为“属性空间（attribute space）”或“样本空间（sample space）”。以上述的 5 个特征生成一个描述花的 5 维空间，每一朵花都可以在这一空间中找到自己的坐标位置。由于空间中的每个点对应一个坐标向量，因此也把一个示例称为一个“特征向量（feature vector）”。

一般地，令 $D=\{\boldsymbol{x}_1, \boldsymbol{x}_2, \cdots, \boldsymbol{x}_n\}$ 表示包含 n 个示例的数据集，每个示例由 d 个属性描述（如上面用 5 个属性来刻画某一朵花），则每个示例 $\boldsymbol{x}_i=(x_{i1}, x_{i2}, \cdots, x_{id})$ 是 d 维样本空间 X 中的一个向量，其中 x_{ij}（$j=1, 2, \cdots, d$）是 $\boldsymbol{x}_i$ 在第 j 个属性上的取值（如用金黄色描述某一朵花），d 称为样本 $\boldsymbol{x}_i$ 的“维数（dimensionality）”。

在机器学习中，“学习（learning）”或“训练（training）”本质上就是从数据中确定模型的过程，这一过程通过执行某一类学习算法来完成。在确定模型过程中，训练采用的数据称为“训练数据（training data）”，其中每个样本称为一个“训练样本（training sample）”，训练样本组成的集合称为“训练集（training set）”。通过数据简历的模型对应了数据潜在的因果关系或规律，其核心就是追求数据的“真相（ground-truth）”，换句话说就是找出或者逼近“真相”。

如果希望学得一个能判断是不是“月季花”的模型，需获得训练样本的“结果”信息。

这里关于示例结果的信息，如“是月季花”，称为“标记（label）”；拥有了标记信息的示例，则称为“样例（example）”。一般地，用（$\boldsymbol{x}_i$，y_i）表示第 i 个样例，其中 $y_i \in Y$ 是示例 $\boldsymbol{x}_i$ 的标记，Y 是所有标记的集合，亦称“标记空间（label space）”或“输出空间”。

若欲预测的是离散值，如“是月季花”“不是月季花”，此类学习任务称为“分类”。若针对股票价格的预测，则输出的是连续值，此类学习任务称为“回归”。在分类任务中，若只包含两个类别，通常称其中一个类为“正类（positiveclass）”，另一个类为“负类（negativeclass）”；涉及多个类别时，则称为“多分类（multi-class classification）”任务。在回归任务中，本质是通过对训练集 $\{(\boldsymbol{x}_1, y_1), (\boldsymbol{x}_2, y_2), \cdots, (\boldsymbol{x}_n, y_n)\}$ 进行学习，建立一个从输入空间 X 到输出空间 Y 的连续映射 $\boldsymbol{f}$：$X \rightarrow Y$。对二分类任务，一般取 $Y=\{-1, +1\}$ 或 $\{0, 1\}$；对多分类任务，$|Y|>2$；对回归任务，$Y=\mathbb{R}$（$\mathbb{R}$ 为实数集）。

在确定模型后，使用其对未知数据验证模型的过程称为“测试（testing）”，被用来验证的样本称为“测试样本（testing sample）”。例如，在学得 f 后，对测试例 $\boldsymbol{x}$，可得到其预测标记 $y=f(\boldsymbol{x})$。

还可以对不同的花做“聚类（clustering）”，即将训练集中的花分成若干组，如蔷薇科、百合科、兰科等，每组称为一个“簇（cluster）”。这些自动形成的簇可能对应一些潜在的概念划分，这样的学习过程有助于人们了解数据内在的规律，能为更深入地分析数据建立基础。

基于训练数据是否存在标记信息，学习任务可大致划分为三大类：监督学习、无监督学习和半监督学习。分类和回归是监督学习的代表，聚类则是无监督学习的代表，而在实际生活中往往遇到的是半监督学习，换句话说就是只能得到一小部分标注的数据进行建模。

1.3.2　机器学习基本要素

机器学习的定义是通过大量已有的数据（经验），学习具有一般性的模型（规律），并利用得到的模型（规律）预测新样本。机器学习大致包括三个基本要素：模型、学习准则和优化算法。

1. 模型

机器学习处理的数据集主要由样本组成，每个样本往往包含若干特征和一个标签（有监督）。从数学角度来看，模型是对具体问题的数学抽象，是将输入数据（特征）映射到输出数据（预测结果）的一个或一组函数，其中输出数据的数据空间是预测结果的取值范围。不同机器学习任务的输出空间不同，而解决机器学习任务首先要确定任务类型，即输出空间，确定好任务类型才能正确构建模型。对于分类任务，输出空间是离散的类别集合，而回归任务的输出空间通常是连续的数值区间。

数据总体中所有样本的输入特征数据和标签分别构成输入空间 X 和输出空间 Y。假设对于总体中的所有样本（$\boldsymbol{x}$，y）$\in X \times Y$，存在一个映射函数 f：$X \rightarrow Y$ 使得

$$y=f(\boldsymbol{x}) \tag{1-1}$$

机器学习的目标就是通过学习已知样本，不断调整模型参数，最小化预测输出和真实标签之间的误差，找到一个模型来近似总体的真实映射函数（真实分布）$f(\boldsymbol{x})$。

但实际中，总体真实映射函数（真实分布）$f(\boldsymbol{x})$ 的类型往往是未知的，只能通过分析已有样本输入特征与输出之间的分布特性，来选择一种模型。模型的选择至关重要，不同的

模型复杂度不同，所需的参数也不同，模型预测性能也大不相同。简单的模型可能难以拟合，导致欠拟合；而复杂的模型，虽然能够很好地拟合样本的分布，但由于样本分布与总体分布之间存在泛化误差，会导致过拟合问题。对于不同复杂度的模型，有可能预测性能相差不大，根据奥卡姆剃刀原理“如无必要，勿增实体”，即进行模型选择时，应当选择简单的模型，避免不必要的复杂性。

2. 学习准则

选择好模型后，还需要一个策略来衡量模型的好坏，这个策略即学习准则。而模型训练的过程，就是根据学习准则更新模型参数、优化模型的过程。

一个好的模型 $f(\boldsymbol{x};\theta)$ 希望在 $\forall(\boldsymbol{x}, y)\in X\times Y$ 上都同总体的真实映射函数（真实分布）$y=f(\boldsymbol{x})$ 相同。因此一个模型的好坏可以通过比较模型预测结果和真实标签的差异来衡量，差异小，说明模型预测性能较好，即期望风险：

$$R(\theta)=E_{(\boldsymbol{x},y)\sim P_{\mathrm{r}}(\boldsymbol{x},y)}[L(y,f(\boldsymbol{x};\theta))] \tag{1-2}$$

式中，θ 表示模型参数；$P_{\mathrm{r}}(\boldsymbol{x},y)$ 是总体数据的真实分布；$L(y,f(\boldsymbol{x};\theta))$ 是损失函数，用来量化模型预测输出与真实标签的差异。而优化模型的目标是最小化期望风险。但实际中，总体数据的真实映射函数（真实分布）$y=f(\boldsymbol{x})$ 未知，期望风险 $R(\theta)$ 无法计算，通常使用经验风险近似：

$$R_D^{\mathrm{emp}}(\theta)=\frac{1}{n}\sum_{i=1}^{n}L(y_i,f(\boldsymbol{x}_i;\theta)) \tag{1-3}$$

式中，D 是已知样本空间（训练数据）；n 是样本数量。最小化这个经验风险 $R_D^{\mathrm{emp}}(\theta)$，就将机器学习任务转化为了一个最优化问题。但实际上机器学习，并不等同于优化。因为机器学习任务真正的目标是最小化期望风险，而实际实现的是最小化经验风险。虽然根据大数定理，当训练集样本个数趋于无穷大时，经验风险会趋近于期望风险，泛化错误（泛化风险）趋近于0。但实际中，无法得到无穷大数量的训练数据，并且已知的训练样本也可能存在一定噪声，样本分布与总体的真实分布之间存在泛化误差。最小化经验风险，只是使模型不断逼近样本分布，但当模型与样本分布近似度达到一定程度后，模型与总体分布的误差会逐渐增大。

下面介绍几种常用的损失函数。

1）L1 损失函数，也称为最小绝对值偏差（Least Absolute Deviation，LAD），适用于需要鲁棒性和不受异常值干扰的场景。L1 损失函数定义如下：

$$L_{\mathrm{LAD}}(y,f(\boldsymbol{x};\theta))=\sum_{i=1}^{n}|y_i-f(\boldsymbol{x}_i;\theta)| \tag{1-4}$$

2）均方误差（Mean Squared Error，MSE）损失函数，简称 MSE 损失，主要用于回归任务。MSE 损失通过计算所有样本预测值与真实值差异平方的均值，来衡量模型预测输出与真实值的差异。MSE 损失定义如下：

$$L_{\mathrm{MSE}}(y,f(\boldsymbol{x};\theta))=\frac{1}{n}\sum_{i=1}^{n}(y_i-f(\boldsymbol{x}_i;\theta))^2 \tag{1-5}$$

3）交叉熵损失函数（Cross Entropy Loss，CEL），交叉熵可以用于表示两个概率分布的差异，适用于分类任务，并且往往采用 Softmax 函数将模型输出的向量归一化后，再采用交叉熵损失函数计算损失。交叉熵损失函数定义如下：

$$L_{\mathrm{CEL}}(y,f(\boldsymbol{x};\theta))=-\sum_{i=1}^{n}(y_i\log f(\boldsymbol{x}_i;\theta)) \tag{1-6}$$

3. 优化算法

在选择好模型和学习准则后，需要对模型进行训练，更新参数，优化模型。这就涉及一个问题，如何找到最优化模型？

在一个模型中，参数可以分为可学习参数和超参数，因此模型的优化也分为参数优化和超参数优化。可学习参数是模型在训练过程中自动学习和调整的，如线性回归模型 $f(\boldsymbol{x},\boldsymbol{w},b)=\boldsymbol{w}^{\mathrm{T}}\boldsymbol{x}+b$ 中，$\boldsymbol{w}$ 和 b 就是可学习参数，可以通过优化算法进行更新，使模型输出尽可能接近真实值。而超参数是机器学习模型需要预先设置的参数，如神经网络中的学习率（控制参数更新步长）、批次大小（每次训练使用的样本数量）、网络的层数和每层神经元个数等。超参数的选取属于组合优化问题，往往通过经验设定或者通过实验寻找，如网格搜索、随机搜索和贝叶斯优化等。

梯度下降（gradient descent）算法是机器学习中一种常用的优化算法。它通过计算损失函数关于模型参数的梯度，然后沿着负梯度的方向更新参数，迭代一定轮数或者损失足够小后，终止算法。参数更新公式如下：

$$\theta_{k+1}=\theta_k+\alpha d \tag{1-7}$$

$$d=-\frac{\partial R_D^{\mathrm{emp}}(\theta)}{\partial\theta} \tag{1-8}$$

式中，θ_k 是第 k 次迭代时的参数；α 是更新步长，即学习率；d 是更新方向，即 θ_k 点处损失函数关于模型参数的负梯度方向。

梯度下降算法可分为批量梯度下降法、随机梯度下降法和小批量梯度下降法，三者的区别在于每次参数更新使用的批量大小。

1）批量梯度下降法：每次更新使用整个训练集的数据，计算量大，训练较慢，但梯度的方差比较小，利于寻找全局最优解。

2）随机梯度下降法：每次只取一个样本计算梯度，训练快，但是梯度方差大，波动大，不利于寻找全局最优解。

3）小批量梯度下降法：结合了批量梯度下降法和随机梯度下降法，每次取固定批量个数的样本。

此外，由于在梯度下降过程中，可能会陷入局部最优解，因此诞生了动量法。这种方法在梯度下降法基础上，引入了物理中的动量概念，梯度的更新不仅仅依赖于负梯度方向，还会依赖于历史梯度方向的加权平均。动量方向与负梯度方向一致时，动量法会加速梯度下降，加快收敛速度；当到达局部最优解处时，梯度为零，但在动量的作用下，有助于逃离局部最优解；而当方向不一致时，动量法起减速作用，从而更好地收敛到全局最优解。

学习率大小的选择对梯度下降算法的性能也有很大影响，如果学习率过小，可能会导致算法收敛速度慢；而学习率过大，可能会导致算法难以收敛。学习率属于一种超参数，一般在整个迭代过程中保持不变，但是也可以通过一些方法在迭代过程中动态调整学习率的值。

1）学习率衰减。迭代的最开始，往往会距离最优解点较远，采用较大学习率可以快速接近最优解点；迭代多次后，会不断接近最优解点，可以减小学习率，有助于缓解振荡，以便模型收敛。

2）学习率预热。当批量大小较大时，训练速度慢，可以采用较大的学习率提高训练速度。但训练最开始的参数往往是随机设置的，使用较大的学习率会导致训练波动较大。这种情况下可以采用学习率预热的方法，在迭代最开始采用较小的学习率，等梯度下降到一定值后再增大学习率，提高训练的稳定性，然后再采用学习率衰减调整学习率。

3）周期性调整学习率。动量法通过引入动量逃离局部最优解，而周期性调整学习率，即周期性地增大减小学习率，也有助于逃离局部最优解。

1.3.3 过拟合与欠拟合

1. 过拟合

过拟合是指模型在训练数据上表现很好，但在未见过的测试数据上表现较差的问题。图 1-6 所示为使用次数为 15 的高阶多项式拟合并预测一些包含噪声的正弦函数数据的结果。图 1-6a 是训练集上的拟合结果，观察其右下角区域出现了极端的波动，但是这种波动并没有出现在图 1-6b 的测试集上，这就是典型的过拟合现象。

过拟合发生的原因是多方面的，有数据问题，也有模型问题，可以归结为模型学习并记忆了训练数据的细节和噪声，而不是训练数据包含的通用模式。过拟合具有以下特点：

1）模型在训练集上准确度高；

2）模型在测试集上准确度低；

3）训练数据较少，且只能反映整体的局部信息；

4）模型参数量过多，易将特殊细节和噪声误认为通用特征。

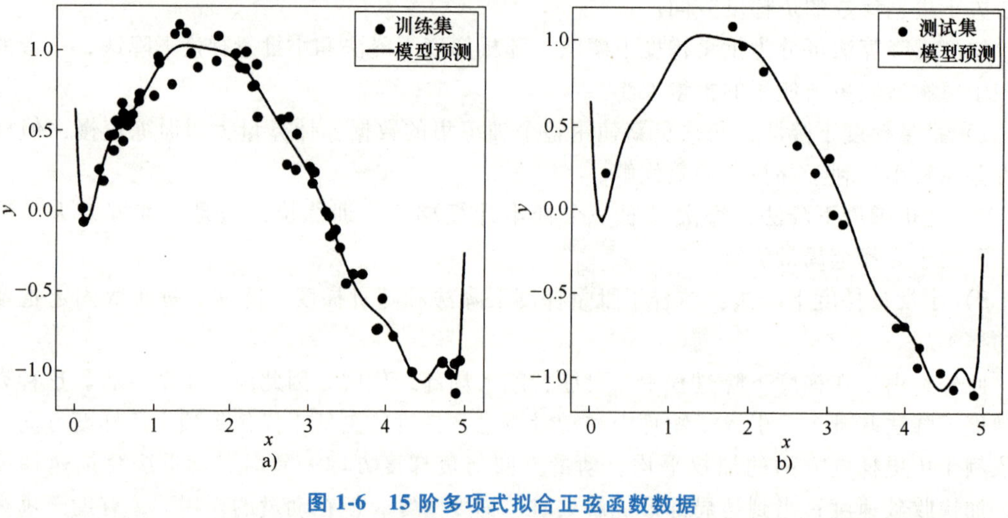

图 1-6　15 阶多项式拟合正弦函数数据

针对过拟合产生的原因，可以设计许多防止过拟合的方法：数据集扩充，通过增加训练数据减少过拟合的风险；正则化，通过添加正则化项惩罚模型参数大小，使模型更简单；特征选择，通过选取最重要特征，降低模型的复杂度；交叉验证，通过划分训练数据为临时训练集和测试集来评估性能，选择最佳的参数；早停止，通过使用验证集监控过拟合现象，尽早停止训练来防止过拟合。图 1-7 所示为使用 5 阶多项式拟合和预测上述相同数据的结果，可以发现，降低模型复杂度后，模型预测结果更准确，泛化能力增强。

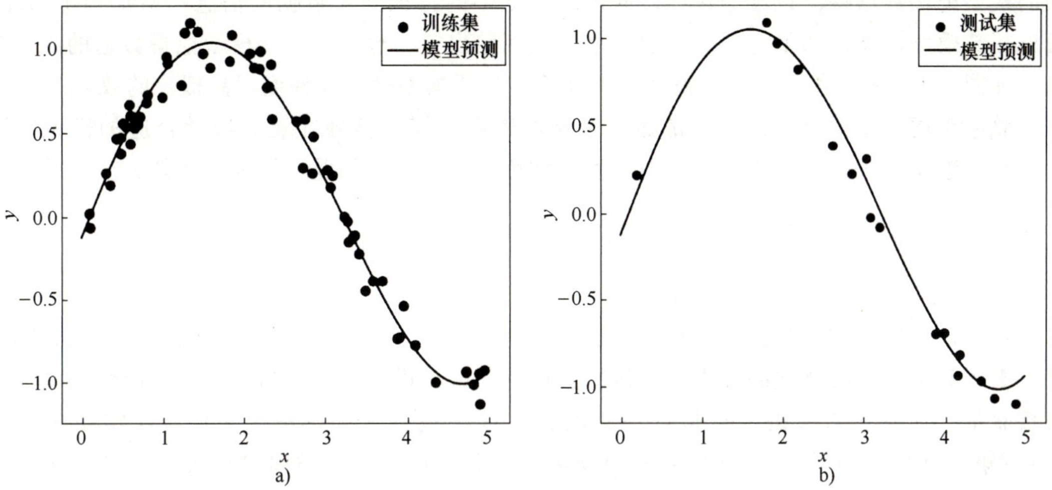

图 1-7 5 阶多项式拟合正弦函数数据

2. 欠拟合

欠拟合是指模型在训练数据和测试数据上表现都很差的问题。图 1-8 所示为使用线性模型拟合并预测一些包含噪声的正弦函数数据的结果，这是一个经典的欠拟合现象，很明显，模型过于简单，导致结果非常差。

欠拟合发生的原因比较单一，就是训练数据太少和模型过于简单，导致模型学习不到关于数据集的有用信息。欠拟合具有以下特点：

1）模型在训练集上准确度低；

2）模型在测试集上准确度低；

3）训练数据较少，不足以支撑模型训练；

4）模型参数量少，结构简单，无法学习数据特征。

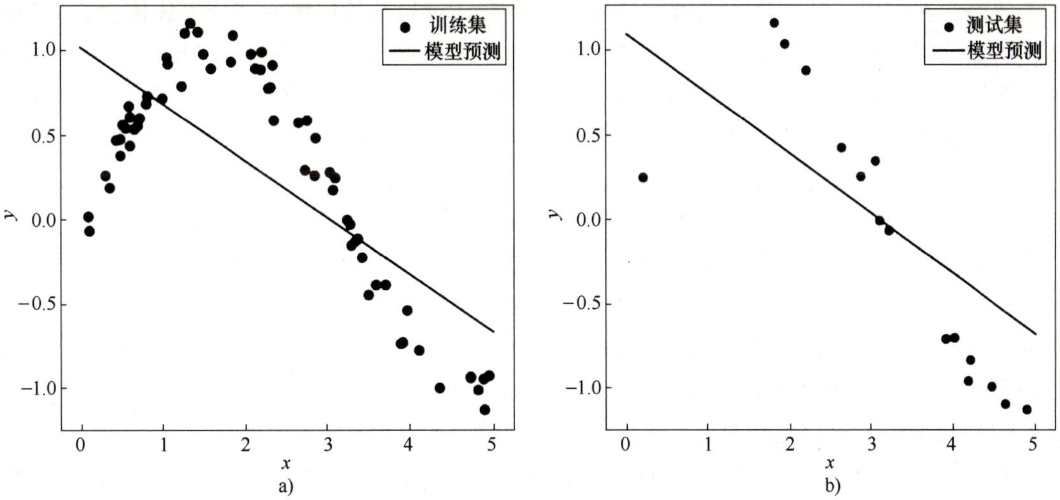

图 1-8 线性模型拟合正弦函数数据

针对欠拟合发生的原因，可以设计防止欠拟合的方法：增加模型复杂度，通过使用更复杂的模型记忆数据特征；增加特征，通过添加更多的特征捕获数据的信息；增加训练数据，可以提高模型性能；调整超参数如学习率、训练轮次等，也可以帮助模型挖掘数据的内部信息。如图 1-7 所示，将线性模型复杂化为 5 阶多项式模型可以大幅度提高拟合的效果。

总的来说，过拟合和欠拟合都是很常见的问题，需要格外注意。选择合适的模型复杂度、特征数量和正则化方法可以帮助模型在训练时避免这些问题，提高泛化能力。

1.3.4 评估方法与性能度量

1. 评估方法

通常，可以通过实验测试来对学习器的泛化误差进行评估，从而进行选择。即理想的解决方案是对学习器的泛化误差进行评估，选择泛化误差最小的学习器。然而，泛化误差无法直接获得，训练误差又由于过拟合现象的存在而不适合作为标准。为此，需要使用一个“测试集（testing set）”来测试学习器对新样本的判别能力，然后以测试集上的“测试误差（testing error）”作为泛化误差的近似。若有一个包含 n 个样例的数据集 $D=\{(\boldsymbol{x}_1,y_1),(\boldsymbol{x}_2,y_2),\cdots,(\boldsymbol{x}_n,y_n)\}$，对 D 进行适当的处理，从而产出训练集 S 和测试集 T，其中测试集应该尽可能与训练集互斥，即测试样本尽量不在训练集中出现、未在训练过程中使用过。具体的处理方法如下：

（1）留出法

留出法直接将数据集 D 划分为两个互斥的集合，其中一个作为训练集 S，另一个作为测试集 T，即 $D=S\cup T$，$S\cap T=\varnothing$。在训练集上训练出模型后，在测试集上对泛化误差进行估计。

需要注意的是，训练集和测试集的划分要保持数据分布的一致性，避免因数据划分不均带来额外的偏差。以二分类任务为例，若包含 1000 条类别 A 和 1000 条类别 B 的数据，训练集与测试集以 4 : 1 的比例进行划分，则训练集包含 800 条类别 A 和 800 条类别 B 的数据，测试集包含 200 条类别 A 和 200 条类别 B 的数据。

然而，在固定了训练集和测试集的样本比例后，对初始数据集的划分方式依然有多种选择。例如，可以将 D 中的前 800 个类别 A 数据放入训练集，也可以将后 800 个类别 A 数据放入训练集等。这些不同的划分会产生不同的训练集和测试集，导致模型评估结果的不同。因此，单次划分得到的评估结果往往不够稳定可靠。

为了提高留出法的稳定性和准确性，通常会采用多次随机划分并重复实验，然后取评估结果的平均值。例如，可以进行 100 次随机划分，每次生成一个训练集和测试集，得到 100 个评估结果，最终以这 100 个结果的平均值作为留出法的评估结果。

此外，利用留出法训练模型会受训练集和测试集划分的比例影响。训练集比例过大容易发生评估结果不稳定的问题，比例较低则会导致模型的性能较差的问题。常见的划分比例是将 2/3~4/5 的数据用于训练，剩余数据用于测试。

（2）交叉验证法

交叉验证（cross validation）法首先将数据集 D 分为 k 个大小相近且互不重叠的子集，即 $D=D_1\cup D_2\cup\cdots\cup D_k$，并且满足 $D_i\cap D_j=\varnothing$（当 $i\neq j$ 时）。各个子集 D_i 尽可能保持与原始数据分布的一致性，通常通过分层抽样来实现。然后，在每次迭代中，将 $k-1$ 个子集的并集作为训练集，剩下的一个子集作为测试集，这样共能得到 k 组训练/测试集，从而可以进

行 k 次训练和测试。最终，交叉验证返回的是这 k 次测试结果的平均值。

交叉验证的评估结果的可靠性和稳定性很大程度上依赖于 k 的选择。为突出这一点，通常称之为“k 折交叉验证（k-fold cross validation）”。最常用的 k 值是 10，称为 10 折交叉验证，其他常见的 k 值有 5 和 20 等。

（3） 自助法

在留出法和交叉验证法中，评估的模型使用的训练集比原始数据集 D 小，因为需要保留一部分样本作为测试集。这会引入因训练样本量减少而导致的估计偏差。虽然留出法能减少这种偏差，但其计算复杂度较高。

为了减少训练样本规模不同造成的影响，同时提高效率，可以采用“自助法（bootstrapping）”。自助法基于自助采样（bootstrap sampling）方法：给定包含 n 个样本的数据集 D，每次随机从 D 中抽取一个样本放入 D'，并将该样本放回，使其有可能被多次抽取，经过 m 次采样后，得到包含 m 个样本的数据集 D'。在这个过程中，约有 36.8% 的样本未出现在 D'中，因此可以用 D'作为训练集，$D\backslash D'$作为测试集。这样，评估的模型和目标模型都使用 m 个训练样本，同时测试集大约包含 1/3 未被训练的数据，这样的测试结果称为“包外估计（out-of-bag estimate）”。

自助法在数据集较小，难以有效划分训练集和测试集的情况下很有用。然而，由于自助法产生的数据集改变了初始数据集的分布，会引入估计偏差。在数据足够的情况下，留出法和交叉验证法更准确。

2. 性能度量

对学习器的泛化性能进行评估，不仅需要有效可行的实验估计方法，还需要有衡量模型泛化能力的评价标准，这就是性能度量（performance measure）。针对不同的任务需求，在对比不同模型的能力时，使用不同的性能度量方法。在预测任务中，对用户给定的数据集 $D=\{(\boldsymbol{x}_1,y_1),(\boldsymbol{x}_2,y_2),\cdots,(\boldsymbol{x}_n,y_n)\}$，其中 y_i 是对 $\boldsymbol{x}_i$ 的真实标记，要评估学习器 f 的性能，就要把学习器预测结果 $f(\boldsymbol{x})$ 与真实标记 y 进行比较。下面对于回归任务和分类任务常用的性能度量进行说明。

（1） 回归任务性能度量

回归任务常用的性能度量是“均方误差”，定义为预测误差平方的平均值：

$$\mathrm{MSE}(f;D)=\frac{1}{n}\sum_{i=1}^{n}(f(\boldsymbol{x}_i)-y_i)^2 \tag{1-9}$$

更一般地，对于数据分布 D 和概率密度函数 $p(\cdot)$，均方误差可以描述为

$$\mathrm{MSE}(f;D)=\int_{\boldsymbol{x}\sim D}(f(\boldsymbol{x})-y)^2p(\boldsymbol{x})\mathrm{d}\boldsymbol{x} \tag{1-10}$$

（2） 分类任务性能度量

分类任务常用的两种性能度量是错误率和精度，既适用于二分类任务，也适用于多分类任务。错误率是分类错误的样本数占样本总数的比例，精度则是分类正确的样本数占样本总数的比例。对于数据集 D，分类错误率定义为

$$\mathrm{ER}(f;D)=\frac{1}{n}\sum_{i=1}^{n}\mathbb{I}(f(\boldsymbol{x}_i)\neq y_i) \tag{1-11}$$

式中，$\mathbb{I}(\cdot)$ 是指示函数（indicator function），即输入为真时为 1，否则为 0。

精度则定义为

$$\mathrm{acc}(f;D)=\frac{1}{n}\sum_{i=1}^{n}\mathbb{I}(f(\boldsymbol{x}_i)=y_i)=1-\mathrm{ER}(f;D) \tag{1-12}$$

错误率和精度虽然常用，但是并不能满足所有任务需求。以工艺原件为例，若问题集中在“挑出的工艺原件有多少比例是存在问题的”，或者“所有有问题的工艺原件有多少比例被挑了出来”。这类问题在信息检索、Web 搜索中经常出现，此时“查准率”与“查全率”是更适合该种需求的性能度量。

以二分类任务为例，可将样例根据其真实类别与学习器预测类别的组合划分为真正例（true positive）、假正例（false positive）、真反例（true negative）、假反例（false negative）四种情形，令 TP、FP、TN、FN 分别表示其对应的样例数，则显然有 TP+FP+TN+FN=样例总数。分类结果的“混淆矩阵（confusion matrix）”如表 1-1 所示。

表 1-1　分类结果混淆矩阵

真实情况	预测结果	
	正例	反例
正例	TP	FN
反例	FP	TN

查准率 P 和查全率 R 分别定义为

$$P=\frac{\mathrm{TP}}{\mathrm{TP+FP}} \tag{1-13}$$

$$R=\frac{\mathrm{TP}}{\mathrm{TP+FN}} \tag{1-14}$$

然而，查准率 P 和查全率 R 是一组矛盾的量，只有在一些简单任务中，查准率和查全率才会都很高。在实际使用中，通过估算学习器在查准率和查全率上取得相对“双高”的比例，则产生了 F_1 度量：

$$F_1=\frac{2PR}{P+R}=\frac{2\times\mathrm{TP}}{\text{样例总数}+\mathrm{TP}-\mathrm{TN}} \tag{1-15}$$

对于不同任务，需要估计查准率和查全率的相对重要性。例如，商品推荐系统中，需要更准确地推荐给用户感兴趣的内容；在交通违法摄像头拍摄系统中，则需要尽可能地减少对违法行为的错误判断。因此，F_1 度量的一般形式产生，定义为

$$F_\beta=\frac{(1+\beta^2)PR}{(\beta^2 P)+R} \tag{1-16}$$

式中，$\beta=1$ 时退化为标准 F_1，$\beta>1$ 时查全率有更大的偏好，$\beta<1$ 时查准率有更大的偏好。

对于多个二分类混淆矩阵的情况，如 m 次训练的结果、m 个数据集的训练结果，或者是 m 分类任务的类别中两两进行分析的结果，需要在 m 个二分类混淆矩阵上评估查准率和查全率。第一种做法是在各个混淆矩阵上计算查准率和查全率，记为 (P_1,R_1)，(P_2,R_2)，…，(P_m,R_m)，再计算平均值，这就得到了“宏查准率（macro-P）”和“宏查全率（macro-R）”，以及相应的“宏 F_1（macro-F_1）”：

$$\text{macro-}P = \frac{1}{m}\sum_{i=1}^{m} P_i \tag{1-17}$$

$$\text{macro-}R = \frac{1}{m}\sum_{i=1}^{m} R_i \tag{1-18}$$

$$\text{macro-}F_1 = \frac{2 \times \text{macro-}P \times \text{macro-}R}{\text{macro-}P + \text{macro-}R} \tag{1-19}$$

还可以将各混淆矩阵的相应元素进行平均，分别记为 $\overline{\text{TP}}$、$\overline{\text{FP}}$、$\overline{\text{TN}}$、$\overline{\text{FN}}$，再基于这些平均值计算出“微查准率（micro-P）”和“微查全率（micro-R）”，以及相应的“微 F_1(micro-F_1)”：

$$\text{micro-}P = \frac{\overline{\text{TP}}}{\overline{\text{TP}}+\overline{\text{FP}}} \tag{1-20}$$

$$\text{micro-}R = \frac{\overline{\text{TP}}}{\overline{\text{TP}}+\overline{\text{FN}}} \tag{1-21}$$

$$\text{micro-}F_1 = \frac{2\times\text{micro-}P\times\text{micro-}R}{\text{micro-}P+\text{micro-}R} \tag{1-22}$$

以上给出了机器学习模型常见的一些性能度量方法，还有一些比较检验方法也在特定学习场景中加以应用，如假设检验、交叉验证 t 检验、McNemar 检验、Friedman 检验、Nemenyi 后续检验。除此之外，“偏差-方差分解”在验证模型泛化性能方面也有应用。

1.4 机器学习应用现状

机器学习已经“无处不在”，应用遍及人工智能的各个领域，包括数据挖掘、计算机视觉、自然语言处理、语音和手写识别、生物特征识别、搜索引擎、医学诊断、信用卡欺诈检测、证券市场分析、汽车自动驾驶、军事决策等。下面介绍几类典型的应用领域：

1. 计算机视觉

机器学习在图像及视频识别和处理方面发挥着重要作用，如人脸识别、指纹识别、车牌识别、图像检索、物体识别、行人跟踪和目标跟踪等。通过训练大量的图像和视频数据，机器学习算法可以学习并识别出图像或视频中的特征，从而实现对图像或视频的智能处理。

2. 自然语言处理

自然语言处理是机器学习的一个重要应用领域，包括语音识别、机器翻译、情感分析、垃圾邮件过滤等。机器学习算法可以帮助计算机理解和生成人类语言，实现人机交互的智能化，目前在移动社交媒体和金融等领域已经广泛应用。

3. 推荐系统

机器学习广泛应用于推荐系统中，如电商网站的商品推荐、社交媒体的内容推荐等。通过分析用户的历史行为和偏好，机器学习算法可以预测用户可能感兴趣的内容，并提供个性化的推荐。

4. 金融领域

机器学习在金融和保险领域也有广泛的应用，如信用评估、欺诈检测、风险管理等。通过分析海量金融数据，机器学习算法不仅能实现用户个人画像，还有助于帮助金融机构更好地评估风险和制定策略。

5. 医疗和生物领域

机器学习在医疗和生物科学领域也有重要的应用，如医学影像分析、药物研发、基因分析、疑难杂症识别等。机器学习算法可以帮助医生更准确地诊断疾病和制定治疗方案，同时也可以帮助科研人员更好地理解和研究生物科学问题。

6. 科学研究

机器学习已成为各种科学学科的有力工具，彻底改变了研究人员分析和解释复杂数据集的方式。在科学领域，机器学习技术用于应对各种挑战，如预测蛋白质结构、天体分类、气候模式建模以及识别遗传数据中的模式。科学家可以利用大量数据训练机器学习算法，从而发现隐藏的模式，做出准确的预测，并加深对复杂现象的理解。科学领域的机器学习不仅提高了数据分析的效率和准确性，还开辟了新的发现途径，使研究人员能够解决复杂的科学问题，加快各自领域的进步。

除此之外，机器学习还可以应用于环境、交通、农业、物流、教育、政务等领域，为各个行业带来更高的效率和更好的服务。随着技术的不断发展和进步，机器学习的应用场景还将不断扩大和深化，它将继续推动技术创新和产业转型，为解决复杂的全球性问题提供新的解决方案。

思考题与习题

1-1 什么是机器学习？

1-2 描述监督学习与非监督学习的区别，并给出每种学习类型的一个实际应用示例。

1-3 解释以下术语的含义：特征（feature）、标签（label）、模型（model）、算法（algorithm）。

1-4 如何定义“泛化”能力？为什么它对于机器学习模型很重要？

1-5 为什么在训练机器学习模型时需要分割数据为训练集和测试集？

1-6 如果一个模型在训练数据上表现很好，但在未见过的数据上表现差，可能是什么原因？应该如何解决这个问题？

1-7 什么是交叉验证？具体如何实现？

1-8 回归任务和分类任务常用的性能度量分别是什么？是如何定义的？

1-9 简述机器学习的发展历程。

1-10 谈一谈你对机器学习的认识。

参考文献

[1] 周志华. 机器学习［M］. 北京：清华大学出版社，2016.

[2] 邱锡鹏. 神经网络与深度学习［M］. 北京：机械工业出版社，2020.

[3] 陈云霁，李玲，李威，等. 智能计算系统［M］. 北京：机械工业出版社，2020.

[4] 李航. 机器学习方法［M］. 北京：清华大学出版社，2022.

[5] 余凯，贾磊，陈雨强，等. 深度学习的昨天、今天和明天［J］. 计算机研究与发展，2013，50（9）：1799-1804.

[6] 焦李成，杨淑媛，刘芳，等. 神经网络七十年：回顾与展望［J］. 计算机学报，2016，39（8）：1697-1716.

[7] 张蕾，崔勇，刘静，等. 机器学习在网络空间安全研究中的应用［J］. 计算机学报，2018，41（9）：1943-1975.

[8] 赵芸，刘德喜，万常选，等. 检索式自动问答研究综述［J］. 计算机学报，2021，44（6）：1214-1232.

[9] 孟小峰，郝新丽，马超红，等. 科学发现中的机器学习方法研究［J］. 计算机学报，2023，44（5）：877-895.

[10] 车万翔，窦志成，冯岩松，等. 大模型时代的自然语言处理：挑战、机遇与发展［J］. 中国科学：信息科学，2023，53（9）：1645-1687.

[11] CARUANA R, NICULESCU-MIZIL A. An empirical comparison of supervised learningalgorithms [C] // Proceedings of The 23rd International Conference on Machine Learning, Pittsburgh: ACM, 2006: 161-168.

[12] SRIVASTAVA N, HINTON G, KRIZHEVSKY A, et al. Dropout: a simple way to prevent neural networks from overfitting [J]. The Journal of Machine Learning Research, 2014, 15 (1): 1929-1958.

[13] DEO R C. Machine learning in medicine [J]. Circulation, 2015, 132 (20): 1920-1930.

[14] LECUN Y, BENGIO Y, HINTON G. Deep learning [J]. Nature, 2015, 521 (7553): 436-444.

[15] JORDAN M I, MITCHELL T M. Machine learning: Trends, perspectives, and prospects [J]. Science, 2015, 349 (6245): 255-260.

[16] SCHMIDHUBER J. Deep learning in neural networks: An overview [J]. Neural Networks, 2015, 61: 85-117.

[17] BIAMONTE J, WITTEK P, PANCOTTI N, et al. Quantum machine learning [J]. Nature, 2017, 549 (7671): 195-202.

[18] POUYANFAR S, SADIQ S, YAN Y, et al. Asurvey on deep learning: algorithms, techniques, and applications [J]. ACM computing surveys (CSUR), 2018, 51 (5): 1-36.

[19] KARNIADAKIS GE, KEVREKIDIS IG, LU L, et al. Physics-informed machine learning [J]. Nature Reviews Physics, 2023, 3 (6): 422-440.

第 2 章　机器学习的数学基础

导读

机器学习涉及高等数学、线性代数、概率论等多个数学学科。本章将针对性地回顾线性代数、概率论、最优化理论等学科的核心知识，介绍机器学习的数学基础。

本章主要讲解机器学习的数学基础，这是理解和应用机器学习算法的核心知识。线性代数部分介绍向量空间、矩阵运算、特征值和奇异值分解等内容，为数据处理和算法理解提供基础。概率与信息论部分详细说明随机变量、期望与方差、常用概率分布等概念，帮助读者掌握应对不确定性和统计推断的能力。最优化理论部分讲解多元函数优化、梯度下降法及拉格朗日对偶性等内容，这是训练机器学习模型时的核心方法。本章将为读者打下扎实的数学基础，帮助更好地理解和实现机器学习算法。

本章知识点

- 线性代数
- 概率与信息论
- 最优化理论

2.1　线性代数

线性代数是机器学习的重要数学基础。本节将分别介绍线性空间、范数、矩阵、特征值与特征向量、奇异值分解这 5 个概念。它们构成了线性代数的基石，为理解和解决机器学习问题提供了重要的工具和技巧。线性空间是向量和标量乘法所构成的集合，是线性代数的基础。范数是一种将向量映射到实数的函数，它衡量了向量的大小或长度。矩阵是线性代数中的关键概念，用于表示线性变换和求解线性方程组。特征值与特征向量是矩阵在线性变换中的重要特性。奇异值分解（Singular Value Decomposition，SVD）是一种将矩阵分解为特殊形式的方法，广泛应用于数据压缩、降维和矩阵逆的计算等领域。

2.1.1　线性空间

【定义 2.1】 设 V 是非空向量集合，$\mathbb{R}$ 是实数域，在 V 上定义加法，即对任意 $\boldsymbol{x}$，$\boldsymbol{y}\in V$，存在唯一的向量 $\boldsymbol{z}\in V$ 与它们对应，记作 $\boldsymbol{z}=\boldsymbol{x}+\boldsymbol{y}$，称为 $\boldsymbol{x}$ 与 $\boldsymbol{y}$ 的和；对于任意 $\lambda\in\mathbb{R}$ 和任意 $\boldsymbol{x}\in V$，存在唯一的元素 $\boldsymbol{y}\in V$ 与它们对应，记作 $\boldsymbol{y}=\lambda\boldsymbol{x}$，称为 λ 与 $\boldsymbol{x}$ 的数量乘法（简称数

乘）。若对任意 $\boldsymbol{x}$，$\boldsymbol{y}$，$z\in V$ 和任意的 λ，$\mu\in\mathbb{R}$，加法与数乘运算满足下面 8 个条件：

1）$\boldsymbol{x}+\boldsymbol{y}=\boldsymbol{y}+\boldsymbol{x}$；

2）$(\boldsymbol{x}+\boldsymbol{y})+z=\boldsymbol{x}+(\boldsymbol{y}+z)$；

3）存在一个元素，记作 $\mathbf{0}$，称为零元，使得 $\mathbf{0}+\boldsymbol{x}=\boldsymbol{x}$；

4）存在 $-\boldsymbol{x}\in V$，称为 $\boldsymbol{x}$ 的负元，使得 $\boldsymbol{x}+(-\boldsymbol{x})=0$；

5）$1\boldsymbol{x}=\boldsymbol{x}$；

6）$\lambda(\mu\boldsymbol{x})=(\lambda\mu)\boldsymbol{x}$；

7）$(\lambda+\mu)\boldsymbol{x}=\lambda\boldsymbol{x}+\mu\boldsymbol{x}$；

8）$\lambda(\boldsymbol{x}+\boldsymbol{y})=\lambda\boldsymbol{x}+\lambda\boldsymbol{y}$。

则称 V 为 $\mathbb{R}$ 上的线性空间。

通常考虑的线性空间是 n 维向量空间 $\mathbb{R}^n$，记 n 维列向量为

$$\boldsymbol{x}=(x_1,x_2,\cdots,x_n)^{\mathrm{T}}$$

若 $\boldsymbol{x}$、$\boldsymbol{y}$ 是线性空间 $\mathbb{R}^n$ 中的两个向量，加法定义为

$$\boldsymbol{x}+\boldsymbol{y}=(x_1+y_1,x_2+y_2,\cdots,x_n+y_n)^{\mathrm{T}}$$

若 λ 是一个标量，数乘定义为

$$\lambda\boldsymbol{x}=(\lambda x_1,\lambda x_2,\cdots,\lambda x_n)^{\mathrm{T}}$$

设 $\boldsymbol{\alpha}_1$，$\boldsymbol{\alpha}_2$，$\cdots$，$\boldsymbol{\alpha}_m$ 为 $\mathbb{R}^n$ 中的 m 个向量，称

$$\boldsymbol{x}=\lambda_1\boldsymbol{\alpha}_1+\lambda_2\boldsymbol{\alpha}_2+\cdots+\lambda_m\boldsymbol{\alpha}_m,\lambda_1,\lambda_2,\cdots,\lambda_m\in\mathbb{R}$$

为 $\boldsymbol{\alpha}_1$，$\boldsymbol{\alpha}_2$，$\cdots$，$\boldsymbol{\alpha}_m$ 的线性组合。

【定义 2.2】 如果存在不全为零的 $\lambda_i\in\mathbb{R}\ (i=1,2,\cdots,m)$，使得

$$\lambda_1\boldsymbol{\alpha}_1+\lambda_2\boldsymbol{\alpha}_2+\cdots+\lambda_m\boldsymbol{\alpha}_m=0$$

则称向量组 $\boldsymbol{\alpha}_1$，$\boldsymbol{\alpha}_2$，$\cdots$，$\boldsymbol{\alpha}_m$ 线性相关，否则称向量组 $\boldsymbol{\alpha}_1$，$\boldsymbol{\alpha}_2$，$\cdots$，$\boldsymbol{\alpha}_m$ 线性无关。也就是说，向量组 $\boldsymbol{\alpha}_1$，$\boldsymbol{\alpha}_2$，$\cdots$，$\boldsymbol{\alpha}_m$ 线性无关，若

$$\lambda_1\boldsymbol{\alpha}_1+\lambda_2\boldsymbol{\alpha}_2+\cdots+\lambda_m\boldsymbol{\alpha}_m=0\Rightarrow\lambda_i=0(i=1,2,\cdots,m)$$

【定义 2.3】 如果线性空间 $\mathbb{R}^n$ 的一个非空子集 W 对于 $\mathbb{R}^n$ 的加法和数乘运算也构成一个线性空间，则称 W 为 $\mathbb{R}^n$ 的子空间。如果 $\boldsymbol{\alpha}_1$，$\boldsymbol{\alpha}_2$，$\cdots$，$\boldsymbol{\alpha}_m\in W$ 线性无关，且 W 中的任何向量均可以表示成它们的线性组合，则 $\boldsymbol{\alpha}_1$，$\boldsymbol{\alpha}_2$，$\cdots$，$\boldsymbol{\alpha}_m$ 称为 W 的一组基，此时可记为

$$W=\{\lambda_1\boldsymbol{\alpha}_1+\lambda_2\boldsymbol{\alpha}_2+\cdots+\lambda_m\boldsymbol{\alpha}_m\mid\lambda_1,\lambda_2,\cdots,\lambda_m\in\mathbb{R}\}$$

2.1.2　范数

【定义 2.4】 对于 n 维向量空间 $\mathbb{R}^n$，向量 $\boldsymbol{x}$ 与 $\boldsymbol{y}$ 的内积定义为

$$\langle\boldsymbol{x},\boldsymbol{y}\rangle=\sum_{i=1}^{n}x_iy_i=\boldsymbol{x}^{\mathrm{T}}\boldsymbol{y}$$

由上式，容易得到内积具有以下性质：

1）非负性：对任何 $\boldsymbol{x}\in\mathbb{R}^n$，$\langle\boldsymbol{x},\boldsymbol{x}\rangle\geqslant 0$，且 $\langle\boldsymbol{x},\boldsymbol{x}\rangle=0$ 当且仅当 $\boldsymbol{x}=\mathbf{0}$；

2）对称性：对任何 $\boldsymbol{x},\boldsymbol{y}\in\mathbb{R}^n,\langle\boldsymbol{x},\boldsymbol{y}\rangle=\langle\boldsymbol{y},\boldsymbol{x}\rangle$；

3）可加性：对任何 $\boldsymbol{x},\boldsymbol{y},\boldsymbol{z}\in\mathbb{R}^n,\langle\boldsymbol{x},\boldsymbol{y}+\boldsymbol{z}\rangle=\langle\boldsymbol{x},\boldsymbol{y}\rangle+\langle\boldsymbol{x},\boldsymbol{z}\rangle$；

4）齐次性：对任何 $\lambda\in\mathbb{R},\boldsymbol{x},\boldsymbol{y}\in\mathbb{R}^n,\langle\lambda\boldsymbol{x},\boldsymbol{y}\rangle=\lambda\langle\boldsymbol{x},\boldsymbol{y}\rangle$。

带有内积的线性空间称为欧几里得空间，简称欧氏空间。

【定义 2.5】 n 维欧氏空间$\mathbb{R}^n$上的范数定义为

$$\|\boldsymbol{x}\| = \left(\sum_{i=1}^{n} x_i^2\right)^{\frac{1}{2}} = \langle \boldsymbol{x}, \boldsymbol{x} \rangle^{\frac{1}{2}}$$

即通常意义下的距离，或称为 l_2 范数。

范数 $\|\cdot\|$ 具有以下性质：

1）非负性：$\|\boldsymbol{x}\| \geqslant 0$，且 $\|\boldsymbol{x}\| = 0$ 当且仅当 $\boldsymbol{x} = \boldsymbol{0}$；

2）齐次性：$\|\lambda \boldsymbol{x}\| = |\lambda| \|\boldsymbol{x}\|$；

3）三角不等式：$\|\boldsymbol{x}+\boldsymbol{y}\| \leqslant \|\boldsymbol{x}\| + \|\boldsymbol{y}\|$；

4）Cauchy-Schwarz 不等式：$|\langle \boldsymbol{x}, \boldsymbol{y} \rangle| \leqslant \|\boldsymbol{x}\| \|\boldsymbol{y}\|$，且等号成立的充分必要条件是 $\boldsymbol{x}$ 与 $\boldsymbol{y}$ 共线，即存在 $\lambda \in \mathbb{R}$，使得 $\boldsymbol{x} = \lambda \boldsymbol{y}$。将该不等式写成分量形式为

$$\left|\sum_{i=1}^{n} x_i y_i\right| \leqslant \left(\sum_{i=1}^{n} x_i^2\right)^{\frac{1}{2}} \left(\sum_{i=1}^{n} y_i^2\right)^{\frac{1}{2}}$$

2.1.3 矩阵

【定义 2.6】 称

$$\boldsymbol{A} = \begin{bmatrix} a_{11} & a_{12} & \cdots & a_{1n} \\ a_{21} & a_{22} & \cdots & a_{2n} \\ \vdots & \vdots & & \vdots \\ a_{m1} & a_{m2} & \cdots & a_{mn} \end{bmatrix}$$

为 $m \times n$ 矩阵。实数域上所有 $m \times n$ 矩阵组成的集合记作$\mathbb{R}^{m \times n}$。

对于矩阵 $\boldsymbol{A}$，可以进行分块，即

$$\boldsymbol{A} = \begin{bmatrix} \boldsymbol{A}_{11} & \boldsymbol{A}_{12} \\ \boldsymbol{A}_{21} & \boldsymbol{A}_{22} \end{bmatrix}$$

其中 $\boldsymbol{A}_{11}$ 为 $m_1 \times n_1$ 矩阵，$\boldsymbol{A}_{12}$ 为 $m_1 \times n_2$ 矩阵，$\boldsymbol{A}_{21}$ 为 $m_2 \times n_1$ 矩阵，$\boldsymbol{A}_{22}$ 为 $m_2 \times n_2$ 矩阵，且 $m_1 + m_2 = m$，$n_1 + n_2 = n$。这里特别提到两种特殊的分块矩阵，按列分块：

$$\boldsymbol{A} = [\boldsymbol{P}_1, \quad \boldsymbol{P}_2, \quad \cdots, \quad \boldsymbol{P}_n], \boldsymbol{P}_j = \begin{bmatrix} a_{1j} \\ a_{2j} \\ \vdots \\ a_{mj} \end{bmatrix}$$

和按行分块：

$$\boldsymbol{A} = \begin{bmatrix} \boldsymbol{a}_1^{\mathrm{T}} \\ \boldsymbol{a}_2^{\mathrm{T}} \\ \vdots \\ \boldsymbol{a}_m^{\mathrm{T}} \end{bmatrix}, \boldsymbol{a}_i^{\mathrm{T}} = [a_{i1}, \quad a_{i2}, \quad \cdots, \quad a_{in}]$$

矩阵 $\boldsymbol{A}$ 的秩定义为 $\boldsymbol{A}$ 的列（行）向量组的极大线性无关组的个数，记为 $\mathrm{rank}(\boldsymbol{A})$。当 $\mathrm{rank}(\boldsymbol{A}) = \min\{m, n\}$ 时，称矩阵 $\boldsymbol{A}$ 是满秩的。若 $m < n$，则称 $\boldsymbol{A}$ 为行满秩；若 $m > n$，则称 $\boldsymbol{A}$

为列满秩；若 $m=n$，则称 $\boldsymbol{A}$ 为 n 阶非奇异方阵。元素 $a_{ij}(i=1,2,\cdots,m,j=1,2,\cdots,n)$ 均为零的 $m\times n$ 矩阵称为零矩阵，记为 $\boldsymbol{O}$。

【定义 2.7】 $n\times n$ 矩阵 $\boldsymbol{A}=\begin{bmatrix} a_{11} & a_{12} & \cdots & a_{1n} \\ a_{21} & a_{22} & \cdots & a_{2n} \\ \vdots & \vdots & & \vdots \\ a_{n1} & a_{n2} & \cdots & a_{nn} \end{bmatrix}$的行列式定义为

$$\det(\boldsymbol{A})=\sum(-1)^k a_{1k_1}a_{2k_2}\cdots a_{nk_n}$$

式中，k_1，k_2，…，k_n 是将序列 1，2，…，n 的元素次序交换 k 次所得到的序列；$\sum$表示对 k_1，k_2，…，k_n 取遍 1，2，…，n 的一切排列求和。$\boldsymbol{A}$ 的行列式也记作 $|\boldsymbol{A}|$。

【定理 2.1】 矩阵 $\boldsymbol{A}\in\mathbb{R}^{n\times n}$非奇异的充分必要条件是

$$\det(\boldsymbol{A})\neq 0$$

若矩阵 $\boldsymbol{A}\in\mathbb{R}^{n\times n}$满足

$$\boldsymbol{A}^{\mathrm{T}}=\boldsymbol{A}$$

则称 $\boldsymbol{A}$ 为对称矩阵；若对于一切非零向量 $\boldsymbol{x}\in\mathbb{R}^n-\{\boldsymbol{0}\}$，均有

$$\boldsymbol{x}^{\mathrm{T}}\boldsymbol{A}\boldsymbol{x}>0$$

则称 $\boldsymbol{A}$ 为正定矩阵；若对于一切 $\boldsymbol{x}\in\mathbb{R}^n$，均有

$$\boldsymbol{x}^{\mathrm{T}}\boldsymbol{A}\boldsymbol{x}\geqslant 0$$

则称 $\boldsymbol{A}$ 为半正定矩阵。

2.1.4 特征值与特征向量

【定义 2.8】 对矩阵 $\boldsymbol{A}\in\mathbb{R}^{n\times n}$，若存在 $\lambda\in\mathbb{C}$（复数域）满足

$$\boldsymbol{A}\boldsymbol{v}=\lambda\boldsymbol{v}$$

则称非零向量 $\boldsymbol{v}\in\mathbb{R}^n$为 $\boldsymbol{A}$ 的特征向量，称标量 λ 为对应特征向量 $\boldsymbol{v}$ 的特征值。

一般来说，实矩阵可以有复数特征值，但对称矩阵的所有特征值都是实数。$n\times n$ 的对称矩阵 $\boldsymbol{A}$ 的特征值表示为

$$\lambda_1(\boldsymbol{A})\geqslant\lambda_2(\boldsymbol{A})\geqslant\cdots\geqslant\lambda_n(\boldsymbol{A})$$

最大特征值表示为 $\lambda_{\max}(\boldsymbol{A})=\lambda_1(\boldsymbol{A})$，最小的特征值表示为 $\lambda_{\min}(\boldsymbol{A})=\lambda_n(\boldsymbol{A})$。与特征值相关的最有用的结果之一是谱分解定理，该定理指出任何对称矩阵 $\boldsymbol{A}$ 都具有特征向量的正交基。

【定理 2.2】 设 $\boldsymbol{A}$ 是 $n\times n$ 的实对称矩阵，那么存在正交矩阵 $\boldsymbol{U}\in\mathbb{R}^{n\times n}(\boldsymbol{U}^{\mathrm{T}}\boldsymbol{U}=\boldsymbol{U}\boldsymbol{U}^{\mathrm{T}}=\boldsymbol{I})$ 和对角矩阵 $\boldsymbol{D}=\mathrm{diag}(d_1, d_2, \cdots, d_n)$ 满足

$$\boldsymbol{U}^{\mathrm{T}}\boldsymbol{A}\boldsymbol{U}=\boldsymbol{D}$$

式中矩阵 $\boldsymbol{U}$ 的列构成由 $\boldsymbol{A}$ 的特征向量组成的正交基，$\boldsymbol{D}$ 的对角线元素是对应的特征值。根据谱分解定理，矩阵的迹和行列式可以通过特征值表示为

$$\mathrm{tr}(\boldsymbol{A})=\sum_{i=1}^{n}\lambda_i(\boldsymbol{A})$$

$$\det(\boldsymbol{A})=\prod_{i=1}^{n}\lambda_i(\boldsymbol{A})$$

2.1.5 奇异值分解

【定义 2.9】 矩阵的奇异值分解运算就是将一个非零的 $m\times n$ 实矩阵 $\boldsymbol{A}\in\mathbb{R}^{m\times n}$，表示为满足以下特性的 3 个实矩阵乘积形式的因子分解形式：

$$\boldsymbol{A}=\boldsymbol{U\Sigma V}^{\mathrm{T}}$$

其中：

1）$\boldsymbol{U}$ 是 m 阶正交矩阵，$\boldsymbol{U}^{\mathrm{T}}\boldsymbol{U}=\boldsymbol{I}$；

2）$\boldsymbol{V}$ 是 n 阶正交矩阵，$\boldsymbol{V}^{\mathrm{T}}\boldsymbol{V}=\boldsymbol{I}$；

3）$\boldsymbol{\Sigma}$ 是由降序排列的非负的对角线元素组成的 $m\times n$ 矩形对角矩阵：

$$\boldsymbol{\Sigma}=\mathrm{diag}(\sigma_1,\sigma_2,\cdots,\sigma_p)$$

这里 $\sigma_1\geqslant\sigma_2\geqslant\cdots\geqslant\sigma_p\geqslant0$，且 $p=\min\{m,n\}$。

$\boldsymbol{U\Sigma V}^{\mathrm{T}}$ 称为 $\boldsymbol{A}$ 的奇异值分解，$\sigma_i(i=1,2,\cdots,p)$ 称为 $\boldsymbol{A}$ 的奇异值，$\boldsymbol{U}$ 和 $\boldsymbol{V}$ 的列向量分别称为 $\boldsymbol{A}$ 的左、右奇异向量。

2.2 概率与信息论

2.2.1 随机变量与概率分布

1. 随机变量

【定义 2.10】 随机变量 x 表示一个不确定的数量。该变量可以表示一个实验的结果（如抛硬币）或波动特性的真实量度（如测量温度）。x 的概率分布表示每次实验中某个结果发生的可能性大小，记作 $P(x)$。

观察随机变量 x 的几个实例 $\{x_i\}_{i=1}^{I}$，它可能在每一个场合取不同的值。然而，一些值可能比其他值更容易出现。这种信息是由随机变量的概率分布 $P(x)$ 决定的。

随机变量可以是离散的或连续的。离散变量从一组预先确定的集合中取值。这组值可能是有序的（掷骰子的点数从 1 到 6）或者无序的（观察天气的结果是“晴”“下雨”或“下雪”）。它可能是有限的（从标准扑克牌（除去大小王）中随机抽出一张牌，有 52 种可能的结果）或者无限的（从理论上说，下一班火车上的人数是无限的）。离散变量的概率分布可以可视化为一个直方图或 Hinton 图（见图 2-1）。每个结果都有一个与之相关的正概率，

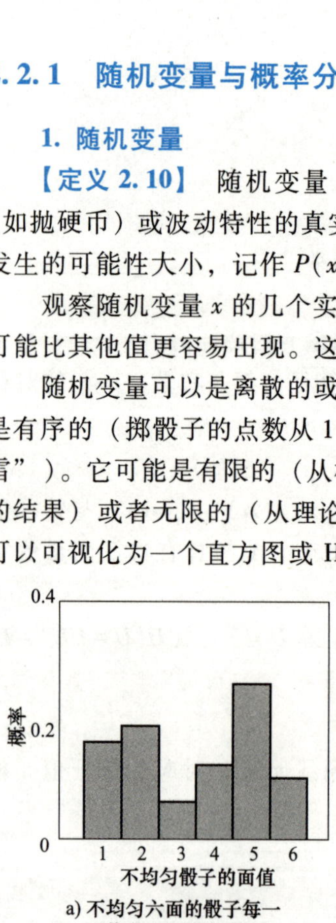

a) 不均匀六面的骰子每一面落在地上的柱状图

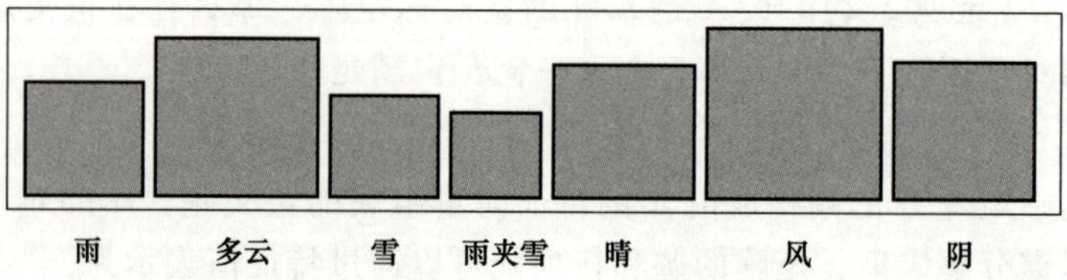

b) 观察到英国不同天气类型概率的Hinton图

图 2-1 离散概率的两种不同表示

且所有结果的概率之和总是 1。

与离散随机变量不同，连续随机变量取实数值，这些取值可能是有限的（要完成时长 2h 考试所花费时间是介于 0~2h 之间的）或无限的（下一班车到达的时间是无上界的实数）。无限连续变量可能取遍整个实数范围，或者可能是仅有上界或下界的区间（车辆的速度能够取任意值，但速度的下界为 0）。连续变量的概率分布可以通过绘制概率密度函数（Probability Distribution Function，PDF）来可视化。一个结果的概率密度表示随机变量取该值的相对可能性，它可以取任何正值。注意，概率密度函数的积分总是 1。

2. 联合概率

【定义 2.11】 给定两个随机变量 x 和 y。若观察 x 和 y 的多个成对实例，结果中某些组合出现得较为频繁，这样的情况用 x 和 y 的联合概率分布表示，记作 $P(x,y)$。

在 $P(x,y)$ 中的逗号可以理解为“和”，所以 $P(x,y)$ 是 x 和 y 的概率。一个联合概率分布中的相关变量可能全是离散变量，或全是连续变量，或是兼而有之。不管怎样，所有结果的概率之和（离散变量的总和与连续变量的积分）总是 1。

一般来说，与二元变量的概率分布相比，人们会对多元变量的联合概率分布更感兴趣。将 $P(x,y,z)$ 记为标量变量 x、y 和 z 的联合概率分布，也可以把 $P(\boldsymbol{x})$ 当成所有多维元素 $\boldsymbol{x}=[x_1,x_2,\cdots,x_k]^{\mathrm{T}}$ 的联合概率。最后，用 $P(\boldsymbol{x},\boldsymbol{y})$ 表示所有多维变量 $\boldsymbol{x}$、$\boldsymbol{y}$ 的联合概率分布。

3. 边缘概率

任意单变量的概率分布可通过在联合概率分布上求其他变量的和（离散）或积分（连续）而得到。例如，如果 x 和 y 是连续的，并且已知 $P(x,y)$，那么通过如下计算就可以得到概率分布 $P(x)$ 和 $P(y)$：

$$\begin{cases} P(x)=\int P(x,y)\,\mathrm{d}y \\ P(y)=\int P(x,y)\,\mathrm{d}x \end{cases} \tag{2-1}$$

所求出的分布 $P(x)$ 和 $P(y)$ 称为边缘分布，其他变量的积分/求和过程称为边缘化。联合分布 $P(x,y)$ 中忽略变量 y 的影响，计算边缘分布 $P(x)$ 的过程也可以简单地解释为：计算 x 的概率分布且忽略（或不考虑）y 的值。

一般来说，可以通过边缘化所有其他变量求出任何变量子集的联合概率。例如，给定变量 w、x、y、z，其中 w 是离散的，z 是连续的，可以使用下式求得 $P(x,y)$：

$$P(x,y)=\sum_{w}\int P(w,x,y,z)\,\mathrm{d}z$$

4. 条件概率

【定义 2.12】 给定 y 取 y^* 时 x 的条件概率，定义为随机变量 x 在 y 取固定值 y^* 时 x 的相对概率的取值。这个条件概率记为 $P(x|y=y^*)$，“|”可以理解为“给定”。

条件概率 $P(x|y=y^*)$ 可以由联合分布 $P(x,y)$ 计算出来。特别是，计算联合分布中某个恰当的切片 $P(x,y=y^*)$。切片值表示当 $y=y^*$ 时 x 取不同值的相对概率，但其本身没有形成有效的概率分布。因为它们仅构成联合分布的一小部分，其总和不会是 1，而联合概率自身总和为 1。为计算条件概率分布，需要规范化切片中的总概率：

$$P(x \mid y=y^*)=\frac{P(x,y=y^*)}{\int P(x,y=y^*)\mathrm{d}x}=\frac{P(x,y=y^*)}{P(y=y^*)}$$

其中用边缘概率关系式（2-1）去简化分母。通常情况下不会显式定义 $y=y^*$，所以条件概率关系式可简化为

$$P(x|y)=\frac{P(x,y)}{P(y)}$$

可得

$$P(x,y)=P(x|y)P(y) \tag{2-2}$$

由对称性可得

$$P(x,y)=P(y|x)P(x) \tag{2-3}$$

当有两个以上的变量时，联合概率分布可分解为

$$\begin{aligned}P(w,x,y,z)&=P(w,x,y|z)P(z)=P(w,x|y,z)P(y|z)P(z)\\&=P(w|x,y,z)P(x|y,z)P(y|z)P(z)\end{aligned}$$

5. 贝叶斯公式

在式（2-2）和式（2-3）中，分别用两种方式表示联合概率。结合这些公式，可以得到 $P(x|y)$ 和 $P(y|x)$ 之间的关系：

$$P(y|x)P(x)=P(x|y)P(y)$$

整理可得

$$\begin{aligned}P(y \mid x)&=\frac{P(x \mid y)P(y)}{P(x)}\\&=\frac{P(x \mid y)P(y)}{\int P(x,y)\mathrm{d}y}\\&=\frac{P(x \mid y)P(y)}{\int P(x \mid y)P(y)\mathrm{d}y}\end{aligned}$$

上式通常统称为贝叶斯公式。$P(y|x)$ 叫作后验概率，代表给定 x 下 y 的概率；相反，$P(y)$ 叫作先验概率，表示在考虑 x 之前 y 的概率。$P(x|y)$ 叫作似然性，分母 $P(x)$ 是证据。

6. 独立性

【定义 2.13】 如果从变量 x 不能获得变量 y 的任何信息（反之亦然），就称 x 和 y 是独立的，可以表示为

$$P(x|y)=P(x),P(y|x)=P(y)$$

代入式（2-2）中可得，独立变量的联合概率 $P(x,y)$ 是边缘概率 $P(x)$ 和 $P(y)$ 的乘积：

$$P(x,y)=P(x|y)P(y)=P(x)P(y)$$

2.2.2 期望、方差与协方差

给定一个函数 $f(\cdot)$ 和每个 x 所对应的概率 $P(x=x^*)$，函数对变量 x 的每个值 x^* 都返回一个值，有时希望求函数的期望输出。如果从概率分布中抽取大量样本，计算每个样本的函数，并求这些值的平均值，其结果就是期望。

【定义 2.14】 在离散及连续的情况下，一个随机变量 x 的函数 $f(\cdot)$ 的期望值分别定义为

$$E(f(x)) = \sum_x f(x)P(x)$$

$$E(f(x)) = \int f(x)P(x)\mathrm{d}x$$

将这种思路推广到二元随机变量的函数 $f(\cdot)$，则有

$$E(f(x,y)) = \iint f(x,y)P(x,y)\mathrm{d}x\mathrm{d}y$$

对于某些特殊的函数 $f(\cdot)$，其期望被赋予特殊的名称。当函数 $f(\cdot)=(x-E(x))^2$ 时，对应的期望就是随机变量 x 的方差，其用来度量 x 的离散程度。

【定义 2.15】 在离散及连续的情况下，单个随机变量 x 的方差分别定义为

$$\sigma_x^2 = \sum_x (x - E(x))^2 P(x)$$

$$\sigma_x^2 = \int (x - E(x))^2 P(x)\mathrm{d}x$$

对于两个随机变量 x 和 y，当函数 $f(\cdot)=(x-E(x))(y-E(y))$ 时，对应的期望就是随机变量 x 和 y 的协方差，用来度量两个随机变量之间的相似程度，数学定义为

$$\mathrm{Cov}(x,y) = \iint (x - E(x))(y - E(y))P(x,y)\mathrm{d}x\mathrm{d}y$$

2.2.3 常用概率分布

1. 伯努利分布

伯努利分布是二项试验的一个离散分布模型，它描述的情况只可能有两种结果 0 或 1，这称为“失败”和“成功”。在机器学习中，伯努利分布可以用于模拟数据。例如，它可以描述一个像素所取的灰度值大于或小于 128 的概率。另外，它也可以用来模拟现实世界的状态。例如，它能够描述图像中人脸出现或者消失的概率。

伯努利分布有一个单参数 $\lambda\in[0,1]$，它定义成功一次（即 $x=1$）的概率。因此有

$$P(x=0)=1-\lambda,\ P(x=1)=\lambda$$

或者表示为

$$P(x)=\lambda^x(1-\lambda)^{1-x}$$

有时也用等价的表示方法为

$$P(x)=\mathrm{Bern}_x(\lambda)$$

2. 贝塔分布

贝塔分布是由单变量 λ 定义的连续分布，这里 $\lambda\in[0,1]$。因此，它适合表示伯努利分布中参数 λ 的不确定性。

贝塔分布有两个参数 $\alpha,\beta\in(0,\infty)$，两个参数均取正值并且都影响曲线的形状。在数学上，贝塔分布的形式如下：

$$P(\lambda)=\frac{\Gamma(\alpha+\beta)}{\Gamma(\alpha)\Gamma(\beta)}\lambda^{\alpha-1}(1-\lambda)^{\beta-1}$$

式中，$\Gamma(\cdot)$ 是伽马函数。贝塔分布可简写为

$$P(\lambda)=\mathrm{Beta}_{\lambda}(\alpha,\beta)$$

3. 狄利克雷分布

狄利克雷分布定义在 K 个连续实数值 $\lambda_1,\lambda_2,\cdots,\lambda_K$ 上，其中 $\lambda_k\in[0,1]$，$\sum_{k=1}^{K}\lambda_k=1$。因此，狄利克雷分布适合于定义分类分布中参数的分布。

在 K 维空间中，狄利克雷分布有 K 个参数 $\alpha_1,\alpha_2,\cdots,\alpha_K$，每个参数都取正值，参数的相对值决定期望值 $E(\lambda_1)$，$E(\lambda_2)$，$\cdots$，$E(\lambda_K)$，参数的绝对值决定期望值两侧的集中程度。狄利克雷分布可以写成

$$P(\lambda_1,\lambda_2,\cdots,\lambda_K)=\frac{\Gamma\left(\sum_{k=1}^{K}\alpha_k\right)}{\prod_{k=1}^{K}\Gamma(\alpha_k)}\prod_{k=1}^{K}\lambda_k^{\alpha_k-1}$$

也可以简写为

$$P(\lambda_1,\lambda_2,\cdots,\lambda_K)=\mathrm{Dir}_{\lambda_1,\lambda_2,\cdots,\lambda_K}(\alpha_1,\alpha_2,\cdots,\alpha_K)$$

正如伯努利分布是仅有两个输出结果的特殊分类分布一样，贝塔分布是一个二维的特殊狄利克雷分布。

4. 一元正态分布

一元正态分布或高斯分布由一个连续值 $x\in(-\infty,\infty)$ 定义。真实世界很多对象的状态可以用正态分布描述。

正态分布有两个参数：均值 μ 和方差 σ^2。μ 可取任意实数，它决定峰值的位置；σ^2 为正数，它决定分布的宽度。正态分布定义为

$$P(x)=\frac{1}{\sqrt{2\pi\sigma^2}}\exp\left(-\frac{(x-\mu)^2}{2\sigma^2}\right)$$

将其简写为

$$P(x)=\mathrm{Norm}_x(\mu,\sigma^2)$$

5. 多元正态分布

多元正态分布或多元高斯分布是一个由 D 维变量 $\boldsymbol{x}\in\mathbb{R}^D$ 决定的模型，其中 $\boldsymbol{x}$ 的每个元素均为实数。同样，一元正态分布就是仅有一个变量的多元正态分布的特殊情况。例如，在视觉处理中，计算机会将图像一个区域内的 D 个像素的亮度联合起来建立正态分布模型。全局的状态也可以由多元正态分布描述。例如，某个物体的三维坐标（x，y，z）的联合概率就可用多元正态分布来表示。

多元正态分布有两个参数：均值 $\boldsymbol{\mu}$ 和协方差 $\boldsymbol{\Sigma}$。$\boldsymbol{\mu}$ 是 $D\times1$ 向量，它描述分布的均值；协方差 $\boldsymbol{\Sigma}$ 是 $D\times D$ 维对称正定矩阵，对任意的实向量 z 满足 $z^{\mathrm{T}}\boldsymbol{\Sigma}z$ 恒为正。多元正态分布定义为

$$P(\boldsymbol{x})=\frac{1}{(2\pi)^{D/2}|\boldsymbol{\Sigma}|^{1/2}}\exp\left[\frac{(\boldsymbol{x}-\boldsymbol{\mu})^{\mathrm{T}}\boldsymbol{\Sigma}^{-1}(\boldsymbol{x}-\boldsymbol{\mu})}{2}\right]$$

可简写为

$$P(\boldsymbol{x})=\mathrm{Norm}_{\boldsymbol{x}}(\boldsymbol{\mu},\boldsymbol{\Sigma})$$

2.2.4　熵、互信息、KL 散度

1. 熵

在信息论与概率统计中，熵（entropy）是表示随机变量不确定性的度量。

【定义 2.16】　设 x 是一个取有限个值的离散随机变量，其概率分布为

$$P(x=x_i)=p_i, i=1,2,\cdots,n$$

则随机变量 x 的熵定义为

$$H(x)=-\sum_{i=1}^{n} p_i \log p_i$$

若 $p_i=0$，则定义 $0\log 0=0$。通常，对数以 2 为底或以 e 为底（自然对数），这时熵的单位分别是比特（bit）或纳特（nat）。由定义可知，熵只依赖于 x 的分布，而与 x 的取值无关，所以也可将 x 的熵记作 $H(p)$，即

$$H(p)=-\sum_{i=1}^{n} p_i \log p_i$$

熵又称为自信息，表示信源 x 每发送一个消息所提供的平均信息量。熵可以理解为不确定性的度量，熵越大，随机变量的不确定性就越大，正确估计其值的可能性越小，同时提供的信息量也就越大。从定义可以验证：

$$0 \leqslant H(p) \leqslant \log p_i$$

2. 互信息

【定义 2.17】　条件熵表示在已知随机变量 x 的条件下随机变量 y 的不确定性。随机变量 x 给定的条件下随机变量 y 的条件熵 $H(y|x)$，定义为 x 给定条件下 y 的条件概率分布的熵对 x 的数学期望：

$$H(y \mid x)=\sum_{i=1}^{n} p_i H(y \mid x=x_i)$$

式中，$p_i=P(x=x_i)$，$i=1,2,\cdots,n$。

【定义 2.18】　互信息则用于衡量两个随机变量之间的相互依赖程度，其公式定义为

$$I(x;y)=H(y)-H(y|x)=H(x)-H(x|y)$$

如果两个随机变量完全独立，则它们的互信息为 0；如果两个随机变量完全相关，则它们的互信息达到最大值，即其中一个随机变量的信息熵。

3. KL 散度

【定义 2.19】　KL 散度（Kullback-Leibler divergence）也称为相对熵，常用于衡量两个概率分布之间的差异。对于两个分布 P 和 Q，KL 散度表示 P 分布相对于 Q 分布的信息量：

$$D_{\mathrm{KL}}(P \parallel Q)=\sum_{x} P(x)\log\frac{P(x)}{Q(x)}$$

式中，$P(x)$ 和 $Q(x)$ 分别是 P 和 Q 分布在 x 上的概率。

在实际应用中，常将 P 分布视作真实分布，Q 分布视作近似分布，则 KL 散度刻画了给定任意分布偏离真实分布的程度。KL 散度越小，近似分布与真实分布的匹配就越好。

此外，KL 散度还有以下几个重要性质：

1）非对称性：$D_{\mathrm{KL}}(P \parallel Q) \neq D_{\mathrm{KL}}(Q \parallel P)$；

2）非负性：$D_{KL} \geqslant 0$；

3）只有在 $P=Q$ 时，KL 散度为 0，此时表示两个分布没有差异，最大差异时 KL 散度最大；

4）KL 散度不满足三角不等式，所以并不是一个真正的距离度量，不能直接用于聚类任务。

2.3 最优化理论

2.3.1 多元函数

分析多元函数在某点附近的特性，它在该点处的一阶微分和二阶微分是两个重要的工具。多元函数在某点处的线性近似和二次近似对于考虑这个函数在该点处的最优性条件是非常有用的。

1. 梯度

【定义 2.20】 设 n 元函数 $f(\boldsymbol{x})$ 对自变量 $\boldsymbol{x}=(x_1,x_2,\cdots,x_n)^{\mathrm{T}}$ 的各分量 x_i 的偏导数 $\dfrac{\partial f(\boldsymbol{x})}{\partial x_i}(i=1,2,\cdots,n)$ 都存在，则称函数 $f(\boldsymbol{x})$ 在 $\boldsymbol{x}$ 处一阶可导，并称向量：

$$\nabla f(\boldsymbol{x})=\left(\frac{\partial f(\boldsymbol{x})}{\partial x_1},\frac{\partial f(\boldsymbol{x})}{\partial x_2},\cdots,\frac{\partial f(\boldsymbol{x})}{\partial x_n}\right)^{\mathrm{T}}$$

为函数 $f(\boldsymbol{x})$ 在 $\boldsymbol{x}$ 处的一阶导数或梯度，记 $g(\boldsymbol{x})=\nabla f(\boldsymbol{x})$。

2. 黑塞矩阵

【定义 2.21】 设 n 元函数 $f(\boldsymbol{x})$ 对自变量 $\boldsymbol{x}=(x_1,x_2,\cdots,x_n)^{\mathrm{T}}$ 的各分量 x_i 的二阶偏导数 $\dfrac{\partial^2 f(\boldsymbol{x})}{\partial x_i\partial x_j}(i=1,2,\cdots,n,j=1,2,\cdots,n)$ 都存在，则称函数 $f(\boldsymbol{x})$ 在点 $\boldsymbol{x}$ 处二阶可导，并称矩阵：

$$\nabla^2 f(\boldsymbol{x})=\begin{bmatrix}\dfrac{\partial^2 f(\boldsymbol{x})}{\partial x_1^2} & \dfrac{\partial^2 f(\boldsymbol{x})}{\partial x_1\partial x_2} & \cdots & \dfrac{\partial^2 f(\boldsymbol{x})}{\partial x_1\partial x_n}\\ \dfrac{\partial^2 f(\boldsymbol{x})}{\partial x_2\partial x_1} & \dfrac{\partial^2 f(\boldsymbol{x})}{\partial x_2\partial x_2} & \cdots & \dfrac{\partial^2 f(\boldsymbol{x})}{\partial x_2\partial x_n}\\ \vdots & \vdots & & \vdots\\ \dfrac{\partial^2 f(\boldsymbol{x})}{\partial x_n\partial x_1} & \dfrac{\partial^2 f(\boldsymbol{x})}{\partial x_n\partial x_2} & \cdots & \dfrac{\partial^2 f(\boldsymbol{x})}{\partial x_n^2}\end{bmatrix}$$

为 $f(\boldsymbol{x})$ 在 $\boldsymbol{x}$ 处的二阶导数或黑塞矩阵，记 $G(\boldsymbol{x})=\nabla^2 f(\boldsymbol{x})$，也可简写为

$$\nabla^2 f(\boldsymbol{x})=\left(\frac{\partial^2 f(\boldsymbol{x})}{\partial x_i\partial x_j}\right)_{n\times n}$$

3. 雅可比矩阵

【定义 2.22】 设向量函数 $F(\boldsymbol{x})=(f_1(\boldsymbol{x}),f_2(\boldsymbol{x}),\cdots,f_m(\boldsymbol{x}))^{\mathrm{T}}$ 的各分量函数 $f_i(\boldsymbol{x})(i=1,2,\cdots,m)$ 对自变量 $\boldsymbol{x}=(x_1,x_2,\cdots,x_n)^{\mathrm{T}}$ 各分量的偏导数 $\dfrac{\partial f_i(\boldsymbol{x})}{\partial x_j}(i=1,2,\cdots,m,j=1,2,\cdots,n)$

都存在，则称 $F(\boldsymbol{x})$ 在点 $\boldsymbol{x}$ 处一阶可导，并称矩阵：

$$F'(\boldsymbol{x})=\begin{bmatrix}\frac{\partial f_1(\boldsymbol{x})}{\partial x_1} & \frac{\partial f_1(\boldsymbol{x})}{\partial x_2} & \cdots & \frac{\partial f_1(\boldsymbol{x})}{\partial x_n}\\ \frac{\partial f_2(\boldsymbol{x})}{\partial x_1} & \frac{\partial f_2(\boldsymbol{x})}{\partial x_2} & \cdots & \frac{\partial f_2(\boldsymbol{x})}{\partial x_n}\\ \vdots & \vdots & & \vdots\\ \frac{\partial f_m(\boldsymbol{x})}{\partial \boldsymbol{x}_1} & \frac{\partial f_m(\boldsymbol{x})}{\partial x_2} & \cdots & \frac{\partial f_m(\boldsymbol{x})}{\partial x_n}\end{bmatrix}$$

为向量函数 $F(\boldsymbol{x})$ 在点 $\boldsymbol{x}$ 处的雅可比矩阵。

4. 方向导数

与导数相关的另一个概念是方向导数。下面借助一元函数的一阶和二阶导数，导出多元函数的一阶方向导数和二阶方向导数。

首先，根据多元复合函数的求导法则，可以导出一元函数：

$$\phi(a)=f(\boldsymbol{x}+a\boldsymbol{d}),a\in\mathbb{R},\boldsymbol{x},\boldsymbol{d}\in\mathbb{R}^n$$

的一阶导数、二阶导数。

令 $\boldsymbol{u}=\boldsymbol{x}+a\boldsymbol{d}=(x_1+ad_1,x_2+ad_2,\cdots,x_n+ad_n)^{\mathrm{T}}=(u_1,u_2,\cdots,u_n)^{\mathrm{T}}$，则

$$\begin{aligned}\phi'(a)&=\frac{\partial f(\boldsymbol{u})}{\partial u_1}\frac{\mathrm{d}u_1}{\mathrm{d}a}+\frac{\partial f(\boldsymbol{u})}{\partial u_2}\frac{\mathrm{d}u_2}{\mathrm{d}a}+\cdots+\frac{\partial f(\boldsymbol{u})}{\partial u_n}\frac{\mathrm{d}u_n}{\mathrm{d}a}\\ &=\frac{\partial f(\boldsymbol{u})}{\partial u_1}d_1+\frac{\partial f(\boldsymbol{u})}{\partial u_2}d_2+\cdots+\frac{\partial f(\boldsymbol{u})}{\partial u_n}d_n=\nabla f(\boldsymbol{u})^{\mathrm{T}}\boldsymbol{d}=\nabla f(\boldsymbol{x}+a\boldsymbol{d})^{\mathrm{T}}\boldsymbol{d}\end{aligned} \tag{2-4}$$

$$\begin{aligned}\phi''(a)&=\left(\frac{\partial^2 f(\boldsymbol{u})}{\partial u_1^2}d_1+\frac{\partial^2 f(\boldsymbol{u})}{\partial u_1\partial u_2}d_2+\cdots+\frac{\partial^2 f(\boldsymbol{u})}{\partial u_1\partial u_n}d_n\right)d_1+\\ &\left(\frac{\partial^2 f(\boldsymbol{u})}{\partial u_2\partial u_1}d_1+\frac{\partial^2 f(\boldsymbol{u})}{\partial u_2^2}d_2+\cdots+\frac{\partial^2 f(\boldsymbol{u})}{\partial u_2\partial u_n}d_n\right)d_2+\cdots+\\ &\left(\frac{\partial^2 f(\boldsymbol{u})}{\partial u_n\partial u_1}d_1+\frac{\partial^2 f(\boldsymbol{u})}{\partial u_n\partial u_2}d_2+\cdots+\frac{\partial^2 f(\boldsymbol{u})}{\partial u_n^2}d_n\right)d_n\\ &=(d_1,d_2,\cdots,d_n)\begin{bmatrix}\frac{\partial^2 f(\boldsymbol{u})}{\partial u_1^2} & \frac{\partial^2 f(\boldsymbol{u})}{\partial u_1\partial u_2} & \cdots & \frac{\partial^2 f(\boldsymbol{u})}{\partial u_1\partial u_n}\\ \frac{\partial^2 f(\boldsymbol{u})}{\partial u_2\partial u_1} & \frac{\partial^2 f(\boldsymbol{u})}{\partial u_2^2} & \cdots & \frac{\partial^2 f(\boldsymbol{u})}{\partial u_2\partial u_n}\\ \vdots & \vdots & & \vdots\\ \frac{\partial^2 f(\boldsymbol{u})}{\partial u_n\partial u_1} & \frac{\partial^2 f(\boldsymbol{u})}{\partial u_n\partial u_2} & \cdots & \frac{\partial^2 f(\boldsymbol{u})}{\partial u_n^2}\end{bmatrix}\begin{bmatrix}d_1\\ d_2\\ \vdots\\ d_n\end{bmatrix}\\ &=\boldsymbol{d}^{\mathrm{T}}\nabla^2 f(\boldsymbol{x}+a\boldsymbol{d})\boldsymbol{d}\end{aligned} \tag{2-5}$$

【定义 2.23】　对于任意给定的非零向量 $\boldsymbol{d}\neq\boldsymbol{0}$，若极限：

$$\lim_{t\to0^+}\frac{f(\overline{\boldsymbol{x}}+t\boldsymbol{d})-f(\overline{\boldsymbol{x}})}{t\|\boldsymbol{d}\|}$$

存在，则称该极限值为函数 $f(\boldsymbol{x})$ 在 $\bar{\boldsymbol{x}}$ 处沿方向 $\boldsymbol{d}$ 的一阶方向导数，简称方向导数，记为 $\frac{\partial}{\partial \boldsymbol{d}}f(\bar{\boldsymbol{x}})$，即

$$\frac{\partial}{\partial \boldsymbol{d}}f(\bar{\boldsymbol{x}})=\lim_{t\to 0^+}\frac{f(\bar{\boldsymbol{x}}+t\boldsymbol{d})-f(\bar{\boldsymbol{x}})}{t\|\boldsymbol{d}\|} \tag{2-6}$$

如果按上述定义求方向导数的话会相当烦琐，下面给出方向导数的另一种表达式。

【定理 2.3】 若函数 $f(\boldsymbol{x})$ 具有连续的一阶偏导数，则它在 $\bar{\boldsymbol{x}}$ 处沿方向 $\boldsymbol{d}$ 的一阶方向导数为

$$\frac{\partial}{\partial \boldsymbol{d}}f(\bar{\boldsymbol{x}})=\left\langle \nabla f(\bar{\boldsymbol{x}}),\frac{\boldsymbol{d}}{\|\boldsymbol{d}\|}\right\rangle=\frac{1}{\|\boldsymbol{d}\|}\boldsymbol{d}^{\mathrm{T}}\nabla f(\bar{\boldsymbol{x}})$$

证明 记 $\bar{\boldsymbol{x}}=(\bar{x}_1,\bar{x}_2,\cdots,\bar{x}_n)^{\mathrm{T}}$，$\boldsymbol{d}=(d_1,d_2,\cdots,d_n)^{\mathrm{T}}$，考虑单变量函数：

$$\phi(t)=f(\bar{\boldsymbol{x}}+t\boldsymbol{d})$$

由定理条件可知 $\phi(t)$ 可微，由式（2-4）可得

$$\phi'(t)=\boldsymbol{d}^{\mathrm{T}}\nabla f(\bar{\boldsymbol{x}}+t\boldsymbol{d})$$

当 $t=0$ 时，有

$$\phi'(0)=\boldsymbol{d}^{\mathrm{T}}\nabla f(\bar{\boldsymbol{x}}) \tag{2-7}$$

另一方面，由式（2-6）和式（2-7）可得

$$\frac{\partial}{\partial \boldsymbol{d}}f(\bar{\boldsymbol{x}})=\lim_{t\to 0^+}\frac{f(\bar{\boldsymbol{x}}+t\boldsymbol{d})-f(\bar{\boldsymbol{x}})}{t\|\boldsymbol{d}\|}=\frac{1}{\|\boldsymbol{d}\|}\lim_{t\to 0^+}\frac{\phi(t)-\phi(0)}{t}=\frac{1}{\|\boldsymbol{d}\|}\phi'(0)=\frac{1}{\|\boldsymbol{d}\|}\boldsymbol{d}^{\mathrm{T}}\nabla f(\bar{\boldsymbol{x}})$$

一阶方向导数的几何意义是函数 $f(\boldsymbol{x})$ 在 $\bar{\boldsymbol{x}}$ 处沿方向 $\boldsymbol{d}$ 的变化率。若 $\frac{\partial f}{\partial \boldsymbol{d}}>0$，则沿着方向 $\boldsymbol{d}$ 增加时，函数值上升，此时，也称 $\boldsymbol{d}$ 为上升方向；若 $\frac{\partial f}{\partial \boldsymbol{d}}<0$，则称 $\boldsymbol{d}$ 为下降方向。

由式（2-6）和 Cauchy-Schwarz 不等式得到

$$\frac{\partial}{\partial \boldsymbol{d}}f(\bar{\boldsymbol{x}})=\left\langle \nabla f(\bar{\boldsymbol{x}}),\frac{\boldsymbol{d}}{\|\boldsymbol{d}\|}\right\rangle\leqslant\|\nabla f(\bar{\boldsymbol{x}})\|\left\|\frac{\boldsymbol{d}}{\|\boldsymbol{d}\|}\right\|=\|\nabla f(\bar{\boldsymbol{x}})\|$$

当 $\boldsymbol{d}=\nabla f(\bar{\boldsymbol{x}})$ 时，有

$$\frac{\partial}{\partial \boldsymbol{d}}f(\bar{\boldsymbol{x}})=\left\langle \nabla f(\bar{\boldsymbol{x}}),\frac{\boldsymbol{d}}{\|\boldsymbol{d}\|}\right\rangle=\left\langle \nabla f(\bar{\boldsymbol{x}}),\frac{\nabla f(\bar{\boldsymbol{x}})}{\|\nabla f(\bar{\boldsymbol{x}})\|}\right\rangle=\|\nabla f(\bar{\boldsymbol{x}})\|$$

$\boldsymbol{d}=\nabla f(\bar{\boldsymbol{x}})$ 是在 $\bar{\boldsymbol{x}}$ 处使得方向导数达到最大的方向，称其为 $\bar{\boldsymbol{x}}$ 处的最速上升方向。

同理，可得 $\frac{\partial}{\partial \boldsymbol{d}}f(\bar{\boldsymbol{x}})\geqslant-\|\nabla f(\bar{\boldsymbol{x}})\|$，当 $\boldsymbol{d}=-\nabla f(\bar{\boldsymbol{x}})$ 时，有

$$\frac{\partial}{\partial \boldsymbol{d}}f(\bar{\boldsymbol{x}})=-\|\nabla f(\bar{\boldsymbol{x}})\|$$

称 $\boldsymbol{d}=-\nabla f(\bar{\boldsymbol{x}})$ 为 $\bar{\boldsymbol{x}}$ 处的最速下降方向。

下面介绍二阶方向导数。

【定义 2.24】 对于任意给定的 $\boldsymbol{d}\neq\boldsymbol{0}$，若极限：

$$\lim_{t\to 0^+}\frac{\frac{\partial}{\partial \boldsymbol{d}}f(\bar{\boldsymbol{x}}+t\boldsymbol{d})-\frac{\partial}{\partial \boldsymbol{d}}f(\bar{\boldsymbol{x}})}{t\|\boldsymbol{d}\|}$$

存在，则称该极限值为函数 $f(\boldsymbol{x})$ 在 $\bar{\boldsymbol{x}}$ 处沿方向 $\boldsymbol{d}$ 的二阶方向导数，记为 $\frac{\partial^2}{\partial \boldsymbol{d}^2}f(\bar{\boldsymbol{x}})$，即

$$\frac{\partial^2}{\partial \boldsymbol{d}^2}f(\bar{\boldsymbol{x}})=\lim_{t\to 0^+}\frac{\frac{\partial}{\partial \boldsymbol{d}}f(\bar{\boldsymbol{x}}+t\boldsymbol{d})-\frac{\partial}{\partial \boldsymbol{d}}f(\bar{\boldsymbol{x}})}{t\|\boldsymbol{d}\|}$$

【定理 2.4】 若函数 $f(\boldsymbol{x})$ 具有连续的二阶偏导数，则它在 $\bar{\boldsymbol{x}}$ 处沿方向 $\boldsymbol{d}$ 的二阶方向导数为

$$\frac{\partial^2}{\partial \boldsymbol{d}^2}f(\bar{\boldsymbol{x}})=\frac{1}{\|\boldsymbol{d}\|^2}\boldsymbol{d}^{\mathrm{T}}\nabla^2 f(\bar{\boldsymbol{x}})\boldsymbol{d}$$

证明 考虑单变量函数 $\phi(t)=f(\bar{\boldsymbol{x}}+t\boldsymbol{d})$，由定理条件及式（2-5）可得

$$\phi''(t)=\boldsymbol{d}^{\mathrm{T}}\nabla^2 f(\bar{\boldsymbol{x}}+t\boldsymbol{d})\boldsymbol{d}$$

当 $t=0$ 时，有

$$\phi''(0)=\boldsymbol{d}^{\mathrm{T}}\nabla^2 f(\bar{\boldsymbol{x}})\boldsymbol{d}$$

另一方面，由式（2-6）有

$$\frac{\partial}{\partial \boldsymbol{d}}f(\bar{\boldsymbol{x}})=\frac{1}{\|\boldsymbol{d}\|}\phi'(0)$$

$$\frac{\partial}{\partial \boldsymbol{d}}f(\bar{\boldsymbol{x}}+t\boldsymbol{d})=\frac{1}{\|\boldsymbol{d}\|}\phi'(t)$$

因此有

$$\frac{\partial^2}{\partial \boldsymbol{d}^2}f(\bar{\boldsymbol{x}})=\lim_{t\to 0^+}\frac{\frac{\partial}{\partial \boldsymbol{d}}f(\bar{\boldsymbol{x}}+t\boldsymbol{d})-\frac{\partial}{\partial \boldsymbol{d}}f(\bar{\boldsymbol{x}})}{t\|\boldsymbol{d}\|}=\frac{1}{\|\boldsymbol{d}\|^2}\lim_{t\to 0^+}\frac{\phi(t)-\phi(0)}{t}$$

$$=\frac{1}{\|\boldsymbol{d}\|^2}\phi'(0)=\frac{1}{\|\boldsymbol{d}\|^2}\boldsymbol{d}^{\mathrm{T}}\nabla^2 f(\bar{\boldsymbol{x}})\boldsymbol{d}$$

二阶方向导数的几何意义是描述函数 $f(\boldsymbol{x})$ 在 $\bar{\boldsymbol{x}}$ 处沿方向 $\boldsymbol{d}$ 的凹凸性和弯曲程度。

关于 n 元函数的 Taylor 展开式，有如下定理。

【定理 2.5】 **结论 1** 设函数 $f(\boldsymbol{x})$：$\mathbb{R}^n\to\mathbb{R}$。若 $f(\boldsymbol{x})$ 在点 $\bar{\boldsymbol{x}}$ 的某个邻域 $N(\bar{\boldsymbol{x}})$ 内一阶连续可微，则存在 $\theta\in(0,1)$，使得

$$f(\boldsymbol{x})=f(\bar{\boldsymbol{x}})+\nabla f(\bar{\boldsymbol{x}}+\theta(\boldsymbol{x}-\bar{\boldsymbol{x}}))^{\mathrm{T}}(\boldsymbol{x}-\bar{\boldsymbol{x}}),\boldsymbol{x}\in N(\bar{\boldsymbol{x}})$$

结论 2 设函数 $f(\boldsymbol{x})$：$\mathbb{R}^n\to\mathbb{R}$。若 $f(\boldsymbol{x})$ 在点 $\bar{\boldsymbol{x}}$ 的某个邻域 $N(\bar{\boldsymbol{x}})$ 内一阶连续可微，则

$$f(\boldsymbol{x})=f(\bar{\boldsymbol{x}})+\nabla f(\bar{\boldsymbol{x}})^{\mathrm{T}}(\boldsymbol{x}-\bar{\boldsymbol{x}})+o(\boldsymbol{x}-\bar{\boldsymbol{x}}),\boldsymbol{x}\in N(\bar{\boldsymbol{x}})$$

结论 3 设函数 $f(\boldsymbol{x})$：$\mathbb{R}^n\to\mathbb{R}$。若 $f(\boldsymbol{x})$ 在点 $\bar{\boldsymbol{x}}$ 的某个邻域 $N(\bar{\boldsymbol{x}})$ 内二阶连续可微，则存在 $\theta\in(0,1)$，使得

$$f(\boldsymbol{x})=f(\bar{\boldsymbol{x}})+\nabla f(\bar{\boldsymbol{x}})^{\mathrm{T}}(\boldsymbol{x}-\bar{\boldsymbol{x}})+\frac{1}{2}(\boldsymbol{x}-\bar{\boldsymbol{x}})^{\mathrm{T}}\nabla^2 f(\bar{\boldsymbol{x}}+\theta(\boldsymbol{x}-\bar{\boldsymbol{x}}))(\boldsymbol{x}-\bar{\boldsymbol{x}}),\boldsymbol{x}\in N(\bar{\boldsymbol{x}}) \tag{2-8}$$

结论 4 设函数 $f(\boldsymbol{x})$：$\mathbb{R}^n\to\mathbb{R}$。若 $f(\boldsymbol{x})$ 在点 $\bar{\boldsymbol{x}}$ 的某个邻域 $N(\bar{\boldsymbol{x}})$ 内二阶连续可微，则

$$f(\boldsymbol{x})=f(\bar{\boldsymbol{x}})+\nabla f(\bar{\boldsymbol{x}})^{\mathrm{T}}(\boldsymbol{x}-\bar{\boldsymbol{x}})+\frac{1}{2}(\boldsymbol{x}-\bar{\boldsymbol{x}})^{\mathrm{T}}\nabla^2 f(\bar{\boldsymbol{x}})(\boldsymbol{x}-\bar{\boldsymbol{x}})+o(\boldsymbol{x}-\bar{\boldsymbol{x}}^2),\boldsymbol{x}\in N(\bar{\boldsymbol{x}}) \tag{2-9}$$

证明 结论 1 和结论 2 留给读者自己证明，下面证明结论 3 和结论 4。

结论 3：当 $\boldsymbol{x}=\bar{\boldsymbol{x}}$ 时，式（2-8）显然成立，因此仅考虑 $\boldsymbol{x}\neq\bar{\boldsymbol{x}}$ 的情况，设

$$\phi(t)=f(\bar{\boldsymbol{x}}+t\boldsymbol{d})$$

式中，$\boldsymbol{d}=\boldsymbol{x}-\bar{\boldsymbol{x}}$。由一元函数的 Taylor 公式有

$$\phi(t)=\phi(0)+\phi'(0)t+\frac{1}{2}\phi''(\theta)t^2$$

式中，$0<\theta<t$。取 $t=1$，得

$$\phi(1)=\phi(0)+\phi'(0)+\frac{1}{2}\phi''(\theta) \tag{2-10}$$

显然，$\phi(1)=f(\boldsymbol{x})$，$\phi(0)=f(\bar{\boldsymbol{x}})$，且

$$\phi'(0)=\boldsymbol{d}^{\mathrm{T}}\nabla^2 f(\bar{\boldsymbol{x}})$$
$$\phi''(\theta)=\boldsymbol{d}^{\mathrm{T}}\nabla^2 f(\bar{\boldsymbol{x}}+\theta\boldsymbol{d})\boldsymbol{d}$$

将以上各式代入式（2-10），便得式（2-8）。

结论 4：设

$$\phi(t)=f(\bar{\boldsymbol{x}}+t\boldsymbol{d})$$

式中，$t=\|\boldsymbol{x}-\bar{\boldsymbol{x}}\|$，$\boldsymbol{d}=\dfrac{\boldsymbol{x}-\bar{\boldsymbol{x}}}{\|\boldsymbol{x}-\bar{\boldsymbol{x}}\|}$。由一元函数的 Taylor 公式有

$$\phi(t)=\phi(0)+\phi'(0)t+\frac{1}{2}\phi''(0)t^2+o(t^2) \tag{2-11}$$

又有

$$\phi(t)=f(\boldsymbol{x}),\phi(0)=f(\bar{\boldsymbol{x}})$$
$$\phi'(0)t=\nabla f(\bar{\boldsymbol{x}})^{\mathrm{T}}(\boldsymbol{x}-\bar{\boldsymbol{x}})$$
$$\phi''(0)t^2=(\boldsymbol{x}-\bar{\boldsymbol{x}})^{\mathrm{T}}\nabla^2 f(\bar{\boldsymbol{x}})(\boldsymbol{x}-\bar{\boldsymbol{x}})$$

将以上各式代入式（2-11），即得式（2-9）。

在式（2-8）和式（2-9）中，若略去高阶无穷小量，则有近似关系式：

$$f(\boldsymbol{x})\approx f(\bar{\boldsymbol{x}})+\nabla f(\bar{\boldsymbol{x}})^{\mathrm{T}}(\boldsymbol{x}-\bar{\boldsymbol{x}}),x\in N(\bar{\boldsymbol{x}})$$

$$f(\boldsymbol{x})\approx f(\bar{\boldsymbol{x}})+\nabla f(\bar{\boldsymbol{x}})^{\mathrm{T}}(\boldsymbol{x}-\bar{\boldsymbol{x}})+\frac{1}{2}(\boldsymbol{x}-\bar{\boldsymbol{x}})^{\mathrm{T}}\nabla^2 f(\bar{\boldsymbol{x}})(\boldsymbol{x}-\bar{\boldsymbol{x}}),\boldsymbol{x}\in N(\bar{\boldsymbol{x}})$$

通常把上面两式称为函数 $f(\boldsymbol{x})$ 在点 $\bar{\boldsymbol{x}}$ 处的线性近似和二次近似。

2.3.2 梯度下降法

梯度下降法或最速下降法是求解无约束最优化问题的一种常用方法，具有实现简单的优点。梯度下降法是迭代算法，每一步需要求解目标函数的梯度向量。

假设 $f(\boldsymbol{x})$ 是 $\mathbb{R}^n$ 上具有一阶连续偏导数的函数。要求解的无约束最优化问题是

$$\min_{\boldsymbol{x}\in\mathbb{R}^n} f(\boldsymbol{x})$$

式中，$\boldsymbol{x}^*$ 表示目标函数 $f(\boldsymbol{x})$ 的极小点。

梯度下降法是一种迭代算法，选取适当的初值 $\boldsymbol{x}^{(0)}$，不断迭代，更新 $\boldsymbol{x}$ 的值，进行目标函数的极小化，直到收敛。由于负梯度方向是使函数值下降最快的方向，在迭代的每一步，以负梯度方向更新 $\boldsymbol{x}$ 的值，从而达到减少函数值的目的。

由于 $f(\boldsymbol{x})$ 具有一阶连续偏导数，若第 k 次迭代值为 $\boldsymbol{x}^{(k)}$，则可将 $f(\boldsymbol{x})$ 在 $\boldsymbol{x}^{(k)}$ 附近进

行一阶 Taylor 展开：

$$f(\boldsymbol{x})=f(\boldsymbol{x}^{(k)})+\boldsymbol{g}_k^{\mathrm{T}}(\boldsymbol{x}-\boldsymbol{x}^{(k)})$$

$\boldsymbol{g}_k=g(\boldsymbol{x}^{(k)})=\nabla f(\boldsymbol{x}^{(k)})$ 为 $f(\boldsymbol{x})$ 在 $\boldsymbol{x}^{(k)}$ 的梯度。

求出第 $k+1$ 次迭代值 $\boldsymbol{x}^{(k+1)}$：

$$\boldsymbol{x}^{(k+1)}\leftarrow\boldsymbol{x}^{(k)}+\lambda_k\boldsymbol{p}_k$$

式中，$\boldsymbol{p}_k$ 是搜索方向，取负梯度方向 $\boldsymbol{p}_k=-\nabla f(\boldsymbol{x}^{(k)})$；$\lambda_k$ 是步长，由一维搜索确定，即 λ_k 满足

$$f(\boldsymbol{x}^{(k)}+\lambda_k\boldsymbol{p}_k)=\min_{\lambda\geqslant 0} f(\boldsymbol{x}^{(k)}+\lambda\boldsymbol{p}_k)$$

梯度下降法算法如下：

输入：目标函数 $f(\boldsymbol{x})$，梯度函数 $g(\boldsymbol{x})=\nabla f(\boldsymbol{x})$，计算精度 ε；

输出：$f(\boldsymbol{x})$ 的极小点 $\boldsymbol{x}^*$。

1）取初始值 $\boldsymbol{x}^{(0)}\in\mathbb{R}^n$，置 $k=0$。

2）计算 $f(\boldsymbol{x}^{(k)})$。

3）计算梯度 $\boldsymbol{g}_k=g(\boldsymbol{x}^{(k)})$，当 $\|\boldsymbol{g}_k\|\leqslant\varepsilon$ 时，停止迭代，令 $\boldsymbol{x}^*=\boldsymbol{x}^{(k)}$；否则，令 $\boldsymbol{p}_k=-g(\boldsymbol{x}^{(k)})$，求 λ_k，使

$$f(\boldsymbol{x}^{(k)}+\lambda_k\boldsymbol{p}_k)=\min_{\lambda\geqslant 0} f(\boldsymbol{x}^{(k)}+\lambda\boldsymbol{p}_k)$$

4）置 $\boldsymbol{x}^{(k+1)}=\boldsymbol{x}^{(k)}+\lambda_k\boldsymbol{p}_k$，计算 $f(\boldsymbol{x}^{(k+1)})$，$f(\boldsymbol{x}^{(k+1)})-f(\boldsymbol{x}^{(k)})<\varepsilon$ 或 $\|\boldsymbol{x}^{(k+1)}-\boldsymbol{x}^{(k)}\|<\varepsilon$ 时，停止迭代，令 $\boldsymbol{x}^*=\boldsymbol{x}^{(k+1)}$。

5）否则，置 $k=k+1$，转第 3）步。

当目标函数是凸函数时，梯度下降法的解是全局最优解。一般情况下，其解不保证是全局最优解。

2.3.3 拉格朗日对偶性

在约束最优化问题中，常常利用拉格朗日对偶性将原始问题转换为对偶问题，通过解对偶问题而得到原始问题的解。该方法应用在许多机器学习方法中，如最大熵模型与支持向量机。这里简要叙述拉格朗日对偶性的主要概念和结果。

1. 原始问题

假设 $f(\boldsymbol{x})$、$c_i(\boldsymbol{x})$、$h_j(\boldsymbol{x})$ 是定义在 $\mathbb{R}^n$ 上的连续可微函数。考虑约束最优化问题：

$$\min_{\boldsymbol{x}\in\mathbb{R}^n} f(\boldsymbol{x}) \tag{2-12}$$

$$\text{s.t.}\ c_i(\boldsymbol{x})\leqslant 0,i=1,2,\cdots,I \tag{2-13}$$

$$h_j(\boldsymbol{x})=0,j=1,2,\cdots,J \tag{2-14}$$

称此约束最优化问题为原始最优化问题或原始问题。

首先，引进广义拉格朗日函数：

$$L(\boldsymbol{x},\boldsymbol{\alpha},\boldsymbol{\beta})=f(\boldsymbol{x})+\sum_{i=1}^{I}\alpha_i c_i(\boldsymbol{x})+\sum_{j=1}^{J}\beta_j h_j(\boldsymbol{x}) \tag{2-15}$$

式中，$\boldsymbol{x}=(x_1,x_2,\cdots,x_n)^{\mathrm{T}}\in\mathbb{R}^n$；$\alpha_i$、$\beta_j$ 是拉格朗日乘子，$\alpha_i\geqslant 0$。考虑 $\boldsymbol{x}$ 的函数：

$$\theta_{\mathrm{P}}(\boldsymbol{x})=\max_{\boldsymbol{\alpha},\boldsymbol{\beta}:\alpha_i\geqslant 0} L(\boldsymbol{x},\boldsymbol{\alpha},\boldsymbol{\beta}) \tag{2-16}$$

这里，下标 P 表示原始问题。

假设给定某个 $\boldsymbol{x}$。如果 $\boldsymbol{x}$ 违反原始问题的约束条件，即存在某个 i 使得 $c_i(\boldsymbol{x})>0$ 或者存在某个 j 使得 $h_j(\boldsymbol{x})\neq 0$，那么就有

$$\theta_{\mathrm{P}}(\boldsymbol{x})=\max_{\boldsymbol{\alpha},\boldsymbol{\beta}:\alpha_i\geqslant 0}\left[f(\boldsymbol{x})+\sum_{i=1}^{I}\alpha_i c_i(\boldsymbol{x})+\sum_{j=1}^{J}\beta_j h_j(\boldsymbol{x})\right]=+\infty$$

因为若某个 i 使约束 $c_i(\boldsymbol{x})>0$，则可令 $\alpha_i\to+\infty$，若某个 j 使 $h_j(\boldsymbol{x})\neq 0$，则可令 β_j 使 $\beta_j h_j(\boldsymbol{x})\to+\infty$，而将其余各 $\alpha_{i'}(i'\neq i)$、$\beta_{j'}(j'\neq j)$ 均取为 0。

相反地，如果 $\boldsymbol{x}$ 满足约束条件式（2-13）和式（2-14），则由式（2-15）和式（2-16）可知 $\theta_{\mathrm{P}}(\boldsymbol{x})=f(\boldsymbol{x})$。因此

$$\theta_{\mathrm{P}}(\boldsymbol{x})=\begin{cases}f(\boldsymbol{x}) & \boldsymbol{x}\text{ 满足式(2-13)和式(2-14)}\\ +\infty & \text{否则}\end{cases}\tag{2-17}$$

考虑极小化问题：

$$\min_{\boldsymbol{x}}\theta_{\mathrm{P}}(\boldsymbol{x})=\min_{\boldsymbol{x}}\max_{\boldsymbol{\alpha},\boldsymbol{\beta}:\alpha_i\geqslant 0}L(\boldsymbol{x},\boldsymbol{\alpha},\boldsymbol{\beta})$$

它是与原始最优化问题［式（2-12）~式（2-14）］等价的，即它们有相同的解。问题 $\min\limits_{\boldsymbol{x}}\max\limits_{\boldsymbol{\alpha},\boldsymbol{\beta}:\alpha_i\geqslant 0}L(\boldsymbol{x},\boldsymbol{\alpha},\boldsymbol{\beta})$ 称为广义拉格朗日函数的极小极大问题，相应地，就把原始最优化问题转化为广义拉格朗日函数的极小极大问题。为了方便，定义原始问题的最优值：

$$p^*=\min_{\boldsymbol{x}}\theta_{\mathrm{P}}(\boldsymbol{x})$$

称为原始问题的值。

2. 对偶问题

定义

$$\theta_{\mathrm{D}}(\boldsymbol{\alpha},\boldsymbol{\beta})=\min_{\boldsymbol{x}}L(\boldsymbol{x},\boldsymbol{\alpha},\boldsymbol{\beta})$$

再考虑极大化 $\theta_{\mathrm{D}}(\boldsymbol{\alpha},\boldsymbol{\beta})=\min\limits_{\boldsymbol{x}}L(\boldsymbol{x},\boldsymbol{\alpha},\boldsymbol{\beta})$，即

$$\max_{\boldsymbol{\alpha},\boldsymbol{\beta}:\alpha_i\geqslant 0}\theta_{\mathrm{D}}(\boldsymbol{\alpha},\boldsymbol{\beta})=\max_{\boldsymbol{\alpha},\boldsymbol{\beta}:\alpha_i\geqslant 0}\min_{\boldsymbol{x}}L(\boldsymbol{x},\boldsymbol{\alpha},\boldsymbol{\beta})$$

问题 $\max\limits_{\boldsymbol{\alpha},\boldsymbol{\beta}:\alpha_i\geqslant 0}\min\limits_{\boldsymbol{x}}L(\boldsymbol{x},\boldsymbol{\alpha},\boldsymbol{\beta})$ 称为广义拉格朗日函数的极大极小问题。

可以将广义拉格朗日函数的极大极小问题表示为约束最优化问题：

$$\max_{\boldsymbol{\alpha},\boldsymbol{\beta}}\theta_{\mathrm{D}}(\boldsymbol{\alpha},\boldsymbol{\beta})=\max_{\boldsymbol{\alpha},\boldsymbol{\beta}}\min_{\boldsymbol{x}}L(\boldsymbol{x},\boldsymbol{\alpha},\boldsymbol{\beta})\tag{2-18}$$

$$\text{s. t.}\quad \alpha_i\geqslant 0,i=1,2,\cdots,I\tag{2-19}$$

称为原始问题的对偶问题。定义对偶问题的最优值：

$$d^*=\max_{\boldsymbol{\alpha},\boldsymbol{\beta}:\alpha_i\geqslant 0}\theta_{\mathrm{D}}(\boldsymbol{\alpha},\boldsymbol{\beta})$$

称为对偶问题的值。

3. 原始问题和对偶问题的关系

【定理 2.6】 若原始问题和对偶问题都有最优值，则

$$d^*=\max_{\boldsymbol{\alpha},\boldsymbol{\beta}:\alpha_i\geqslant 0}\min_{\boldsymbol{x}}L(\boldsymbol{x},\boldsymbol{\alpha},\boldsymbol{\beta})\leqslant\min_{\boldsymbol{x}}\max_{\boldsymbol{\alpha},\boldsymbol{\beta}:\alpha_i\geqslant 0}L(\boldsymbol{x},\boldsymbol{\alpha},\boldsymbol{\beta})=p^*$$

证明 由式（2-16）和式（2-17），对任意满足 $\alpha_i\geqslant 0$，$i=1,2,\cdots,I$ 的 $\boldsymbol{\alpha}$、$\boldsymbol{\beta}$ 和 $\boldsymbol{x}$，有

$$\theta_{\mathrm{D}}(\boldsymbol{\alpha},\boldsymbol{\beta})=\min_{\boldsymbol{x}}L(\boldsymbol{x},\boldsymbol{\alpha},\boldsymbol{\beta})\leqslant L(\boldsymbol{x},\boldsymbol{\alpha},\boldsymbol{\beta})\leqslant\max_{\boldsymbol{\alpha},\boldsymbol{\beta}:\alpha_i\geqslant 0}L(\boldsymbol{x},\boldsymbol{\alpha},\boldsymbol{\beta})=\theta_{\mathrm{P}}(\boldsymbol{x})$$

即

$$\theta_{\mathrm{D}}(\boldsymbol{\alpha},\boldsymbol{\beta}) \leqslant \theta_{\mathrm{P}}(\boldsymbol{x})$$

由于原始问题和对偶问题均有最优值，所以

$$\max_{\boldsymbol{\alpha},\boldsymbol{\beta}:\alpha_i \geqslant 0} \theta_{\mathrm{D}}(\boldsymbol{\alpha},\boldsymbol{\beta}) \leqslant \min_{\boldsymbol{x}} \theta_{\mathrm{P}}(\boldsymbol{x})$$

即

$$d^* = \max_{\boldsymbol{\alpha},\boldsymbol{\beta}:\alpha_i \geqslant 0} \min_{\boldsymbol{x}} L(\boldsymbol{x},\boldsymbol{\alpha},\boldsymbol{\beta}) \leqslant \min_{\boldsymbol{x}} \max_{\boldsymbol{\alpha},\boldsymbol{\beta}:\alpha_i \geqslant 0} L(\boldsymbol{x},\boldsymbol{\alpha},\boldsymbol{\beta}) = p^*$$

【推论】 设 $\boldsymbol{x}^*$ 和 $\boldsymbol{\alpha}^*$、$\boldsymbol{\beta}^*$ 分别是原始问题［式（2-12）~式（2-14）］和对偶问题［式（2-18）和式（2-19）］的可行解，并且 $d^*=p^*$，则 $\boldsymbol{x}^*$ 和 $\boldsymbol{\alpha}^*$、$\boldsymbol{\beta}^*$ 分别是原始问题和对偶问题的最优解。

在某些条件下，原始问题和对偶问题的最优值相等，即 $d^*=p^*$。这时可以用解对偶问题替代解原始问题。下面以定理的形式叙述有关的重要结论而不予证明。

【定理 2.7】 考虑原始问题［式（2-12）~式（2-14）］和对偶问题［式（2-18）和式（2-19）］。假设函数 $f(\boldsymbol{x})$ 和 $c_i(\boldsymbol{x})$ 是凸函数，$h_j(\boldsymbol{x})$ 是仿射函数；并且，假设不等式约束 $c_i(\boldsymbol{x})$ 是严格可行的，即存在 $\boldsymbol{x}$，对所有 i 有 $c_i(\boldsymbol{x})<0$。则存在 $\boldsymbol{x}^*$、$\boldsymbol{\alpha}^*$、$\boldsymbol{\beta}^*$，使 $\boldsymbol{x}^*$ 是原始问题的解，$\boldsymbol{\alpha}^*$、$\boldsymbol{\beta}^*$ 是对偶问题的解，并且

$$p^* = d^* = L(\boldsymbol{x}^*,\boldsymbol{\alpha}^*,\boldsymbol{\beta}^*)$$

【定理 2.8】 对原始问题［式（2-12）~式（2-14）］和对偶问题［式（2-18）和式（2-19）］，假设函数 $f(\boldsymbol{x})$ 和 $c_i(\boldsymbol{x})$ 是凸函数，$h_j(\boldsymbol{x})$ 是仿射函数，并且不等式约束 $c_i(\boldsymbol{x})$ 是严格可行的，则 $\boldsymbol{x}^*$ 和 $\boldsymbol{\alpha}^*$、$\boldsymbol{\beta}^*$ 分别是原始问题和对偶问题的解的充分必要条件是 $\boldsymbol{x}^*$、$\boldsymbol{\alpha}^*$、$\boldsymbol{\beta}^*$ 满足下面的 Karush-Kuhn-Tucker（KKT）条件：

$$\begin{gathered}
\nabla_{\boldsymbol{x}} L(\boldsymbol{x}^*,\boldsymbol{\alpha}^*,\boldsymbol{\beta}^*) = 0 \\
\alpha_i^* c_i(\boldsymbol{x}^*) = 0, \quad i=1,2,\cdots,I \qquad (2\text{-}20) \\
c_i(\boldsymbol{x}^*) \leqslant 0, \quad i=1,2,\cdots,I \\
\alpha_i^* \geqslant 0, \quad i=1,2,\cdots,I \\
h_j(\boldsymbol{x}^*) = 0, \quad j=1,2,\cdots,J
\end{gathered}$$

特别指出，式（2-20）称为 KKT 的对偶互补条件。由此条件可知，若 $\alpha_i^*>0$，则 $c_i(\boldsymbol{x}^*)=0$。

思考题与习题

2-1　计算以下矩阵相加：

$$\boldsymbol{A}=\begin{bmatrix}1 & 3\\ 2 & 4\end{bmatrix},\ \boldsymbol{B}=\begin{bmatrix}5 & 7\\ 6 & 8\end{bmatrix}$$

2-2　计算以下矩阵相乘：

$$\boldsymbol{A}=\begin{bmatrix}1 & 3\\ 2 & 4\end{bmatrix},\ \boldsymbol{B}=\begin{bmatrix}5 & 7\\ 6 & 8\end{bmatrix}$$

2-3　对于给定的向量 $\boldsymbol{x}=(1,2,3)$，判断它与向量 $\boldsymbol{y}=(4,5,6)$ 是否线性相关。

2-4　计算向量 $\boldsymbol{x}=(1,2,3)$ 的 l_2 范数。

2-5　计算矩阵 $\boldsymbol{A}$ 的特征值和特征向量。

$$\boldsymbol{A}=\begin{bmatrix}2 & -1\\ -1 & 2\end{bmatrix}$$

2-6　对于给定的概率分布 $P(x=1)=0.4$，$P(x=2)=0.6$，计算随机变量 x 的期望值。

2-7　对于给定的概率分布 $P(x=1)=0.4$，$P(x=2)=0.6$，计算随机变量 x 的方差。

2-8　两个随机变量 x 和 y 的协方差为 $\mathrm{Cov}(x,y)=2$，如果将 x 的所有取值增加 3 倍，则新的协方差是多少？

2-9　离散随机变量 x 的概率分布为 $P(x=1)=0.25$，$P(x=2)=0.5$，$P(x=3)=0.25$，计算其对应的熵。

2-10　对于函数 $f(x,y)=\sin(xy)+x^2y$，计算其在点（1，2）处的梯度向量。

2-11　对于函数 $f(x)=x^3-2x^2+2x$，使用梯度下降法找到其在 $x=1$ 处的局部最小值。

2-12　给定一个二次函数 $f(x,y)=2x^2+3xy+4y^2$，使用拉格朗日乘子法求解其在约束条件 $g(x,y)=x+y-1=0$ 下的最小值。

参考文献

[1]　徐树方. 矩阵计算的理论与方法［M］. 北京：北京大学出版社，1995.

[2]　袁亚湘，孙文瑜. 最优化理论与方法［M］. 北京：科学出版社，1997.

[3]　史悦，孙洪祥. 概率论与随机过程［M］. 北京：北京邮电大学出版社，2010.

[4]　黄先开. 线性代数［M］. 北京：高等教育出版社，2016.

[5]　同济大学数学系. 概率论与数理统计［M］. 北京：人民邮电出版社，2017.

[6]　刘浩洋，户将，李勇锋，等. 最优化：建模、算法与理论［M］. 北京：高等教育出版社，2020.

[7]　ROEPER P, LEBLANC H. Probability theory and probability semantics [M]. Toronto: University of Toronto Press, 1999.

[8]　DAVID J C, MACKAY. Information theory, inference, and learning algorithms [M]. Cambridge: Cambridge University Press, 2003.

[9]　BOYD S, VANDENBERGHE L. Convex optimization [M]. Cambridge: Cambridge University Press, 2004.

[10]　CLINE A K, DHILLON I S. Computation of the singular value decomposition, handbook of linear algebra [M]. Calabasas: CRC Press, 2006.

[11]　STRANG G. Introduction to linear algebra [M]. 4th ed. Wellesley: Wellesley-Cambridge Press, 2009.

[12]　KOLDA T G, BADER B W. Tensor decompositions and applications [J]. SIAM Review, 2009, 51 (3): 455-500.

[13]　COVER T M, THOMAS J A. Elements of information theory [M]. Hoboken: John Wiley & Sons Press, 2012.

第 3 章　回归模型

导读

线性回归和逻辑回归，作为监督学习领域的两大经典算法，无疑是机器学习和统计学领域中基础且应用非常广泛的模型。它们在解决不同类型的问题时发挥着举足轻重的作用。

线性回归致力于捕捉自变量与因变量之间的线性关系，通过拟合线性模型，实现了对现实世界中纷繁复杂现象的简化描述。无论是单一自变量的一元回归，还是多个自变量参与的多元回归，线性回归都能有效地揭示数据间的内在联系。回归模型的优化目的是找到最佳拟合数据的模型参数。常见的回归模型优化求解方法：最小二乘法和梯度下降法。最小二乘法通过最小化预测值和实际值之间的残差平方和来找到最佳拟合直线（或平面）。梯度下降法通过多次迭代来逐步调整参数，以找到使损失函数（如均方误差）最小的参数值。每种方法都有其特点和适用场景。

逻辑回归，尽管名字中包含“回归”，但它实际上是一种用于分类问题的算法。它通过使用 Sigmoid 函数将线性回归的输出转换为概率值，这个概率值可以用来预测样本属于某个类别的可能性。逻辑回归不仅是分类问题的基准工具，还是构建神经网络等复杂模型的基础。

多项式回归是线性回归的扩展，它通过引入自变量的高阶项来捕捉数据中的非线性关系，增强了模型的表达能力。岭回归和 LASSO 回归是正则化的回归方法，它们通过在损失函数中添加惩罚项来控制模型的复杂度，减少过拟合的风险，并提高模型在未见数据上的泛化能力。

本章知识点

- 一元线性回归模型
- 多元线性回归模型
- 多元线性回归模型的解析解
- 多元线性回归模型的梯度下降解
- 多项式回归及其正则化方法
- 逻辑回归模型及交叉熵损失函数

3.1　引言

想象一下，构造一个智能助手，它能够根据你的输入（收入）来预测输出（幸福感）。

为了获得这个智能助手，需要收集数据，如调查 500 名年收入在 5 万到 30 万人民币之间的人，并记录他们的幸福感评分。收集到的数据可以绘制成散点图（见图 3-1），其中收入作为自变量，幸福感作为因变量。在散点图中，随着收入点的上升，幸福感评分也呈现出明显的上升趋势。这表明，收入和幸福感之间存在某种正相关关系。

利用这些数据，智能助手学会了幸福感和收入之间的关系。一旦学到了这个关系，它就可以预测其他人的幸福感。比如，如果知道一个人的收入是 20 万人民币，智能助手会告诉你这个人的幸福感得分。这个智能助手实际上就是一个线性回归模型。它通过分析数据，找到了幸福感和收入之间的最佳拟合线：$y=0.2+0.71x$，然后用这条直线来预测新的数据。这个过程就像智能助手学习了这些数据，然后能够预测出新的数据点。线性回归是一种统计方法，它通过拟合一条直线来描述自变量（如收入）与因变量（如幸福感）之间的关联。这条直线，也称为最小二乘回归线，该回归线最小化数据点与直线之间的距离之和，从而提供了一个最适应数据的拟合模型。所以，线性回归模型可以帮助人们根据已知的数据来预测未来的结果。这个例子帮助我们更深入地理解幸福感与收入之间的复杂关系。

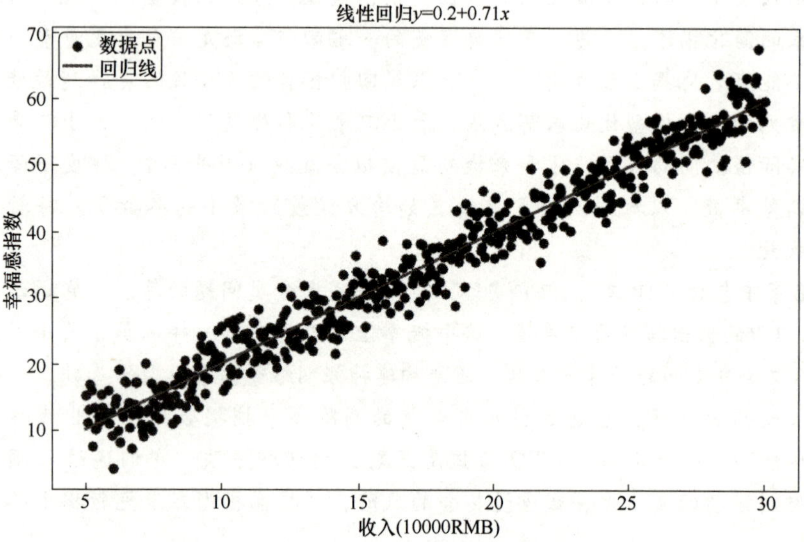

图 3-1 散点图

图 3-1 彩图

3.2 一元线性回归

线性回归问题按照输入变量的个数，分为一元线性回归和多元线性回归。下面将要研究输入变量 x（如收入）对响应变量 y（如幸福感）的影响。响应变量也称为输出变量。线性关系并非完全精确，而是依赖于随机误差，这是回归问题的主要特征。假设一个简单的一元线性回归模型，可以表示为

$$y=\theta_0+\theta_1 x+\varepsilon \tag{3-1}$$

式中，$\theta_0+\theta_1 x$ 是线性的；ε 是随机误差；θ_0 和 θ_1 都是需要估计的参数。

假设训练数据集 $D=\{(x_i,y_i)\}_{i=1}^{n}$，这里（$x_i$，$y_i$）代表第 i 个样本，例如，第 i 个样本可以表示第 i 个人的收入和幸福感数据对，且期望（x_i，y_i）满足 $y_i=\theta_0+\theta_1 x_i+\varepsilon$。

为了确定参数 θ_0 和 θ_1 的值使得回归模型能够很好地刻画收入与幸福感之间的关系，在给定的数据集 D 下，通过最小二乘法估计最优的参数 θ_0 和 θ_1。设回归模型对任意输入样本 x 的输出预测为 $h_{\boldsymbol{\theta}}(x)=\theta_0+\theta_1 x$，最小二乘法的目标是寻找最优参数 θ_0、θ_1 使得 x_i 的输出观测值 y_i 与预测值 $h_{\boldsymbol{\theta}}(x_i)=\theta_0+\theta_1 x_i$ 的均方误差（Mean Square Error，MSE）最小化，即

$$\min_{\boldsymbol{\theta}}\mathrm{MSE}(\theta_0,\theta_1)=\min_{\boldsymbol{\theta}}\frac{1}{n}\sum_{i=1}^{n}(\theta_0+\theta_1 x_i-y_i)^2 \tag{3-2}$$

由于一元回归模型比较简单，很容易推导出其对应的最小二乘问题的解析解，具体推导过程如下。

已知 $\mathrm{MSE}(\theta_0,\theta_1)$ 是关于 $\boldsymbol{\theta}=[\theta_0,\theta_1]$ 的凸函数，当它关于 θ_0、θ_1 的偏导数为零时，得到 θ_0、θ_1 的最优解。为此，将 $\mathrm{MSE}(\theta_0,\theta_1)$ 分别求偏导数，得到

$$\begin{cases}\dfrac{\partial\mathrm{MSE}(\theta_0,\theta_1)}{\partial\theta_0}=\dfrac{2}{n}\sum\limits_{i=1}^{n}(\theta_0+\theta_1 x_i-y_i)=0\\[2ex]\dfrac{\partial\mathrm{MSE}(\theta_0,\theta_1)}{\partial\theta_1}=\dfrac{2}{n}\sum\limits_{i=1}^{n}(\theta_0+\theta_1 x_i-y_i)x_i=0\end{cases} \tag{3-3}$$

通过求解上述方程组，得到一个解析的解：

$$\begin{cases}\theta_1^*=\dfrac{\sum\limits_{i=1}^{n}y_i(x_i-\bar{x})}{\sum\limits_{i=1}^{n}x_i^2-\dfrac{1}{n}\left(\sum\limits_{i=1}^{n}x_i\right)^2}\\[3ex]\theta_0^*=\dfrac{1}{n}\sum\limits_{i=1}^{n}(y_i-\theta_1 x_i)^2\end{cases} \tag{3-4}$$

式中，$\bar{x}=\sum\limits_{i=1}^{n}x_i$ 是输入样本的均值。此时称（θ_0^*，θ_1^*）为优化问题式（3-2）的最小二乘解，从而得到最佳拟合的线性回归模型 $h_{\boldsymbol{\theta}^*}(x)=\theta_0^*+\theta_1^* x$。例如，基于 3.1 节描述的幸福感指数与收入训练集，可得到图 3-1 可视化的散点图效果。图 3-1 显示了幸福感与收入之间的近似线性关系，通过最小二乘法估计的回归直线为 $y=0.2+0.71x$，此时，$\theta_0^*=0.2$，$\theta_1^*=0.71$。

图 3-2a 展示了慕尼黑租金指数，说明了在德国中等生活水平地区，1966 年后建造的公寓的租金与居住面积之间的散点图。散点图显示了租金和面积之间近似线性的关系。因此，利用一元线性回归模型来预测或解释租金如何随着居住面积的变化而变化，这种关系可以用一条直线来表示，如图 3-2b 所示。以公寓的总租金为输出变量，居住面积为输入变量，利用一元回归模型：

$$f_1(A)=\theta_0+\theta_1 A \tag{3-5}$$

拟合上述数据，使用最小二乘法得到的参数为 $\theta_0=130.23$ 和 $\theta_1=5.57$。这意味着估计的回归线可以表示为

$$f_1(A)=130.23+5.57A \tag{3-6}$$

式中，$f_1(A)$ 表示预测的租金；A 是公寓的居住面积。

如果选择每平方米的租金而不是总租金作为输出变量，那么图 3-3a 所示的散点图就会

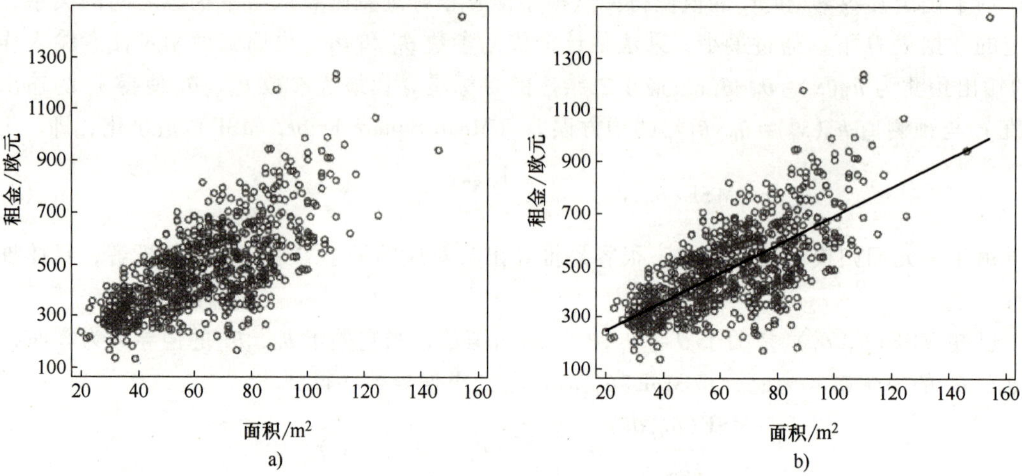

图 3-2　慕尼黑租金指数：总租金为输出变量，面积为输入变量

出现。很明显，每平方米租金与居住面积之间的关系是非线性的。如果用线性回归模型拟合这些数据，可以得到回归线为

$$f_2(A)=10.5-0.041A \tag{3-7}$$

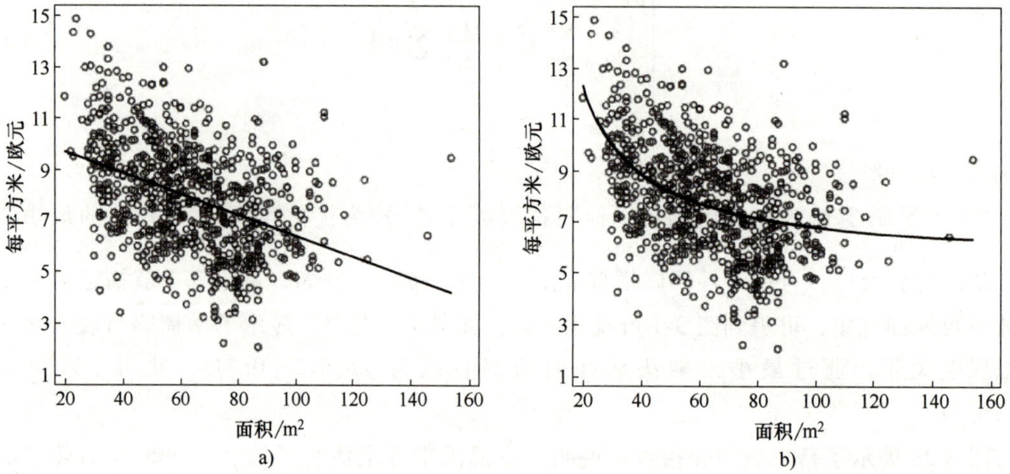

图 3-3　慕尼黑租金指数：每平方米的租金为输出变量，面积为输入变量

对于小居住面积和大居住面积的数据，拟合效果不佳。若以$\frac{1}{A}$作为线性模型的输入变量，则线性模型为

$$f_3(A)=\theta_0+\theta_1\frac{1}{A} \tag{3-8}$$

通过最小二乘法得到$f_3(A)=5.44+138.321\frac{1}{A}$。图 3-3b 中的曲线显示了对数据更好的拟合，由此可见，随着居住面积的增加，单位面积的租金非线性下降。

3.3 多元线性回归

3.3.1 线性回归模型

上述一元线性回归模型的输入是一维变量，对于多元线性回归模型，输入变量是多维变量。多元线性回归模型可表示为

$$y=h_{\boldsymbol{\theta}}(\boldsymbol{x})+\varepsilon=\theta_0+\theta_1x_1+\theta_2x_2+\cdots+\theta_dx_d+\varepsilon \tag{3-9}$$

式中，$\boldsymbol{\theta}=[\theta_0,\theta_1,\theta_2,\cdots,\theta_d]^{\mathrm{T}}$是一个 $d+1$ 维的多元线性回归参数；$\boldsymbol{x}=[x_1,x_2,\cdots,x_d]^{\mathrm{T}}$ 是一个 d 维输入特征，$x_j(j=1,2,\cdots,d)$ 表示 $\boldsymbol{x}$ 的第 j 个分量；ε 是随机误差。设回归模型对任意 $\boldsymbol{x}$ 的输出预测为 $h_{\boldsymbol{\theta}}(\boldsymbol{x})=\theta_0+\sum_{i=1}^{d}\theta_ix_i$，为了便于后续的模型处理，设 $\hat{\boldsymbol{x}}=[1,x_1,x_2,\cdots,x_d]^{\mathrm{T}}$ 为 $\boldsymbol{x}$ 的增广向量，则 $h_{\boldsymbol{\theta}}(\boldsymbol{x})$ 改写为

$$h_{\boldsymbol{\theta}}(\boldsymbol{x})=\hat{\boldsymbol{x}}^{\mathrm{T}}\boldsymbol{\theta} \tag{3-10}$$

设 $D=\{(\boldsymbol{x}_i,y_i)\}_{i=1}^{n}$，$\boldsymbol{x}_i=[x_{i1},x_{i2},\cdots,x_{id}]^{\mathrm{T}}$ 是第 i 个输入样本，y_i 是第 i 个输出样本，于是

$$h_{\boldsymbol{\theta}}(\boldsymbol{x}_i)=[1,x_{i1},x_{i2},\cdots,x_{id}]\begin{bmatrix}\theta_0\\\theta_1\\\theta_2\\\vdots\\\theta_d\end{bmatrix} \tag{3-11}$$

即

$$h_{\boldsymbol{\theta}}(\boldsymbol{x}_i)=\hat{\boldsymbol{x}}_i^{\mathrm{T}}\boldsymbol{\theta} \tag{3-12}$$

3.3.2 最小二乘法

多元回归模型的参数通常使用最小二乘法（Ordinary Least Squares，OLS）进行估计。最小二乘法的目标是最小化观测值与模型预测值之间的残差平方和。通过最小化残差平方和，可以得到参数的估计值，使得模型与观测数据的拟合效果最优。

设 $\boldsymbol{X}=\begin{bmatrix}1,x_{11},x_{12},\cdots,x_{1d}\\1,x_{21},x_{22},\cdots,x_{2d}\\\vdots\quad\vdots\quad\vdots\qquad\vdots\\1,x_{n1},x_{n2},\cdots,x_{nd}\end{bmatrix}$ 为输入样本数据矩阵，$\boldsymbol{y}=[y_1,y_2,\cdots,y_n]^{\mathrm{T}}$ 为输出样本矩阵。

根据式（3-9）和式（3-11），求解 $\boldsymbol{\theta}$ 使得均方误差最小化，此时均方误差定义为

$$\mathrm{MSE}(\boldsymbol{\theta})=\frac{1}{n}(\boldsymbol{y}-\boldsymbol{X\theta})^{\mathrm{T}}(\boldsymbol{X\theta}-\boldsymbol{y}) \tag{3-13}$$

$$\boldsymbol{\theta}^{*}=\underset{\boldsymbol{\theta}}{\operatorname{argmin}}\mathrm{MSE}(\boldsymbol{\theta})=\min_{\boldsymbol{\theta}}\frac{1}{n}\sum_{i=1}^{n}(\boldsymbol{y}-\boldsymbol{X\theta})^{\mathrm{T}}(\boldsymbol{X\theta}-\boldsymbol{y}) \tag{3-14}$$

求 $\mathrm{MSE}(\boldsymbol{\theta})$ 关于 $\boldsymbol{\theta}$ 的梯度为 $\boldsymbol{0}$（零向量）：

$$\nabla_{\boldsymbol{\theta}}\mathrm{MSE}(\boldsymbol{\theta})=\frac{1}{n}\boldsymbol{X}^{\mathrm{T}}(\boldsymbol{X\theta}-\boldsymbol{y})=\boldsymbol{0} \tag{3-15}$$

则

$$\boldsymbol{X}^{\mathrm{T}}\boldsymbol{X\theta}=\boldsymbol{X}^{\mathrm{T}}\boldsymbol{y} \tag{3-16}$$

这实际是一个解方程问题，已知当方程解的系数是可逆时，方程存在唯一解，否则可能有无穷多个解或者无解。注意，由输入样本组成的系数矩阵 $\boldsymbol{X}$ 不是一个方阵。当 $\boldsymbol{X}^{\mathrm{T}}\boldsymbol{X}$ 可逆时，最优解为 $\boldsymbol{\theta}^*=(\boldsymbol{X}^{\mathrm{T}}\boldsymbol{X})^{-1}\boldsymbol{X}^{\mathrm{T}}\boldsymbol{y}$，在实际中通常不需要判断其是否可逆，在计算机运算中通常调用其伪逆运算。

最小二乘法得到的解是解析解，优点在于能够直接得到参数的估计。然而，在实际应用中最小二乘法可能会面临计算复杂度高、数值稳定性差和内存消耗大等问题。例如，计算 $\boldsymbol{X}^{\mathrm{T}}\boldsymbol{X}$ 的逆矩阵是一个计算复杂度为 $O(d^3)$ 的操作，即计算 $\boldsymbol{X}^{\mathrm{T}}\boldsymbol{X}$ 逆矩阵所需的基本运算次数大约与 d 的三次方成正比。这对于大规模数据，会导致计算时间过长或者无法完成。如果矩阵 $\boldsymbol{X}^{\mathrm{T}}\boldsymbol{X}$ 的条件数较大，逆矩阵计算可能会变得不稳定，会影响参数估计的准确性。

迭代算法在处理大规模数据集或计算资源受限的回归模型时，提供了一种替代解析解的有效方法。这些算法通过迭代地调整参数来最小化目标函数，通过多次迭代逐步优化参数估计，包括共轭梯度法、随机梯度下降法和拟牛顿法等。梯度下降法是其中的一种，梯度下降法根据目标函数的梯度（或近似梯度）来更新参数，逐步逼近最小化目标函数的参数值。梯度下降法因其简单和易于实现的特点，非常适合处理大规模数据和复杂的非线性模型。

3.3.3 梯度下降算法

梯度下降算法是一种强大的优化工具，广泛应用于寻找各种问题的最优解，其基本思想是通过迭代地调整参数来最小化目标函数。想象一下，在浓雾笼罩的山峰中迷路，你只能感受到脚下的坡度。为了迅速到达山谷，最佳策略是沿着最陡峭的方向下行，这正是梯度下降法的精髓所在。它通过测量误差函数关于参数向量的局部梯度，然后沿着梯度的反方向逐步前进。当梯度为零时，表明已达到最小值。

具体操作时，首先随机初始化参数 $\boldsymbol{\theta}$，然后逐步进行调整。每次迭代都是一次尝试，目的是减小代价函数的值，直到算法收敛至最小值（见图 3-4）。梯度下降法中一个关键的参数是步长，也称为学习率，它决定了每次迭代参数调整的幅度。如果学习率太小，算法将需要更多迭代才能收敛，导致计算时间过长。反之，如果学习率过大，可能会导致算法越过山谷，甚至可能使参数值越来越大，从而无法找到良好的解决方案，进而导致算法发散。因此，选择合适的学习率对于梯度下降法的成功至关重要。

图 3-4 彩图

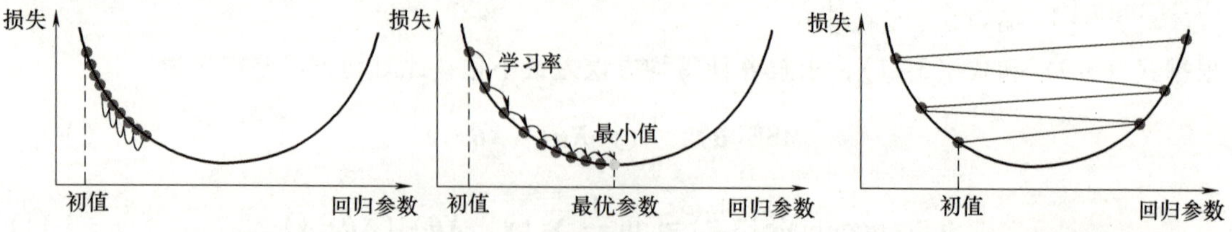

a) 较小的学习率　b) 合适的学习率　c) 较大的学习率

图 3-4 梯度下降算法的迭代收敛性示意图（在不同学习率下）

当样本数目很大时，每迭代一步都需要对所有样本计算，训练过程会很慢。幸运的是，对于线性回归模型，其代价函数——均方误差（MSE）是一个凸函数。这一特性保证了在曲线上任意两点之间的连线永远不会与曲线本身相交，从而确保了函数的全局最小值是唯一的，没有局部极值。此外，MSE 作为连续函数，其斜率不会发生突变。这两个特性具有深远的意义：它们保证了梯度下降法在适当条件（即足够长的迭代时间和适当的学习率 η）下能够收敛到全局最小值或其任意接近的值。如图 3-5 所示，在 $\eta=0.1$ 时梯度下降法获得最佳收敛效果。

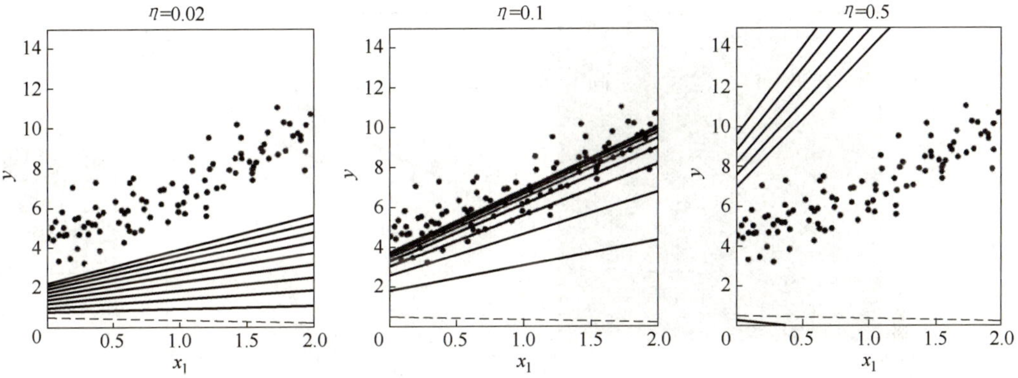

a) 较小的学习率　　b) 合适的学习率　　c) 较大的学习率

图 3-5　学习率对线性模型估计的影响

图 3-5　彩图

对式（3-13）所示的 $\mathrm{MSE}(\boldsymbol{\theta})$ 关于 θ_j（$j=0, 1, 2, \cdots, d$）求导，可得

$$\frac{\partial \mathrm{MSE}(\boldsymbol{\theta})}{\partial \theta_j} = \frac{1}{n}\sum_{i=1}^{n}\frac{\partial}{\partial \theta_j}(y_i - \hat{\boldsymbol{x}}_i^{\mathrm{T}}\boldsymbol{\theta})^2$$

$$= \frac{2}{n}\sum_{i=1}^{n}(y_i - \hat{\boldsymbol{x}}_i^{\mathrm{T}}\boldsymbol{\theta})\frac{\partial}{\partial \theta_j}(y_i - \hat{\boldsymbol{x}}_i^{\mathrm{T}}\theta)$$

$$= -\frac{2}{n}\sum_{i=1}^{n}(y_i - \hat{\boldsymbol{x}}_i^{\mathrm{T}}\boldsymbol{\theta})x_{ij}$$

梯度向量为

$$\nabla_{\boldsymbol{\theta}}\mathrm{MSE}(\boldsymbol{\theta}) = \begin{bmatrix} \dfrac{\partial \mathrm{MSE}(\boldsymbol{\theta})}{\partial \theta_0} \\ \dfrac{\partial \mathrm{MSE}(\boldsymbol{\theta})}{\partial \theta_1} \\ \vdots \\ \dfrac{\partial \mathrm{MSE}(\boldsymbol{\theta})}{\partial \theta_d} \end{bmatrix} = \frac{1}{n}\boldsymbol{X}^{\mathrm{T}}(\boldsymbol{X}\boldsymbol{\theta}-\boldsymbol{y})$$

梯度下降迭代公式表示为

$$\boldsymbol{\theta}_{k+1} = \boldsymbol{\theta}_k - \eta\ \nabla_{\boldsymbol{\theta}k}\mathrm{MSE}(\boldsymbol{\theta}_k) \tag{3-17}$$

图 3-6 展示了回归模型中梯度下降算法的迭代过程。在图 3-6a 中，可以看到，在给定的学习率 η 下，参数 $\boldsymbol{\theta}$ 位置如何通过梯度下降算法的迭代，从第 0 点变化到第 4 点。实际上，参数的初始位置是在第 0 点（通常是随机初始化的），在第 1 次迭代中，计算了损失函数在

第 0 点的梯度，并沿着损失函数的负梯度方向更新参数，使得参数从第 0 点移动到第 1 点，损失函数也随之减小。在第 2 次迭代中，计算损失函数在第 1 点的梯度，并将参数更新到第 2 点，依此类推。经过仅仅 4 次迭代，参数 $\boldsymbol{\theta}$ 最终到达第 4 点，此时损失函数接近其最小值。随着梯度下降的迭代，与参数相对应的模型（直线方程）也在不断变化，从第 0 条直线到第 1 条直线，最终形成第 4 条直线，如 3-6b 所示。可以看出，在所有的直线中，参数在第 0 点（最亮直线）的模型对数据的描述非常差，每次迭代都会改善拟合效果，即每次迭代都会使损失函数的值减小，最后一条直线（标号为 4）更好地拟合了图中的数据点。

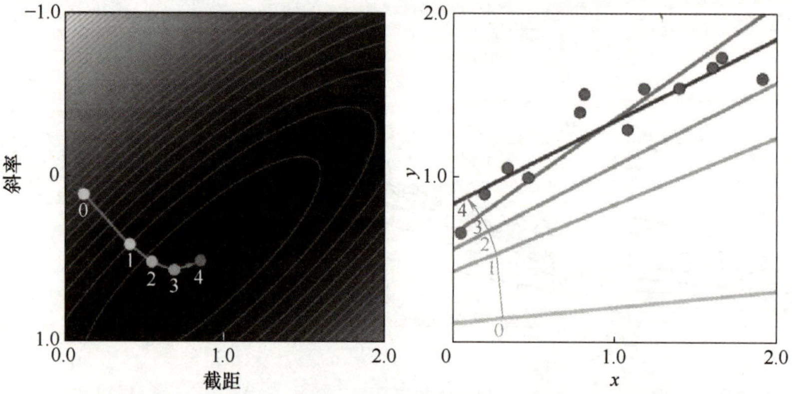

a) 迭代中的参数位置的变化

b) 迭代中模型的变化

图 3-6　回归模型中梯度下降算法迭代过程

图 3-6　彩图

3.4　多项式回归

在现实世界中，数据之间的关系往往比简单的线性关系更为复杂。下面通过一个例子来理解这一点。首先根据一个简单函数 $y=\sin 2\pi z+\varepsilon$，生成一些非线性数据，其中 ε 表示高斯噪声。这些数据在图 3-7 中以散点的形式呈现。在这种情况下，如果尝试使用线性模型来拟合这些数据，模型的性能将会显著下降。

幸运的是，可以通过多项式回归这一简单而有效的方法来拟合这类非线性数据。考虑多项式回归模型的一般形式：

$$h_{\boldsymbol{\theta}}(z)=\theta_0+\theta_1 z^1+\theta_2 z^2+,\cdots,+\theta_d z^M \tag{3-18}$$

式中，M 称为多项式的阶数，此时 $M=d$。当将原始变量 z 的各阶幂次 $\{z^1, z^2, z^3, \cdots, z^M\}$ 作为新的输入变量时，一个多项式模型就可以转化为一个线性回归模型，具体的转化过程如下：

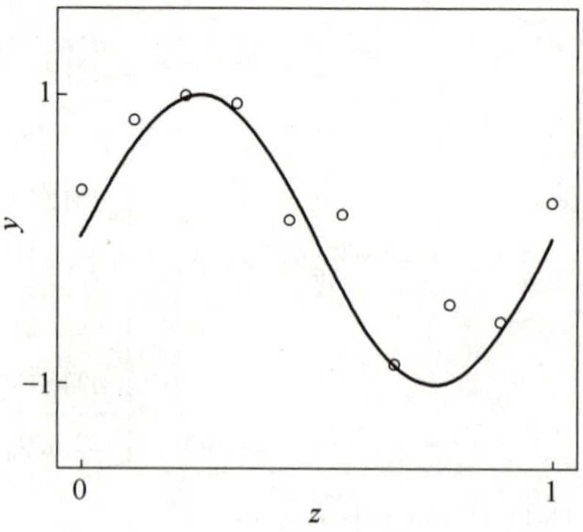

图 3-7　$y=\sin 2\pi z+\varepsilon$ 生成的数据

图 3-7　彩图

设 $\boldsymbol{x}=[x_1, x_2, \cdots, x_M]^{\mathrm{T}}=[z^1, z^2, \cdots, z^M]^{\mathrm{T}}$ 是新的 M 维输入特征向量，设 $\hat{\boldsymbol{x}}=[1, x_1, x_2, \cdots, x_M]^{\mathrm{T}}$ 为 $\boldsymbol{x}$ 的增广向量，则多项式回归模型式 (3-18) 改写为

$$h_{\boldsymbol{\theta}}(\boldsymbol{x})=\hat{\boldsymbol{x}}^{\mathrm{T}}\boldsymbol{\theta} \tag{3-19}$$

原始数据集 $D=\{(z_i, y_i)\}_{i=1}$，需要由原始数据集生成一个新的数据集 $D=\{(x_i, y_i)\}_{i=1}$ 作为线性回归模型的训练集，第 i 个输入样本 $\boldsymbol{x}_i=[x_{i1}, x_{i2}, x_{i3}, \cdots, x_{iM}]^{\mathrm{T}}=[z_i, (z_i)^2, (z_i)^3, \cdots, (z_i)^M]^{\mathrm{T}}$，输出 $\boldsymbol{y}=(y_1, y_2, \cdots, y_n)^{\mathrm{T}}$ 与数据集中的输入样本是一一对应的。

这样，就可以在扩展后的变量数据集上应用多元线性回归模型进行训练，多项式拟合的结果如图 3-8 和表 3-1 所示。因此，多项式回归不仅继承了多元回归模型的表达能力和高效的求解算法，还能够捕捉到输出 y 和输入 z 之间的非线性关系。多项式回归实际上是多元回归模型的一种推广，它通过变量的幂次来捕捉数据中的非线性特征。需要注意的是，多项式回归能够揭示特征之间的复杂关系，这是标准线性回归模型所无法实现的。

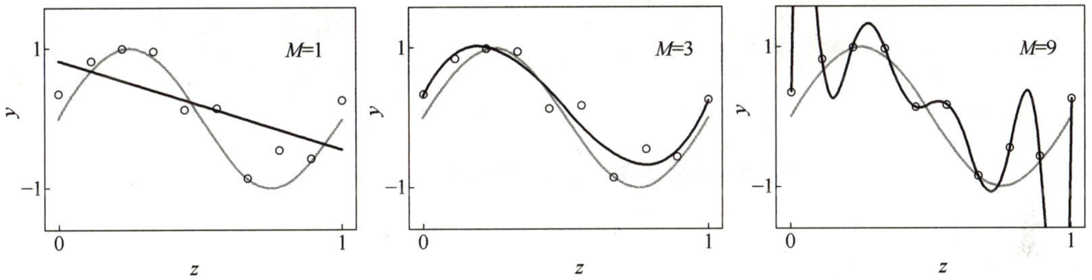

a) $f(z)=\theta_0+\theta_1 z$　　b) $f(z)=\theta_0+\theta_1 z^1+\theta_2 z^2+\theta_3 z^3$　　c) $f(z)=\theta_0+\theta_1 z^1+\theta_2 z^2+\cdots+\theta_9 z^9$

图 3-8　不同次数的多项式模型对数据拟合的结果

表 3-1　多项式回归模型的阶数选择

$\boldsymbol{\theta}$	$M=0$	$M=1$	$M=3$	$M=9$
θ_0	0.19	0.82	0.31	0.35
θ_1		-1.27	7.99	232.37
θ_2			-25.43	-5321.83
θ_3			17.37	48568.31
θ_4				-231639.30
θ_5				640042.26
θ_6				-1061800.52
θ_7				1042400.18
θ_8				-557682.99
θ_9				125201.43

当采用高阶多项式回归时，模型对训练数据的拟合通常会比普通线性回归更佳。例如，在图 3-8 中，将一个 9 次多项式模型应用于之前的训练数据，并将其结果与线性模型和 3 次多项式模型进行对比。可以看到，9 次多项式模型通过剧烈波动，尽可能地接近每个训练数据点。然而，这种模型对训练数据的拟合程度过高，可能导致过度拟合，而线性模型则可能拟合不足。在这种情况下，3 次多项式模型可能是一个更好的折中。

确定模型复杂度的关键在于避免过度拟合或欠拟合。交叉验证是一种有效的技术，用于估计模型的泛化能力。如果模型在训练数据上表现良好，但在交叉验证中的表现不佳，这通常表明模型过度拟合了。相反，如果模型在训练集和测试集上的表现都不好，那么它可能欠拟合了。

由图 3-9 可以发现模型的可靠性会随着训练样本量的增加而提高。在回归建模的标准实践中，应该遵循层次原则，先从高阶模型开始拟合，然后逐步探索是否可以简化为低阶（更简单）的模型，同时保持模型的泛化能力。这种方法有助于确保模型既不过于复杂，也不至于过于简单，从而找到最佳的拟合度。

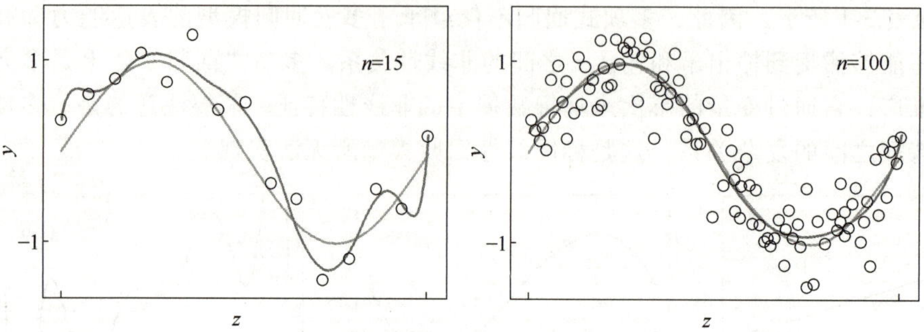

图 3-9 彩图

图 3-9 增大样本可以缓解拟合度

3.5 正则化方法

在机器学习中，模型性能的评估通常依赖于其在训练集和测试集上的表现。训练误差是模型在训练集上的预测误差，而测试误差则反映了模型在未见过的数据上的泛化能力。理想情况下，希望模型在训练误差和测试误差之间保持较低的差距，这意味着模型在训练集上表现良好，同时也能很好地推广到新数据。然而，模型可能会遇到两种问题：

1）欠拟合：当模型过于简单，无法捕捉数据中的复杂模式时，就会发生欠拟合。这导致模型在训练集上的误差较高，因为它无法准确预测数据。

2）过拟合：当模型在训练数据上过于复杂，学习了噪声和异常值时，就会发生过拟合。虽然模型在训练集上表现很好，但它在测试集上的表现可能很差，因为它没有正确区分信号和噪声。

为了解决过拟合问题，可以采用正则化方法。正则化是一种在损失函数中添加惩罚项的技术，以抑制模型复杂度，从而提高模型的泛化能力。在多项式回归中，正则化可以通过添加权重衰减（也称为 l_2 正则化）来实现。权重衰减通过在损失函数中添加惩罚项，鼓励模型参数的值尽可能小，从而减少模型复杂度。

在机器学习中，当面对多个符合条件的假设函数空间时，通常需要选择一个来构建模型，还可以在模型的代价函数中加入权重衰减或正则化项。正则化方法通过在损失函数中引入额外的惩罚项，来鼓励模型参数的稀疏性或小幅度变化。

常用的正则化模型包括 Ridge 回归和 LASSO 回归。Ridge 回归使用 l_2 正则化，其目标函数为

$$J(\boldsymbol{\theta})=E(\boldsymbol{\theta})+\frac{\lambda}{2}\|\boldsymbol{\theta}\|_2^2 \tag{3-20}$$

式中，$E(\boldsymbol{\theta})=\frac{1}{2}\|\boldsymbol{y}-\boldsymbol{X\theta}\|^2$ 是误差项；λ 是正则化参数，控制着对范数权重偏好的程度；

$\|\boldsymbol{\theta}\|_2^2$ 是参数向量 $\boldsymbol{\theta}$ 的 l_2 范数的平方。Ridge 回归的目标函数是一个凸函数，这意味着它在整个参数空间上只有一个最小值点。因此，Ridge 回归的求解过程与最小二乘法相似。Ridge 回归的解析解 $\boldsymbol{\theta}^*$ 可以表示为

$$\boldsymbol{\theta}^* = (\boldsymbol{X}^{\mathrm{T}}\boldsymbol{X}+\lambda\boldsymbol{I})^{-1}\boldsymbol{X}^{\mathrm{T}}\boldsymbol{y} \tag{3-21}$$

当 $\lambda=0$ 时，模型退化为基本的回归模型。

图 3-10 是在不同的正则化参数值下，利用式（3-21）获得的 Ridge 回归模型的拟合结果，而表 3-2 表示在不同正则化参数值下 Ridge 回归模型的解。

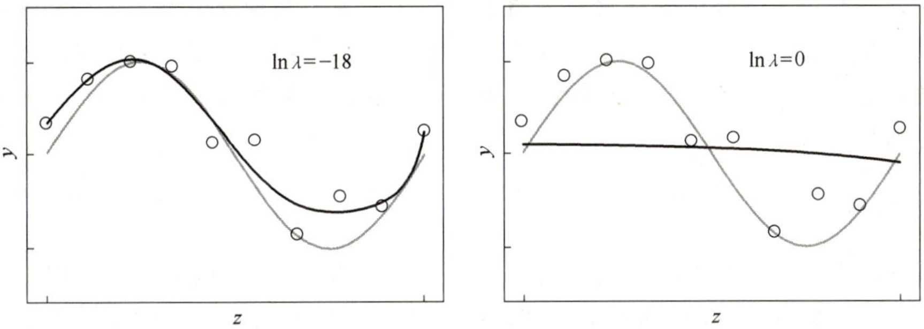

图 3-10 彩图

图 3-10 正则化强度对模型估计的影响

表 3-2 正则化参数的选择

$\boldsymbol{\theta}$	$\ln\lambda=-\infty$	$\ln\lambda=-18$	$\ln\lambda=0$
θ_0	0.35	0.35	0.13
θ_1	232.37	4.74	-0.05
θ_2	-5321.83	-0.77	-0.06
θ_3	48568.31	-31.97	-0.05
θ_4	-231639.30	-3.89	-0.03
θ_5	640042.26	55.28	-0.02
θ_6	-1061800.52	41.32	-0.01
θ_7	1042400.18	-45.95	-0.00
θ_8	-557682.99	-91.53	0.00
θ_9	125201.43	72.68	0.01

LASSO 回归使用 l_1 正则化，其目标函数为

$$J(\boldsymbol{\theta})=E(\boldsymbol{\theta})+\frac{\lambda}{2}\|\boldsymbol{\theta}\|_1 \tag{3-22}$$

式中，$\|\boldsymbol{\theta}\|_1$ 是参数向量 $\boldsymbol{\theta}$ 的 l_1 范数。LASSO 回归的目标函数是非凸的，这使得它的求解比 Ridge 回归更加复杂。LASSO 模型通常使用近端梯度下降算法或次梯度算法来求解。LASSO 回归倾向于产生稀疏的解，即某些参数的值为零。Ridge 回归鼓励参数的值分布更均匀。在实际应用中，需要找到合适的正则化参数，以有效地平衡模型拟合数据的程度和正则化项的强度，从而提高模型的泛化能力，减少过拟合的风险。

3.6 逻辑回归

前面提到的线性回归是一种用于建立连续数值预测模型的方法，它试图通过拟合一个线性函数来描述自变量和因变量之间的关系，如根据学生的学习时间长度、出勤情况等信息预测学生的考试成绩。然而，在许多实际问题中，需要将数据分为两个类别。例如，判断一封电子邮件是垃圾邮件还是正常邮件，预测患者是否患有某种疾病，一笔在线交易是不是伪交易。这种情况下，需要一个能够准确预测实例属于或不属于某个类别的模型，模型的输出可以看作是输入属于某个类别的概率。因此，需要一个能够处理这种二元分类问题的随机模型。逻辑回归就是这样一种基本方法，它能够解决上述问题，将数据分为两个类别，并预测实例属于给定类别的概率。

3.6.1 逻辑回归模型

逻辑回归的核心思想是将线性回归的输出（即线性组合的结果）映射到［0，1］区间，这个映射是通过逻辑函数（Sigmoid 函数）来实现的。逻辑函数将线性回归的输出转换为概率值，其中输出值大于 0 的部分对应于正类别的概率，而小于 0 的部分对应于负类别的概率。Sigmoid 函数通常表示为 $\sigma(z)=\dfrac{1}{1+e^{-z}}$，其中 z 是输入。

图 3-11 是 Sigmoid 函数及其导函数在同一个坐标系下的曲线图。图中，实线曲线代表 Sigmoid 函数，Sigmoid 函数在负无穷大时趋近于 0，在正无穷大时趋近于 1；虚线代表 Sigmoid 函数的导数，Sigmoid 函数的导数在 0 附近达到峰值，然后随着自变量的增大或减小而逐渐减小，趋近于 0。

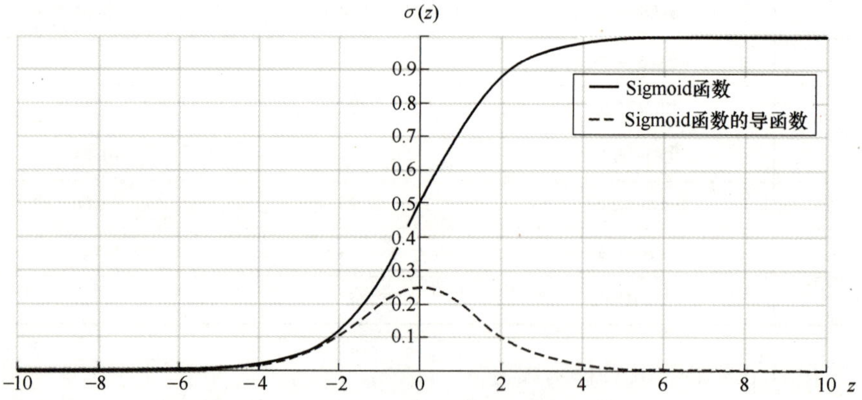

图 3-11 彩图

图 3-11 简单 Sigmoid 函数及其导函数

考虑单一样本 $\boldsymbol{x}$，其分类标签为 y（取值可以是 1 或 0），要使 Sigmoid 函数建模概率 $P(y=1\mid \boldsymbol{x})$，只需确保 $P(y=1\mid \boldsymbol{x})$ 和 $P(y=0\mid \boldsymbol{x})$ 的总和为 1。

逻辑回归对观测值 $\boldsymbol{x}$ 的分类标签为 1 的概率的预测 $h_{\boldsymbol{\theta}}(\boldsymbol{x})$ 为

$$P(y=1\mid\boldsymbol{x})=h_{\boldsymbol{\theta}}(\boldsymbol{x})=\sigma(\boldsymbol{\theta}^{\mathrm{T}}\boldsymbol{x})=\frac{1}{1+e^{-\boldsymbol{\theta}^{\mathrm{T}}\boldsymbol{x}}} \tag{3-23}$$

于是

$$P(y=0|\boldsymbol{x})=1-\sigma(\boldsymbol{\theta}^{\mathrm{T}}\boldsymbol{x})=1-\frac{1}{1+\mathrm{e}^{-\boldsymbol{\theta}^{\mathrm{T}}\boldsymbol{x}}} \tag{3-24}$$

根据 Sigmoid 函数的对称性 $\sigma(-z)=1-\sigma(z)$，得到 $P(y=0|\boldsymbol{x})=\sigma(-\boldsymbol{\theta}^{\mathrm{T}}\boldsymbol{x})$。已知 Sigmoid 函数的反函数 $z=\ln\left(\frac{\sigma}{1-\sigma}\right)$，此时输入到 Sigmoid 函数中的 $\boldsymbol{\theta}^{\mathrm{T}}\boldsymbol{x}$ 为

$$\boldsymbol{\theta}^{\mathrm{T}}\boldsymbol{x}=\ln\left(\frac{P(y=1|\boldsymbol{x})}{1-P(y=1|\boldsymbol{x})}\right) \tag{3-25}$$

由此可见，用线性模型逼近的结果是两类概率的对数几率（logit odds），因此对应的回归模型为对数几率回归（logistics regression）。

对于给定的测试实例 $\boldsymbol{x}$，逻辑回归对 $\boldsymbol{x}$ 的预测标签为

$$\hat{y}=\begin{cases}1 & h_{\boldsymbol{\theta}}(\boldsymbol{x})\geqslant 0.5\\ 0 & h_{\boldsymbol{\theta}}(\boldsymbol{x})<0.5\end{cases} \tag{3-26}$$

如果概率 $h_{\boldsymbol{\theta}}(\boldsymbol{x})\geqslant 0.5$，意味着 $P(y=1|\boldsymbol{x})\geqslant 0.5$（见式（3-27）），$\boldsymbol{x}$ 的预测标签为 1，否则 $\boldsymbol{x}$ 的预测标签为 0。这里称 0.5 为决策的阈值，此时 $h_{\boldsymbol{\theta}}(\boldsymbol{x})=0$，称 $h_{\boldsymbol{\theta}}(\boldsymbol{x})=0$ 为决策边界。

$$\hat{y}=\begin{cases}1 & P(y=1|\boldsymbol{x})\geqslant 0.5\\ 0 & P(y=1|\boldsymbol{x})<0.5\end{cases} \tag{3-27}$$

为了深入理解为何 Sigmoid 函数是逻辑回归模型的理想选择，可以详细分析其特性。

1）概率表示：Sigmoid 函数的输出范围自然地落在 0~1 之间，这正好对应于概率取值范围。

当输入值非常大（$z\rightarrow+\infty$）时，Sigmoid 函数的输出接近于 1，（$\lim\limits_{z\rightarrow+\infty}\sigma(z)=1$）可以解释为几乎肯定属于正类别。相反，当输入值非常小（$z\rightarrow-\infty$）时，输出接近于 0（$\lim\limits_{z\rightarrow-\infty}\sigma(z)=0$），可以解释为几乎肯定属于负类别。这种特性使得 Sigmoid 函数能够直接用于表示样本属于正类别的概率。

2）连续可微性：Sigmoid 函数是连续可微的，且导数表达式非常简洁，它直接由 Sigmoid 函数本身构成，即 $\sigma'(z)=\sigma(z)(1-\sigma(z))$。这意味着在计算梯度时，可以直接利用 Sigmoid 函数的输出值。这种特性在实现梯度下降算法时减少了计算成本，并且使得梯度下降的迭代过程更加高效。

3）对称性：Sigmoid 函数是对称的，即对于任何输入 z，$\sigma(-z)=1-\sigma(z)$。这种对称性在逻辑回归中非常有用，因为它意味着如果模型对于某个正输入 z 学习到了一个较高的概率 $\sigma(z)$，那么对于相同的负输入 $-z$，模型将会学习到一个较低的概率 $1-\sigma(z)$。所以，模型可以同时学习到正类别和负类别之间的关系。对称性保证了模型在学习过程中能够均衡地捕捉到正负类别的特征，如果模型学习到了某个特征对正类别的贡献，它也会自动学习到该特征对负类别的相反贡献。逻辑回归的分类边界由特征的线性组合的零点决定，对称性确保了分类边界的对称性，使得模型能够有效地进行分类预测。对称性简化了对模型的理解，因为可以通过观察线性组合的系数来直接解释模型，正系数表示相应特征的增加会提高正类别的概率，而负系数则相反。

3.6.2 交叉熵损失

逻辑回归模型的目标是预测一个实例属于某个类别的概率，需要一个损失函数来度量模型预测的概率分布与真实分布之间的差异。下面简单介绍交叉熵如何度量两个概率分布的差异。如果 P 是真实分布，Q 是预测分布，其交叉熵 $H(P, Q)$ 定义为

$$H(P,Q)=-P\log Q-(1-P)\log(1-Q) \tag{3-28}$$

式中，P 是真实标签的概率，不妨假设，如果真实标签是 1 则 $P=1$，如果真实标签是 0 则 $P=0$；Q 是模型的预测概率。根据信息论的理论，交叉熵越小，表示预测分布 Q 越接近真实分布 P。如果 $P=1$（表示正类别），则交叉熵为

$$H(P,Q)=-1\times\log Q-(1-1)\times\log(1-Q)=-\log Q \tag{3-29}$$

如果 $P=0$（表示负类别），则交叉熵为

$$H(P,Q)=-0\times\log Q-(1-0)\times\log(1-Q)=-\log(1-Q) \tag{3-30}$$

因为交叉熵能够更好地度量模型的预测分布与真实分布之间的差异，因此交叉熵非常适合做逻辑回归模型的损失函数。

在逻辑回归中，模型的输出通常表示为预测一个实例属于类别 1 的概率，记为 $P(y=1|\boldsymbol{x})$。设 $D=\{(\boldsymbol{x}_i, y_i)\}_{i=1}^{n}$，$\boldsymbol{x}_i=[x_{i1}, x_{i2}, \cdots, x_{id}]^{\mathrm{T}}$ 是第 i 个输入样本，y_i 是第 i 个输出样本，y_i 可以是 0 或 1，逻辑回归的交叉熵损失函数可以表示为

$$J(\boldsymbol{\theta})=-\frac{1}{n}\sum_{i=1}^{n}[y_i\log(P(y_i=1|\boldsymbol{x}_i;\boldsymbol{\theta}))+(1-y_i)\log(1-P(y_i=1|\boldsymbol{x}_i;\boldsymbol{\theta}))] \tag{3-31}$$

式中，$P(y_i=1|\boldsymbol{x}_i;\boldsymbol{\theta})$ 是模型预测第 i 个样本属于类别 1 的概率。可通过逻辑函数计算得到

$$P(y_i=1|\boldsymbol{x}_i;\boldsymbol{\theta})=h_{\boldsymbol{\theta}}(\boldsymbol{x}_i)=\sigma(\boldsymbol{\theta}^{\mathrm{T}}\boldsymbol{x}_i) \tag{3-32}$$

因此，逻辑回归的交叉熵损失函数可以表示为

$$J(\boldsymbol{\theta})=-\sum_{i=1}^{n}[y_i\log(\sigma(\boldsymbol{\theta}^{\mathrm{T}}\boldsymbol{x}_i))+(1-y_i)\log(1-\sigma(\boldsymbol{\theta}^{\mathrm{T}}\boldsymbol{x}_i))] \tag{3-33}$$

逻辑回归通过最小化交叉熵损失函数来调整参数，以使模型的预测结果更接近真实标签。这个过程通常通过梯度下降算法来完成，在梯度下降算法的每次迭代中，都会计算损失函数关于参数的梯度，然后沿着梯度下降的方向更新参数，以减小损失函数的值。随着迭代的进行，参数值会逐渐接近最优解，使得模型的预测结果更加准确。

为了计算交叉熵损失函数关于参数 $\boldsymbol{\theta}$ 的梯度，需要 $J(\boldsymbol{\theta})$ 分别对每个 θ_j 求偏导数，用于指导梯度下降算法来更新模型参数。首先，计算损失函数 $J(\boldsymbol{\theta})$ 关于 $\sigma(\boldsymbol{\theta}^{\mathrm{T}}\boldsymbol{x}_i)$ 的偏导数：

$$\frac{\partial J(\boldsymbol{\theta})}{\partial\sigma(\boldsymbol{\theta}^{\mathrm{T}}\boldsymbol{x}_i)}=-\frac{1}{n}\left[\frac{y_i}{\sigma(\boldsymbol{\theta}^{\mathrm{T}}\boldsymbol{x}_i)}-\frac{1-y_i}{1-\sigma(\boldsymbol{\theta}^{\mathrm{T}}\boldsymbol{x}_i)}\right] \tag{3-34}$$

然后，利用 Sigmoid 函数满足 $\sigma'(z)=\sigma(z)(1-\sigma(z))$ 这一特点以及 $\sigma(-z)=1-\sigma(z)$，计算 $\sigma(\boldsymbol{\theta}^{\mathrm{T}}\boldsymbol{x}_i)$ 关于参数 θ_j 的偏导数：

$$\frac{\partial\sigma(\boldsymbol{\theta}^{\mathrm{T}}\boldsymbol{x}_i)}{\partial\theta_j}=\sigma(\boldsymbol{\theta}^{\mathrm{T}}\boldsymbol{x}_i)(1-\sigma(\boldsymbol{\theta}^{\mathrm{T}}\boldsymbol{x}_i))x_{ij} \tag{3-35}$$

最后，就得到了损失函数 $J(\boldsymbol{\theta})$ 关于参数 θ_j 的偏导数：

$$\frac{\partial J(\boldsymbol{\theta})}{\partial \theta_j}=\frac{1}{n}\sum_{i=1}^{n}(h_{\boldsymbol{\theta}}(\boldsymbol{x}_i)-y_i)x_{ij} \tag{3-36}$$

3.7 应用案例

3.7.1 简单的逻辑回归

表 3-3 给出了一组学生的身高、体重和性别，令输入变量 x_1 和 x_2 分别表示身高和体重，输出标签 y 表示性别（男生，标签为 1；女生，标签为 0），请建立一个逻辑回归模型来预测学生的性别。

表 3-3 学生基本信息表

身高 x_1/in	体重 x_2/lb	性别 y
73.847	241.893	1
68.781	162.310	1
74.110	212.740	1
	⋮	
63.179	141.266	0
62.636	102.853	0
62.077	138.691	0

注：1in = 0.0254m，1lb = 0.45359237kg。

由于只有身高和体重两个特征，因此逻辑回归方程为 $h_{\boldsymbol{\theta}}(\boldsymbol{x})=\dfrac{1}{1+\mathrm{e}^{-(\theta_0+\theta_1x_1+\theta_2x_2)}}$，利用表 3-3 中的数据采用梯度下降方法最小化交叉熵，得到的参数为 $\boldsymbol{\theta}=[0.69254, -0.49269, 0.19834]^{\mathrm{T}}$，决策边界为 $\theta_0+\theta_1x_1+\theta_2x_2=0$。如图 3-12 所示，在决策边界上方，大部分蓝色点对应于男性类别，在其下方的所有粉色点对应女性类别。预测结果并不完美，可以通过加入除身高和体重外的更多特征。

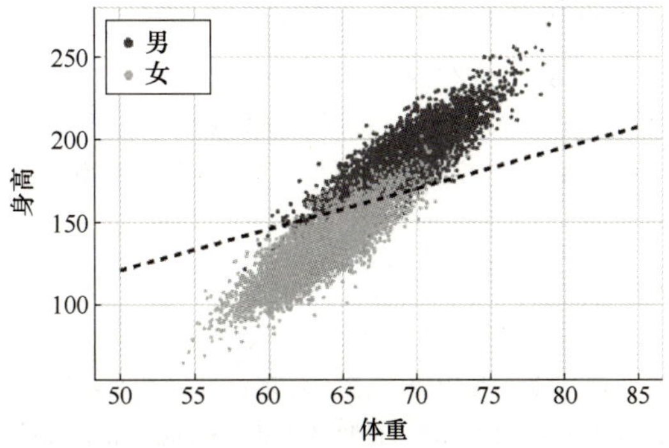

图 3-12 彩图

图 3-12 身高体重性别分类回归图

3.7.2 多元线性回归

加拿大的新车销售数据集提供了针对轻型乘用车型等特定车型的燃油消耗评级和估计的二氧化碳排放量，包括引擎排量、气缸数、综合油耗和二氧化碳排放量，如表 3-4 所示。此处选择引擎排量、气缸数和综合油耗作为输入变量 x_1、x_2、x_3，输出 y 表示二氧化碳排放量，请建立一个多元线性回归模型来预测二氧化碳排放量。

表 3-4 车辆排放量表

引擎排量 x_1/L	气缸数 x_2	综合油耗 x_3/(L/100km)	二氧化碳排放量 y/(g/km)
2.0	4	9.9	196
2.4	4	11.2	221
1.5	4	6.0	136
	⋮		
3.5	6	12.7	255
3.5	6	12.1	244
3.5	6	11.9	230

根据给出的变量，列出多元线性回归方程为 $h_\theta(\boldsymbol{x})=\theta_0+\theta_1x_1+\theta_2x_2+\theta_3x_3$，利用表 3-4 中的数据采用最小二乘法最小化均方误差，得到参数为 $\boldsymbol{\theta}=[64.35198634, 10.0398138, 7.96819612, 9.68406311]^{\mathrm{T}}$。在测试集上得到残差平方和为 632.28，方差为 0.84。

思考题与习题

3-1 定义回归分析，并解释它在机器学习中的作用。

3-2 分析为什么平方损失函数不适用于分类问题。

3-3 在回归模型中，特征选择的重要性体现在哪些方面？

3-4 解释 Logistic 回归和线性回归的主要差异。

3-5 解释岭回归和 LASSO 回归的差异及各自的优势。

3-6 正则化在回归模型中的作用是什么？请解释正则化的基本原理。

3-7 如何处理回归模型中的异方差性？请解释异方差性的概念。

3-8 比较线性回归、决策树回归和随机森林回归的优缺点。

3-9 解释多元回归模型、多元回归方程的含义。

3-10 多元线性回归线性理论模型中，每个系数偏回归系数的含义是什么？

3-11 请用一元线性回归方法在鸢尾花数据集上基于花瓣宽度预测花瓣长度。

参考文献

[1] 米切尔. 机器学习 [M]. 曾华军，张银奎，译. 北京：机械工业出版社，2003.

[2] BERGER A, DELLA PIETRA S A, DELLA PIETRA V J. A maximum entropy approach to natural language processing [J]. Computational linguistics, 1996, 22 (1): 39-71.

[3] COLLINS M, SCHAPIRE R E, SINGER Y. Logistic regression, adaboost and bregnlan distances [J]. Machine Learning, 2002, 48 (1-3): 253- 285.

[4] WEISBERG S. Applied linear regression [M]. 4th ed. New Jersey: John Wiley & Sons Press, 2005.

[5] BISHOP C M, NASRABADI N M. Pattern recognition and machine learning [M]. New York: Springer Press, 2006.

[6] CHATTERJEE S, SIMONOFF J S. Handbook of regression analysis [M]. New Jersey: John Wiley & Sons Press, 2013.

[7] HASTIE T, TIBSHIRANI R, FIREDMAN J. The elements of statistical learning: Data mining, inference, and prediction [M]. New York: Springer Press, 2017.

[8] HESAMIAN G, JOHANNSSEN A, CHUKHROVA N. Fuzzy nonlinear regression modeling with radial basis function networks [J]. IEEE Transactions on Fuzzy Systems, 2024, 32 (4): 1733-1742.

[9] GREVEN S, SCHEIPL F. A general framework for functional regression modelling [J]. Statistical Modelling, 2017, 17 (1-2): 1-35.

[10] KIM S H, BOUKOUVALA F. Machine learning-based surrogate modeling for data-driven optimization: a comparison of subset selection for regression techniques [J]. Optimization Letters, 2020, 14 (4): 989-1010.

[11] BREIDT F J, OPSOMER J D. Model-assisted survey estimation with modern prediction techniques [J]. Statistical Science, 2017, 32 (2): 190-205.

[12] LOH W. Fifty years of classification and regression trees [J]. International Statistical Review, 2014, 82 (3): 329-348.

[13] ANDO T, LI K. A model-averaging approach for high-dimensional regression [J]. Journal of The American Statistical Association, 2014, 109 (505): 254-265.

[14] JOSEPH V R. Optimal ratio for data splitting [J]. Statistical Analysis and Data Mining, 2022, 15 (4): 531-538.

第 4 章　决策树

导读

决策树是机器学习中的一种重要分类方法，它通过构建一棵树来表示分类决策的过程。在决策树中，每个结点代表一个属性测试，而每个分支代表该属性测试的结果。决策树可以有效地从训练数据中学习分类规则，并能够对新数据进行分类。

决策树采用多阶段决策过程，不是联合使用所有属性来做出决策，是在树的不同层次使用不同的属性子集。这种分而治之的原则使得决策树能够有效地处理复杂的数据集，并能够捕捉到数据中的复杂模式。决策树的基本学习算法主要包括 ID3 和 C4.5。ID3 算法基于信息增益来选择最佳属性，而 C4.5 算法在 ID3 的基础上进行了改进，使用信息增益比来选择最佳属性。这两种算法都旨在构建一个既能与训练数据很好拟合，同时具有良好泛化性能的决策树。

决策树的优势在于其紧凑的存储结构，能够高效地对新实例进行分类，并表现出良好的泛化性能。此外，决策树算法具有良好的可解释性，可以转换成一组 if-then 规则，分类过程和结果可以进行可视化展示。

综上所述，决策树是一种高效、可解释且泛化性能良好的分类方法，广泛应用于统计学、机器学习、模式识别和数据挖掘等领域。

本章知识点

- 决策树的分类行为
- 决策树的基本学习算法
- 决策树的属性选择
- 决策树的剪枝技术

4.1　引言

决策树基于分治思想将实例从树根排序到某个叶结点。叶结点提供了实例的类别。每个非叶结点都指定了对实例某些属性的测试，而每个分支表示从根到叶对应属性的一个可能值。一个实例的分类方法是：从树的根结点开始，测试该结点指定的属性，然后沿着与给定实例中的属性值相对应的树分支向下移动。

为了说明决策树分类行为，考虑一个脊椎动物分类问题。假设科学家发现了一个新物种，如何判断它是哺乳动物还是非哺乳动物呢？一种方法是就该物种的属性提出一系列问题。假设第一个问题是该物种是变温动物还是恒温动物，如果是变温动物，那么它肯定不是哺乳动物；否则，它要么是鸟类，要么是哺乳动物，此时需要提出一个后续问题：该物种的雌性会生下幼崽吗？会生孩子的肯定是哺乳动物，而不会生孩子的则可能是非哺乳动物（鸭嘴兽和刺食蚁兽等产蛋哺乳动物除外）。上例说明了如何通过对测试记录的属性提出一系列精心设计的问题来解决分类问题。每得到一个答案，就会提出一个后续问题，直到就记录的类别标签得出结论。这一系列问题及其可能的答案可以以决策树的形式组织起来，决策树是由结点和有向边组成的层次结构。

在决策树中，每个叶结点都有一个类别标签。非终端结点（包括根结点和其他内部结点）包含属性测试条件，用于区分具有不同属性的记录。例如，图 4-1 是哺乳动物分类问题的决策树。由于所有变温脊椎动物都是非哺乳动物，因此在根结点的右边创建了一个标有非哺乳动物的叶结点。如果该脊椎动物是恒温动物，则其后的属性“生育方式”将用于区分哺乳动物和其他恒温动物（主要是鸟类）。从根结点开始，对记录应用测试条件，然后根据测试结果选择合适的分支，这将导致分支要么进入另一个内部结点，应用新的测试条件，要么进入叶结点，将与叶结点相关的类标签分配给记录。图 4-2 追踪了用于预测鹦鹉和大象类别标签的决策树路径，路径的终点是标有“非哺乳动物”的叶结点。

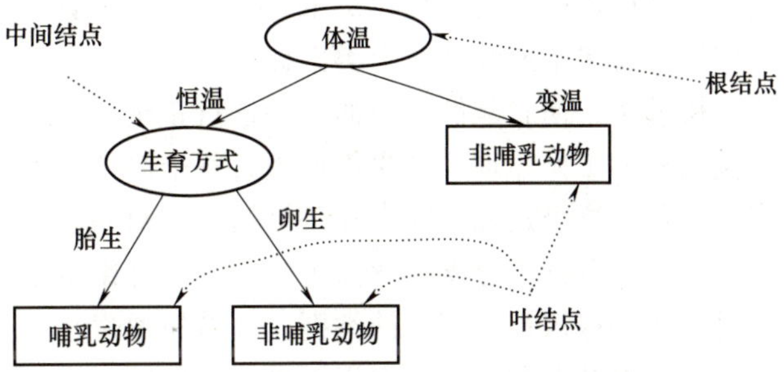

图 4-1　哺乳动物分类问题的决策树

决策树是一树状结构，它的每一个叶结点对应着一个分类，非叶结点对应着在某个属性上的划分，根据样本在该属性上的不同取值将其划分成若干个子集。对于非纯的叶结点，多数类的标号给出到达这个结点的样本所属的类。构造决策树的核心问题是在每一步如何选择适当的属性对样本做拆分。

无标注数据

名称	体温	生育方式	…	类别
鹦鹉	恒温	卵生	…	?
大象	恒温	胎生	…	?

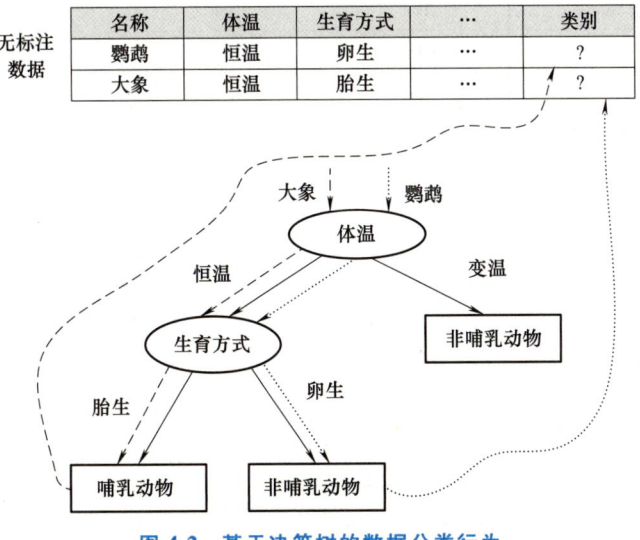

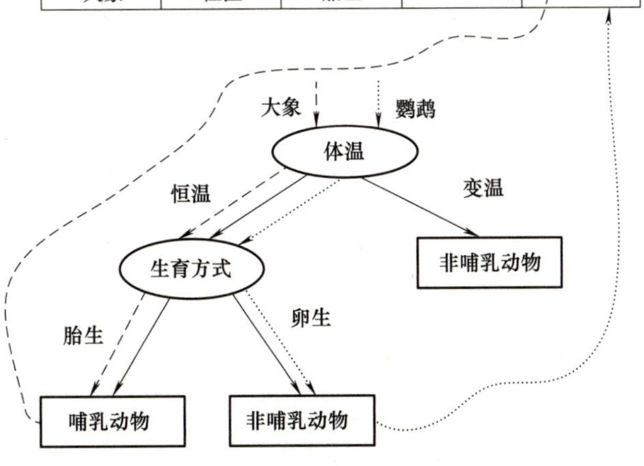

图 4-2　基于决策树的数据分类行为

图 4-2 展示了决策树的结构，这是一种树形分类模型，下面给出决策树的定义。

【定义 4.1】 决策树是一种监督学习模型，主要用于分类任务。它通过构建一棵树形结构来对数据进行分类。决策树包含一个称为“根”的结点，这个结点没有输入边，没有输出边的结点为叶结点，其他结点为内部结点。根结点和内部结点都是测试结点，每个测试结点对一个属性执行一个测试，测试结点的输出边被标记为属性的不同取值，以便根据这些值将数据划分到不同的子结点。每个叶结点指定了分类标签，代表决策树对数据进行分类的最终结果。

在实际应用中，为了构建决策树，需要一个数据集。这个数据集包含了一系列的实例，每个实例都有多个属性和一个类别标签。决策树学习的目标是根据给定的训练数据集构建一个决策树模型，使它能够对新的实例进行正确的分类。

决策树的工作原理：在决策树中，每个测试结点根据一个属性的值将实例集合成两个或更多的子集。这个过程是通过在每个结点上对一个属性执行测试来实现的，测试的结果决定了实例应该沿着哪个分支继续前进。每一个叶结点都代表了一个特定的分类，即在到达该叶结点时，实例应该被分配到的类别。决策树通过建立一个树形结构来揭示属性集与类标签之间的关系。根结点和内部结点用于决策，而叶结点则用于存储决策的结果。通过这种方式，决策树能够将复杂的分类问题分解成一系列简单的决策问题，从而实现对实例的有效分类。下面以一个例子说明决策树的工作原理。

Jeeves 作为 Bertie Wooster 先生的得力助手，深知老板对网球运动的热爱。为了确保 Bertie 先生的网球装备一应俱全，并且场地预订万无一失，Jeeves 需要能够预见性地判断 Bertie 是否决定打网球的情况。在过去两周的时间里，Jeeves 精心记录了每一天的天气状况以及 Bertie 是否选择打网球的数据（见表 4-1），通过这些数据，训练出一个决策树模型。借助决策树算法的强大能力，Jeeves 能够在每个清晨准确地预测 Bertie 的网球计划，从而完美地安排好装备的准备和场地的预订。

表 4-1　Jeeves 训练数据集合

Day	Outlook	Temp	Humidity	Wind	Tennis?
1	Sunny	Hot	High	Weak	No
2	Sunny	Hot	High	Strong	No
3	Overcast	Hot	High	Weak	Yes
4	Rain	Mild	High	Weak	Yes
5	Rain	Cool	Normal	Weak	Yes
6	Rain	Cool	Normal	Strong	No
7	Overcast	Cool	Normal	Strong	Yes
8	Sunny	Mild	High	Weak	No
9	Sunny	Cool	Normal	Weak	Yes
10	Rain	Mild	Normal	Weak	Yes
11	Sunny	Mild	Normal	Strong	Yes
12	Overcast	Mild	High	Strong	Yes
13	Overcast	Hot	Normal	Weak	Yes
14	Rain	Mild	High	Strong	No

在 Jeeves 训练集中，每一行都是一个实例，总共有 14 个实例。对于每个实例，有 5 个属性值：Day（星期几）、Outlook（天气）、Temp（温度）、Humidity（湿度）和 Wind（风力）。实际上，Day 不是一个有用的属性，因为它对每个实例都是不同的。因此，关注其他 4 个输入属性。另外，还有一个目标属性或标签（Tennis?），即表示 Bertie 是否决定打网球。

4.2 决策树学习算法的基本框架

4.2.1 终止条件

在决策树的构建过程中，精心选择属性测试的顺序对于塑造树的结构和提升其性能至关重要。鉴于潜在的属性顺序组合数量极为庞大，试图直接找出最优的顺序在计算上是不可行。为此，决策树的构建采纳了一种贪心策略，即在每一步选择当前情况下看似最佳的属性，而不是耗费资源去寻找可能无法达到的全局最优顺序。

在这个过程中，属性选择扮演着核心角色，它的结果直接决定了属性在决策树中的测试顺序。常见的贪心策略包括基于信息增益、增益率和基尼指数的方法。这些策略的共同目标是在每个决策结点选择最能区分数据集的属性，以此来构建最优的决策树结构。

进一步地，决策树的构建需要权衡是否让决策树生长到最大程度，还是在其生长过程中适时停止。一棵过分复杂的树可能会对训练数据产生过拟合，因此，一棵更为精简的树可能更为理想，因为它在处理未见过的测试数据时可能展现出更强的泛化能力。通过这种细致的平衡，可以构建出既准确又可解释的决策树模型，以适应各种数据分析和预测的需求。

本小节专注于讨论决策树生长的终止条件，而将属性选择的问题留到后续章节。假设在构建决策树时，已经知道了属性测试的顺序，这样在树的每个构建阶段，可以根据这个预定义的顺序来评估特定的属性，并利用该属性的值将数据集分割成不同的子集。这个过程会不断地重复，每次选择一个属性并按照它的值进行分割，直到遇到一个或多个特定的停止条件。

例 4-1　为了使用指定的测试属性顺序为 Jeeves 数据集构建完整的决策树，将遵循以下步骤：

1）从根结点开始，并测试 Outlook 属性。

2）如果 Outlook = Sunny，测试温度（Temp）属性；如果 Outlook = Rain，测试风速（Wind）属性。

3）对于所有其他分支，先测试湿度（Humidity）属性，然后再测试风速（Wind）属性。

这里是根据给定顺序生成决策树的过程。Jeeves 数据集包含 9 个正实例和 5 个负实例，这些实例不属于同一类别，所以需要选择一个属性进行测试。

根据给定测试顺序，首先测试 Outlook。Outlook 有 3 个值：Sunny、Overcast 和 Rain，将实例分为 3 个分支，如图 4-3 所示。实例 1 的 Outlook 等于 Sunny，所以它进入左分支；实例 3 的 Out-

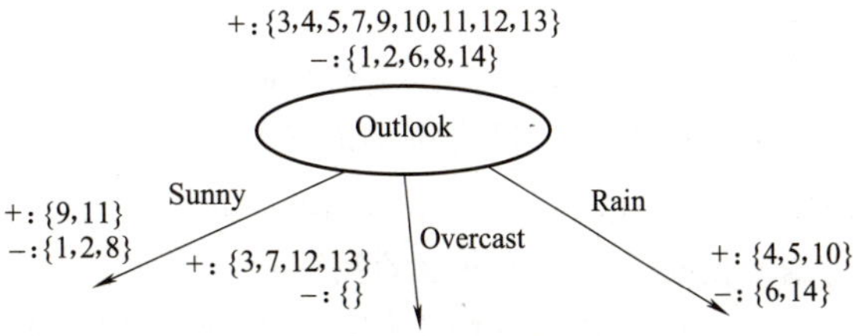

图 4-3　属性 Outlook 的测试

look 等于 Overcast，所以它进入中间分支，等等。

在中间分支中，所有实例都是正例，没有必要测试另一个属性，因此可以做出决定，然后创建一个带有标签 Yes 的叶结点，并且完成这个分支，如图 4-4 所示。

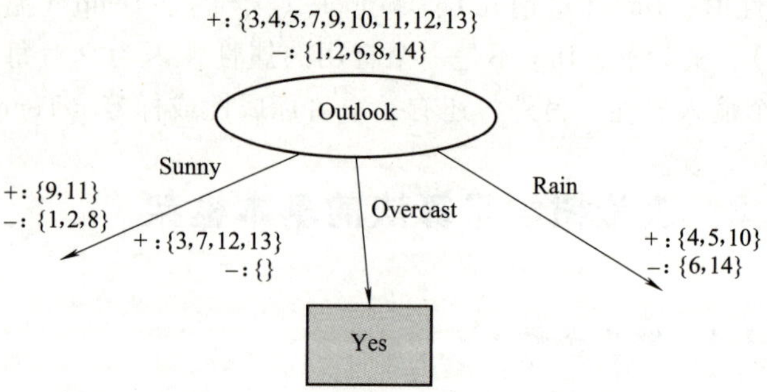

图 4-4 属性 Outlook 的测试及其叶结点生成

接下来，先查看左分支，其中有 2 个正例和 3 个负例，因此必须再次测试另一个属性。根据给定的顺序，测试下一个属性，即温度（Temp）。Temp 有 3 个值：Hot、Mild 和 Cool，然后再次创建 3 个分支，5 个实例被这些分支分割，如图 4-5 所示。每个结点将重复这个过程：检查所有实例是否属于同一类别，如果是，则创建一个带有类别标签的叶结点并停止；否则，选择下一个属性进行测试，并根据选择的属性分割实例。

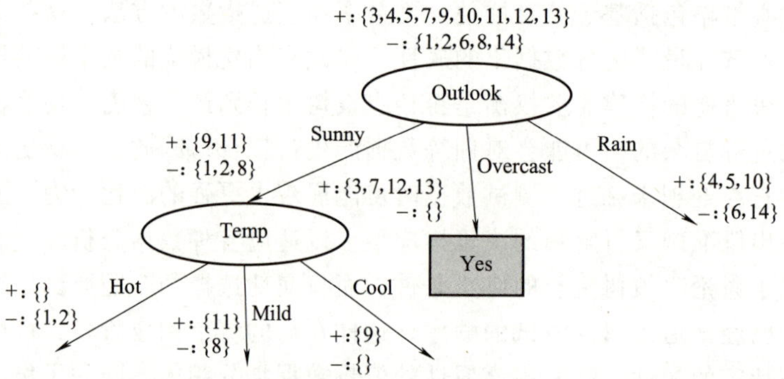

图 4-5 属性 Temp 的测试

最终的决策树，如图 4-6 所示。每个内部结点代表一个测试，并非所有测试都是布尔值。在每个结点旁边，训练实例根据 Bertie 那天是否打网球被划分为两个类别：Yes（+）和 No（-）。

在构建决策树时，有 3 种常见的停止继续分割的条件，用于决定何时停止进一步的分割和后续结点的生成，具体包括：

基本情况 1：所有实例都属于同一类别

当一个结点的所有实例都属于同一类别（要么全是正例，要么全是负例）时，不需要再进一步分割这个结点。此时，可以将该结点的类别标记为所属类别，并停止在这个结点的进一步分割。

基本情况 2：没有剩余的属性可以测试

如果一个结点上没有更多的属性可以测试，即所有的属性都已经用于分割，那么这个结点将成为一个叶结点。叶结点将被分配一个类别标签，代表该结点包含的实例的类别。

基本情况 3：没有剩余的实例

如果一个结点包含的实例数量不足以进行有效的分割，或者已经达到了预设的最大结点数量限制，那么这个结点也将成为一个叶结点。同样，叶结点将被分配一个类别标签，代表

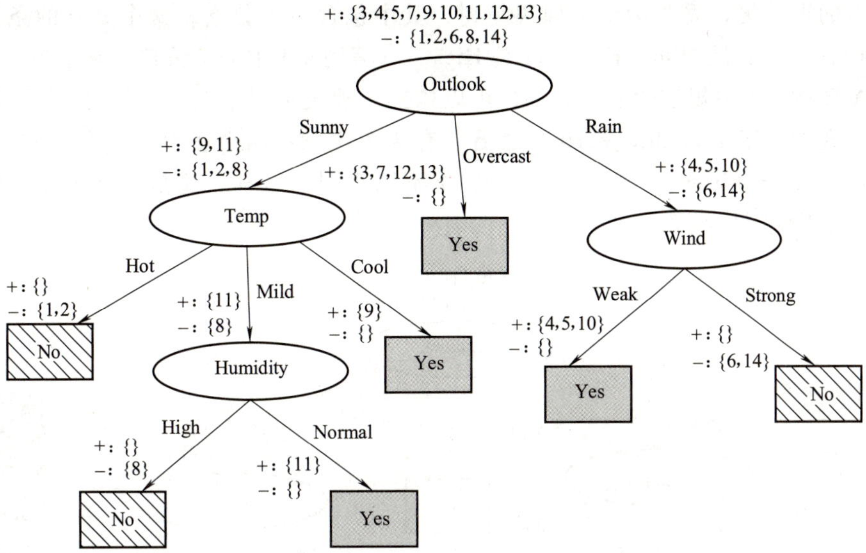

图 4-6 Jeeves 训练集的决策树

该结点包含的实例的类别。

在例 4-1 中，只遇到了基本情况 1，在这种情况下就确定了实例类别，然后不再继续分割。接下来，针对基本情况 2 和基本情况 3 分别讨论。

基本情况 2 终止条件　在原来 Jeeves 训练集中添加 3 个实例，建立一个修正 Jeeves 训练集，如表 4-2 所示。现在数据集共有 17 个实例，构建决策树的一个分支，在这个分支中，Outlook 是 Sunny，Temp 是 Mild，Humidity 是 High。

表 4-2 修正的 Jeeves 训练数据集合（17 个实例）

Day	Outlook	Temp	Humidity	Wind	Tennis?
1	Sunny	Hot	High	Weak	No
2	Sunny	Hot	High	Strong	No
3	Overcast	Hot	High	Weak	Yes
4	Rain	Mild	High	Weak	Yes
5	Rain	Cool	Normal	Weak	Yes
6	Rain	Cool	Normal	Strong	No
7	Overcast	Cool	Normal	Strong	Yes
8	Sunny	Mild	High	Weak	No
9	Sunny	Cool	Normal	Weak	Yes
10	Rain	Mild	Normal	Weak	Yes
11	Sunny	Mild	Normal	Strong	Yes
12	Overcast	Mild	High	Strong	Yes
13	Overcast	Hot	Normal	Weak	Yes
14	Rain	Mild	High	Strong	No
15	Sunny	Mild	High	Weak	No
16	Sunny	Mild	High	Weak	Yes
17	Sunny	Mild	High	Strong	Yes

注：Day 为 15、16、17 的数据为新增实例。

对于新的训练集，需要构建一棵决策树，其中包含一个分支，这个分支的条件是 Outlook 是 Sunny，Temp 是 Mild，Humidity 是 High。参考例 4-1 中的决策树，它也包含这样的测试分支。按照例 4-1 中规定的顺序，同样可以构造一棵决策树。然而，与例 4-1 中的决策树不同的是，在测试了 Humidity 是 High 之后，有 4 个实例：两个正例（序号对应 16 和 17）和两个负例（序号对应 8 和 15）。这 4 个实例不属于同一类别，这是一棵不完整的决策树（见图 4-7），因此需要继续测试。

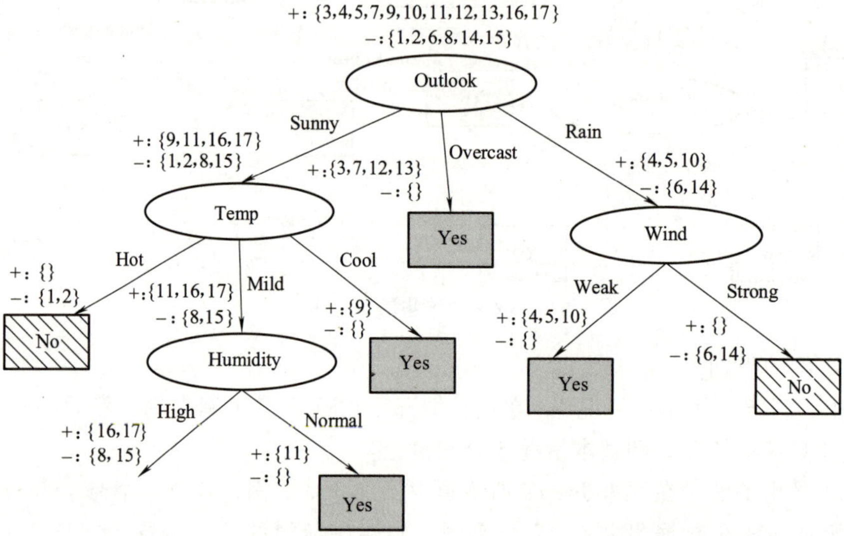

图 4-7 彩图

图 4-7 由测试条件（Outlook 是 Sunny，Temp 是 Mild，Humidity 是 High）构成的测试分支

在测试了 Humidity 是 High 之后，接下来应该测试 Wind（Wind 是唯一的选择）。当 Wind 是 Strong 时，有一个正例（序号对应 17），因此决策是 Yes。然而，当 Wind 是 Weak 时，有 3 个实例：一个正例（序号对应 16）和两个负例（序号对应 8 和 15）。由于实例的标签是混合的，无法做出确定的决策。此外，已经测试了所有 4 个属性，没有更多的属性可以测试。在这种情况下，应该怎么办？

再次审视采用的数据集。当 Wind 是 Weak 时，有 3 个实例的序号分别为 8、15 和 16。值得注意的是，对于这 3 个实例，所有输入属性的值都是相同的——Outlook 是 Sunny，Temp 是 Mild，Humidity 是 High，Wind 是 Weak。然而，它们有不同的标签：实例 8 和 15 的标签为 No，而实例 16 的标签为 Yes。这是一个噪声数据集的例子，表明即使在知道所有输入属性的值的情况下，也可能无法做出确定的决策。产生噪声数据集的一个原因是决策可能受到没有观察到的某些属性的影响。可能还有另一个与天气无关的因素影响了 Bertie 的决定，但不知道那个因素是什么。

当没有属性可以测试时，通常的解决方案是使用多数类别作为最终的决策。在这种情况下，当 Wind 是 Weak 时，由于大多数实例的标签是 No，因此选择类别标签为 No 作为最终的决策。图 4-8 是最后生成的决策树。

基本情况 3 终止条件　如果没有剩下任何实例，应该怎么做？再次考虑另一个修改后的 Jeeves 训练集，如表 4-3 所示，在 Jeeves 训练集中添加了一个实例。对于修改后的 Jeeves 训练集完成一个分支，在这个分支中，Temp 是 Hot，Wind 是 Weak，Humidity 是 High。为了易于理解基本情况 3 下的终止条件，不需要构造一棵完整的决策树，只需要关注这个分支。

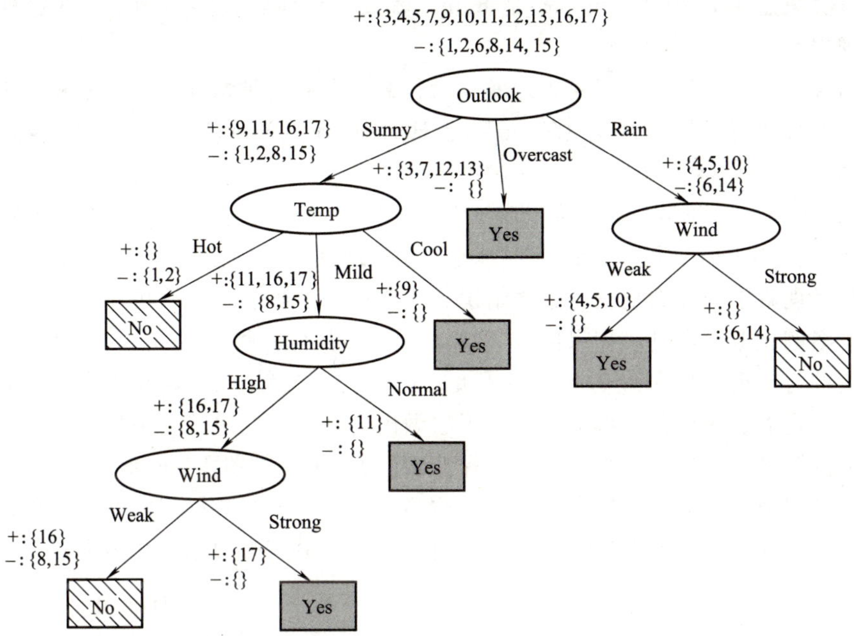

图 4-8　经过 Outlook、Temp 和 Humidity 属性测试后，属性 Wind 的测试结果

表 4-3　修正的 Jeeves 训练数据集合（15 个实例）

Day	Outlook	Temp	Humidity	Wind	Tennis?
1	Sunny	Hot	High	Weak	No
2	Sunny	Hot	High	Strong	No
3	Overcast	Hot	High	Weak	Yes
4	Rain	Mild	High	Weak	Yes
5	Rain	Cool	Normal	Weak	Yes
6	Rain	Cool	Normal	Strong	No
7	Overcast	Cool	Normal	Strong	Yes
8	Sunny	Mild	High	Weak	No
9	Sunny	Cool	Normal	Weak	Yes
10	Rain	Mild	Normal	Weak	Yes
11	Sunny	Mild	Normal	Strong	Yes
12	Overcast	Mild	High	Strong	Yes
13	Overcast	Hot	Normal	Weak	Yes
14	Rain	Mild	High	Strong	No
15	Sunny	Hot	High	Weak	No

在完成了对温度（Temp）、风速（Wind）和湿度（Humidity）这 3 个属性的测试后，剩下了 3 个实例：一个正例和两个负例。此时，最后一个属性——Outlook 具有 3 个可能的值，根据 Outlook 的值将这剩余的实例分成 3 个分支。

如果 Outlook 是 Sunny，有两个负例，所以决策是 No。如果 Outlook 是 Overcast，有一个

正例，所以决策是 Yes。如果 Outlook 是 Rain，就没有任何剩余的实例了，在这种情况下应该如何处理呢？

在做出决定之前，先来思考一个问题：为什么会遇到这种情况？再次审视一下修改后的数据集，需要找的情况是：温度（Temp）是 Hot，风速（Wind）是 Weak，湿度（Humidity）是 High，而 Outlook 是 Rain。

经过对数据集的仔细分析，你会发现这个数据集中没有出现这种特定输入属性值的组合。这就是没有剩余实例的原因。如果出现从未遇到过一个属性值的特定组合，就无法预测它。

既然已经理解了为什么会发生这种情况，应该如何处理它？一个可能的策略是尝试找到一些与这个案例相似的实例。如果回到父结点，父结点有一些 Outlook 不同值的实例。可以说，这些实例与出现的情况最为接近。因此，可以使用父结点的实例来做出决定。在父结点，实例可能是混合的。最有可能的是，无法做出一个确定的决策。类似于前面的情况，在这种情况下按照多数决定的原则，应该选择 No 作为决策，如图 4-9 所示。

在实际应用中，决策树算法会自动执行这些步骤，并根据数据集的特点和预设的参数选择合适的停止准则。停止准则的选择对于避免过拟合和提高模型的泛化能力至关重要。

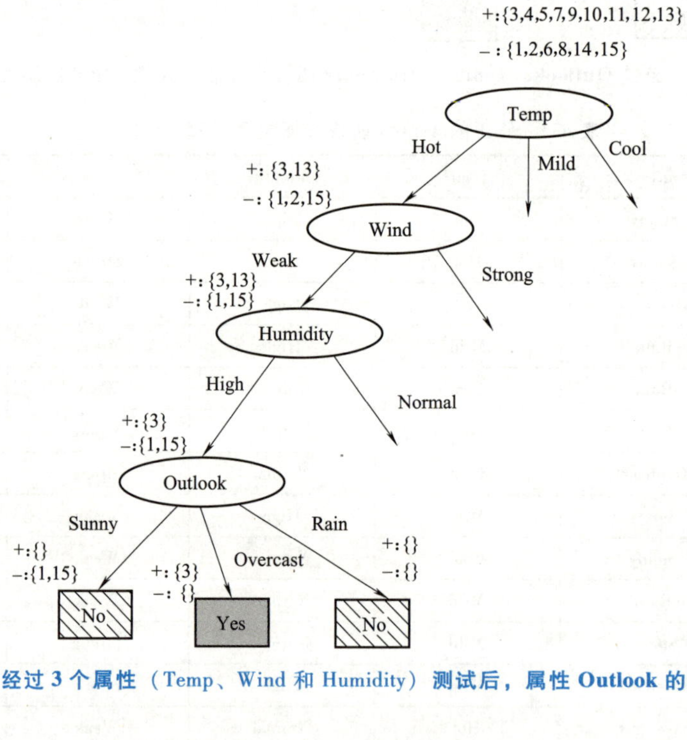

图 4-9 彩图

图 4-9 经过 3 个属性（Temp、Wind 和 Humidity）测试后，属性 Outlook 的测试结果

4.2.2 基本框架

递归方法非常适合于决策树的构建，因为它能够将问题分解为更小的部分，每一部分都是原问题的简化版本。在决策树的上下文中，这意味着每次递归调用都会处理一个较小的数据子集，并基于该子集的属性选择和分割过程来构建树的下一层结点。决策树构建的基本递归算法如算法 4-1 所示。

算法 4-1 的说明如下：假设 $D=\{(\boldsymbol{x}_i,y_i)\}_{i=1}^{n}$，$\boldsymbol{x}_i\in\mathbb{R}^d$ 为 d 维的第 i 个样本，y_i 为第 i 个

样本的类标签，$\{1,2,\cdots,k,\cdots,K\}$ 为具有 K 个类的类标签集合，$A=\{a_1,a_2,\cdots,a_m\}$ 为具有 m 个属性的属性集合。定义 Generating(D, A) 递归函数，D 与根结点相连。

算法 4-1　递归算法

输入：训练数据集 $D=\{(\boldsymbol{x}_i,y_i)\}_{i=1}^{n}$，属性集合 $A=\{a_1,a_2,\cdots,a_m\}$

输出：以 T 为根结点的一棵决策树

过程：函数 Generating(D,A)

生成结点 T

if　D 中所有样本属于同一类 c

Then　将 T 记为 k 类叶结点，return

if 属性集合 A 是空集或者 D 中的样本在 A 取值相同

then 将 T 记为叶结点，其类别标记为 D 中样本数最多的类别，return

在属性集合 A 中找到对类别贡献信息量最大的属性 a

for 属性 a 的每一个可能取值 v_a do

{　对根结点 T 建立一个分支结点，设 D_{v_a} 为 D 中属性 a 取值为 v_a 的样本构成的集合

　　if　属性集合 A 是空集或者 D_{v_a} 中的样本在 A 取值相同

　　then 将 T 记为叶结点，其类别标记为 D_{v_a} 中样本数最多的类别

　　else 递归地调用 Generating(D_{v_a},$A\backslash\{a\}$)

　　end if　}

end for

在决策树构建的递归过程，每个内部结点都代表一个属性测试，每个分支代表一个测试结果，而每个叶结点代表一个分类结果。递归过程的每一步都涉及选择一个属性来测试，然后根据该属性的值将数据集分割成不同的子集。这个过程会一直重复，直到满足上述三个停止条件之一。

决策树的基本递归算法从树的根结点应测试哪个属性？这个问题开始，采用自顶向下的方式构建决策树模型。为了回答这个问题，算法使用统计测试来评估每个属性的分类效果，从而确定哪个属性最适合作为根结点的测试属性。确定根结点测试属性后，算法会为该属性每个可能的取值创建一个后代结点，并将每个训练样本根据其属性值分配到相应的后代结点，从而将训练集划分为与后代结点对应的子集。接着，算法对每个后代结点重复上述过程，选择最佳的测试属性。这个过程递归进行，直到所有训练数据的子集被正确分类，或者没有合适的属性用于进一步划分，此时便得到了一个可接受的决策树。

在递归过程中，有一个关键步骤：在属性集中找到对类别贡献信息量最大的属性，即如何选择最优划分属性。

4.3　属性选择

假设有一个预先指定的测试属性的顺序。在每一步递归中，根据所选属性的值来分割实

例，并将边的标签设置为属性的值。每个子树只包含属性值与边上值相匹配的实例。

还有一个关键步骤。到目前为止，假设有一个预定义的测试属性的顺序。这个顺序是从哪里来的？在实践中，必须自己选择这个顺序。在之前的章节讨论了选择决策树策略。给定一个数据集，可以构建许多不同的决策树，应该构建哪一个树？机器学习中的一个关键问题就是过拟合。过拟合通常发生在复杂模型上，该模型捕捉了数据中的有用模式和噪声。为了避免过拟合，一种方法是限制模型保持简单的结构。在这种情况下，尝试通过学习一个较小且较浅的树来最小化需要测试的属性数量。理想情况下，想要找到测试属性的最优顺序，需要最小化树的大小。不幸的是，找到最优顺序在计算上太过昂贵。因此，使用一种贪心方法，确定一个对分类贡献最大的属性，并做出决策。

在决策树算法中，希望选择一个属性，它能够帮助更快地做出决策，也就是说，它能够最大程度地减少对目标变量的不确定性。为了衡量这种不确定性的减少，需要计算在考虑一个属性之前和之后的不确定性，并找到二者之间的差异。

在决策树的众多算法中，ID3 算法和它的改进版 C4.5 算法是非常有名的。ID3 算法是由 Quinlan 在 1986 年提出的。这个算法使用一个叫作“信息增益”的指标来选择属性。使用信息增益能衡量属性对分类标签的贡献程度，即信息增益告诉每个属性对分类结果有多少帮助。ID3 算法在选择属性时，会挑选那个能够最大程度减少不确定性的属性，也就是信息增益最高的属性。C4.5 算法是 Quinlan 在 1993 年对 ID3 算法的改进。C4.5 算法引入了一个新的概念，叫作“信息增益率”。信息增益率是对信息增益的一个调整，它考虑了属性的本身区分度，是对信息增益的规格化处理。这意味着 C4.5 不仅仅考虑属性对分类的帮助，还考虑了属性本身的复杂度。

总的来说，决策树的构建基于一个基本的递归框架（如算法 4-1），而 ID3 算法和 C4.5 算法都是在这一框架下的具体实现。这些算法通过独特的选择属性，帮助构建出能够有效分类数据的决策树模型。

4.3.1 数据集的熵

通过前面的内容已经知道为什么要选择属性，那如何选择属性？量化属性选择的不确定性呢？在信息论中，使用一个叫作“熵”的概念来衡量不确定性。熵可以看作是不确定性的度量，它描述了数据的混乱程度。当所有实例都属于同一个类别时，熵为零，因为没有任何不确定性；当实例均匀分布在多个类别中时，熵达到最大，因为不确定性最高。熵是一个极其强大的概念，它告诉我们能够将数据压缩多少。当处理一个包含多个类别的数据集时，熵可以帮助量化这个数据集的不确定性。熵的定义源于概率，对于一个包含正实例和负实例的集合，其熵定义为

$$H(D)=-p\log p-(1-p)\log(1-p) \tag{4-1}$$

假设，p 是 D 中正例的概率，$1-p$ 是 D 中负例概率。在熵的计算中，定义 $0\log 0=0$。特别是，$-\log(1-p)$ 和 $-\log p$ 分别表示正例的自信息量和负例的自信息量。

在图 4-10 中，当 $p=0$ 或 $p=1$ 时，$H(D)=0$，集合 D 完全没有不确定性，此时集合 D 只包含负实例或正实例。当 $p=\frac{1}{2}$时，$H(D)$取最大值，集合 D 的不确定性最大，集合 D 中负实例和正实例各占一半。更一般情况，如果目标属性可以有 C 个不同的值，那么 D 相对于

这 C 个分类的熵定义为

$$H(D)=-\sum_{i=1}^{C}p_i\log p_i \tag{4-2}$$

式中，p_i 是 D 中属于第 i 类的比例。

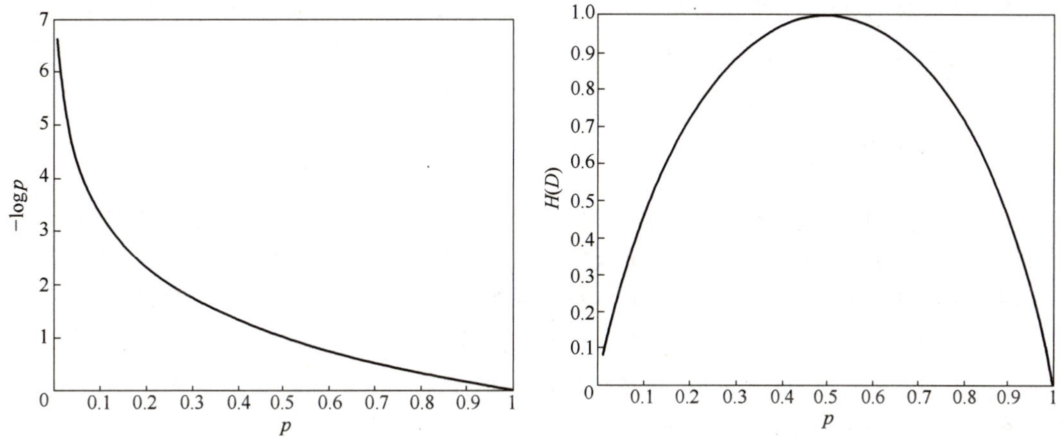

图 4-10　自信息和熵

当选择以 2 为底的对数时，熵的单位是比特（bit），这是因为比特是数字通信中信息量的基本单位。当计算熵时，如果使用以 2 为底的对数，就是在计算信源编码所需的最少比特数。对数的底取 e（约等于 2.71828）时，熵的单位是纳特（nat）。纳特是基于自然对数的单位，它在数学和物理学中有时会被使用，但在信息论和计算机科学中，比特更为常见，在本书中，熵的单位是比特，所以默认对数以 2 为底。熵 $H(D)$ 的值越高，表示数据集 D 的不确定性越大，各类标签的分布越均匀，数据集越不“纯”。

4.3.2　信息增益

已经讨论了如何使用熵来衡量分布的不确定性。下一个问题是如何量化属性的信息量？信息增益量化了按照某个属性对数据实例进行划分后，数据集熵的预期减少量。

【定义 4.2】　属性 A 对训练数据集 D 的信息增益 $G(D, A)$ 定义为集合 D 的熵与按照属性 A 划分后各个子集的加权熵之差，即

$$G(D,A)=H(D)-H(D|A) \tag{4-3}$$

设属性 A 有 n 个不同的取值 $\{a_1,a_2,\cdots,a_n\}$，D 是原始数据集，D_i 是 D 的子集，D_i 中实例的属性 A 取值为 a_i。注意，式（4-3）中的第一项只是原始集合 D 的熵，第二项是使用属性 A 对 D 进行分割后熵的预期值，即所有 D_i 的熵之均值：

$$H(D|A)=\sum_{i=1}^{n}\frac{|D_i|}{|D|}H(D_i) \tag{4-4}$$

式中，$|D|$ 是 D 的容量，即样本数量；$\frac{|D_i|}{|D|}$ 是 A 的第 i 个取值的样本构成的子集的比例。$H(D|A)$ 表示 A 给定的条件下数据集 D 的不确定性，信息增益 $G(D, A)$ 衡量的是属性 A 和类别标签之间的相互依赖性，即在属性 A 的指导下，类别标签的不确定性减少的程度。

互信息是信息论中的一个概念，用来衡量两个随机变量之间的相互依赖性。它表示知道一个变量后，另一个变量的不确定性减少的程度。当考虑一个属性 A 和类别标签时，可以将属性 A 和类别标签看作是两个随机变量。知道属性 A 的值，可以减少关于类别标签的不确定性。这种通过一个随机变量（属性 A）获得关于另一个随机变量（类别标签）的信息量，就是互信息（mutual information）。信息增益可以被视为属性 A 和类别标签之间的互信息，它帮助构建决策树时选择最有用的属性进行分割，从而使决策树能够更有效地对数据进行分类。

4.3.3 信息增益率

一个简单的例子来说明这一点：假设有一个属性，它有两个可能的取值，将数据集划分为两个子集，每个子集的熵可能都有所减少。现在，假设有另一个属性，它有 4 个可能的取值，将数据集划分为 4 个子集，每个子集的熵可能减少得更多，因为每个子集的样本更可能属于同一类别。信息增益的计算不考虑属性的取值数量，只关注熵的减少量。因此，如果一个属性有很多取值，它可能会产生很多纯度较高的子集，从而在信息增益的计算中得分较高。因此信息增益倾向于选择取值较多的属性。为了解决这个问题，C4.5 算法引入了信息增益率（information gain ratio）的概念。信息增益率是对信息增益的一个调整，它考虑了属性的固有值，即属性的分裂信息。分裂信息是指为了区分属性的不同取值所需的信息量。如果一个属性的分裂信息很高，那么可能只是因为它有很多不同的取值，而不是因为它在分类中的实际有用性。信息增益率是对信息增益的规格化处理。这样，即使属性取值很多，它的信息增益率也会较低。信息增益率是属性选择的另一准则。

【定义 4.3】 属性 A 对训练数据集 D 的信息增益率 $G_R(D, A)$ 定义为其信息增益 $G(D, A)$ 与训练数据集 D 关于属性 A 的值的熵 $H_A(D)$ 之比，即

$$G_R(D,A)=\frac{G(D,A)}{H_A(D)} \tag{4-5}$$

式中，属性 A 的固有值为 $H_A(D)=-\sum_{i=1}^{n}\frac{|D_i|}{|D|}\log\frac{|D_i|}{|D|}$，$n$ 是属性 A 取值的个数。

例 4-2 假设 D 表示 Jeeves 训练数据集（见表 4-1），D 共有 14 个实例，包括 9 个正例和 5 个反例，该数据涵盖了 4 个属性 Outlook、Temp、Humidity 和 Wind。属性 Outlook 有 3 个取值，分别为 Sunny、Overcast 和 Rain，将集合 D 划分为 D_1、D_2 和 D_3 三个样本子集。同理，其他属性也按照属性的取值划分为若干个样本集。对于每个属性，计算其信息增益和信息增益率。

根据图 4-11 中，根结点的正负实例的分布和属性取值，Jeeves 训练集共有 14 个实例：9 个正例，5 个负例。对于每个实例，有 4 个属性：Outlook（天气）、Temp（温度）、Humidity（湿度）和 Wind（风力）。不同属性根据取值将 Jeeves 训练集 D 的分布情况划分为多个子集，子集的数目与该属性的取值数目相等。例如，Temp 根据 3 个取值将总体训练集 D 划分为 3 个子集 D_1、D_2 和 D_3，分别对应于 Hot、Mild 和 Cool。对于 Jeeves 训练集，计算该集合的信息熵，然后计算各个属性的信息增益，从而选择最优属性，以降低划分后的集合的纯度。

训练集 D 的信息熵：

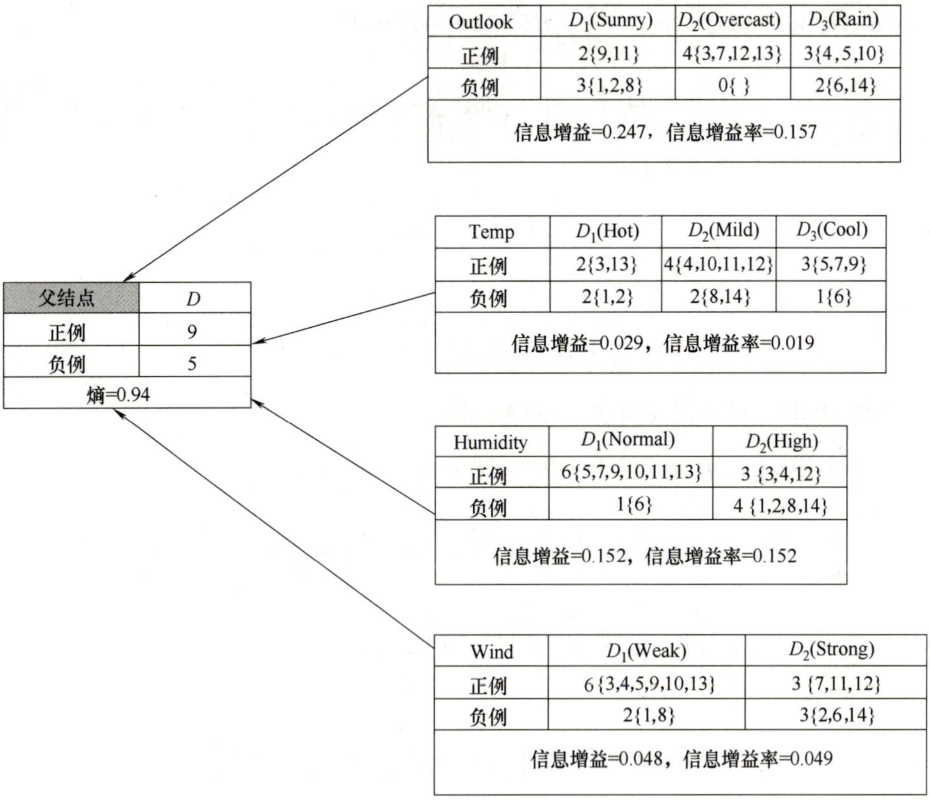

图 4-11 决策树的父结点的数据分布情况

$$H(D)=-\frac{9}{14}\log\frac{9}{14}-\frac{5}{14}\log\frac{5}{14}=0.94$$

关于属性 Wind 的信息增益和信息增益率：

$$\begin{aligned}G(D,\text{Wind})&=H(D)-\left[\frac{8}{14}H(D_1)+\frac{6}{14}H(D_2)\right]\\&=0.94-\left[\frac{8}{14}\times\left(-\frac{6}{8}\log\frac{6}{8}-\frac{2}{8}\log\frac{2}{8}\right)+\frac{6}{14}\left(-\frac{3}{6}\log\frac{3}{6}-\frac{3}{6}\log\frac{3}{6}\right)\right]\\&=0.048\end{aligned}$$

$$\begin{aligned}H_{\text{Wind}}(D)&=-\sum_{i=1}^{n}\frac{|D_i|}{|D|}\log\frac{|D_i|}{|D|}\\&=-\left(\frac{6}{14}\log\frac{6}{14}+\frac{8}{14}\log\frac{8}{14}\right)\\&=0.985\end{aligned}$$

$$\begin{aligned}G_R(D,\text{Wind})&=\frac{G(D,\text{Wind})}{H_{\text{Wind}}(D)}\\&=\frac{0.048}{0.985}=0.049\end{aligned}$$

关于属性 Humidity 的信息增益和信息增益率：

$$G(D,\text{Humidity})=H(D)-\left[\frac{7}{14}H(D_1)+\frac{7}{14}H(D_2)\right]$$
$$=0.94-\left[\frac{7}{14}\times\left(-\frac{6}{7}\log\frac{6}{7}-\frac{1}{7}\log\frac{1}{7}\right)+\frac{7}{14}\left(-\frac{3}{7}\log\frac{3}{7}-\frac{4}{7}\log\frac{4}{7}\right)\right]$$
$$=0.152$$

$$H_{\text{Humidity}}(D)=-\left(\frac{7}{14}\log\frac{7}{14}+\frac{7}{14}\log\frac{7}{14}\right)$$
$$=1$$

$$G_R(D,\text{Humidity})=\frac{0.152}{1}=0.152$$

关于属性 Outlook 的信息增益和信息增益率：

$$G(D,\text{Outlook})=H(D)-\left[\frac{5}{14}H(D_1)+\frac{4}{14}H(D_2)+\frac{5}{14}H(D_3)\right]$$
$$=0.94-\left[\frac{5}{14}\times\left(-\frac{2}{5}\log\frac{2}{5}-\frac{3}{5}\log\frac{3}{5}\right)+\frac{4}{14}\left(-\frac{4}{4}\log\frac{4}{4}-\frac{0}{4}\log\frac{0}{4}\right)+\right.$$
$$\left.\frac{5}{14}\left(-\frac{3}{5}\log\frac{3}{5}-\frac{2}{5}\log\frac{2}{5}\right)\right]$$
$$=0.247$$

$$H_{\text{Outlook}}(D)=-\left(\frac{5}{14}\log\frac{5}{14}+\frac{4}{14}\log\frac{4}{14}+\frac{5}{14}\log\frac{5}{14}\right)$$
$$=1.577$$

$$G_R(D,\text{Outlook})=\frac{0.247}{1.577}=0.157$$

关于属性 Temp 的信息增益和信息增益率：

$$G(D,\text{Temp})=H(D)-\left[\frac{4}{14}H(D_1)+\frac{6}{14}H(D_2)+\frac{4}{14}H(D_3)\right]$$
$$=0.94-\left[\frac{4}{14}\times\left(-\frac{2}{4}\log\frac{2}{4}-\frac{2}{4}\log\frac{2}{4}\right)+\frac{6}{14}\left(-\frac{4}{6}\log\frac{4}{6}-\frac{2}{6}\log\frac{2}{6}\right)+\right.$$
$$\left.\frac{4}{14}\left(-\frac{3}{4}\log\frac{3}{4}-\frac{1}{4}\log\frac{1}{4}\right)\right]$$
$$=0.029$$

$$H_{\text{Temp}}(D)=-\left(\frac{4}{14}\log\frac{4}{14}+\frac{6}{14}\log\frac{6}{14}+\frac{4}{14}\log\frac{4}{14}\right)$$
$$=1.556$$

$$G_R(D,\text{Temp})=\frac{0.029}{1.556}=0.019$$

例 4-3 对于表 4-1 所示的训练数据集合，利用 ID3 算法建立决策树。

决策树的根结点是树的第一个结点。如果根结点只包含相同类别的实例，那么根结点同时也是叶结点，这样就生成了一个只包含一个结点的决策树。对于 Jeeves 训练集，根结点包含了两个类别的记录，因此需要以根结点为分裂结点，对当前树进行细化，即在根结点处选择最佳属性。根据例 4-2 的结果，Outlook 属性具有最大的信息增益，因此从属性集合｛Outlook、Temp、Humidity、Wind｝中选择 Outlook 作为最佳属性。

根据 Outlook 的测试结果，Jeeves 训练集被划分为更小的子集：D_1、D_2 和 D_3，这些子集分别对应于根结点的 3 个子结点（Outlook = Sunny、Outlook = Overcast、Outlook = Rain）。然后对根结点的每个子结点递归应用基本算法。其中，Overcast 对应的子集 D_2 包含唯一的类别（正类），因此该结点成为叶结点，其类标签为 “Yes”。对于 “Outlook = Overcast” 的情况，无需进一步测试，因为该结点对应的实例已经被正确分类，如图 4-12 所示。

接下来，需要分别以左子结点（Outlook = Sunny）和右子结点（Outlook = Rain）作为新的根结点，继续递归调用基本算法。此时，新的属性集合为｛Temp、Humidity、Wind｝。对于 Outlook = Sunny 和 Outlook = Rain 的情况，需要进一步详细分析。

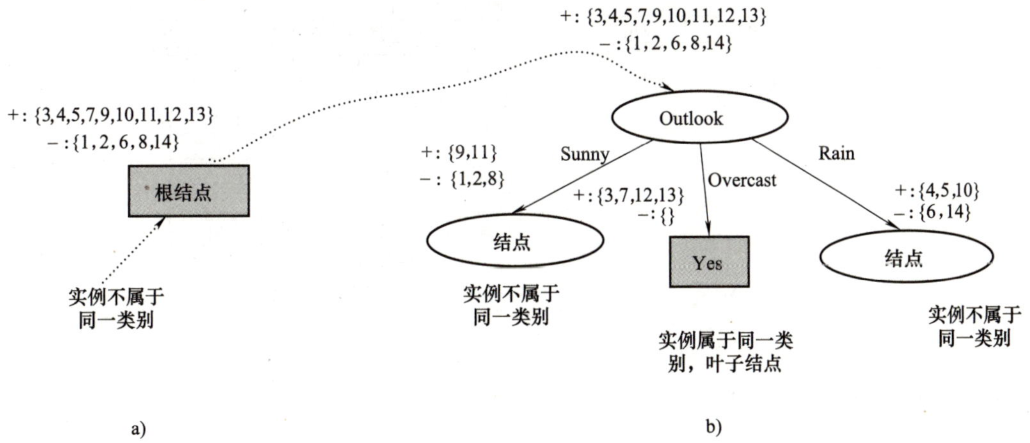

图 4-12　决策树的根结点划分

（1）对于 Outlook = Sunny 情况

计算属性 Temp 的信息增益：

$$
\begin{aligned}
& H(D_1)-\left[\frac{2}{5}H(D_{11})+\frac{2}{5}H(D_{12})+\frac{1}{5}H(D_{13})\right] \\
&=\left(-\frac{2}{5}\log\frac{2}{5}-\frac{3}{5}\log\frac{3}{5}\right)-\left[\frac{2}{5}\times\left(-\frac{0}{2}\log\frac{0}{2}-\frac{2}{2}\log\frac{2}{2}\right)+\right. \\
&\quad \left.\frac{2}{5}\left(-\frac{1}{2}\log\frac{1}{2}-\frac{1}{2}\log\frac{1}{2}\right)+\frac{1}{5}\left(-\frac{1}{1}\log\frac{1}{1}-\frac{0}{1}\log\frac{0}{1}\right)\right] \\
&=0.97-0.4 \\
&=0.57
\end{aligned}
$$

计算属性 Humidity 的信息增益：

$$
\begin{aligned}
& H(D_1)-\left[\frac{3}{5}H(D_{11})+\frac{2}{5}H(D_{12})\right] \\
&=\left(-\frac{2}{5}\log\frac{2}{5}-\frac{3}{5}\log\frac{3}{5}\right)-\left[\frac{3}{5}\times\left(-\frac{0}{3}\log\frac{0}{3}-\frac{3}{3}\log\frac{3}{3}\right)+\frac{2}{5}\left(-\frac{2}{2}\log\frac{2}{2}-\frac{0}{2}\log\frac{0}{2}\right)\right] \\
&=0.97-0 \\
&=0.97
\end{aligned}
$$

计算属性 Wind 的信息增益：

$$H(D_1)-\left[\frac{2}{5}H(D_{11})+\frac{3}{5}H(D_{12})\right]$$

$$=\left(-\frac{2}{5}\log\frac{2}{5}-\frac{3}{5}\log\frac{3}{5}\right)-\left[\frac{2}{5}\left(-\frac{1}{2}\log\frac{1}{2}-\frac{1}{2}\log\frac{1}{2}\right)+\frac{3}{5}\times\left(-\frac{2}{3}\log\frac{2}{3}-\frac{1}{3}\log\frac{1}{3}\right)\right]$$

$$=0.97-0.951$$

$$=0.019$$

Humidity 具有最大的期望信息增益，因此选择其作为划分属性，如图 4-13 所示。选择 Humidity 是有意义的，因为 Humidity 测试后，正例和负例完全分开。

Outlook=Sunny	D_1
正例	2{9,11}
负例	3{1,2,8}
熵=0.97	

Wind	D_{11}(Strong)	D_{12}(Weak)
正例	1 {11}	1 {9}
负例	1{2}	2{1,8}
信息增益=0.019		

Humidity	D_{11}(High)	D_{12}(Normal)
正例	0 {}	2 {9,11}
负例	3 {1,2,8}	4 {}
信息增益=0.97		

Temp	D_{11}(Hot)	D_{12}(Mild)	D_{13}(Cool)
正例	0{}	1{11}	1{9}
负例	2{1,2}	1{8}	0{}
信息增益=0.57			

图 4-13　当前结点（Outlook = Sunny）的数据分布

（2）对于 Outlook = Rain 情况

计算属性 Temp 的信息增益：

$$H(D_1)-\left[\frac{0}{5}H(D_{31})+\frac{3}{5}H(D_{32})+\frac{2}{5}H(D_{33})\right]$$

$$=\left(-\frac{3}{5}\log\frac{3}{5}-\frac{2}{5}\log\frac{2}{5}\right)-\left[0+\frac{3}{5}\left(-\frac{2}{3}\log\frac{2}{3}-\frac{1}{3}\log\frac{1}{3}\right)+\frac{2}{5}\left(-\frac{1}{2}\log\frac{1}{2}-\frac{1}{2}\log\frac{1}{2}\right)\right]$$

$$=0.97-0.951$$

$$=0.019$$

计算属性 Humidity 的信息增益：

$$H(D_1)-\left[\frac{2}{5}H(D_{31})+\frac{3}{5}H(D_{32})\right]$$

$$=\left(-\frac{2}{5}\log\frac{2}{5}-\frac{3}{5}\log\frac{3}{5}\right)-\left[\frac{2}{5}\times\left(-\frac{1}{2}\log\frac{1}{2}-\frac{1}{2}\log\frac{1}{2}\right)+\frac{3}{5}\left(-\frac{2}{3}\log\frac{2}{3}-\frac{1}{3}\log\frac{1}{3}\right)\right]$$

$$=0.97-0.951$$

$$=0.019$$

计算属性 Wind 的信息增益：

$$H(D_1)-\left[\frac{3}{5}H(D_{31})+\frac{2}{5}H(D_{32})\right]$$

$$=\left(-\frac{2}{5}\log\frac{2}{5}-\frac{3}{5}\log\frac{3}{5}\right)-\left[\frac{3}{5}\times\left(-\frac{3}{3}\log\frac{3}{3}-\frac{0}{3}\log\frac{0}{3}\right)+\frac{2}{5}\times\left(-\frac{0}{2}\log\frac{0}{2}-\frac{2}{2}\log\frac{2}{2}\right)\right]$$

$$=0.97-0$$

$$=0.97$$

选择 Wind 作为划分属性，因为它的预期信息增益最大，如图 4-14 所示。这是有道理的，因为在测试 Wind 之后，正面和负面实例被完全分开。最终的决策树绘制如图 4-15 所示。

Outlook=Rain	D_3
正例	3{4,5,10}
负例	2{6,14}
熵=0.97	

Temp	D_{31}(Hot)	D_{32}(Mild)	D_{33}(Cool)
正例	0{}	2{4,10}	1{5}
负例	0{}	1{14}	1{6}
信息增益=0.019			

Humidity	D_{31}(High)	D_{32}(Normal)
正例	1 {4}	2 {5,10}
负例	1 {14}	1 {6}
信息增益=0.019		

Wind	D_{31}(Weak)	D_{32}(Strong)
正例	3 {4,5,10}	0 { }
负例	0{}	2{6,14}
信息增益=0.97		

图 4-14　当前结点（Outlook = Rain）数据分布

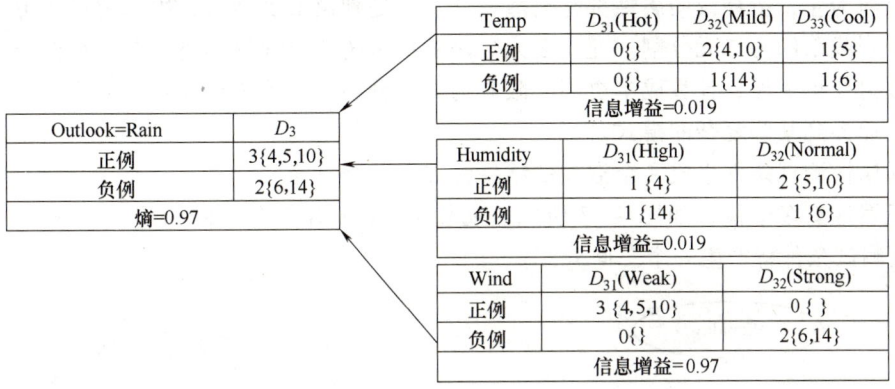

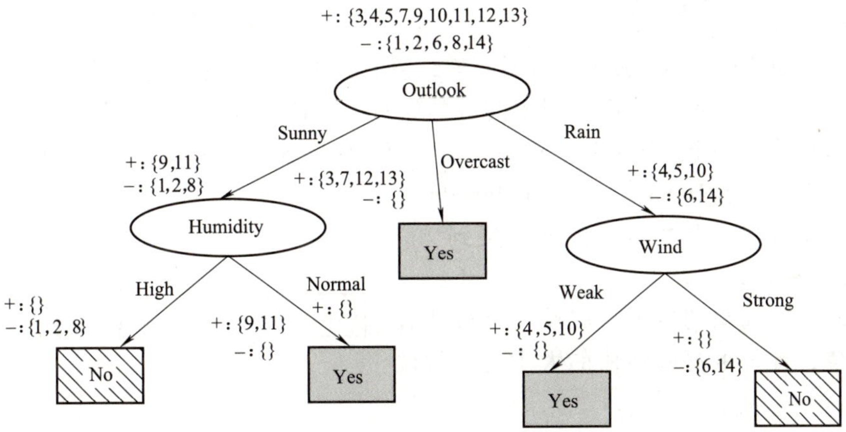

图 4-15　由 Jeeves 训练数据集合生成的决策树

决策树是一种分步决策过程的典型代表，它不是通过一次性考虑所有属性来做出决策，而是在树的不同层级上逐步使用属性子集做出决策。决策树的主要优势包括：

1）决策树的结构紧凑，便于高效存储。它能迅速地对新实例进行分类，并在多种数据集上展现出出色的泛化能力。

2）决策树能够转换为一组 if-then 规则，这种表示形式直观易懂，使得决策树具有良好的可解释性。

以图 4-15 为例，假设有人询问为什么 Bertie 在特定的一天选择去打网球，而在其他日子则不去。答案可能是：当天气晴朗（Outlook = Sunny）且湿度正常（Humidity = Normal）时，Bertie 会去打网球，因为这样的天气条件适宜户外活动。相反，当下雨（Outlook = Rain）且风大（Wind = Strong）时，Bertie 不会去打网球，因为这样的天气条件不适合打球。与此相比，其他分类器，如神经网络，虽然能够输出分类结果，但通常不提供决策过程的任何解释，这使得它们在需要透明决策逻辑的应用中不如决策树受欢迎。

4.4 属性测试

到目前为止，所涉及的属性都是离散属性。在处理离散属性时，决策树算法可以选择允许多元分割或限制为二元分割。允许多元分割的决策树可以捕捉到更复杂的数据结构，但可能会导致树变得更深，计算成本更高。限制为二元分割的决策树更简单，计算效率更高，但可能无法捕捉到某些复杂的模式。

二元属性测试条件生成两个潜在的结果，如图 4-16 所示。

多元属性有多个值，如图 4-17 所示。属性 Outlook 有三个不同的值：Sunny、Overcast、Rain，其测试条件将产生一个三向分支。

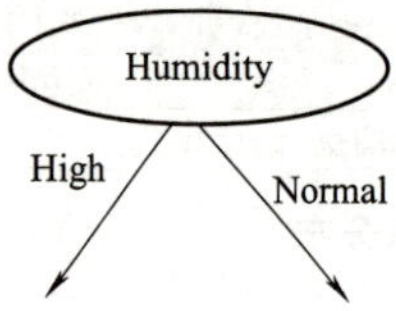

图 4-16 二元属性测试条件

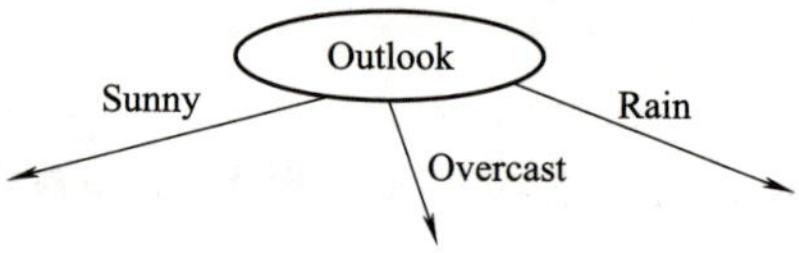

图 4-17 多元属性测试条件

在现实世界的数据集中，经常遇到具有连续值的属性。为了处理这些属性，决策树算法需要找到一种方法来将连续数据分割成离散的结点，以便构建决策树。以 Humidity 为例，如果将 Humidity 作为一个连续属性，而不是将其简单地离散化为两个值（高和正常），可以使用实际的数字来表示 Humidity，例如 Humidity = 60%。这种表示方法更加精确，能够捕捉到 Humidity 值的精细变化，如表 4-4 所示。

选择分割点的简单的方法：假设一个属性有 m 个不同取值，首先根据属性值的大小对实例进行排序为 $v_1, v_2, v_3, v_4, \cdots, v_{m-1}, v_m, v_{i-1} \leqslant v_i (i=1, 2, \cdots, m)$。然后将两个不同连续值（$v_i$，$v_{i+1}$）的中点 $\frac{v_i+v_{i+1}}{2}$ 视为潜在的分割点。接着，计算每个潜在的分割点的期望信息增益，并选择期望信息增益最大的一个。比如第一次划分 $\{v_1\}$ 为一类，那么 $\{v_2, v_3, v_4, \cdots, v_{m-1}, v_m\}$ 为另一类，以此类推，第 m 次划分，$\{v_1, v_2, v_3, v_4, \cdots, v_{m-1}\}$ 为一类，$\{v_m\}$ 为另一类，如图 4-18 所示。

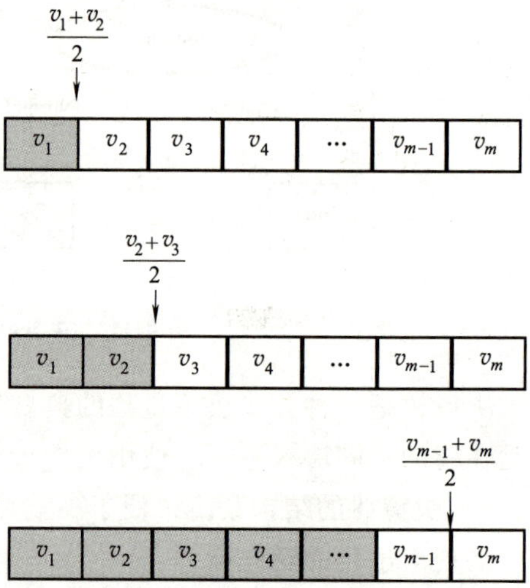

图 4-18 连续属性的离散化处理

表 4-4 修正 Jeeves 训练数据集合（Humidity 连续值取值）

Day	Outlook	Temp	Humidity	Wind	Tennis?
1	Sunny	Hot	80%	Weak	No
2	Sunny	Hot	82%	Strong	No
3	Overcast	Hot	84%	Weak	Yes
4	Rain	Mild	85%	Weak	Yes

（续）

Day	Outlook	Temp	Humidity	Wind	Tennis?
5	Rain	Cool	60%	Weak	Yes
6	Rain	Cool	62%	Strong	No
7	Overcast	Cool	65%	Strong	Yes
8	Sunny	Mild	86%	Weak	No
9	Sunny	Cool	63%	Weak	Yes
10	Rain	Mild	64%	Weak	Yes
11	Sunny	Mild	65%	Strong	Yes
12	Overcast	Mild	83%	Strong	Yes
13	Overcast	Hot	60%	Weak	Yes
14	Rain	Mild	83%	Strong	No

例如，使用修正的 Jeeves 数据集合（按照 Humidity 值排序），如表 4-5 所示，对于数据集中的属性 Humidity，在决策树开始学习时，根结点包含的 14 个训练样本在该属性上有 10 个不同的取值，即该属性的潜在的划分点集合：

$$T=\{61.0,\ 62.5,\ 63.5,\ 64.5,\ 72.5,\ 81.0,\ 82.5,\ 83.5,\ 84.5\}$$

计算每个潜在的分割点的期望信息增益，并选择期望信息增益最大的一个。比如第一次划分 $\{v_1\}$ 为一类，那么$\{v_2,v_3,v_4,\cdots,v_{m-1},v_m\}$为另一类，以此类推，第 m 次划分，$\{v_1,v_2,v_3,v_4,\cdots,v_{m-1}\}$为一类，$\{v_m\}$为另一类。

表 4-5 修正 Jeeves 训练数据集合（按照 Humidity 值排序）

Day	Outlook	Temp	Humidity	Wind	Tennis?
5	Rain	Cool	60%	Weak	Yes
13	Overcast	Hot	60%	Weak	Yes
6	Rain	Cool	62%	Strong	No
9	Sunny	Cool	63%	Weak	Yes
10	Rain	Mild	64%	Weak	Yes
7	Overcast	Cool	65%	Strong	Yes
11	Sunny	Mild	65%	Strong	Yes
1	Sunny	Hot	80%	Weak	No
2	Sunny	Hot	82%	Strong	No
12	Overcast	Mild	83%	Strong	Yes
14	Rain	Mild	83%	Strong	No
3	Overcast	Hot	84%	Weak	Yes
4	Rain	Mild	85%	Weak	Yes

对于集合中的每一个潜在的划分点$\frac{v_i+v_{i+1}}{2}$计算信息增益：

$$G^{(i)}(D,\text{Humidity})=H(D)-H^{(i)}(D,\text{Humidity}) \tag{4-6}$$

$$G(D,\text{Humidity})=\max_{i=1,2,\cdots,m-1} G^{(i)}(D,\text{Humidity}) \tag{4-7}$$

4.5 剪枝处理

4.5.1 过拟合

在学习决策树时，经常遇到的一个问题是过拟合。作为一种监督式机器学习模型，决策树具有一系列显著的优势：它们的结构相对简单，易于理解且解释性强。这与神经网络形成鲜明对比，后者结构复杂，往往难以解释其工作原理。此外，即使是在数据量较小的情况下，决策树也能生成一个合理的模型。相比之下，神经网络在处理小数据集时往往效果不佳，且容易过拟合。尽管决策树具有这些优点，过拟合仍然是构建决策树时需要克服的一个主要挑战。决策树学习算法可以不断生长树，直到它完美地分类训练集中的所有实例。然而，这并不一定是一种理想的行为，因为这很容易导致过拟合。

假设在存储或传输过程中，训练集遭到了破坏：具体来说，表 4-1 中第 3 个实例的标签从“Yes”错误地更改为了“No”，而其他数据点保持不变。这种情况下，从原始训练集和受损的训练集生成的决策树将会不同。当用同一个测试集（见表 4-6）进行评估时，原始的决策树（见图 4-19a）在测试集上的误差率为 0，而新的决策树（见图 4-19b）在测试集上的错误率却上升到了 1/14。这表明，即使是训练集中一个微小的变化，也可能导致生成的决策树发生剧烈的变化。为了适应这个错误数据点，新的决策树生长出了一个额外的子树，使得树的结构变得更加复杂。这样的树可能不会很好地泛化到新的数据上。

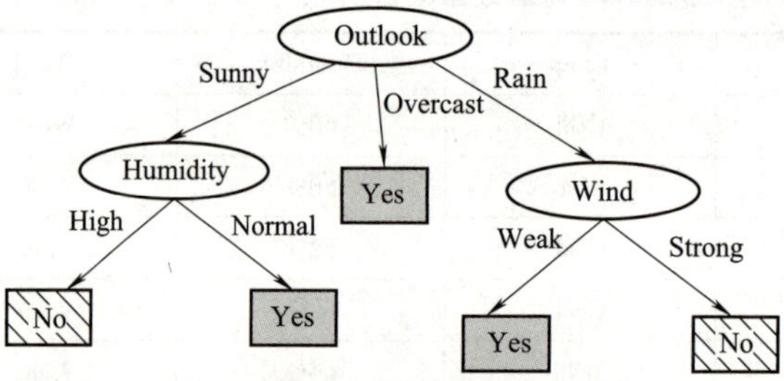

a) 由Jeeves训练集生成的决策树

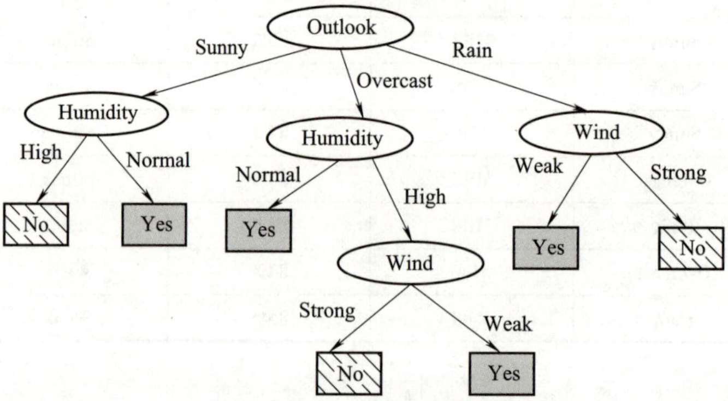

b) 由受损的Jeeves训练集生成的决策树

图 4-19 决策树的过拟合现象

表 4-6　Jeeves 测试数据集合

Day	Outlook	Temp	Humidity	Wind	Tennis?
1	Sunny	Mild	High	Strong	No
2	Rain	Hot	Normal	Strong	No
3	Rain	Cool	High	Strong	No
4	Overcast	Hot	High	Strong	Yes
5	Overcast	Cool	Normal	Weak	Yes
6	Rain	Hot	High	Weak	Yes
7	Overcast	Mild	Normal	Weak	Yes
8	Overcast	Cool	High	Weak	Yes
9	Rain	Cool	High	Weak	Yes
10	Rain	Mild	Normal	Strong	No
11	Overcast	Mild	High	Weak	Yes
12	Sunny	Mild	Normal	Weak	Yes
13	Sunny	Cool	High	Strong	No
14	Sunny	Cool	High	Weak	No

4.5.2　预剪枝

过拟合模型通常捕捉到了训练数据中的噪声和特异性，这些属性并不代表数据的整体分布或结构。这样的模型在遇到新数据时往往表现不佳，因为它学习到的模式太过于特定于训练集，缺乏泛化到未知数据的能力。

通过限制决策树的深度和结点数量，可以避免模型变得过于复杂。这种简化有助于模型专注于数据中最显著和最普遍的属性，从而提高了模型在新数据上的泛化能力。简而言之，更小和更浅的决策树往往能够更好地捕捉到数据的真实结构，而不是仅仅记忆训练数据。

通过剪枝技术，不仅能够得到一个简洁且易于解释的模型，还能提升模型在未知数据上的预测能力。这种简化不仅有助于防止过拟合，还能提高模型的运算效率，使其更加适用于现实世界的应用场景。总之，剪枝是决策树优化中的一项重要技术，它对于平衡模型的复杂度和泛化能力起着至关重要的作用。剪枝主要包括两种方法：预剪枝和后剪枝。

预剪枝在决策树生成的过程中，通过设定准则来提前终止树的生长，以避免过度拟合训练数据。预剪枝的优点在于其高效性，因为它减少了不必要的树生长。然而，这种方法可能会过于保守，导致剪掉一些可能对模型泛化有益的分支，从而造成欠拟合。

后剪枝则是在决策树完全生长之后进行的。它允许树生长到最大深度，然后从下到上逐层考虑是否剪枝。后剪枝的决策通常基于剪枝前后的错误率来决定。后剪枝的缺点是计算成本较高，因为它需要先生成一棵完整的树，然后再进行剪枝。尽管如此，后剪枝通常能够得到一个更精确的模型，因为它考虑了所有可能的分支。这里只是介绍了预剪枝技术。

预剪枝的基本思想：用训练集进行属性选择，找到当前信息增益或者增益率最大的属性进行数据划分，利用测试集来评估所做划分的有效性。如果划分后的测试精度有所下降，这表明该结点的划分并没有提高模型的泛化能力，反而可能导致了过拟合。在这种情况下，认为该结点的划分是无效的，并采取减枝操作，即撤销这一划分。

以下是一个应用预剪枝技术的决策树构建过程的例子：在这个例子中，采用信息增益率作为属性选择准则，并将预剪枝策略整合到基本的决策树递归框架中，以此来构建一个既精确又具有良好泛化能力的决策树模型。

例 4-4 在表 4-7 展示的含噪声的 Jeeves 训练数据集中，注意到原数据集的第 9 个数据点的湿度（Humidity）属性值被错误地从“Normal”更改为“High”。在这个数据集上，将以信息增益率作为属性选择的准则，来构建决策树。结合表 4-6 所提供的 Jeeves 测试集，我们将采用预剪枝技术来防止过拟合，并精心构建一个决策树模型。

表 4-7 有噪声的 Jeeves 训练数据集合

Day	Outlook	Temp	Humidity	Wind	Tennis?
1	Sunny	Hot	High	Weak	No
2	Sunny	Hot	High	Strong	No
3	Overcast	Hot	High	Weak	Yes
4	Rain	Mild	High	Weak	Yes
5	Rain	Cool	Normal	Weak	Yes
6	Rain	Cool	Normal	Strong	No
7	Overcast	Cool	Normal	Strong	Yes
8	Sunny	Mild	High	Weak	No
9	Sunny	Cool	High	Weak	Yes
10	Rain	Mild	Normal	Weak	Yes
11	Sunny	Mild	Normal	Strong	Yes
12	Overcast	Mild	High	Strong	Yes
13	Overcast	Hot	Normal	Weak	Yes
14	Rain	Mild	High	Strong	No

步骤 1 以根结点作为当前结点进行预剪枝处理。

在剪枝处理中，首先处理根结点，以对根结点进行测试，此时根结点对应的集合为表 4-6 所示的 Jeeves 测试数据集合，不妨设为 D，D 共有 14 个实例，根结点包含 9 个正例和 5 个反例。属性集合｛Outlook、Temp、Humidity、Wind｝。正例多于反例，根据多数原则，根结点的标签为“Yes”，如图 4-19 所示。以表 4-6 所示的 Jeeves 测试数据集合对根结点进行测试，测试结果为｛1,2,3,4,5,6,7,8,9,10,11,12,13,14｝，红色表示错分的实例，如 1,2,3,10,13,14 是错分的实例。

接下来考虑不同属性下的划分结果。为了便于计算信息增益和信息增益。按照不同的属性将集合 D 进行划分，用 D_i 表示 D 的第 i 个子集。例如，当考虑属性 Outlook 时，D_1(Sunny)、D_2(Overcast) 和 D_3(Rain) 分别表示 3 个取值（Sunny、Overcast 和 Rain）对应的子集。同理，当考察属性 Temp 时，D_1(Hot)、D_2(Mild) 和 D_3(Cool) 分别表示 3 个取值（Hot、Mild 和 Cool）对应的子集，以此类推。D_1(Sunny) 包含 2 个正类，序号分别为 9 和 11；包含 3 负类，序号为 1、2 和 8。下面只给出 Outlook 属性下的信息增益和信息增益率的计算过程，其他属性下的具体的计算过程省略。对于不同的属性计算相应的信息增益和信息增益率可以参看图 4-20。

根结点	D
正例	9
负例	5
熵=0.94	

Outlook	D_1(Sunny)	D_2(Overcast)	D_3(Rain)
正例	2{9,11}	4{3,7,12,13}	3{4,5,10}
负例	3{1,2,8}	0{ }	2{6,14}
信息增益=0.247,信息增益率=0.157			

Temp	D_1(Hot)	D_2(Mild)	D_3(Cool)
正例	2{3,13}	4{4,10,11,12}	3{5,7,9}
负例	2{1,2}	2{8,14}	1{6}
信息增益=0.029，信息增益率=0.019			

Humidity	D_1(Normal)	D_2(High)
正例	5{5,7,10,11,13}	4{3,4,9,12}
负例	1{6}	4{1,2,8,14}
信息增益=0.090，信息增益率=0.091		

Wind	D_1(Weak)	D_2(Strong)
正例	6{3,4,5,9,10,13}	3{7,11,12}
负例	2{1,8}	3{2,6,14}
信息增益=0.048，信息增益率=0.049		

图 4-20　对于根结点数据分布

关于属性 Outlook 的信息增益和信息增益率：

$$G(D,\text{Outlook})=H(D)-\left[\frac{5}{14}H(D_1)+\frac{4}{14}H(D_2)+\frac{5}{14}H(D_3)\right]$$

$$=0.94-\left[\frac{5}{14}\times\left(-\frac{2}{5}\log\frac{2}{5}-\frac{3}{5}\log\frac{3}{5}\right)+\frac{4}{14}\left(-\frac{4}{4}\log\frac{4}{4}-\frac{0}{4}\log\frac{0}{4}\right)+\right.$$

$$\left.\frac{5}{14}\left(-\frac{3}{5}\log\frac{3}{5}-\frac{2}{5}\log\frac{2}{5}\right)\right]$$

$$=0.247$$

$$H_{\text{Outlook}}(D)=-\left(\frac{5}{14}\log\frac{5}{14}+\frac{4}{14}\log\frac{4}{14}+\frac{5}{14}\log\frac{5}{14}\right)$$

$$=1.577$$

$$G_R(D,\text{Outlook})=\frac{0.247}{1.577}=0.157$$

这里 Outlook 增益最大，因此选择 Outlook 为分割属性，对于 Outlook=Sunny、Outlook=Overcast 和 Outlook=Rain 对应的 3 个子集所对应的标签分别为 “No” “Yes” 和 “Yes”，用测试集验证，精度由原来的 8/14 提高到 10/14，因此需要划分，如图 4-21 所示。

步骤 2　分别以 Outlook=Sunny、Outlook=Overcast 和 Outlook=Rain 三个分支结点作为当前结点，进行预剪枝处理过程。

1）对于 Outlook=Sunny 情况，计算属性 Wind、Humidity 和 Temp 的信息增益率。

计算属性 Temp 的信息增益率：

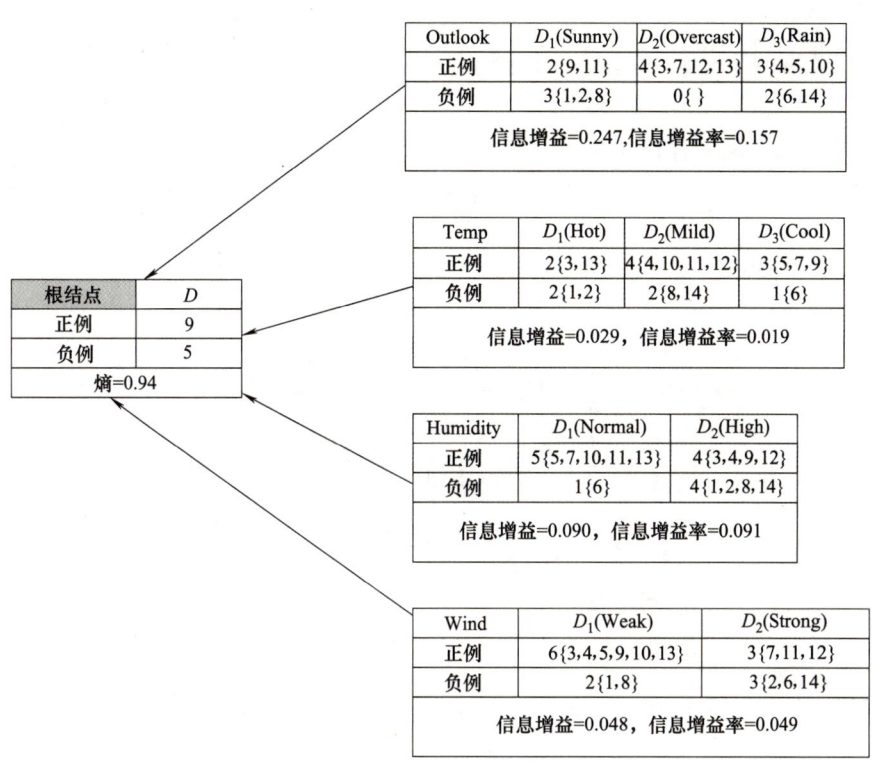

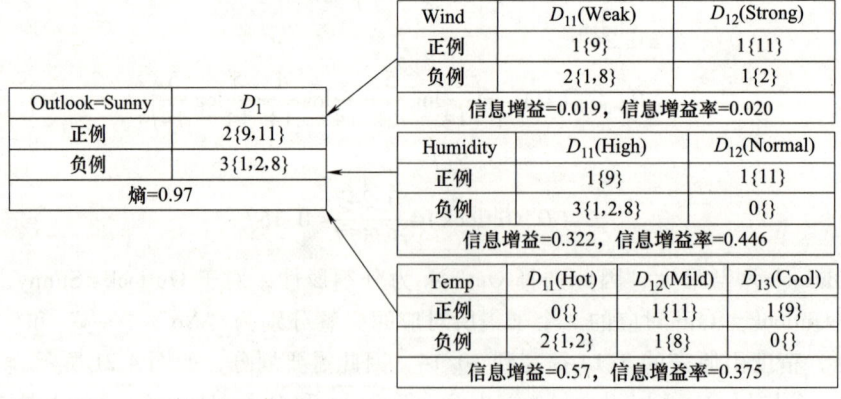

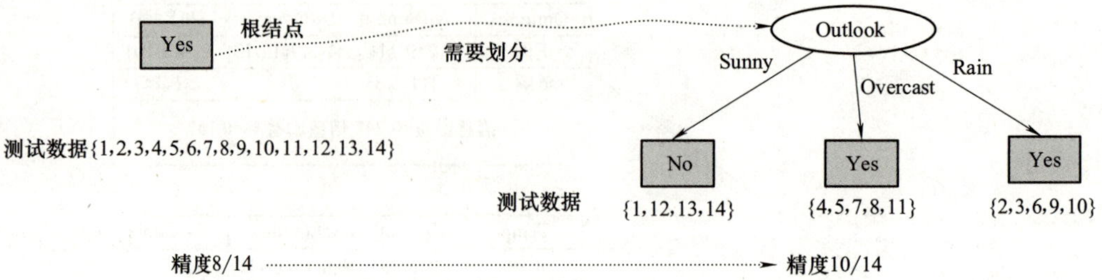

图 4-21　根结点的预剪枝处理

$$
\begin{aligned}
&H(D_1)-\left[\frac{2}{5}H(D_{11})+\frac{2}{5}H(D_{12})+\frac{1}{5}H(D_{13})\right]\\
&=\left(-\frac{2}{5}\log\frac{2}{5}-\frac{3}{5}\log\frac{3}{5}\right)-\left[\frac{2}{5}\times\left(-\frac{0}{2}\log\frac{0}{2}-\frac{2}{2}\log\frac{2}{2}\right)+\right.\\
&\quad\left.\frac{2}{5}\left(-\frac{1}{2}\log\frac{1}{2}-\frac{1}{2}\log\frac{1}{2}\right)+\frac{1}{5}\left(-\frac{1}{1}\log\frac{1}{1}-\frac{0}{1}\log\frac{0}{1}\right)\right]\\
&=0.97-0.4\\
&=0.57
\end{aligned}
$$

$$
\begin{aligned}
H_{\mathrm{Temp}}(D_1)&=-\left(\frac{2}{5}\log\frac{2}{5}+\frac{2}{5}\log\frac{2}{5}+\frac{1}{5}\log\frac{1}{5}\right)\\
&=1.521
\end{aligned}
$$

$$
G_R(D_1,\mathrm{Temp})=\frac{0.57}{1.521}=0.375
$$

同理，属性 Humidity 的信息增益率和属性 Wind 的信息增益率的计算方法同上，计算结果如图 4-22 所示，Humidity 的信息增益率和 Wind 的信息增益率分别为 0.446 和 0.020。Humidity 具有最大的期望信息增益率，因此选择 Humidity 作为划分属性。对测试数据进行测试，将{1，12，13，14}中一个错分的样本正确分类，使得精度由原来的 10/14 变为 11/14，因此当前结点按照属性 Humidity 划分，如图 4-23 所示。

Outlook=Sunny	D_1
正例	2{9,11}
负例	3{1,2,8}
熵=0.97	

Wind	D_{11}(Weak)	D_{12}(Strong)
正例	1{9}	1{11}
负例	2{1,8}	1{2}
信息增益=0.019，信息增益率=0.020		

Humidity	D_{11}(High)	D_{12}(Normal)
正例	1{9}	1{11}
负例	3{1,2,8}	0{}
信息增益=0.322，信息增益率=0.446		

Temp	D_{11}(Hot)	D_{12}(Mild)	D_{13}(Cool)
正例	0{}	1{11}	1{9}
负例	2{1,2}	1{8}	0{}
信息增益=0.57，信息增益率=0.375			

图 4-22　当前结点（Outlook=Sunny）的数据分布

然后，在{Outlook、Temp、Humidity、Wind}中没有测试的属性 Temp 和 Wind 进行属性选择，对当前结点进行预剪枝处理。

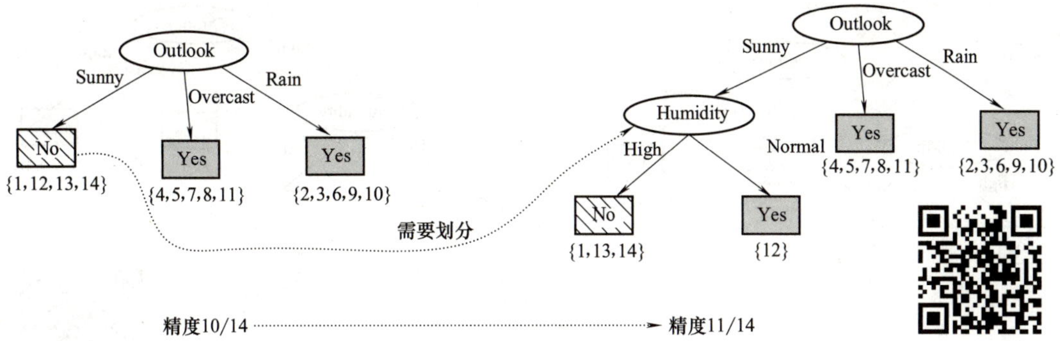

图 4-23 当前结点（Outlook = Sunny）的预剪枝处理

图 4-23 彩图

Temp 属性信息增益和信息增益率的计算过程如下：

$$
\begin{aligned}
G(D_{11},\mathrm{Temp}) &= H(D_{11})-\left[\frac{2}{4}H(D_{111})+\frac{1}{4}H(D_{112})+\frac{1}{4}H(D_{113})\right]\\
&=\left(-\frac{1}{4}\log\frac{1}{4}-\frac{3}{4}\log\frac{3}{4}\right)-\left[\frac{2}{4}\times\left(-\frac{0}{2}\log\frac{0}{2}-\frac{2}{2}\log\frac{2}{2}\right)+\right.\\
&\quad\left.\frac{1}{4}\left(-\frac{0}{1}\log\frac{0}{1}-\frac{1}{1}\log\frac{1}{1}\right)+\frac{1}{4}\left(-\frac{1}{1}\log\frac{1}{1}-\frac{0}{1}\log\frac{0}{1}\right)\right]\\
&=0.811-0\\
&=0.811
\end{aligned}
$$

$$
\begin{aligned}
H_{\mathrm{Temp}}(D_{11}) &= -\left(\frac{2}{4}\log\frac{2}{4}+\frac{1}{4}\log\frac{1}{4}+\frac{1}{4}\log\frac{1}{4}\right)\\
&=1.50
\end{aligned}
$$

$$
G_R(D_{11},\mathrm{Temp})=\frac{0.811}{1.50}=0.541
$$

同理，可以计算出 Wind 属性信息增益率为 0.152，这里属性 Temp 信息增益率最大，如图 4-24 所示。用 Temp 测试后，测试精度由原来的 11/14 变为 9/14，精度下降，因此当前结点不需要划分，如图 4-25 所示。

Outlook=Sunny，Humidity=High	D_{11}
正例	1{9}
负例	3{1,2,8}
熵=0.97	

Temp	D_{111}(Hot)	D_{112}(Mild)	D_{113}(Cool)
正例	0{ }	0{ }	1{9}
负例	2{1,2}	1{8}	0{ }
信息增益=0.811，信息增益率=0.541			

Wind	D_{111}(Weak)	D_{112}(Strong)
正例	1{ 9}	0{ }
负例	2{1,8}	1{2}
信息增益=0.123，信息增益率=0.152		

图 4-24 当前结点（Outlook = Sunny，Humidity = High）的数据分布

2）对于 Outlook = Overcast，Overcast 对应的子集包含唯一的类别（正类），因此当前结点成为叶子节点，其类标签为“Yes”。对于 Outlook = Overcast 的情况，无需进一步测试，因为该节点对应的训练实例已经被正确分类。

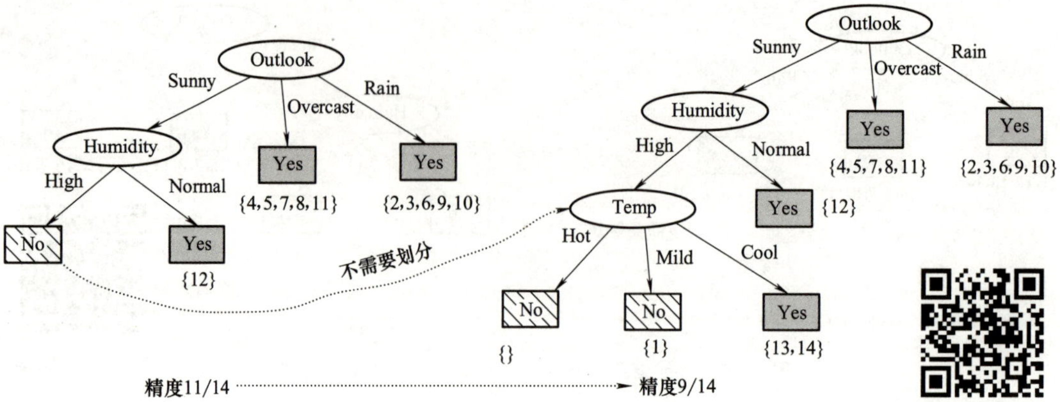

图 4-25　当前结点（Outlook＝Sunny，Humidity＝High）的预剪枝处理

图 4-25　彩图

3）对于 Outlook＝Rain 情况，属性 Temp、Humidity 和 Wind 的信息增益率分别为 0.020、0.020 和 1，Wind 的增益率最大，如图 4-26 所示。因此选择 Wind 进行划分，将测试数据{2，3，6，9，10}正确分开，使得精度由原来的 10/14 上升为 13/14，因此当前结点需要划分，如图 4-27 所示。

Outlook=Rain	D_3
正例	3{4,5,10}
负例	2{6,14}
熵=0.97	

Temp	D_{31}(Hot)	D_{32}(Mild)	D_{33}(Cool)
正例	0{}	2{4,10}	1{5}
负例	0{}	1{14}	1{6}
信息增益=0.019，信息增益率=0.020			

Humidity	D_{31}(High)	D_{32}(Normal)
正例	1{4}	2{5,10}
负例	1{14}	1{6}
信息增益=0.019，信息增益率=0.020		

Wind	D_{31}(Weak)	D_{32}(Strong)
正例	3{4,5,10}	0{ }
负例	0{}	2{6,14}
信息增益=0.97，信息增益率=1		

图 4-26　当前结点（Outlook＝Rain）的数据分布

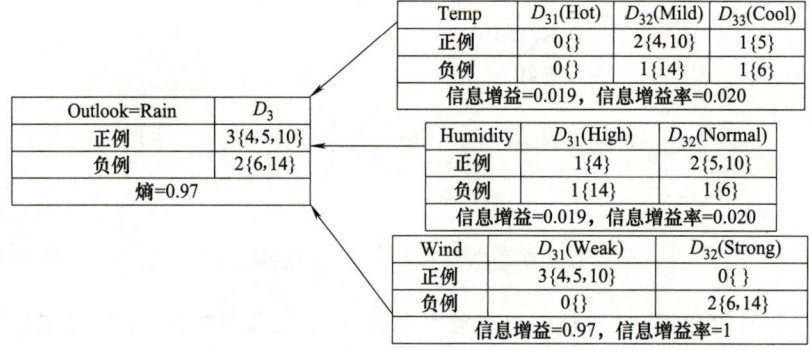

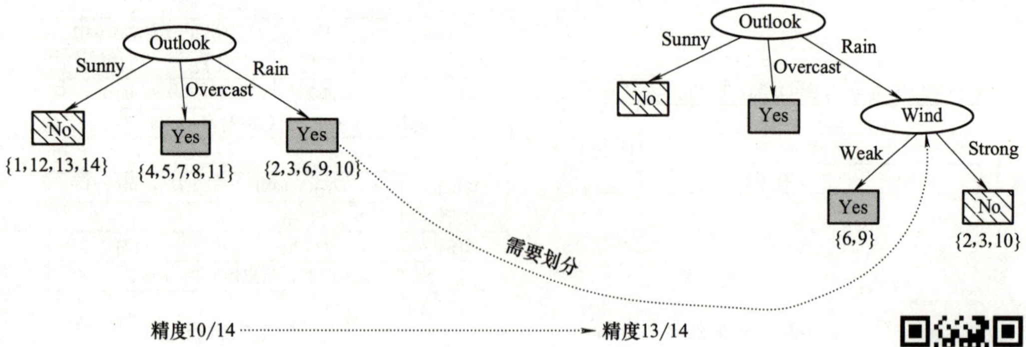

图 4-27　当前结点（Outlook＝Rain）的预剪枝处理

图 4-27　彩图

由图 4-25 和图 4-27 形成最终的决策树，如图 4-28 所示。

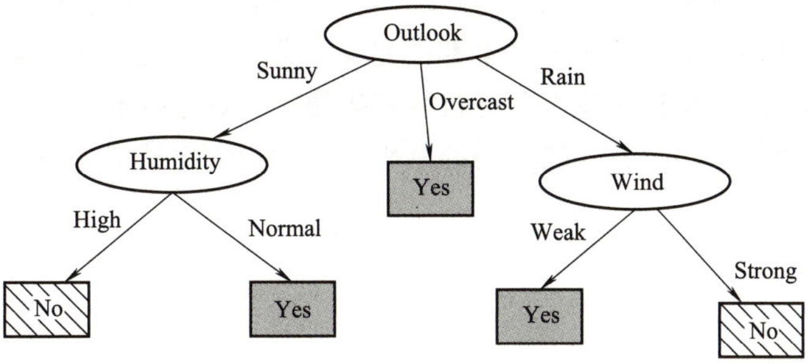

图 4-28 预剪枝形成的决策树

4.6 应用案例

随着大家生活观念的转变，周末和节假日越来越多的人闲暇时刻选择亲近自然，在大自然中放松身心的人越来越多。登山、吹风，采摘、露营，认识一株不一样的植物，与小动物互动，与大自然和谐共处，会找到特别的放松和内心的平静。为了更好地了解大自然，了解我们身边的一草一木，识别植物的各类 APP 不断涌现。

本节以鸢尾花（Iris）数据集为研究对象，采用决策树构建鸢尾花的分类模型。该数据集包含了 150 个样本，每个样本有 4 个特征：萼片长度、萼片宽度、花瓣长度、花瓣宽度，以及一个类别标签。这些特征的所有测量单位都以厘米为单位。数据集共涉及 3 个类别的鸢尾花，分别是山鸢尾（Setosa）、变色鸢尾（Versicolor）和维吉尼亚鸢尾（Virginica），每个类别各有 50 个样本。基于决策树的鸢尾花识别结果如图 4-29 所示。

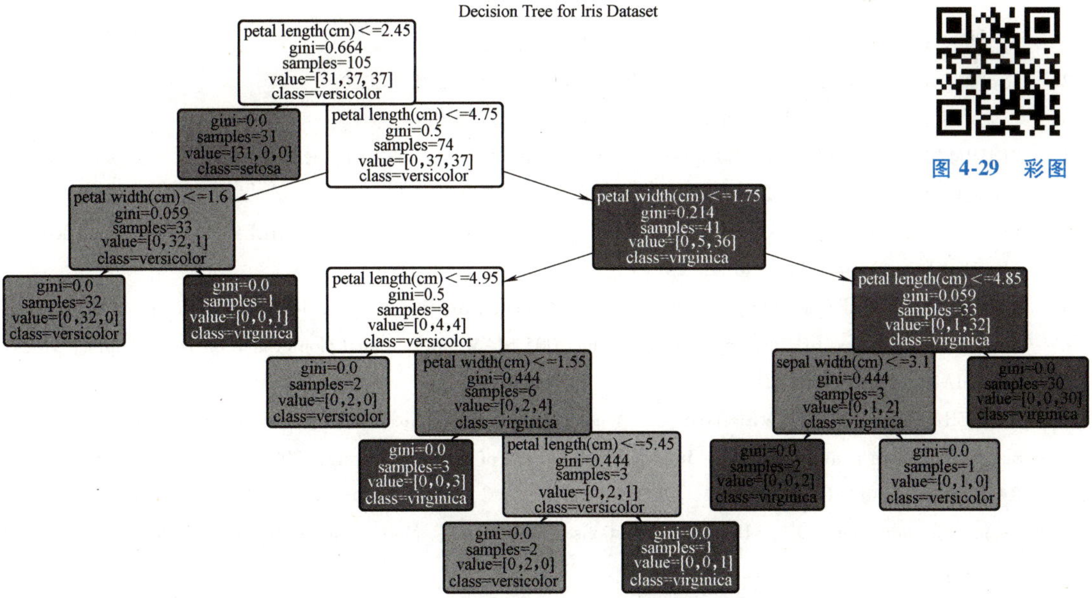

图 4-29 彩图

图 4-29 鸢尾花（Iris）数据集决策树结果

决策树作为一种易于理解和解释的模型，非常适合用于分类问题，特别是在需要直观理解模型决策过程。不剪枝策树的深度很深，过程中不进行剪枝操作，直到叶结点的基尼纯净度达到某个阈值或者数据集无法再划分为止。不剪枝决策树有可能会产生过拟合的问题，因为它会一直划分直到训练集中的每个样本都被完美分类，模型复杂度很高。剪枝决策树在构建完整的决策树之后，对树的某些部分进行剪枝操作，去除一些不必要的结点，从而防止过拟合。剪枝决策树通常会在不剪枝决策树的基础上进一步优化模型，提高模型的泛化能力。

思考题与习题

4-1 什么是决策树？

4-2 决策树构建过程中的关键步骤是什么？

4-3 解释以下术语在决策树中的含义：

根结点

内部结点

叶结点

纯度

4-4 比较 ID3、C4.5 和 CART 算法在构建决策树时的差异。

4-5 什么是过拟合？在决策树中如何避免过拟合？

4-6 在决策树中，如何处理类别不平衡问题？

4-7 列出决策树模型在实际应用中的优势和局限性，并给出相应的解释。

4-8 使用决策树进行分类时，如何评估模型的性能？

参考文献

[1] 周志华. 机器学习 [M]. 北京：清华大学出版社，2016.

[2] 邱锡鹏. 神经网络与深度学习 [M]. 北京：机械工业出版社，2020.

[3] 李航. 机器学习方法 [M]. 北京：清华大学出版社，2022.

[4] BUHRMAN H, WOLF D R. Complexity measures and decision tree complexity: A survey [J]. Theoretical Computer Science, 2002, 288 (1): 21-43.

[5] TSANG S, KAO B, YIP K Y, et al. Decision trees for uncertain data [J]. IEEE Transactions on Knowledge and Data Engineering, 2009, 23 (1): 64-78.

[6] BAR-OR A, WOLFF R, SCHUSTER A, et al. Decision tree induction in high dimensional, hierarchically distributed databases [C] //Proceedings of the 2005 SIAM International Conference on Data Mining, Houston: SIAM, 2005: 466-470.

[7] MCINERNEY O D, NIEUWENHUIS M. A comparative analysis of KNN and decision tree methods for the irish national forest inventory [J]. International Journal of Remote Sensing, 2009, 30 (19): 4937-4955.

[8] BARROS R C, BASGALUPP M P, DE CARVALHO A C, et al. A survey of evolutionary algorithms for decision-tree induction [J]. IEEE Transactions on Systems, Man, and Cybernetics, 2011, 42 (3): 291-312.

[9] DE VILLE B. Decision trees [J]. Wiley interdisciplinary reviews: computational statistics, 2013, 5 (6): 448-455.

[10] ZHANG S, LI X, ZONG M, et al. Efficient kNN classification with different numbers of nearest neighbors [J]. IEEE Transactions on Neural Networks and Learning Systems, 2017, 29 (5): 1774-1785.

[11] MENDONCA Y V S, NARANJO P G V, PINTO D C. The role of technology in the learning process: a decision tree-based model using machine learning [J]. Emerging Science Journal, 2023, 6: 280-295.

[12] DE COCK M, DOWSLEY R, HORST C, et al. Efficient and private scoring of decision trees, support vector machines and logistic regression models based on pre-computation [J]. IEEE Transactions on Dependable and Secure Computing, 2017, 16 (2): 217-230.

[13] FERRAG M A, MAGLARASa L, AHMIM A, et al. Rdtids: rules and decision tree-based intrusion detection system for internet-of-things networks [J]. Future Internet, 2020, 12 (3): 44-58.

[14] BUKHSH Z A, SAEED A, STIPANOVIC I, et al. Predictive maintenance using tree-based classification techniques: A case of railway switches [J]. Transportation Research Part C: Emerging Technologies, 2019, 101: 35-54.

[15] BENGHAZOUANI S, NOUH S, ZAKPANI A. Optimizing breast cancer diagnosis: harnessing the power of nature-inspired metaheuristics for feature selection with soft voting classifiers [J]. International Journal of Cognitive Computing in Engineering, 2025, 6: 1-20.

第 5 章　支持向量机

导读

支持向量机（Support Vector Machine，SVM）提出于 1964 年，在 20 世纪 90 年代后得到快速发展，并衍生出一系列改进和扩展算法，在人脸识别、文本分类等模式识别问题中得到应用。支持向量机是一种二类分类模型，它通过最大化数据点之间的间隔来寻找最优的超平面，从而在特征空间中将不同类别的数据点分开。支持向量机有三种类型：硬间隔线性支持向量机、软间隔线性支持向量机和核支持向量机。

硬间隔线性支持向量机是对要寻找一个能够完全正确划分训练数据集的超平面，这种方法适用于数据线性可分的情况。硬间隔线性支持向量机试图最大化数据点到超平面的距离，这个距离称为间隔。然而，因为大多数实际数据集都存在一定程度的数据重叠或噪声，使得硬间隔线性支持向量机在现实应用中受到限制。软间隔线性支持向量机是硬间隔线性支持向量机的扩展，它通过引入松弛变量来允许一定程度的数据点被错误分类，使得支持向量机能够处理线性不可分的问题。

当数据集在原始空间中不是线性可分的时候，核支持向量机可以使用核技巧将数据映射到一个特征空间，在特征空间中，寻找到一个最优的超平面来划分数据。常用的核函数包括多项式核和高斯核函数核等。核支持向量机可以处理非线性分类问题，并且在很多实际应用中表现优异。

支持向量机的原始问题是一个二次规划问题，可以通过二次规划的优化函数库进行求解。然而，通过利用拉格朗日对偶性，可以将原始问题转换为一个更简洁、高效的对偶问题。对偶问题不仅提供了一个更简洁的模型表示，而且，在很多情况下，其求解过程通常比直接求解原始问题更加高效。在对偶问题中，拉格朗日乘子直接对应于数据点的权重，这些权重决定了哪些数据点是支持向量，即对超平面分类起决定作用的点。

支持向量机在机器学习领域具有广泛的应用前景，它可以与其他算法相结合，解决更加复杂的问题。随着支持向量机研究的不断深入，未来还将有更多的创新和发展。

本章知识点

- 硬间隔线性支持向量机
- 硬间隔线性支持向量机的优化求解
- 软间隔线性支持向量机的优化求解
- 核支持向量机
- 支持向量机的应用

5.1 引言

支持向量机最初的设计意图是为了处理线性可分的数据集。为了更好地理解线性可分的概念，可以通过二维空间中的例子来阐释。在二维空间中，线性可分意味着存在这样一条直线，它能够完美地将两类不同的数据点分隔开来，没有任何混淆。

在图 5-1a 中，可以看到一个二维数据集的可视化表示，其中“+”和“-”分别代表正类别和负类别的数据点。图 5-1b 展示了一条直线，它恰好能够将这些数据点完全分开，没有一点误差。这种分隔方式直观地展示了如何利用分类器来实现对两类数据的精确区分。

有趣的是，对于线性可分的数据集，通常存在多条直线能够完成同样的分类任务。图 5-1c 就展示了这种情况，其中多条直线都能够将两类数据点精确地分开。即存在多个直线分类器将数据分开，哪条直线分类性能最佳?

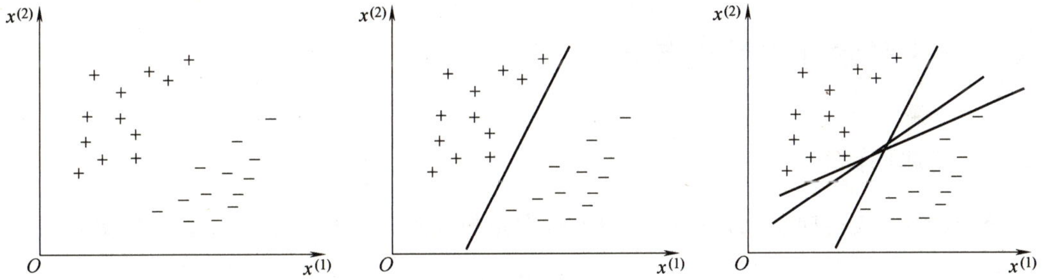

图 5-1 线性可分数集

为了以数学化方式描述这个问题，设 $\boldsymbol{x}=(x^{(1)}, x^{(2)})^{\mathrm{T}}$ 表示平面上的一个点，y 是该点的类别标签。目标是找到一组系数 $\boldsymbol{w}$ 和 b，使得直线方程：

$$\boldsymbol{w}^{\mathrm{T}}\boldsymbol{x}+b=0 \tag{5-1}$$

能够将两类点完全分开。这里，$\boldsymbol{w}$ 是直线的法向量，b 是直线的截距。当点 $\boldsymbol{x}$ 满足 $\boldsymbol{w}^{\mathrm{T}}\boldsymbol{x}+b>0$ 时，表示该点位于直线的上方，属于正类别；当 $\boldsymbol{w}^{\mathrm{T}}\boldsymbol{x}+b<0$ 时，该点位于直线的下方，属于负类别。在 SVM 中，通常将正类别的标签设为 $y=1$，负类别的标签设为 $y=-1$。因此，分类函数的符号与点的类别标签相匹配，这样的函数就是一个线性分类函数。

同样，能找到另外一组系数 $\boldsymbol{w}'$和 b'，相应的直线方程：

$$(\boldsymbol{w}')^{\mathrm{T}}\boldsymbol{x}+b'=0 \tag{5-2}$$

也可以将数据集正确分开，也是数据集的线性分类器。不妨假设图 5-2b 和图 5-2c 中的直线分别对应于上述方程式（5-1）和式（5-2），这两条直线都能将同一数据集数据正确分类，而两条直线的分类性能是有较大差异的，与直线式（5-1）相比，直线式（5-2）具有更大的分类间隔，即使面对新的、未见过的数据也能保持较高的分类准确性。

从直观上看，在这众多的直线类器中，能最大化正负样本间隔的直线对应的分类结果最优，这样对应的分类器就是二维的支持向量机。上面只是一个简单的二维平面数据集的情况，当处理三维空间数据集时，线性分类器对应一个平面，而对于多维空间数据集，线性分类器是要找到一个超平面。支持向量机分为三类：①硬间隔线性支持向量机，当训练样本线性可分时，以硬间隔最大化学习一个分类器；②软间隔线性支持向量机，当训练样本近似线性可分时，通过软间隔最大化学习一个分类器；③核支持向量机，当训练样本线性不可分时，通过核技巧及软间隔最大化学习一个分类器。

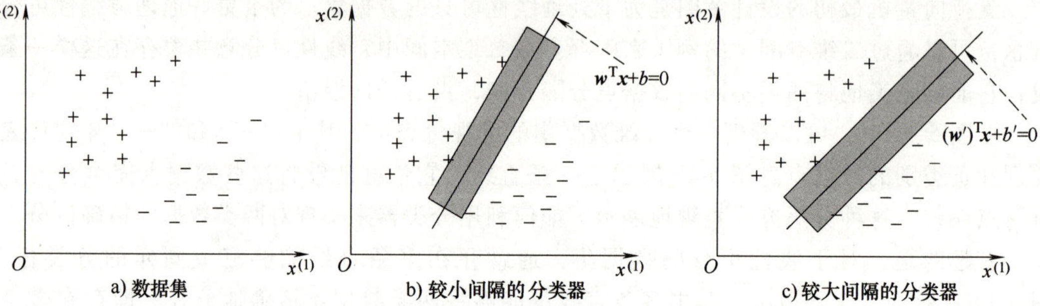

图 5-2 分类器与分类间隔

5.2 硬间隔线性支持向量机

5.2.1 基本问题

硬间隔线性支持向量机是最简单的支持向量机模型，该模型假设训练数据集是线性可分的。

给定一个数据集：$D=\{(\boldsymbol{x}_i, y_i)\}_{i=1}^n$，其中，$n$ 是样本的数量，$(\boldsymbol{x}_i, y_i)$ 是第 i 个样本，$\boldsymbol{x}_i \in \mathbb{R}^d$ 是第 i 个实例（特征向量），y_i 是 $\boldsymbol{x}_i$ 的标签。当 $y_i=1$ 时，$\boldsymbol{x}_i$ 为正例；当 $y_i=-1$ 时，$\boldsymbol{x}_i$ 为负例。如果存在一个超平面：

$$\boldsymbol{w}^{\mathrm{T}}\boldsymbol{x}+b=0 \tag{5-3}$$

将数据集的正例点和负例点完全正确地划分到超平面的两侧，称该数据集是线性可分的。其中 $\boldsymbol{w}$ 和 b 表示超平面的法向量和截距。换言之，对于数据集 D，存在一个超平面，使得对于数据集的每一个样本点，都满足 $y_i(\boldsymbol{w}^{\mathrm{T}}\boldsymbol{x}_i+b)>0$。

对于线性可分的数据集，确实存在无穷多个超平面可以正确地将两类数据分开。然而，并不是所有的超平面都具有相同的分类效果。SVM 的目标是找到一个最优的可分离超平面，这个超平面不仅能够正确分类训练数据，而且还要最大化两类数据之间的间隔。

对于数据集 $D=\{(\boldsymbol{x}_i,y_i)\}_{i=1}^n$，最大化两类数据之间的间隔对应的最优的可分离超平面：

$$(\boldsymbol{w}^*)^{\mathrm{T}}\boldsymbol{x}+b^*=0 \tag{5-4}$$

式中，$\boldsymbol{w}^*$、b^* 是最优参数。相应的判别函数：

$$h_{\boldsymbol{w}^*,b}(\boldsymbol{x})=\mathrm{sign}((\boldsymbol{w}^*)^{\mathrm{T}}\boldsymbol{x}+b^*) \tag{5-5}$$

用于判断新的实例 $\boldsymbol{x}$ 应该被分类到哪个类别。如果 $h_{\boldsymbol{w}^*,b}(\boldsymbol{x})>0$，则实例 $\boldsymbol{x}$ 被分类为正类；否则，实例 $\boldsymbol{x}$ 被分类为负类。

在 SVM 中，最优可分离超平面（后面简称为最优超平面）是通过求解一个优化问题来确定的。这个优化问题以最大化两类数据的间隔为目标，相应的间隔是一个关于 $\boldsymbol{w}$ 和 b 的函数；同时，这个问题还受到一系列约束条件的限制，这些约束条件确保了超平面能够正确地分类所有的训练数据。

5.2.2　函数间隔与几何间隔

构建支持向量机分类器时，为了确保分类超平面的稳定性和泛化能力，必须精确定义数据的间隔。在支持向量机中，定义了两种数据间隔：函数间隔和几何间隔，这为建立支持向量机的学习准则奠定了基础。

1. 函数间隔

一般来说，一个点距离分离超平面的远近可以表示该点的分类预测的确信程度。在超平面 $\boldsymbol{w}^{\mathrm{T}}\boldsymbol{x}+b=0$ 确定的情况下，$|\boldsymbol{w}^{\mathrm{T}}\boldsymbol{x}+b|$ 能够相对地表示点距离超平面的远近，而 $\boldsymbol{w}^{\mathrm{T}}\boldsymbol{x}+b$ 的符号与类标签 y 的符号是否一致能够表示分类是否正确。当 $y(\boldsymbol{w}^{\mathrm{T}}\boldsymbol{x}+b)>0$ 时表示分类正确，此时 $|\boldsymbol{w}^{\mathrm{T}}\boldsymbol{x}+b|=y(\boldsymbol{w}^{\mathrm{T}}\boldsymbol{x}+b)$。所以可用量 $y(\boldsymbol{w}^{\mathrm{T}}\boldsymbol{x}+b)$ 来表示分类的正确性和确信度，这就是超平面关于 $\boldsymbol{x}$ 的函数间隔。对于训练数据集每个样本点，都可以计算关于超平面 $\boldsymbol{w}^{\mathrm{T}}\boldsymbol{x}+b=0$ 的函数间隔，所有样本的函数间隔的最小值能相对地表示训练数据集 D 与超平面 $\boldsymbol{w}^{\mathrm{T}}\boldsymbol{x}+b=0$ 的远近。实例 $\boldsymbol{x}_i$ 的函数间隔定义为

$$r_i=y_i(\boldsymbol{w}^{\mathrm{T}}\boldsymbol{x}_i+b) \tag{5-6}$$

对于训练数据集 $D=\{(\boldsymbol{x}_i,y_i)\}_{i=1}^{n}$，函数间隔定义为 $r=\min\limits_{i=1,2,\cdots,n} r_i$，它是集合中所有样本的函数间隔的最小值。

对于任意点 $\boldsymbol{x}$ 到超平面 $\boldsymbol{w}^{\mathrm{T}}\boldsymbol{x}+b=0$ 的实际距离可以表示为

$$d=\frac{|\boldsymbol{w}^{\mathrm{T}}\boldsymbol{x}+b|}{\|\boldsymbol{w}\|} \tag{5-7}$$

2. 几何间隔

实例 $\boldsymbol{x}_i$ 到超平面的几何间隔为 $\gamma_i=\dfrac{y_i(\boldsymbol{w}^{\mathrm{T}}\boldsymbol{x}_i+b_i)}{\|\boldsymbol{w}\|}$，数据集 $D=\{(\boldsymbol{x}_i,y_i)\}_{i=1}^{n}$ 的几何间隔定义为

$$\gamma=\min_{i=1,2,\cdots,n}\frac{y_i(\boldsymbol{w}^{\mathrm{T}}\boldsymbol{x}_i+b_i)}{\|\boldsymbol{w}\|}=\min_{i=1,2,\cdots,n} r_i \tag{5-8}$$

当实例 $\boldsymbol{x}_i$ 被正确分类时，y_i 与（$\boldsymbol{w}^{\mathrm{T}}\boldsymbol{x}_i+b_i$）同号，则

$$\frac{|\boldsymbol{w}^{\mathrm{T}}\boldsymbol{x}_i+b_i|}{\|\boldsymbol{w}\|}=\frac{y_i(\boldsymbol{w}^{\mathrm{T}}\boldsymbol{x}_i+b_i)}{\|\boldsymbol{w}\|} \tag{5-9}$$

从函数间隔和几何间隔的定义可知函数间隔与几何间隔的关系：

$$\gamma_i=\frac{r_i}{\|\boldsymbol{w}\|} \tag{5-10}$$

$$\gamma=\frac{r}{\|\boldsymbol{w}\|} \tag{5-11}$$

5.2.3　最大间隔分类器

有了函数间隔和几何间隔，如何选择合适的间隔建立支持向量机的学习准则，即将最大间隔分类问题转化为一个最优化问题。

知道函数间隔是一个相对量，并不直接反映实例点到超平面的实际距离。当超平面固定后，对参数进行比例伸缩，只是改变函数间隔的大小，并不改变超平面的位置或方向。例如，对（$\boldsymbol{w},b$）进行 2 倍伸缩后，$\boldsymbol{w}^{\mathrm{T}}\boldsymbol{x}+b=0$ 与 $2\boldsymbol{w}^{\mathrm{T}}\boldsymbol{x}+2b=0$ 表示同一超平面，而函数间隔由 $y(\boldsymbol{w}^{\mathrm{T}}\boldsymbol{x}+b)$ 变为 $y(2\boldsymbol{w}^{\mathrm{T}}\boldsymbol{x}+2b)$。与此相反，几何间隔是一个绝对量，它直接反映了样本点到超平面的实际距离。即使超平面参数发生缩放，几何间隔的值也不会改变，它依赖于超平面和实例点的实际位置关系。对（$\boldsymbol{w},b$）进行 2 倍伸缩后，对于正确分类样本点（$\boldsymbol{x}_i,y$），$\frac{y_i(\boldsymbol{w}^{\mathrm{T}}\boldsymbol{x}_i+b_i)}{\|\boldsymbol{w}\|}$与$\frac{y_i(2\boldsymbol{w}^{\mathrm{T}}\boldsymbol{x}_i+b_i)}{\|2\boldsymbol{w}\|}$相等。

因此，对于数据集 $D=\{(\boldsymbol{x}_i,y_i)\}_{i=1}^{n}$，为了使得分类的信任度高，希望所找到的超平面能够最大化几何间隔，相应的最优化问题为

$$\begin{aligned}&\max_{w,b}\quad \gamma\\&\text{s. t.}\quad \frac{y_i(\boldsymbol{w}^{\mathrm{T}}\boldsymbol{x}_i+b)}{\|\boldsymbol{w}\|}\geqslant\gamma,\quad i=1,2,\cdots,n\end{aligned}\tag{5-12}$$

当然，考虑几何间隔和函数间隔的关系，可以将上式改写为函数间隔表示的优化问题：

$$\begin{aligned}&\max_{w,b}\quad \frac{r}{\|\boldsymbol{w}\|}\\&\text{s. t.}\quad y_i(\boldsymbol{w}^{\mathrm{T}}\boldsymbol{x}_i+b)\geqslant r,\quad i=1,2,\cdots,n\end{aligned}\tag{5-13}$$

函数间隔是一个相对量，若对参数扩大 2 倍，其最小的函数间隔也放大 2 倍，因此对参数的缩放不影响上述最优化问题的求解。因此，不妨假设 $r=1$，上面的优化问题可化简为

$$\begin{aligned}&\max_{w,b}\quad \frac{1}{\|\boldsymbol{w}\|}\\&\text{s. t.}\quad y_i(\boldsymbol{w}^{\mathrm{T}}\boldsymbol{x}_i+b)\geqslant 1,\ i=1,2,\cdots,n\end{aligned}\tag{5-14}$$

通过求解上述优化问题，就可以找到一个间隔最大的分类器，如图 5-3 所示。

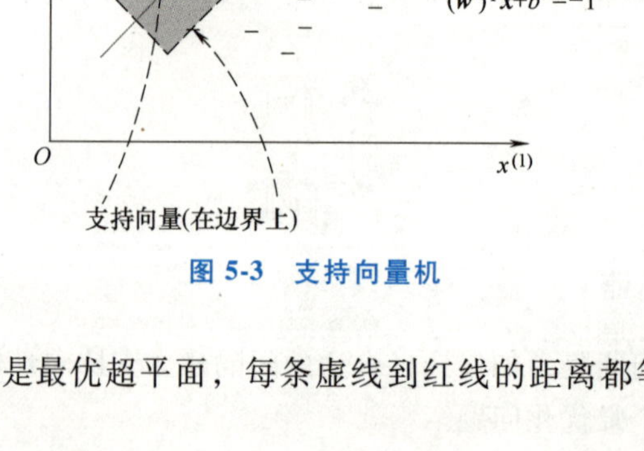

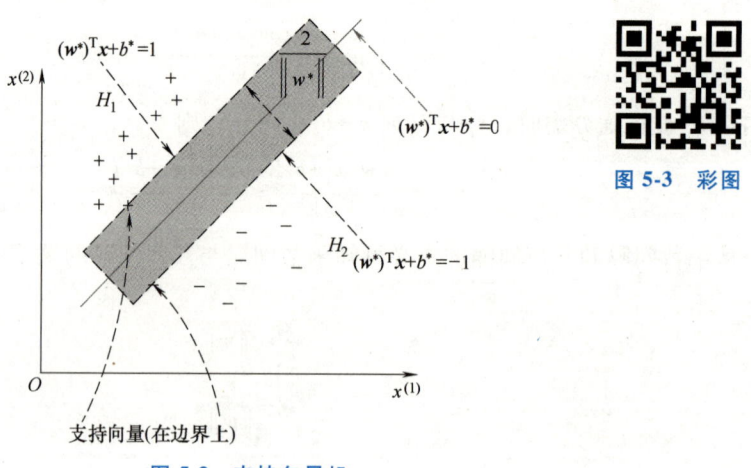

图 5-3 支持向量机

图 5-3 彩图

图 5-3 中的红色直线是最优超平面，每条虚线到红线的距离都等于$\frac{1}{\|\boldsymbol{w}^*\|}$，即表示几何

间隔为$\frac{1}{\|\boldsymbol{w}^*\|}$，而上面的优化目标便是在一些约束条件下，最大化几何间隔$\left(\frac{1}{\|\boldsymbol{w}^*\|}\right)$。当提到最大化间隔时，目标是寻找这样一个超平面，使得从超平面到属于任一类别中最近的数据实例的距离尽可能大。这个距离是所有此类数据实例中的最小值，因此它定义了一个间隔区域。所谓的支持向量，是指那些恰好位于这个间隔区域边界上的数据点。这些点“支撑”着间隔区域，因为一旦移除任何一个支持向量，间隔区域的大小就会受到影响，进而可能需要重新确定一个新的分离超平面。由此可见，支持向量在确定最优分离超平面方面扮演着至关重要的角色。

支持向量是满足式（5-15）的实例点：

$$y_i((\boldsymbol{w}^*)^{\mathrm{T}}\boldsymbol{x}_i+b)=1 \tag{5-15}$$

即支持向量位于超平面的间隔边界上，其函数间隔等于 1。当（$\boldsymbol{w}^*$）$^{\mathrm{T}}\boldsymbol{x}_i+b=1$ 时，正实例点 $\boldsymbol{x}_i$在边界 H_1 上；当（$\boldsymbol{w}^*$）$^{\mathrm{T}}\boldsymbol{x}_i+b=-1$ 时，负实例点 $\boldsymbol{x}_i$ 在边界 H_2 上。

5.2.4　求解支持向量机的原始问题

由于对于同样的约束条件，$\arg\min\limits_{\boldsymbol{w}}\frac{1}{\|\boldsymbol{w}\|}=\arg\max\limits_{\boldsymbol{w}}\frac{1}{2}\|\boldsymbol{w}\|^2$，所以优化问题［式（5-14）］等价于：

$$\min_{\boldsymbol{w},b}\ \frac{1}{2}\|\boldsymbol{w}\|^2 \tag{5-16}$$

$$\text{s.t.}\quad y_i(\boldsymbol{w}^{\mathrm{T}}\boldsymbol{x}_i+b_i)\geqslant 1,\quad i=1,2,\cdots,n$$

式（5-16）是一个凸优化问题，可以用二次规划（Quadratic Programming，QP）的优化函数库进行求解。通过利用拉格朗日对偶性，可以将原始问题转换为一个对偶问题，对偶问题通常更易于求解，并且在很多情况下，比直接应用通用的 QP 优化工具箱更为高效。

简而言之，除了常规的 QP 问题解决方法之外，SVM 还可以通过求解对偶问题来找到最优解。这种方法利用了拉格朗日对偶性，将原始的优化问题转换为一个形式上更为简洁的对偶问题。通过这种方法，SVM 能够有效地处理高维数据的非线性分类问题，使其成为监督学习中的一种重要算法。

5.2.5　支持向量机的对偶问题

可以通过拉格朗日函数将约束条件引入到目标函数中，构建对偶问题。为了方便拉格朗日函数的构建，首先将 $y_i(\boldsymbol{w}^{\mathrm{T}}\boldsymbol{x}_i+b_i)\geqslant 1$ 改写为 $1-y_i(\boldsymbol{w}^{\mathrm{T}}\boldsymbol{x}_i+b_i)\leqslant 0$。拉格朗日函数为

$$L(\boldsymbol{w},b,\boldsymbol{\alpha})=\frac{1}{2}\|\boldsymbol{w}\|^2+\sum_{i=1}^{n}\alpha_i(1-y_i(\boldsymbol{w}^{\mathrm{T}}\boldsymbol{x}_i+b)) \tag{5-17}$$

式中，$\alpha_i\geqslant 0$ 是拉格朗日乘子，原问题就转化为极大极小问题：

$$\min_{\boldsymbol{w},b}\max_{\alpha_i\geqslant 0}L(\boldsymbol{w},b,\boldsymbol{\alpha}) \tag{5-18}$$

令

$$\theta(\boldsymbol{w},b)=\max_{\alpha_i\geqslant 0}L(\boldsymbol{w},b,\boldsymbol{\alpha})$$

$$\min_{\boldsymbol{w},b}\theta(\boldsymbol{w},b)=\min_{\boldsymbol{w},b}\max_{\alpha_i\geqslant 0}L(\boldsymbol{w},b,\boldsymbol{\alpha}) \tag{5-19}$$

优化问题［式（5-18）］就是寻找（$\boldsymbol{w},b$）使得 $\theta(\boldsymbol{w},b)$ 最小。期望问题［式（5-18）］等价于［式（5-19）］。

对于给定的（$\boldsymbol{w}$，b），如果存在 i_0，不满足 $y_{i_0}(\boldsymbol{w}^{\mathrm{T}}x_{i_0}+b)\geqslant 1$，也就是打破了原始的约束，也就是 $y_{i_0}(\boldsymbol{w}^{\mathrm{T}}x_{i_0}+b)<1$，那么如果令 $\alpha_{i_0}\to+\infty$，$\theta(\boldsymbol{w},b)=\max\limits_{\alpha_i\geqslant 0}\left[\frac{1}{2}\|\boldsymbol{w}\|^2+\sum\limits_{i=1}^{n}\alpha_i(1-y_i(\boldsymbol{w}^{\mathrm{T}}\boldsymbol{x}_i+b))\right]=+\infty$。否则，如果对于集合 $\{(\boldsymbol{x}_i,y_i)\}_{i=1}^{n}$，$y_i(\boldsymbol{w}^{\mathrm{T}}\boldsymbol{x}_i+b_i)\geqslant 1$，则 $\theta(\boldsymbol{w},b)=\frac{1}{2}\|\boldsymbol{w}\|^2$。令

$$\min_{\boldsymbol{w},b}\theta(\boldsymbol{w},b)=\min_{\boldsymbol{w},b}\frac{1}{2}\|\boldsymbol{w}\|^2 \tag{5-20}$$

这个问题［式（5-20）］和最初的问题［式（5-18）］是同样的问题，也就是具有相同的解。由于

$$\min_{\boldsymbol{w},b}\theta(\boldsymbol{w},b)=\min_{\boldsymbol{w},b}\max_{\alpha_i\geqslant 0}L(\boldsymbol{w},b,\boldsymbol{\alpha}) \tag{5-21}$$

假设 $\min\limits_{\boldsymbol{w},b}\theta(\boldsymbol{w},b)=p^*$，即 p^* 为式（5-19）的最小值。又假设 $\varphi(\alpha)=\min\limits_{\boldsymbol{w},b}L(\boldsymbol{w},b,\boldsymbol{\alpha})$，则新的优化问题为

$$\max_{\alpha_i\geqslant 0}\varphi(\alpha)=\max_{\alpha_i\geqslant 0}\min_{\boldsymbol{w},b}L(\boldsymbol{w},b,\boldsymbol{\alpha}) \tag{5-22}$$

假设 $\max\limits_{\alpha_i\geqslant 0}\varphi(\boldsymbol{\alpha})=d^*$，即 d^* 是新问题［式（5-21）］的最大值。

新问题［式（5-22）］的优化参数用 $\{\alpha_i\}$ 来表示，原问题［式（5-16）］的优化参数为（$\boldsymbol{w},b$），并且有 $d^*\leqslant p^*$。这在直观上也不难理解，最大值中最小的一个总也比最小值中最大的一个要大。总之，这里新问题的最优值 d^* 提供了一个原问题的最优值 p^* 的一个下界。在 KKT 条件下，原始问题的最优值等于新问题的最优值 $d^*=p^*=L(\boldsymbol{w}^*,b^*,\boldsymbol{\alpha}^*)$，（$\boldsymbol{w}^*,b^*$）为原问题的解，而 $\boldsymbol{\alpha}^*$ 为新问题的解，当 $\boldsymbol{w}^*$、b^*、$\boldsymbol{\alpha}^*$ 满足 KKT 条件时，就可以通过求解新的问题来间接地求解原问题，新的问题称为原问题的对偶问题。而此时对应的 KKT 条件为

$$\begin{cases}\nabla_{\boldsymbol{w}}L(\boldsymbol{w}^*,b^*,\boldsymbol{\alpha}^*)=\boldsymbol{w}^*-\sum\limits_{i}^{n}\alpha_i^*y_i\boldsymbol{x}_i=0\\ \dfrac{\partial L(\boldsymbol{w}^*,b^*,\boldsymbol{\alpha}^*)}{\partial b}=-\sum\limits_{i}^{n}\alpha_i^*y_i=0\\ \alpha_i^*(y_i((\boldsymbol{w}^*)^{\mathrm{T}}\boldsymbol{x}_i+b^*)-1)=0\\ (y_i((\boldsymbol{w}^*)^{\mathrm{T}}\boldsymbol{x}_i+b^*)-1)\geqslant 0\\ \alpha_i^*\geqslant 0\end{cases} \tag{5-23}$$

对偶问题不便于直接求解，需要对其简化处理，具体处理过程如下。对于固定的 $\boldsymbol{\alpha}$，计算 $\varphi(\boldsymbol{\alpha})$ 就意味着求解关于 $\boldsymbol{w}$，b 极小化 $L(\boldsymbol{w},b,\boldsymbol{\alpha})$ 问题：

$$\min_{\boldsymbol{w},b}L(\boldsymbol{w},b,\boldsymbol{\alpha}) \tag{5-24}$$

因此要求 $\boldsymbol{L}(\boldsymbol{w},b,\boldsymbol{\alpha})$ 关于 $\boldsymbol{w},b$ 的梯度为零，即

$$\nabla_{\boldsymbol{w}}L(\boldsymbol{w},b,\boldsymbol{\alpha})=\boldsymbol{w}-\sum_{i=1}^{n}\alpha_iy_i\boldsymbol{x}_i=\boldsymbol{0} \tag{5-25}$$

$$\nabla_b L(\boldsymbol{w},b,\boldsymbol{\alpha})=\sum_{i=1}^{n}\alpha_i y_i=0 \tag{5-26}$$

于是

$$\boldsymbol{w}=\sum_{i=1}^{n}\alpha_i y_i \boldsymbol{x}_i \tag{5-27}$$

$$\sum_{i=1}^{n}\alpha_i y_i=0 \tag{5-28}$$

$$\varphi(\boldsymbol{\alpha})=\max_{\boldsymbol{w},b} L(\boldsymbol{w},b,\boldsymbol{\alpha}) \tag{5-29}$$

将 $\boldsymbol{w}$ 的表达式带入 $L(\boldsymbol{w},b,\boldsymbol{\alpha})=\frac{1}{2}\|\boldsymbol{w}\|^2+\sum_{i=1}^{n}\alpha_i(1-y_i(\boldsymbol{w}^{\mathrm{T}}\boldsymbol{x}_i+b))$，就得到

$$L(\boldsymbol{w},b,\boldsymbol{\alpha})=\sum_{i=1}^{n}\alpha_i-\frac{1}{2}\sum_{j=1}^{n}\sum_{i=1}^{n}\alpha_i\alpha_j y_i y_j \boldsymbol{x}_i^{\mathrm{T}}\boldsymbol{x}_j-b\sum_{i=1}^{n}\alpha_i y_i \tag{5-30}$$

由于 $\sum_{i=1}^{n}\alpha_i y_i=0$，因此

$$L(\boldsymbol{w},b,\boldsymbol{\alpha})=\sum_{i=1}^{n}\alpha_i-\frac{1}{2}\sum_{j=1}^{n}\sum_{i=1}^{n}\alpha_i\alpha_j y_i y_j \boldsymbol{x}_i^{\mathrm{T}}\boldsymbol{x}_j \tag{5-31}$$

于是

$$\max_{\boldsymbol{\alpha}}\sum_{i=1}^{n}\alpha_i-\frac{1}{2}\sum_{j=1}^{n}\sum_{i=1}^{n}\alpha_i\alpha_j y_i y_j \boldsymbol{x}_i^{\mathrm{T}}\boldsymbol{x}_j \tag{5-32}$$

$$\text{s. t.}\quad \sum_{i=1}^{n}\alpha_i y_i=0$$

$$\alpha_i\geqslant 0$$

硬间隔支持向量机的对偶问题也可表示为

$$\min_{\boldsymbol{\alpha}}\frac{1}{2}\sum_{j=1}^{n}\sum_{i=1}^{n}\alpha_i\alpha_j y_i y_j \boldsymbol{x}_i^{\mathrm{T}}\boldsymbol{x}_j-\sum_{i=1}^{n}\alpha_i \tag{5-33}$$

$$\text{s. t.}\quad \sum_{i=1}^{n}\alpha_i y_i=0$$

$$\alpha_i\geqslant 0$$

如果 $\alpha_i^*=0(i=1,2,\cdots,n)$，根据 $\boldsymbol{w}=\sum_{i=1}^{n}\alpha_i y_i \boldsymbol{x}_i$，则 $\boldsymbol{w}^*=0$，$(\boldsymbol{w}^*,b^*)$ 不是原问题的解，因此一定存在 i_0，$\alpha_{i_0}^*>0$，根据 KKT 条件

$$\alpha_{i_0}^*(y_{i_0}((\boldsymbol{w}^*)^{\mathrm{T}}\boldsymbol{x}_{i_0}+b^*)-1)=0 \tag{5-34}$$

$$y_{i_0}((\boldsymbol{w}^*)^{\mathrm{T}}\boldsymbol{x}_{i_0}+b^*)=1,\ (y_{i_0})^2=1 \tag{5-35}$$

则 $y_{i_0}=(\boldsymbol{w}^*)^{\mathrm{T}}\boldsymbol{x}_{i_0}+b^*$，因此

$$b^*=y_{i_0}-(\boldsymbol{w}^*)^{\mathrm{T}}\boldsymbol{x}_{i_0} \tag{5-36}$$

对偶问题的目标函数是一个凸函数，这意味着任何局部最大值都是全局最大值。此外，对偶问题的解提供了一个更简洁的表达［式（5-37）］，在该表达下最优超平面只依赖于支持向量［式（5-35）］，即那些非零的拉格朗日乘子对应的实例点决定了分离最终的分类

边界。

在对偶情况下，最大化间隔的最优超平面：

$$\sum_{i=1}^{n} \alpha_i^* y_i(\boldsymbol{x}_i)^{\mathrm{T}}\boldsymbol{x} + b^* \tag{5-37}$$

相应的分类决策函数：

$$h_\alpha(\boldsymbol{x}) = \operatorname{sign}\left(\sum_{i=1}^{n} \alpha_i^* y_i(\boldsymbol{x}_i^{\mathrm{T}}\boldsymbol{x}) + b^*\right) \tag{5-38}$$

用于判断新的实例 $\boldsymbol{x}$ 应该被分类到哪个类别。如果 $h_\alpha(\boldsymbol{x})>0$，则实例 $\boldsymbol{x}$ 被分类为正类；否则，实例 $\boldsymbol{x}$ 被分类为负类。

5.3 软间隔线性支持向量机

5.3.1 软间隔在实际问题中的优化

硬间隔线性支持向量机需要一个超平面将所有数据点都正确分类，这使得它只能处理线性可分的问题。当无法找到一个超平面将数据集完全正确分类时（见图 5-4），需要软间隔支持向量机对数据集分类，软间隔线性 SVM 是对硬间隔线性 SVM 的一种扩展。

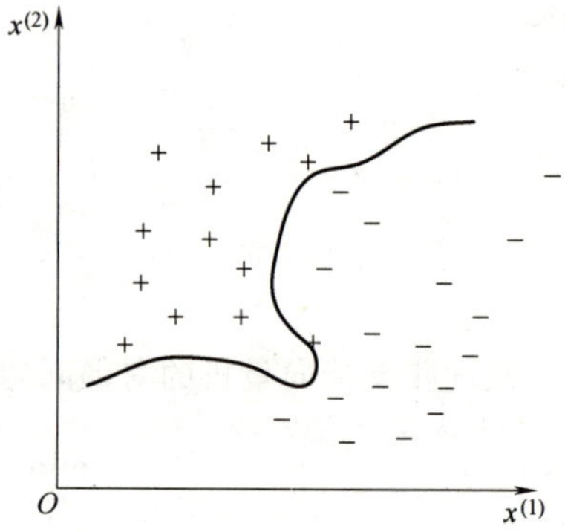

图 5-4　线性不可分数据集

为了允许一定程度的误分类，软间隔线性 SVM 通过引入了松弛变量，使得 SVM 能够处理线性不可分的问题。因为松弛变量允许某些数据点不必完全位于超平面的正确一侧，软间隔的支持向量或者在间隔边界上，或者在间隔边界与分离超平面之间，或者在分离超平面误分一侧。这意味着超平面可以稍微偏离到错误的一侧，只要这种偏离的幅度不超过松弛变量所允许的阈值。

假设给定训练数据集 $D=\{(\boldsymbol{x}_i,y_i)\}_{i=1}^{n}$，且该数据集是线性不可分的。通常情况下，训练数据中有一些特异点，将这些特异点除去后，剩下大部分的样本点组成的集合是线性可分的。

对于第 i 个样本，引入一个松弛参数 $\xi_i \geqslant 0$，并将约束条件 $y_i(\boldsymbol{w}^{\mathrm{T}}\boldsymbol{x}_i+b_i)\geqslant 1$ 改写为 $y_i(\boldsymbol{w}^{\mathrm{T}}\boldsymbol{x}_i+b_i)\geqslant 1-\xi_i$，即

$$\begin{cases}(\boldsymbol{w}^{\mathrm{T}}\boldsymbol{x}_i+b)\geqslant 1-\xi_i & y_i=1\\(\boldsymbol{w}^{\mathrm{T}}\boldsymbol{x}_i+b)<-1+\xi_i & y_i=-1\end{cases} \tag{5-39}$$

这意味着允许一定程度的误分类，某些样本点可以突破函数间隔等于 1 的约束条件。

在硬间隔线性 SVM 基础上，对于每个样本点都引入了松弛变量，形成的软间隔线性 SVM 优化问题表示为

$$
\begin{aligned}
&\min_{\boldsymbol{w},b,\xi_i} \quad \frac{1}{2}\|\boldsymbol{w}\|^2 + C\sum_i \xi_i \\
&\text{s.t.} \quad y_i(\boldsymbol{w}^{\mathrm{T}}\boldsymbol{x}_i + b) \geqslant 1 - \xi_i, \quad i = 1,2,\cdots,n \\
&\xi_i \geqslant 0, \quad i = 1,2,\cdots,n
\end{aligned}
\tag{5-40}
$$

式中，$C>0$ 是正则化参数，用于控制间隔和松弛变量之间的权衡。较大的 C 值会倾向于最小化间隔，而较小的 C 值则会允许更多的松弛变量，从而允许更大的分类误差。该优化问题是一个凸二次规划问题，可以证明（$\boldsymbol{w}^*,b^*,\xi^*$）的解是存在，但不唯一。参考硬间隔支持向量机对偶问题，可以推导出软间隔支持向量机的对偶问题：

$$
\begin{aligned}
&\min_{\boldsymbol{\alpha}} \frac{1}{2}\sum_{j=1}^{n}\sum_{i=1}^{n}\alpha_i\alpha_j y_i y_j(\boldsymbol{x}_i)^{\mathrm{T}}\boldsymbol{x}_j - \sum_{i=1}^{n}\alpha_i \\
&\text{s.t.} \quad \sum_{i=1}^{n}\alpha_i y_i = 0 \\
&\qquad 0 \leqslant \alpha_i \leqslant C
\end{aligned}
\tag{5-41}
$$

与硬间隔线性支持向量机一样，通过求解对偶问题获得原问题的解。如果 $\boldsymbol{\alpha}^*$ 是对偶问题［式（5-41）］的解，若存在 $0\leqslant\alpha_i^*\leqslant C$，原问题的解为

$$
\boldsymbol{w}^* = \sum_{i=1}^{n}\alpha_i^* y_i \boldsymbol{x}_i \tag{5-42}
$$

$$
b = y_j - \sum_{i=1}^{n}\alpha_i^* y_i(\boldsymbol{x}_i)^{\mathrm{T}}\boldsymbol{x}_j \tag{5-43}
$$

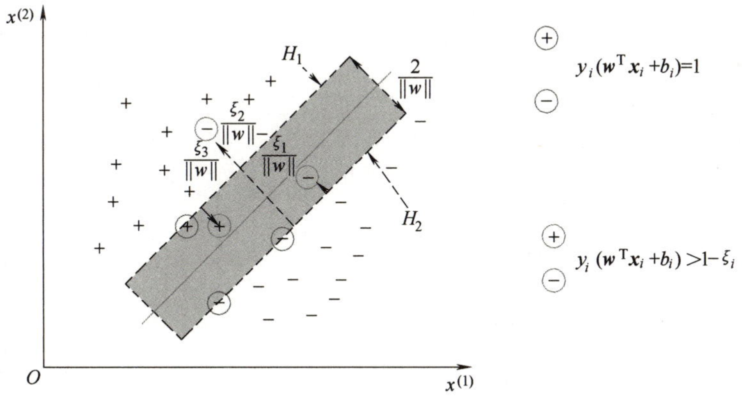

图 5-5　彩图

图 5-5　软间隔向量机的支持向量

如图 5-5 所示，对于非线性可分情况，当 $\alpha_i>0$ 时，对应的实例点 $\boldsymbol{x}_i$ 为支持向量。此时支持向量的情况比较复杂。例如，支持向量可以是落在间隔边界上的点（红色圈的实例点）；支持向量也可以是落在最优超平面与边界（H_1 或者 H_2）中间的点$\left(如\dfrac{\xi_1}{\|\boldsymbol{w}\|}或者\dfrac{\xi_3}{\|\boldsymbol{w}\|}对应的实例点\right)$，此时 $0<\xi_1<1$，$0<\xi_3<1$；支持向量还可以是落在最优超平面误分类的一侧的点$\left(\dfrac{\xi_2}{\|\boldsymbol{w}\|}对应的实例点\right)$，此时 $\xi_2>1$。

软间隔线性支持向量机通过引入松弛变量，允许超平面在一定程度上的偏离，从而能够

处理线性不可分的问题。这种方法在实际应用中非常有效，因为它允许在分类准确性和模型复杂度之间找到一个平衡点。这意味着，可以通过调整正则化参数 C 来控制模型的复杂度和对噪声的容忍度。

硬间隔线性支持向量机是软间隔线性支持向量机的特例，当正则化参数 C 设置为无穷大时，软间隔线性支持向量机退化为硬间隔线性支持向量机，即只允许零误分类。因此，软间隔线性支持向量机提供了一种更加灵活和实用的方法来处理现实世界中的数据集，而硬间隔线性支持向量机则提供了一种理论上的理想化模型，它在实际应用中可能不太实用，除非数据集非常干净且没有噪声。

5.3.2 合页损失

线性支持向量机还可以从不同的角度来解释。在这种解释中，支持向量机的学习问题被表述为一个基于合页损失的最优化问题：

$$\min_{w,b}\sum_{i=1}^{n}[1-y_i(\boldsymbol{w}^{\mathrm{T}}\boldsymbol{x}_i+b)]_+ + \lambda\|\boldsymbol{w}\|^2 \tag{5-44}$$

其中目标函数包括一个合页损失 $[1-y_i(\boldsymbol{w}^{\mathrm{T}}\boldsymbol{x}_i+b)]_+$和一个正则化项$\|\boldsymbol{w}\|^2$。合页损失函数定义为

$$\mathrm{hinge}(z)=[1-z]_+ \tag{5-45}$$

这里，$[z]_+=\begin{cases} z & z>0 \\ 0 & z\leqslant 0 \end{cases}$，$[\cdot]_+$函数如图 5-6 所示。

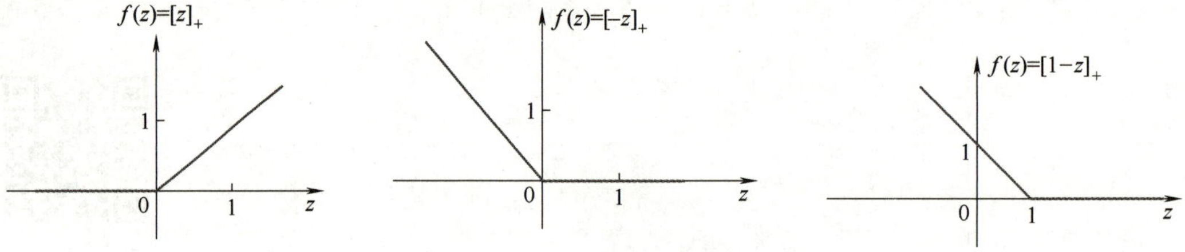

图 5-6　函数 $[z]_+$、$[-z]_+$和 $[1-z]_+$

回忆线性支持向量机的原始优化问题为

$$\begin{aligned} &\min_{w,b}\quad \frac{1}{2}\|\boldsymbol{w}\|^2+C\sum_{i=1}^{n}\xi_i \\ &\text{s.t.}\quad y_i(\boldsymbol{w}^{\mathrm{T}}\boldsymbol{x}_i+b)\geqslant 1-\xi_i,\quad i=1,2,\cdots,n \\ &\xi_i\geqslant 0,\quad i=1,2,\cdots,n \end{aligned} \tag{5-46}$$

图 5-6　彩图

将松弛变量定义为 $\xi_i=[1-y_i(\boldsymbol{w}^{\mathrm{T}}\boldsymbol{x}_i+b)]_+$，显然，满足式（5-46）中的第二个约束条件 $\xi_i\geqslant 0$。当 $1-y_i(\boldsymbol{w}^{\mathrm{T}}\boldsymbol{x}_i+b)>0$ 时，$\xi_i=1-y_i(\boldsymbol{w}^{\mathrm{T}}\boldsymbol{x}_i+b)$；当 $1-y_i(\boldsymbol{w}^{\mathrm{T}}\boldsymbol{x}_i+b)\leqslant 0$ 时，$\xi_i=0$。由此可得 $1-y_i(\boldsymbol{w}^{\mathrm{T}}\boldsymbol{x}_i+b)\leqslant\xi_i$，即

$$y_i(\boldsymbol{w}^{\mathrm{T}}\boldsymbol{x}_i+b)\geqslant 1-\xi_i \tag{5-47}$$

于是满足式（5-46）的第一个约束条件。式（5-44）可以写成

$$\min_{w,b}\sum_{i=1}^{n}\xi_i+\lambda\|\boldsymbol{w}\|^2 \tag{5-48}$$

需要证明原始优化问题［式（5-46）］等价于［式（5-44）］。

取 $\lambda = \dfrac{1}{2C}$，则

$$\min_{w,b} \sum_{i=1}^{n} \xi_i + \frac{1}{2C}\|\boldsymbol{w}\|^2 \tag{5-49}$$

等价于

$$\min_{w,b} \frac{1}{C}\left(C\sum_{i=1}^{n} \xi_i + \frac{1}{2}\|\boldsymbol{w}\|^2\right) \tag{5-50}$$

由于常数$\dfrac{1}{C}$不会影响优化的解，因此上面的优化问题等价于

$$\min_{w,b}\left(C\sum_{i=1}^{n} \xi_i + \frac{1}{2}\|\boldsymbol{w}\|^2\right) \tag{5-51}$$

图 5-7 给出了 0/1 损失函数和合页损失函数，这两种损失函数视为函数间隔的函数。其中 0/1 损失函数为 $l_{0/1}(z)=\begin{cases}1 & z<0\\ 0 & z\geqslant 0\end{cases}$，$z=y(\boldsymbol{w}^{\mathrm{T}}\boldsymbol{x}+b)$ 为函数间隔。该损失表明，当函数间隔小于 0 时，意味着模型预测的类别与实际类别不一致，损失为 1，否则为 0。由此可见，$\sum_{i=1}^{n} l_{0/1}(y_i(\boldsymbol{w}^{\mathrm{T}}\boldsymbol{x}_i + b))$ 表示模型误分类实例的个数。

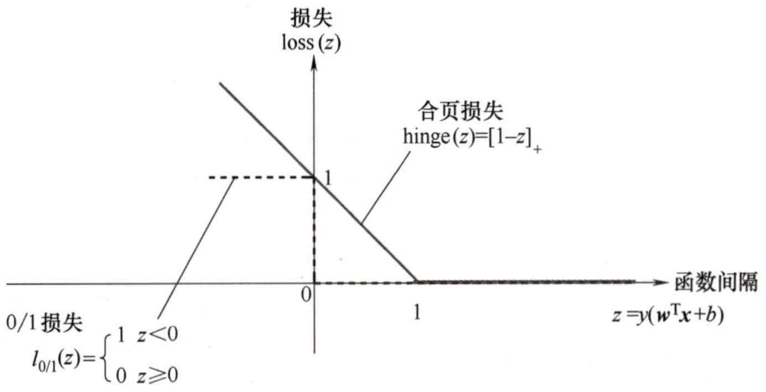

图 5-7 彩图

图 5-7 损失函数：0/1 损失函数和合页损失函数

合页损失函数的形状像一个合页，故名合页损失函数。合页函数和函数间隔之间的关系可以这样理解：当函数间隔大于 1 时，意味着模型预测的类别与实际类别一致，因此合页函数的值为 0，损失为 0；当函数间隔小于或等于 1 时，意味着模型预测的类别与实际类别不一致，合页函数的值大于 0，损失为 1 减去函数间隔的值。

从合页损失的角度来看与线性支持向量机的学习策略可以被视为寻找一个最优的分离超平面，使得合页损失加与正则化项之和最小化，这为理解支持向量机提供了一种不同的视角。合页损失是 0/1 损失的上界，同时是连续凸函数，这一良好的数学性质利于数值运算。

5.4 核支持向量机

在处理非线性数据时，核函数在支持向量机中扮演着至关重要的角色，核函数将数据从

原始特征空间映射到一个更高维（甚至无限维）的特征空间，使得原本线性不可分的数据在新的空间中变得线性可分。

5.4.1 模型

以一维分类情况为例，说明非线性支持向量。显然，图 5-8 中的数据是线性可分的，图 5-9a 中的数据是一维空间的点，正例在数轴的两侧，中间为负例，因此是线性不可分的。如何处理这种不可分情形？在图 5-9b 中，通过变换 $\varphi(x)$：$x \to (x^{(1)}, x^{(2)})$ 将一维特征空间样本点 x 的点映射到二维特征空间特征的点 $(x^{(1)}, x^{(2)})$，这里 $(x^{(1)}, x^{(2)})=(x, x \times x)$，$\varphi(x)$ 使得样本在二维特征空间内线性可分。下面考虑多维分类情况。

图 5-8 彩图

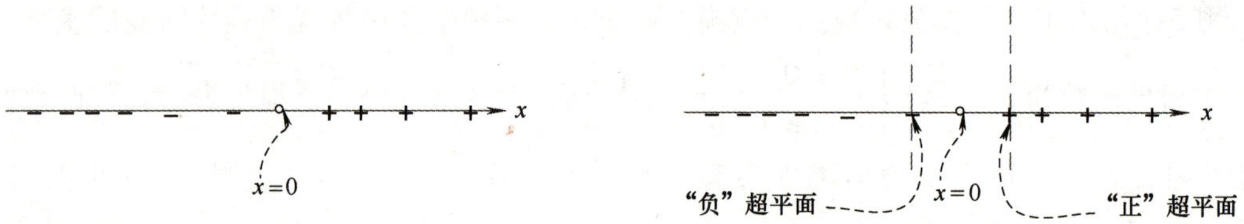

图 5-8 一维线性可分

图 5-9 彩图

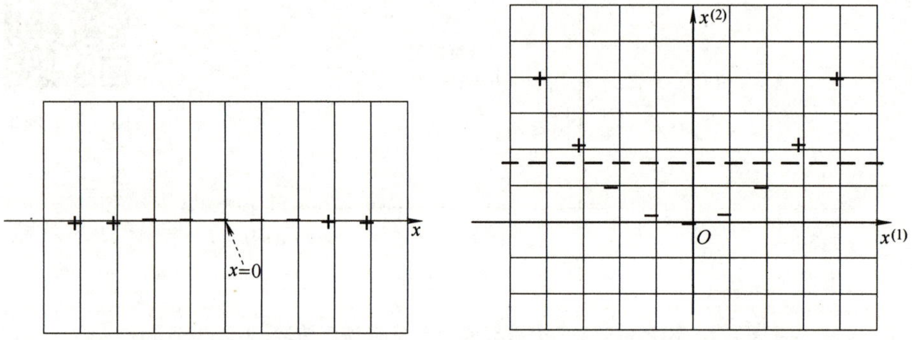

a) 一维线性不可分　　b) 二维线性可分

图 5-9 一维数据变换到二维数据

1. 多维分类情况

设 $\boldsymbol{a}=[a_1, a_2, \cdots, a_d]^{\mathrm{T}}$，$\boldsymbol{b}=[b_1, b_2, \cdots, b_d]^{\mathrm{T}}$，定义一个变换 φ，将原特征空间的向量 $\boldsymbol{a}$ 映射到高维特征空间的特征向量 $\varphi(\boldsymbol{a})$：

$$\varphi(\boldsymbol{a})=[1, \sqrt{2}a_1, \sqrt{2}a_2, \cdots, \sqrt{2}a_d, a_1^2, a_2^2, \cdots, a_d^2,$$
$$\sqrt{2}a_1a_2, \sqrt{2}a_1a_3, \cdots, \sqrt{2}a_1a_d, \cdots, \sqrt{2}a_2a_3, \cdots, \sqrt{2}a_2a_d, \cdots, \sqrt{2}a_{d-1}a_d]^{\mathrm{T}} \tag{5-52}$$

$\boldsymbol{b}$ 在高维特征空间为 $\varphi(\boldsymbol{b})$。在高维特征空间，$\varphi(\boldsymbol{a})$ 与 $\varphi(\boldsymbol{b})$ 内积为 $\varphi(\boldsymbol{a})^{\mathrm{T}}\varphi(\boldsymbol{b})=1+2\sum_{i=1}^{d}a_ib_i+\sum_{i=1}^{d}a_i^2b_i^2+\sum_{i=1}^{d}\sum_{j=i+1}^{d}2a_ib_ia_jb_j$。下面计算 $(\boldsymbol{a}^{\mathrm{T}}\boldsymbol{b}+1)^2$：

$$
\begin{aligned}
(\boldsymbol{a}^{\mathrm{T}}\boldsymbol{b}+1)^2 &= (\boldsymbol{a}^{\mathrm{T}}\boldsymbol{b})^2+2(\boldsymbol{a}^{\mathrm{T}}\boldsymbol{b})+1 \\
&= \left(\sum_{i=1}^{d} a_i b_i\right)^2 + 2\sum_{i=1}^{d} a_i b_i + 1 \\
&= \sum_{i=1}^{d}\sum_{j=1}^{d} 2a_i b_i a_j b_j + 2\sum_{i=1}^{d} a_i b_i + 1 \\
&= \sum_{i=1}^{d} a_i^2 b_i^2 + \sum_{i=1}^{d}\sum_{j=i+1}^{d} 2a_i b_i a_j b_j + 2\sum_{i=1}^{d} a_i b_i + 1
\end{aligned} \tag{5-53}
$$

显然

$$
(\boldsymbol{a}^{\mathrm{T}}\boldsymbol{b}+1)^2=\varphi(\boldsymbol{a})^{\mathrm{T}}\varphi(\boldsymbol{b}) \tag{5-54}
$$

向量 $\boldsymbol{a}$ 和 $\boldsymbol{b}$ 在原空间的内积为 $\boldsymbol{a}^{\mathrm{T}}\boldsymbol{b}$，在变换空间对应的特征向量 $\varphi(\boldsymbol{a})$ 和 $\varphi(\boldsymbol{b})$ 的内积为 $(\boldsymbol{a}^{\mathrm{T}}\boldsymbol{b}+1)^2$。此时，定义核函数：

$$
K(\boldsymbol{x},\boldsymbol{z})=\varphi(\boldsymbol{x})^{\mathrm{T}}\varphi(\boldsymbol{z}) \tag{5-55}
$$

即 $K(\boldsymbol{x},\boldsymbol{z})=(\boldsymbol{x}^{\mathrm{T}}\boldsymbol{z}+1)^2$，该核函数可通过变换函数 $\varphi(\boldsymbol{x})$ 计算得到。

2. 变换与核函数

核函数和变换之间存在着紧密的联系，变换是一个将原始特征空间数据映射到高维特征空间的过程，而核函数具有一种特殊的功能：隐式地定义这个变换。

在线性支持向量机的对偶问题中，无论是目标函数还是决策函数，都只涉及输入实例之间的内积。这意味着可以使用核函数来代替这些内积，从而将问题转化为一个更简单的形式。即用核函数 $\varphi(\boldsymbol{x}_i)^{\mathrm{T}}\varphi(\boldsymbol{x}_j)$ 来代替 $\boldsymbol{x}_i^{\mathrm{T}}\boldsymbol{x}_j$，即 $K(\boldsymbol{x}_i,\boldsymbol{x}_j)=\varphi(\boldsymbol{x}_i)^{\mathrm{T}}\varphi(\boldsymbol{x}_j)$。这样，非线性支持向量机的优化问题为

$$
\begin{aligned}
&\min_{\alpha_i} \frac{1}{2}\sum_{j=1}^{n}\sum_{i=1}^{n}\alpha_i\alpha_j y_i y_j K(\boldsymbol{x}_i,\boldsymbol{x}_j) - \sum_{i=1}^{n}\alpha_i \\
&\text{s. t.} \quad \sum_{i=1}^{n}\alpha_i y_i = 0 \\
&\qquad\quad 0 \leqslant \alpha_i \leqslant C
\end{aligned} \tag{5-56}
$$

式中，C 是正常数。同样，分类决策函数中的内积也可以用核函数代替，而分类决策函数为

$$
\begin{aligned}
h_{\boldsymbol{\alpha}}(\boldsymbol{x}) &= \mathrm{sign}\left(\sum_{i=1}^{n}\sum_{j=1}^{n}\alpha_i^*\varphi(\boldsymbol{x}_i)^{\mathrm{T}}\varphi(\boldsymbol{x}) + b^*\right) \\
&= \mathrm{sign}\left(\sum_{i=1}^{n}\sum_{j=1}^{n}\alpha_i^* K(\boldsymbol{x}_i,\boldsymbol{x}_j) + b^*\right)
\end{aligned} \tag{5-57}
$$

上述的非线性支持向量的优化问题和判别函数中的表达式只涉及核函数，在核函数 $K(\boldsymbol{x},\boldsymbol{z})$ 给定的条件下，可以利用解线性分类问题的方法求解非线性分类问题的支持向量机。不需要显式地定义与核函数对应的变换函数，学习是隐式地在特征空间进行的，这样的技巧称为核技巧。核技巧是利用线性分类学习方法与核函数解决非线性问题的技术，在实际应用中，往往依赖领域知识直接选择核函数，核函数选择的有效性需要通过实验验证。

5.4.2　常用的核函数

已知映射函数 $\varphi(\boldsymbol{x})$，可以求得核函数 $K(\boldsymbol{x},\boldsymbol{z})=\varphi(\boldsymbol{x})^{\mathrm{T}}\varphi(\boldsymbol{z})$。不用构造映射 $\varphi(\boldsymbol{x})$，能

否直接判断一个给定的函数 $K(\boldsymbol{x},z)$ 是不是核函数？或者说，函数 $K(\boldsymbol{x},z)$ 满足什么条件才能成为核函数？通常所说的核函数应该是对称的、正定的。对于 $\{\boldsymbol{x}_1,\boldsymbol{x}_2,\cdots,\boldsymbol{x}_n\}$，如果对称函数 $K(\boldsymbol{x},z)$ 的 Gram 矩阵 $K=[K(\boldsymbol{x}_i,\boldsymbol{x}_j)]_{d\times d}$ 是半正定矩阵，则 $K(\boldsymbol{x},z)$ 是正定的。这一对于一个具体函数 $K(\boldsymbol{x},z)$ 来说，检验其是否为正定核函数并不容易，这需要对任意有限输入集验证其对应的 Gram 矩阵是否为半正定的，在实际问题中往往应用已有的核函数。

常用核函数如下：

1）多项式核函数（polynomial kernel function）：

$$K(\boldsymbol{x},z)=(\boldsymbol{x}^{\mathrm{T}}z+1)^{p} \tag{5-58}$$

对应的支持向量机是一个 p 次多项式分类器。在此情形下，分类决策函数为

$$h_{\boldsymbol{\alpha}}(\boldsymbol{x})=\operatorname{sign}\left(\sum_{i=1}^{n}\alpha_i^{*}y_i(\boldsymbol{x}^{\mathrm{T}}\boldsymbol{x}_i+1)^{p}+b^{*}\right) \tag{5-59}$$

2）高斯核函数（gaussian kernel function）：

$$K(\boldsymbol{x},z)=\exp\left(-\frac{\|\boldsymbol{x}-\boldsymbol{z}\|^2}{2\sigma^2}\right) \tag{5-60}$$

在此情形下，分类决策函数为

$$h_{\boldsymbol{\alpha}}(\boldsymbol{x})=\operatorname{sign}\left(\sum_{i=1}^{n}\alpha_i^{*}y_i\left(\exp\left(-\frac{\|\boldsymbol{x}-\boldsymbol{x}_i\|^2}{2\sigma^2}\right)\right)+b^{*}\right) \tag{5-61}$$

5.5 应用案例

手写数字识别技术的应用领域非常广泛，如金融、保险、身份认证、数字签名、文字识别、遥感图像处理等。在金融领域，手写数字识别技术可以用于核保、贷款审批等环节，提高金融机构的工作效率和客户满意度；在身份认证领域，手写数字识别技术可以用于身份证、护照等证件的识别和认证，保障个人信息安全和权益；在数字签名领域，手写数字识别技术可以用于电子签名、网上签名等环节，提高签名的安全性和可靠性；在遥感图像处理领域，手写数字识别技术可以用于地形图、土地利用图等遥感图像的处理和分析，提高遥感图像的应用价值。

基于图 5-10 所示的 MNIST 手写数字数据集，采用 SVM 进行数字识别。MNIST（Modified National Institute of Standards and Technology）数据集是一个广泛使用的机器学习基准数据集，特别是在图像分类领域。该数据集包含了 70000 张手写数字图像，分为 60000 张训练图像和 10000 张测试图像，图像大小为 28×28 像素，灰度级（每个像素值）在 0~255 之间。图 5-10 展示了数据集中部分图像，这些图像对应于 0~9 的手写数字，共有 10 个类别。

图 5-10 MNIST 手写数字数据集

选用高斯核作为支持向量机的核函数，降维后 SVM 的二维决策边界和测试数据点如图 5-11 所示，针对部分手写数字的识别结果如图 5-12 所示。

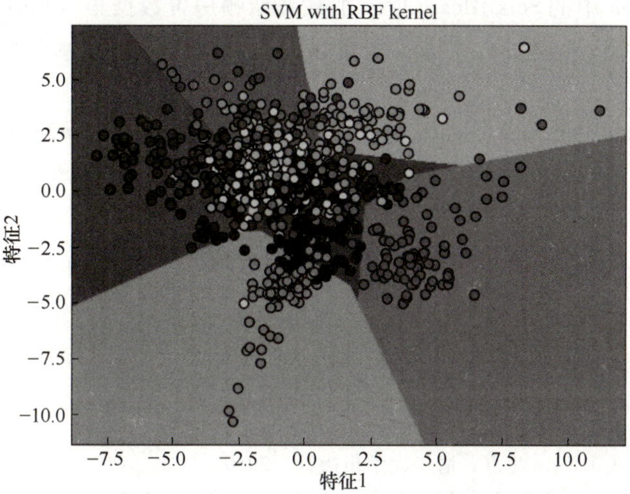

图 5-11　彩图

图 5-11　降维后 SVM 的二维决策边界和测试数据点

图 5-12　部分手写数字 4、6、3、9、2 的识别结果

MNIST 图像中的数字具有较强的非线性分布，高斯核通过将数据映射到高维空间，使得原本在低维空间中无法线性分割的数据，在高维空间中变得可分。高斯核的局部响应性使得它能够根据样本之间的相似性自动学习复杂的决策边界，同时避免了传统线性模型无法捕捉到的复杂模式。此外，高斯核在处理高维数据时具有较高的计算效率，通过核技巧直接计算内积，避免了显式映射到高维空间的计算复杂度。通过适当调整参数，高斯核能够灵活控制模型的拟合程度，从而有效减少过拟合并提高泛化能力。因此，高斯核是 MNIST 这类高维且具有非线性特征的数据集上非常适用的核函数。实验结果显示，SVM 在 MNIST 数据集上的分类准确率能够达到 98% ，具体结果取决于参数选择和交叉验证的配置。在训练过程中，SVM 能够有效地找到适合的决策边界，并通过对局部结构的建模，成功识别出不同数字之间的细微差别。

思考题与习题

5-1　什么是支持向量机（SVM）？

5-2　解释支持向量在 SVM 模型中的作用，并说明为什么它们对模型的决策边界至关重要。

5-3　描述线性可分与线性不可分的情况，并说明 SVM 如何处理这两种情况。

5-4　解释软间隔与硬间隔 SVM 的区别。

5-5 讨论 SVM 中的超参数 C 和核参数对模型性能的影响。

5-6 比较 SVM 与其他分类算法（如逻辑回归、决策树）的优缺点。

5-7 使用 Python 中的 Scikit-learn 库，加载波斯顿房价数据集（Boston House Prices dataset），并使用非线性 SVM 模型对其进行房价预测。尝试不同的核函数和超参数组合，优化模型的性能。

5-8 使用 Python 中的 Scikit-learn 库，加载手写数字数据集（MNIST dataset），并使用非线性 SVM 模型对其进行分类。尝试使用不同的核函数（如高斯核函数）进行分类，并比较它们的性能。

5-9 查阅相关文献或资料，了解 SVM 领域的最新研究成果或变体（如支持向量回归、最小二乘 SVM 等）。

参考文献

[1] 周志华．机器学习［M］．北京：清华大学出版社，2016.

[2] 邱锡鹏．神经网络与深度学习［M］．北京：机械工业出版社，2020.

[3] 李航．机器学习方法［M］．北京：清华大学出版社，2022.

[4] DRUCKER H，BURGES C J，KAUFMAN L，et al. Support vector regression machines［C］//Advances in neural information processing systems，Denver：MIT Press，1996.

[5] OSUNA E，FREUND R，GIROSIT F. Training support vector machines：an application to face detection［C］// Proceedings of IEEE Computer Society Conference on Computer Vision and Pattern Recognition，Miami：IEEE，1997：130-136.

[6] BURGES C J，SCHOLKOPF B. Improving the accuracy and speed of support vector machines［J］. Advances in Neural Information Processing Systems，1996，9：375-381.

[7] BURGES C J C. A tutorial on support vector machines for pattern recognition［J］. Data Mining and Knowledge Discovery，1998，2（2）：121-167.

[8] JOACHIMS T. Text Categorization with Support Vector Machines：Learning with Many Relevant Features［C］//European Conference on Machine Learning，Berlin，Heidelberg：Springer，1998：137-142.

[9] LIANG X，LUO Z，HAN Y. TFTSVM：near color recognition of polishing red lead via SVM based on threshold and feature transform［J］. The Visual Computer，2024，40（2）：717-730.

[10] DOGAN Y. An innovative approach for Parkinson’s disease diagnosis using CNN，NCA，and SVM［J］. Neural Computing and Applications，2024，36（32）：20089-20110.

[11] WANG J. Optimizing support vector machine（SVM）by social spider optimization（SSO）for edge detection in colored images［J］. Scientific Reports，2024，14（1）：9136-9153.

[12] TANVEER M，RAJANI T，RASTOGI R，et al. Comprehensive review on twin support vector machines［J］. Annals of Operations Research，2024，339（3）：1223-1268.

[13] PENG J，ZHOU Y，CHEN C L P. Region-kernel-based support vector machines for hyperspectral image classification［J］. IEEE Transactions on Geoscience and Remote Sensing，2015，53（9）：4810-4824.

[14] YU B，WANG，LI Y，et al. Prediction of blast-hole utilization rate using structured nonlinear support vector machine combined with optimization algorithms［J］. Applied Intelligence，2024，54（19）：9136-9157.

[15] HAZARIKA B B，GUPTA D，KUMAR B. EEG signal classification using a novel universum-based twin parametric-margin support vector machine［J］. Cognitive Computation，2024，16（4）：2047-2062.

第6章 贝叶斯分类器

导读

贝叶斯分类器是一种基于贝叶斯定理的分类算法，它在机器学习领域中占有重要的地位，其核心思想是通过已知的一些条件概率来预测未知事件发生的概率。贝叶斯分类器基于贝叶斯定理和朴素的独立性假设，已成为解决分类问题的有效工具之一。该方法的显著特点在于通过对概率的建模，使得其在处理不确定性和应对大规模特征空间时展现出卓越性能。贝叶斯分类器已成功地应用于文本、图像和搜索引擎中的各类分类任务。本章将围绕贝叶斯决策论、极大似然估计以及朴素贝叶斯分类器来阐述相关内容。

通过本章的学习，读者将能够理解贝叶斯分类器的工作原理，掌握其在实际问题中的应用，并能够评估和优化分类模型的性能。

本章知识点

- 贝叶斯决策论
- 极大似然估计
- 朴素贝叶斯分类器

6.1 引言

以文本分类为例，贝叶斯分类器是处理这类问题的一种有效工具。其原因在于贝叶斯分类器简单易于实现，且假设分布是独立的。贝叶斯分类器基本思想源于贝叶斯定理，即通过计算先验概率和条件概率，来估计每个类别的概率，然后选出具有最大后验概率的类别。贝叶斯定理是由英国数学家托马斯·贝叶斯提出的，用于描述两个条件概率之间的关系。它表示在已知某些条件的情况下，事件发生概率的变化。贝叶斯定理的核心在于通过先验概率和似然比来计算后验概率，即在新信息出现后，对原有概率的修正。

在贝叶斯分类器构造过程中，涉及贝叶斯决策论、极大似然估计和朴素贝叶斯分类器等重要概念和理论，在下文中将一一介绍。

6.2 贝叶斯决策论

贝叶斯决策论是在概率框架下进行决策的基本方法。就分类任务而言，在所有相关的概率都已知的理想状态下，基于这些概率和相关的损失来选择最优的类别。接下来通过多分类任务来阐述贝叶斯决策的基本原理。

假设 $C=\{c_1,c_2,\cdots,c_K\}$ 是 K 个类别标记的集合，λ_{kj} 是将原本为类别 c_j 的样本误分类成类别 c_k 产生的损失。给定一个样本 $\boldsymbol{x}$，在确定后验概率 $P(c_k|\boldsymbol{x})$ 条件下，将样本 $\boldsymbol{x}$ 分类为类别 c_k 所产生的期望损失（也即条件风险）可通过下式计算：

$$R(c_k|\boldsymbol{x})=\sum_{j=1}^{K}\lambda_{kj}P(c_j|\boldsymbol{x}) \tag{6-1}$$

贝叶斯分类器的目标是寻找一个判定准则 h：$X\mapsto C$ 以最小化总体风险：

$$R(h)=E[R(h|\boldsymbol{x})] \tag{6-2}$$

式中，E 表示数学期望值。式（6-2）表明，若 h 满足 $R(h|\boldsymbol{x})$最小，则总体风险 $R(h)$ 也会被最小化。

为了最小化总体风险 $R(h)$，只需在每个样本上选择能够使条件风险 $R(c_k|\boldsymbol{x})$ 最小的类别标记。

$$h^*(\boldsymbol{x})=\underset{c_k\in C}{\operatorname{argmin}}R(c_k|\boldsymbol{x})$$

h^* 称为最优分类器，与之相对应的 $R(h^*)$ 称为贝叶斯风险。显然，$1-R(h^*)$ 表示分类器所能达到的最好性能。

具体而言，若目标是最小化分类错误率，则 λ_{kj} 表示为

$$\lambda_{kj}=\begin{cases}0 & k=j\\1 & k\neq j\end{cases} \tag{6-3}$$

对应的条件风险可表示为

$$R(c_k|\boldsymbol{x})=1-P(c_k|\boldsymbol{x}) \tag{6-4}$$

于是，最小化分类错误率的贝叶斯分类器为

$$h^*(\boldsymbol{x})=\underset{c_k\in C}{\operatorname{argmin}}R(c_k|\boldsymbol{x}) \tag{6-5}$$

其等价于对于每个样本 $\boldsymbol{x}$，选择使得后验概率 $P(c_k|\boldsymbol{x})$ 最大的类别标记。但实际上，很难得到后验概率 $P(c_k|\boldsymbol{x})$。一般采取如下两种策略：

一类是基于判别式模型，也就是给定 $\boldsymbol{x}$，直接建模 $P(c_k|\boldsymbol{x})$ 来预测 c_k。另外一类就是基于生成式模型来预测 c_k。根据贝叶斯定理，可得

$$P(c_k|\boldsymbol{x})=\frac{P(\boldsymbol{x},c_k)}{P(\boldsymbol{x})}=\frac{P(c_k)P(\boldsymbol{x}|c_k)}{P(\boldsymbol{x})} \tag{6-6}$$

这样，估计 $P(c_k|\boldsymbol{x})$ 的问题转化为如何基于已有数据来估计先验概率 $P(c_k)$ 和似然 $P(\boldsymbol{x}|c_k)$。

6.3 极大似然估计

在贝叶斯分类中，极大似然估计（Maximum Likelihood Estimation，MLE）是一种常用的参数估计方法，用于确定模型参数的最优值。这种方法的目标是找到一组参数，使得已观察到的数据在给定这些参数的条件下出现的概率（似然）最大。具体地，极大似然估计通常用于估计类条件概率 $P(\boldsymbol{x}|c_k)$，即在给定类别 c_k 的情况下，观测到特征向量 $\boldsymbol{x}$ 的概率。这

些类条件概率是构建分类器的基础，它们直接关联到如何根据特征值来预测类别。

假设 $P(\boldsymbol{x}|c_k)$ 具有确定的形式并且被参数向量唯一确定，则首要任务是利用训练集估计参数 θ_{c_k}，将 $P(\boldsymbol{x}|c_k)$ 记为 $P(\boldsymbol{x}|\theta_{c_k})$。令 D_{c_k} 表示训练集 D 第 c_k 类样本的集合，假设样本独立同分布，则参数 θ_{c_k} 对于数据集 D_{c_k} 的似然是

$$P(D_{c_k}|\theta_{c_k}) = \prod_{\boldsymbol{x}\in D_{c_k}} P(\boldsymbol{x}|\theta_{c_k}) \tag{6-7}$$

对 θ_{c_k} 进行极大似然估计，就是去寻找能最大化 $P(D_{c_k}|\theta_{c_k})$ 的参数值。直观上看，极大似然估计是试图在 θ_{c_k} 所有可能的取值中，找到一个能使数据出现的“可能性”最大的值。

式（6-7）的连乘操作易造成下溢，通常使用对数似然：

$$LL(\theta_{c_k}) = \log P(D_{c_k}|\theta_{c_k}) = \sum_{\boldsymbol{x}\in D_{c_k}} \log P(\boldsymbol{x}|\theta_{c_k}) \tag{6-8}$$

此时参数 θ_{c_k} 的极大似然估计为

$$\theta_{c_k} = \mathrm{argmax} LL(\theta_{c_k}) \tag{6-9}$$

在连续属性情形下，假设概率密度函数为标准正态分布，则参数的极大似然估计为

$$\hat{\boldsymbol{\mu}}_{c_k} = \frac{1}{|D_{c_k}|}\sum_{\boldsymbol{x}\in D_{c_k}} \boldsymbol{x} \tag{6-10}$$

$$\sigma_{c_k}^2 = \frac{1}{|D_{c_k}|}\sum_{\boldsymbol{x}\in D_{c_k}} (\boldsymbol{x}-\hat{\boldsymbol{\mu}}_{c_k})(\boldsymbol{x}-\hat{\boldsymbol{\mu}}_{c_k})^{\mathrm{T}} \tag{6-11}$$

不难看出，通过极大似然法得到的正态分布均值即是样本均值，方差 $(\boldsymbol{x}-\hat{\boldsymbol{\mu}}_{c_k})(\boldsymbol{x}-\hat{\boldsymbol{\mu}}_{c_k})^{\mathrm{T}}$ 可以基于估计的均值进一步求得。在离散情况下，也可通过类似的方式估计类条件概率。

注意，这种参数化方法，虽能使类条件概率估计变得相对简单，但估计结果的准确性严重依赖于所假设的概率分布是否符合潜在的真实数据分布。

6.4　朴素贝叶斯分类器

贝叶斯分类是一类分类算法的总称，这类算法均以贝叶斯定理为基础，故统称为贝叶斯分类。而朴素贝叶斯（naive bayes）分类是贝叶斯分类中最简单，也是常见的一种分类方法。朴素贝叶斯算法的核心思想是通过考虑特征概率来预测分类，即对于给出的待分类样本，求解在此样本出现的条件下各个类别出现的概率，哪个最大，就认为此待分类样本属于哪个类别。

基于贝叶斯的公式来估计后验概率 $P(c_k|\boldsymbol{x})$ 的主要困难在于：条件概率 $P(\boldsymbol{x}|c_k)$ 是所有属性上的联合概率，难以从有限的训练样本直接估计而得。朴素贝叶斯采用了“属性条件独立性假设”，即所有属性相互独立，每个属性独立地对分类结果发生影响。

基于属性条件独立性假设，后验概率的贝叶斯公式可重写为

$$P(c_k|\boldsymbol{x}) = \frac{P(c_k)P(\boldsymbol{x}|c_k)}{P(\boldsymbol{x})} = \frac{P(c_k)}{P(\boldsymbol{x})}\prod_{i=1}^{d} P(x_i|c_k) \tag{6-12}$$

式中，d 是属性数目；x_i 是 $\boldsymbol{x}$ 在第 i 个属性上的取值。

假设对于所有的类别，$P(\boldsymbol{x})$ 相同，式（6-12）可以简化为

$$h_{nb}(\boldsymbol{x})=\underset{c_k\in C}{\arg\max}P(c_k)\prod_{i=1}^{d}P(x_i|c_k) \tag{6-13}$$

这就是朴素贝叶斯分类器的表达式。

显然，朴素贝叶斯分类器的训练过程是基于训练集 D 来估计类先验概率 $P(c_k)$，并为每个属性估计条件概率 $P(x_i|c_k)$。

若 D_{c_k} 表示训练集 D 中第 c_k 类样本组成的集合，若有充足的独立同分布样本，则类先验概率可以建模为

$$P(c_k)=\frac{|D_{c_k}|}{|D|} \tag{6-14}$$

对于离散属性而言，D_{c_k,x_i} 表示在第 i 个属性上取值为 x_i 的样本组成的集合，则条件概率 $P(x_i|c_k)$ 估计为

$$P(x_i|c_k)=\frac{|D_{c_k,x_i}|}{|D_{c_k}|} \tag{6-15}$$

对于连续属性可考虑为概率密度函数，假定 $P(x_i|c_k)\sim N(\mu_{c_k,i},\sigma_{c_k,i}^2)$，其中 $\mu_{c_k,i}$ 和 $\sigma_{c_k,i}^2$ 是第 c_k 类样本在第 i 个属性上取值的均值和方差，则有

$$P(x_i|c_k)=\frac{1}{\sqrt{2\pi}\sigma_{c_k,i}}\exp\left(-\frac{(x_i-\mu_{c_k,i})^2}{2\sigma_{c_k,i}^2}\right) \tag{6-16}$$

综上，朴素贝叶斯分类算法包括如下三个关键步骤：

1）计算每个类别的先验概率 $P(c_k)=\frac{|D_{c_k}|}{|D|}$，即为每个类别的样本数量除以数据集中的样本总数量。

2）计算每个类别的后验概率 $P(c_k|\boldsymbol{x})=\frac{P(c_k)}{P(\boldsymbol{x})}\prod_{i=1}^{d}P(x_i|c_k)$。

3）做出决策：若 $P(c_{k_0}|\boldsymbol{x})=\max\{P(c_1|\boldsymbol{x}),\cdots,P(c_k|\boldsymbol{x})\}$，则样本 $\boldsymbol{x}$ 的类别标记为 c_{k_0}。

下面给出一个关于朴素贝叶斯分类器的例子。

例 给定表 6-1 所示的数据集，试使用朴素贝叶斯分类器判定样本 x=(青年，中发，平底，花色) 是男性还是女性。

表 6-1 数据集

ID	年龄	发长	鞋跟	服装	性别
1	老年	短发	平底	深色	男性
2	老年	短发	平底	浅色	男性
3	老年	中发	平底	花色	女性
4	老年	长发	高跟	浅色	女性
5	老年	短发	平底	深色	男性
6	中年	短发	平底	浅色	男性
7	中年	短发	平底	浅色	男性

（续）

ID	年龄	发长	鞋跟	服装	性别
8	中年	长发	高跟	花色	女性
9	中年	中发	高跟	深色	女性
10	中年	中发	平底	深色	男性
11	青年	长发	高跟	浅色	女性
12	青年	短发	平底	浅色	女性
13	青年	长发	平底	深色	男性
14	青年	短发	平底	花色	男性
15	青年	中发	高跟	深色	女性

解： 数据集中每个样本有 4 个特征，分别为年龄、发长、鞋跟、服装；类别标签包括女性和男性，用 c_1 和 c_2 表示。基于该数据集，朴素贝叶斯分类器构造过程如下：

（1）计算每个类别标签的先验概率

女性的先验概率为 $P(c_1)=\dfrac{7}{15}\approx0.467$。

男性的先验概率为 $P(c_2)=\dfrac{8}{15}\approx0.533$。

（2）计算样本 $\boldsymbol{x}$ 关于每个类别中的后验概率

1）计算样本 $\boldsymbol{x}$ 关于女性的后验概率：

$$P(\text{青年}\mid c_1)=\frac{3}{7}$$

$$P(\text{中发}\mid c_1)=\frac{3}{7}$$

$$P(\text{平底}\mid c_1)=\frac{2}{7}$$

$$P(\text{花色}\mid c_1)=\frac{1}{7}$$

$$\begin{aligned}P(x\mid c_1)P(c_1)&=P(\text{青年}\mid c_1)P(\text{中发}\mid c_1)P(\text{平底}\mid c_1)P(\text{花色}\mid c_1)\\&=\frac{3}{7}\times\frac{3}{7}\times\frac{2}{7}\times\frac{1}{7}\times\frac{7}{15}\\&=0.003499\end{aligned}$$

2）计算样本 $\boldsymbol{x}$ 关于男性的后验概率：

$$P(\text{青年}\mid c_2)=\frac{2}{8}$$

$$P(\text{中发}\mid c_2)=\frac{1}{8}$$

$$P(\text{平底}\mid c_2)=\frac{8}{8}=1$$

$$P(\text{花色}|c_2)=\frac{1}{8}$$

$$P(\boldsymbol{x}|c_2)P(c_2)=P(\text{青年}|c_2)P(\text{中发}|c_2)P(\text{平底}|c_2)P(\text{花色}|c_2)$$

$$=\frac{2}{8}\times\frac{1}{8}\times1\times\frac{1}{8}\times\frac{8}{15}$$

$$=0.002083$$

（3）做出决策

由于 $P(\boldsymbol{x}|c_1)P(c_1)>P(\boldsymbol{x}|c_2)P(c_2)$，故样本 $\boldsymbol{x}$=（青年，中发，平底，花色）是女性。

朴素贝叶斯算法的优点：

1）逻辑监督、易于实现，算法的复杂性较小；

2）算法比较稳定，具有较好的健壮性；

3）对小规模的数据表现很好，能处理多分类任务；

4）对缺失数据不太敏感，常用于文本分类；

5）虽然概率估计可能是有偏差的，但人们大多关心的不是它的值，而是排列次序，因此有偏差的估计在某些情况下可能并不重要。

朴素贝叶斯算法的缺点：很多实际问题中，特征之间相互独立这个假设并不成立，如果在特征之间存在相关性，会导致分类效果下降。

6.5 应用案例

本节使用朴素贝叶斯算法实现垃圾邮件识别的过程进行应用示范。朴素贝叶斯分类器的训练和预测速度非常快，这对于需要处理大量邮件的垃圾邮件过滤系统来说至关重要。它不需要大量的计算资源，使得它在资源受限的环境中也能高效运行。此外，朴素贝叶斯分类器能够输出邮件是垃圾邮件的概率，可以极大提升后续的处理（如人工审核）过程的效率。

基于朴素贝叶斯算法完成垃圾邮件的识别，其过程如图 6-1 所示，通常包括以下步骤：

1）加载正常邮件和垃圾邮件数据集，并进行文本分词，如果是中文邮件的话，使用中文分词解霸 JieBa 等即可，加载时会去掉停止词，以及长度比较短的助词等。

2）建立词库并将每个单词的出现频次转换为向量化特征：朴素贝叶斯分类模型输入的是数值型的邮件特征数据，因此需要将邮件数据转换为向量。

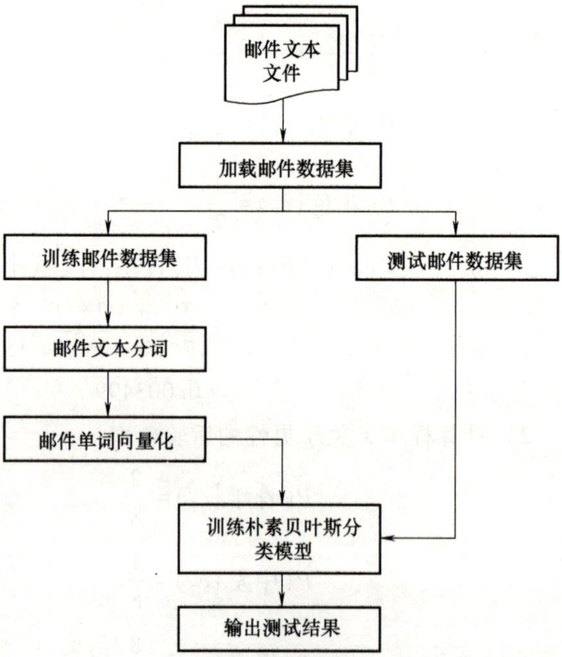

图 6-1　朴素贝叶斯垃圾邮件分类过程

3）朴素贝叶斯分类：朴素贝叶斯分类算法对垃圾邮件的识别建模过程是针对每个测试邮件的单词，分别计算该单词出现在正常邮件和垃圾邮件中的概率，然后乘以正常邮件和垃圾邮件的比例，最后得出该邮件是正常邮件或垃圾邮件的后验概率，哪一个后验概率更大，即认为该邮件属于哪一类。

4）基于朴素贝叶斯分类模型，对测试邮件进行预测。

5）输出预测结果并统计预测错误邮件个数。

通过以上步骤，可以利用朴素贝叶斯算法对垃圾邮件进行分类，在垃圾邮件数据集识别上的部分结果如图 6-2 所示。

```
测试样本: The new MacBook Pro is amazing, it has great performance and beautiful display.
预测类别: comp.sys.mac.hardware

测试样本: Space exploration is vital for the advancement of human knowledge and survival.
预测类别: sci.space

测试样本: Automobiles are becoming smarter, with electric cars leading the revolution.
预测类别: rec.autos

测试样本: The political debates on gun control are getting more heated and polarized.
预测类别: talk.politics.guns

测试样本: Medical research is advancing, with new breakthroughs in cancer treatment.
预测类别: sci.med
```

图 6-2　朴素贝叶斯在垃圾邮件数据集识别展示结果

朴素贝叶斯分类器常用于文本分类任务，因为它可以很好地处理词频和文档之间的关系。由于其简单和高效，目前在垃圾邮件识别等领域被广泛使用。

思考题与习题

6-1　什么是贝叶斯定理？如何将其应用于分类问题？

6-2　在朴素贝叶斯分类器中，什么是类条件独立性假设？为什么这个假设在实践中有时被认为是过于简单化的？

6-3　请解释朴素贝叶斯分类器中的拉普拉斯平滑，以及在什么情况下它是必要的。

6-4　解释高斯朴素贝叶斯分类器与多项式朴素贝叶斯分类器之间的区别，并讨论在什么情况下选择其中之一。

6-5　在使用朴素贝叶斯分类器时，如何处理连续型特征？请提供一种常用的方法。

6-6　对于给定的数据集，如果某个特征与分类结果高度相关，你会采取什么措施来处理这种情况？朴素贝叶斯分类器是否适合处理此类数据集？

6-7　使用 Python 中的 Scikit-learn 库，加载一个二分类的数据集，并使用朴素贝叶斯分类器进行分类。尝试使用不同类型的朴素贝叶斯分类器（如高斯朴素贝叶斯、多项式朴素贝叶斯等），并比较它们在数据集上的性能。

6-8　选择一个实际的文本分类问题（如垃圾邮件分类、情感分析等），收集相应的文本数据，并使用朴素贝叶斯分类器对文本进行分类。在实验中，尝试使用不同的文本表示方法（如词袋模型、TF-IDF 等）以及不同的朴素贝叶斯分类器，评估它们的性能并比较结果。

参考文献

[1] 周志华. 机器学习 [M]. 北京：清华大学出版社，2016.

[2] 赵卫东，董亮. 机器学习 [M]. 北京：人民邮电出版社，2018.

[3] 李航. 机器学习方法 [M]. 北京：清华大学出版社，2022.

[4] 刘洋，王利民，孙铭会. 基于信息熵函数的启发式贝叶斯因果推理 [J]. 计算机学报，2021，44 (10)：2135-2147.

[5] 张文钧，蒋良孝，张欢，等. 一种基于偏差-方差权衡的贝叶斯分类学习框架 [J]. 中国科学：信息科学，2023，53 (6)：1078-1095.

[6] BISHOP C M. Pattern recognition and machine learning [M]. New York: Springer, 2006.

[7] JIANG L, ZHANG H, CAI Z. A Novel bayes model: hidden naive bayes [J]. IEEE Transactions on Knowledge and Data Engineering, 2009, 21 (10): 1361-1371.

[8] WELLING M, TEH Y W. Bayesian learning via stochastic gradient Langevin dynamics [C] // Proceedings of the 28th International Conference on Machine Learning, Bellevue: IEEE, 2011: 681-688.

[9] ZHENG F, WEBB G I, SURAWEERA P, et al. Subsumption resolution: an efficient and effective technique for semi-naive bayesian learning [J]. Machine Learning, 2012, 87 (1): 93-125.

[10] PERNKOPF F, WOHLMAYR M, TSCHIATSCHEK S. Maximum margin Bayesian network classifiers [J]. IEEE Transactions on Pattern Analysis and Machine Intelligence, 2011, 34 (3): 521-532.

[11] E. BARALIS, L. CAGLIERO, P. GARZA. EnBay: a novel pattern-based bayesian classifier [J]. IEEE Transactions on Knowledge and Data Engineering, 2013, 25 (12): 2780-2795.

[12] DEJAEGER K, VERBRAKEN T, BAESENS B. Toward comprehensible software fault prediction models using bayesian network classifiers [J]. IEEE Transactions on Software Engineering, 2012, 39 (2): 237-257.

[13] TANG B, KAY S, HE H. Toward optimal feature selection in naive bayes for text categorization [J]. IEEE Transactions on Knowledge and Data Engineering, 2016, 28 (9): 2508-2521.

[14] JUN Z, JIANFEI C, WENBO H, BO Z. Big learning with bayesian methods [J]. National Science Review, 2017 (4): 627-651.

[15] TIANLIN S, JUN Z. Online bayesian passive aggressive learning [J]. Journal of Machine Learning Research, 2017, 18 (33): 1-39.

[16] JIANG L, ZHANG L, LI C, et al. A Correlation-based feature weighting filter for naive bayes [J]. IEEE Transactions on Knowledge and Data Engineering, 2019, 31 (2): 201-213.

[17] SIYIOMIT K E, EVANS M. Using a nave bayes classifier for hate speech detection on twitter [J]. International Journal of Scientific and Research Publications, 2018, 8 (3): 99-107.

[18] WANG H, YEUNG D. A survey on bayesian deep learning [J]. ACM Computing Surveys, 2021, 53 (5): 108: 1-108: 37.

[19] Gao S, ZHUANG X. Bayesian image super-resolution with deep modeling of image statistics [J]. IEEE Transactions on Pattern Analysis and Machine Intelligence, 2022, 45 (2): 1405-1423.

第7章　聚类

导读

聚类是机器学习中一种关键的数据分析方法，它致力于将数据集内的对象划分为多个不同的簇。在聚类过程中，每个簇内的对象彼此之间有着较高的相似性，而不同簇的对象则具有明显的差异性。聚类能够从数据自身的特性出发，挖掘数据中隐藏的分组结构。

聚类算法通常依据特定的相似性度量和聚类准则来工作。相似性度量用于衡量数据点之间的接近程度，常见的度量方式包括欧氏距离、曼哈顿距离、余弦相似度等。而聚类准则则指导算法如何形成簇，如基于密度的准则认为密度相连的数据点应归为一个簇，基于距离的准则则根据数据点间的距离来划分簇。

聚类的主要算法包括 K-means 聚类算法、DBSCAN 聚类算法和层次聚类算法。其中，K-means 算法是基于划分的经典方法，需要事先指定簇的数量 K，通过不断更新簇中心和重新分配数据点来达到稳定的聚类结果。这种算法简单快捷，但对初始值敏感且依赖于 K 值的选择。层次聚类算法又分为凝聚式和分裂式，凝聚式从每个数据点作为单独的簇开始逐步合并，分裂式则相反，它从所有数据点在一个簇开始逐步分裂。这种算法可以生成聚类的层次结构，有助于深入理解数据关系，但计算复杂度较高。基于密度的 DBSCAN 算法，它能够发现任意形状的簇且能识别出噪声点，不过在处理密度不均匀的数据时可能存在挑战。

聚类的优势在于其强大的探索性，能在无先验知识的情况下揭示数据的内在结构。它可以为后续的分析和决策提供重要依据，如在客户细分中帮助企业了解不同客户群体的特征，在图像识别中对图像中的物体进行分组。同时，聚类结果可以通过可视化等手段直观呈现，方便用户理解数据的分布和分组情况。

综上所述，聚类是一种灵活、强大且极具探索价值的数据分析方法，在商业智能、图像处理、生物医学、社交网络分析等众多领域都有着广泛的应用。

本章知识点

- 聚类的基本原理
- 经典聚类算法：K-means 聚类算法、DBSCAN 聚类算法、层次 AGNES 算法

7.1　引言

聚类分析作为一个机器学习任务，主要用于自动发现数据的内在结构和分布模式，无需

事先知道任何标签或分类信息，即在聚类的过程中并不依赖于预先标记的类别标签，属于一种典型的无监督学习方法。聚类和分类最大的区别是分类的目标事先已知，如猫狗识别，人们在分类之前已经预先知道要将它分为猫和狗两个种类。而在聚类之前，人们是不知道具体类别信息的，同样以动物为例，对于一个动物集合，人们并不清楚这个数据集内部有多少种动物，能做的只是利用聚类方法将其自动按照特征分为不同的类别，然后人为给出这个聚类结果（即簇识别）。给定一个动物集合，通过观察动物的特征，将动物集分为多个类，每一个类就是一个簇，可能代表一类动物。

聚类的目的是通过对大量无标签数据进行分析，将数据按照其内在的相似性分成不同的簇，使得每个簇内部的数据样本之间具有较高的相似度，而不同簇之间的差异性则相对较大。数据聚类可以解决图像分割、文本聚类、生物信息学、信息检索、推荐系统等领域的很多实际应用问题。

聚类分析可以作为其他算法的预处理步骤，也可以作为一个独立的工具来获得数据的潜在分布情况。通过观察聚类得到的每个簇的特点，可以集中对特定的簇作进一步分析，这在诸如市场细分、目标顾客定位、业绩评估、生物种群划分等方面具有广阔的应用前景。此外，聚类分析还可以挖掘数据的孤立点或者噪声点。

在过去几十年里，涌现出了许多不同类型的聚类算法，主要包括基于划分的方法、基于密度的方法、基于层次的方法、基于网格的方法、基于图论的方法、基于深度学习的方法等。本章主要介绍基于划分的 K-means 聚类算法、基于密度的 DBSCAN 算法和基于层次的 AGNES 算法。

7.2 聚类基本原理

本节介绍聚类基本原理，包括聚类任务、相似性度量、类间距离。

7.2.1 聚类任务描述

聚类对一组未标记的数据集进行划分，根据数据样本之间的相似性或距离度量，将数据集中的样本划分为多个互不相交的子集，这些子集称为簇。每个簇内的数据样本具有较高的相似性，而在不同簇之间的对象则具有较大的差异性。通过聚类分析，可以揭示数据内在的结构和分布规律，帮助用户识别数据的自然类别或者模式，而无需提前知道数据的具体类别标签。一个典型的聚类任务如图 7-1 所示。

给定一个由 n 个样本构成的数据集 $D=\{\boldsymbol{x}_1,\boldsymbol{x}_2,\cdots,\boldsymbol{x}_n\}$ 其中 $\boldsymbol{x}_i=(x_{i1},x_{i2},\cdots,x_{id})^{\mathrm{T}}\in\mathbb{R}^d$，$x_{ij}$（$i=1,2,\cdots,n,j=1,2,\cdots,d$）是第 i 个数据样本关于第 j 个特征（属性）的取值。

目前，聚类尚无统一的定义，比较常用的定义：聚类是把一个数据对象集合划分成簇或子集，使簇内对象彼此相似，簇间对象不相似的过程。这个定义是非形式化的，很难使用计算机实现。形式化来讲，聚类定义如下：

【定义 7.1】 给定数据集 $D=\{\boldsymbol{x}_1,\boldsymbol{x}_2,\cdots,\boldsymbol{x}_n\}$，聚类是将数据集 D 划分为 K 个不同的子集或簇，记作 $C=\{C_1,C_2,\cdots,C_K\}(K\leqslant n)$，$C_i(i=1,2,\cdots,K)$ 称作类或簇（cluster），满足下列三个条件：

1）$C_i\neq\varnothing,i=1,2,\cdots,K$；

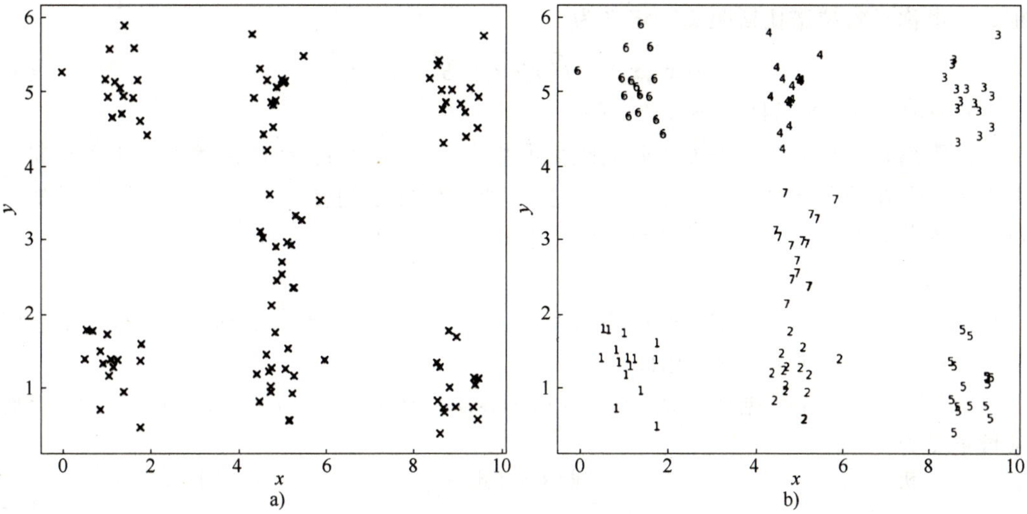

图 7-1　数据聚类

2）$\cup_{i=1}^{K} C_i = D$；

3）$C_i \cap C_j = \varnothing, i,j=1,2,\cdots,K$，且 $i \neq j$。

7.2.2　相似性度量

聚类是将数据集的相似性样本归为若干类的方法，因此如何度量样本之间的相似性是聚类算法的关键问题。距离度量用于量化特征空间中数据样本之间的相似性，一般而言，数据样本之间的距离越小，样本越相似，反之亦然。

1. 闵可夫斯基距离（Minkowski distance）

【定义 7.2】　给定数据样本 $\boldsymbol{x}_i = [x_{i1}, x_{i2}, \cdots, x_{id}]^{\mathrm{T}}$ 和 $\boldsymbol{x}_j = [x_{j1}, x_{j2}, \cdots, x_{jd}]^{\mathrm{T}}$，$\boldsymbol{x}_i$ 和 $\boldsymbol{x}_j$ 的闵可夫斯基距离定义如下：

$$d(\boldsymbol{x}_i, \boldsymbol{x}_j) = \|\boldsymbol{x}_i - \boldsymbol{x}_j\|_p = \sqrt[p]{\sum_{l=1}^{d} |x_{il} - x_{jl}|^p}, p \geqslant 1 \tag{7-1}$$

当 p 取不同的值时，上述距离度量公式演化为一些特殊的距离测度。

当 $p=\infty$ 时，闵可夫斯基距离称为切比雪夫距离（Chebyshev distance），即

$$d(\boldsymbol{x}_i, \boldsymbol{x}_j) = \|\boldsymbol{x}_i - \boldsymbol{x}_j\|_\infty = \max_l |x_{il} - x_{jl}| \tag{7-2}$$

当 $p=2$ 时，闵可夫斯基距离称为欧氏距离（Euclidean distance），即

$$d(\boldsymbol{x}_i, \boldsymbol{x}_j) = \|\boldsymbol{x}_i - \boldsymbol{x}_j\|_2 = \sqrt{\sum_{l=1}^{d} (x_{il} - x_{jl})^2} \tag{7-3}$$

当 $p=1$ 时，闵可夫斯基距离称为曼哈顿距离（Manhattan distance），即

$$d(\boldsymbol{x}_i, \boldsymbol{x}_j) = \|\boldsymbol{x}_i - \boldsymbol{x}_j\|_1 = \sum_{l=1}^{d} |x_{il} - x_{jl}| \tag{7-4}$$

2. 马氏距离（Mahalanobis distance）

【定义 7.3】　给定数据样本 $\boldsymbol{x}_i = [x_{i1}, x_{i2}, \cdots, x_{id}]^{\mathrm{T}}$ 和 $\boldsymbol{x}_j = [x_{j1}, x_{j2}, \cdots, x_{jd}]^{\mathrm{T}}$，$\boldsymbol{x}_i$ 和 $\boldsymbol{x}_j$ 的马

氏距离，也称马哈拉诺比斯距离，定义为

$$d(\boldsymbol{x}_i,\boldsymbol{x}_j)=\sqrt{(\boldsymbol{x}_i-\boldsymbol{x}_j)^{\mathrm{T}}\boldsymbol{S}^{-1}(\boldsymbol{x}_i-\boldsymbol{x}_j)} \tag{7-5}$$

式中，T 表示转置；$\boldsymbol{S}$ 是样本协方差矩阵。

马氏距离是一种关于协方差矩阵的距离度量表示方法。马氏距离的优点是距离与属性的量纲无关，并排除了属性之间的相关性干扰。若各属性之间独立同分布，则协方差矩阵 $\boldsymbol{S}$ 为单位矩阵，此时马氏距离也就转化为欧氏距离。

3. 相关系数（correlation coefficient）

距离度量也可以源于样本之间的相关系数。样本之间的相关系数越接近于 1，则它们越相似；越接近于 0，则样本越不相似。

【定义 7.4】 给定数据样本 $\boldsymbol{x}_i=(x_{i1},x_{i2},\cdots,x_{id})^{\mathrm{T}}$ 和 $\boldsymbol{x}_j=(x_{j1},x_{j2},\cdots,x_{jd})^{\mathrm{T}}$，$\boldsymbol{x}_i$ 和 $\boldsymbol{x}_j$ 的相关系数定义为

$$\rho_{\boldsymbol{x}_i\boldsymbol{x}_j}=\frac{\mathrm{Cov}(\boldsymbol{x}_i,\boldsymbol{x}_j)}{\sqrt{D(\boldsymbol{x}_i)}\sqrt{D(\boldsymbol{x}_j)}} \tag{7-6}$$

式中，$\mathrm{Cov}(\boldsymbol{x}_i,\boldsymbol{x}_j)=\sum_{l=1}^{d}(x_{il}-\bar{x}_i)(x_{jl}-\bar{x}_j)$，$D(\boldsymbol{x}_i)=\sum_{l=1}^{d}(x_{il}-\bar{x}_i)^2$，$D(\boldsymbol{x}_j)=\sum_{l=1}^{d}(x_{jl}-\bar{x}_j)^2$，$\bar{x}_i=\frac{1}{d}\sum_{l=1}^{d}x_{il}$，$\bar{x}_j=\frac{1}{d}\sum_{l=1}^{d}x_{jl}$。

4. 余弦相似性

样本之间的相似性也可以使用夹角余弦来表示。样本之间的夹角余弦越接近于 1,表示样本越相似;越接近于 0,表示样本越不相似。

【定义 7.5】 给定数据样本 $\boldsymbol{x}_i=(x_{i1},x_{i2},\cdots,x_{id})^{\mathrm{T}}$ 和 $\boldsymbol{x}_j=(x_{j1},x_{j2},\cdots,x_{jd})^{\mathrm{T}}$，$\boldsymbol{x}_i$ 和 $\boldsymbol{x}_j$ 的夹角余弦定义为

$$\boldsymbol{S}(\boldsymbol{x}_i,\boldsymbol{x}_j)=\frac{\sum_{l=1}^{d}x_{il}x_{jl}}{\sqrt{\sum_{l=1}^{d}x_{il}^2\sum_{l=1}^{d}x_{jl}^2}} \tag{7-7}$$

综上，用距离度量相似性时，距离越小，样本相似性越高；用相关系数度量相似性时，相关系数越大，样本相似性越高。

7.2.3 类间距离

相似性度量都是关于两个样本的相似性刻画，然而在聚类应用中，最基本的方法是计算类间的距离，即类间相似性。

假设 C_a 是一个类，则类 C_a 的类中心定义如下：

$$\boldsymbol{\mu}=\frac{1}{|C_a|}\sum_{\boldsymbol{x}_i\in C_a}\boldsymbol{x}_i \tag{7-8}$$

设有两个类 C_a 和 C_b，它们的中心分别为 $\boldsymbol{\mu}_a$ 和 $\boldsymbol{\mu}_b$。常用的类间距离度量主要有：

1）类间最短距离：定义为类 C_a 和类 C_b 中最靠近的两个样本间的距离，即

$$D(C_a,C_b)=\min\{d(\boldsymbol{x}_i,\boldsymbol{x}_j):\boldsymbol{x}_i\in C_a,\boldsymbol{x}_j\in C_b\}$$

2）类间最长距离：定义为类 C_a 和类 C_b 中最远的两个样本间的距离，即

$$D(C_a,C_b)=\max\{d(\boldsymbol{x}_i,\boldsymbol{x}_j):\boldsymbol{x}_i\in C_a,\boldsymbol{x}_j\in C_b\}$$

3）类间平均距离：定义为类 C_a 和类 C_b 中任意两个样本间距离的平均值，即

$$D(C_a,C_b)=\frac{1}{|C_a||C_b|}\sum_{\boldsymbol{x}_i\in C_a}\sum_{\boldsymbol{x}_j\in C_b}d(\boldsymbol{x}_i,\boldsymbol{x}_j)$$

4）中心距离：定义为类 C_a 和类 C_b 的两个中心之间的距离，即

$$D(C_a,C_b)=d(\boldsymbol{\mu}_a,\boldsymbol{\mu}_b)$$

7.3 聚类算法

本节介绍三种经典的聚类算法，即 K-means 聚类算法、DBSCAN 聚类算法和层次聚类算法。

7.3.1 K-means 聚类算法

K-means（也叫 K-均值）聚类算法是一种基于划分的聚类算法，其中 K 表示聚类所得到簇的个数，means 表示簇内数据样本的均值。它的基本原理是通过寻找数据集中数据样本和类中心的最小平方误差，将给定的无标签数据集划分为 K 个不同的簇，进而指派每个数据点到与其中心邻近的聚类。具体地，K-means 聚类算法使用欧氏距离度量样本的相似性，采用误差的平方和作为度量聚类质量的目标函数。

给定数据集 $D=\{\boldsymbol{x}_1,\boldsymbol{x}_2,\cdots,\boldsymbol{x}_n\}$，$\boldsymbol{x}_i\in\mathbb{R}^d(i=1,2,\cdots,n)$。K-means 聚类将数据集 D 划分为 K 个簇的集合 $C=\{C_1,C_2,\cdots,C_K\}$，其目标函数可定义为如下形式：

$$J(C)=\sum_{k=1}^{K}\sum_{\boldsymbol{x}_i\in C_k}\|\boldsymbol{x}_i-\boldsymbol{\mu}_k\|_2^2 \tag{7-9}$$

式中，$\boldsymbol{\mu}_k=\frac{1}{|C_k|}\sum_{\boldsymbol{x}_i\in C_k}\boldsymbol{x}_i$ 是类 C_k 的中心点，即类 C_k 的均值向量。该目标函数在一定程度上刻画了簇内样本围绕簇均值向量的紧密程度，$J(C)$ 值越小则簇内样本相似性越高。

K-means 算法的目标是找到能最小化目标函数 $J(C)$ 的聚类结果，即得到如下最优化问题：

$$C^*=\underset{C}{\operatorname{argmin}}J(C)=\underset{C}{\operatorname{argmin}}\sum_{k=1}^{K}\sum_{\boldsymbol{x}_i\in C_k}\|\boldsymbol{x}_i-\boldsymbol{\mu}_k\|_2^2 \tag{7-10}$$

上述最优化问题［式（7-10）］是一个 NP 难问题，难以找到一个多项式算法进行求解。因此，K-means 聚类算法采用迭代优化的方式来近似求解优化问题［式（7-10）］。具体地，K-means 聚类算法的迭代过程包括四个步骤：

1）根据算法预先设定的聚类个数 K，从数据集中选择 K 个初始的中心点；

2）将每个数据样本指派到距离其最近的中心点所属的簇中，形成 K 个簇；

3）计算每个簇的样本均值，作为该簇的新的中心点；

4）重复执行步骤 2）和 3），直到所有簇的中心点不再改变为止。

K-means 聚类算法的详细流程描述如算法 7-1 所示。

算法 7-1　K-means 聚类算法

输入：样本集合 $D=\{\boldsymbol{x}_1,\boldsymbol{x}_2,\cdots,\boldsymbol{x}_n\}$ 聚类个数 K

输出：样本集合聚类 C^*

过程：

从 D 中随机选择 K 个样本作为初始聚类中心点 $\boldsymbol{\mu}_1,\boldsymbol{\mu}_2,\cdots,\boldsymbol{\mu}_K$

Repeat

　令 $C_k=\varnothing$，$k=1,2,\cdots,K$

　For $i=1,2,\cdots,n$

　　For $k=1,2,\cdots,K$

　　　计算样本 $\boldsymbol{x}_i$ 与聚类中心点 $\boldsymbol{\mu}_k$ 的距离 $d_{ik}=\|\boldsymbol{x}_i-\boldsymbol{\mu}_k\|_2$

　　End For

　　令 $d_{ik_0}=\min\limits_{k\in\{1,2,\cdots,K\}} d_{ik}$，将样本 $\boldsymbol{x}_i$ 指派到簇 C_{k_0} 中，即 $C_{k_0}=C_{k_0}\cup\{\boldsymbol{x}_i\}$

　End For

　For $k=1,2,\cdots,K$

　　计算新的聚类中心点 $\boldsymbol{\mu}'_k\neq\dfrac{1}{|C_k|}\sum\limits_{\boldsymbol{x}_i\in C_k}\boldsymbol{x}_i$

　　If $\boldsymbol{\mu}'_k\neq\boldsymbol{\mu}_k$，then

　　　令 $\boldsymbol{\mu}_k=\boldsymbol{\mu}'_k$

　　End If

　End For

Until 当前所有聚类中心点均不发生变化

例 7-1 说明 K-means 聚类算法是如何工作的。

例 7-1　给定含有 6 个样本的数据集 $D=\{\boldsymbol{x}_1,\boldsymbol{x}_2,\boldsymbol{x}_3,\boldsymbol{x}_4,\boldsymbol{x}_5,\boldsymbol{x}_6\}$，其中 $\boldsymbol{x}_1=[2,2]^{\mathrm{T}}$，$\boldsymbol{x}_2=[2,3]^{\mathrm{T}}$，$\boldsymbol{x}_3=[7,3]^{\mathrm{T}}$，$\boldsymbol{x}_4=[8,2]^{\mathrm{T}}$，$\boldsymbol{x}_5=[4,7]^{\mathrm{T}}$，$\boldsymbol{x}_6=[5,7]^{\mathrm{T}}$。现将数据集 D 划分为 3 个类，即 $K=3$。

首先，随机从 6 个样本中选择 3 个样本 $\boldsymbol{x}_1$、$\boldsymbol{x}_2$、$\boldsymbol{x}_3$ 作为初始的聚类中心点，即 $\boldsymbol{\mu}_1=\boldsymbol{x}_1$，$\boldsymbol{\mu}_2=\boldsymbol{x}_2$，$\boldsymbol{\mu}_3=\boldsymbol{x}_3$。计算每个样本到这三个聚类中心点的欧氏距离，计算结果如表 7-1 所示。

表 7-1　样本点到聚类中心点的欧式距离

样本 / 类	$\boldsymbol{x}_1$	$\boldsymbol{x}_2$	$\boldsymbol{x}_3$	$\boldsymbol{x}_4$	$\boldsymbol{x}_5$	$\boldsymbol{x}_6$
类 1	0	1	26	36	29	34
类 2	1	0	25	37	20	25
类 3	26	25	0	2	25	20

根据表 7-1 的结果，样本 $\boldsymbol{x}_1$ 距离类 1 最近，样本 $\boldsymbol{x}_2$ 和 $\boldsymbol{x}_5$ 距离类 2 最近，样本 $\boldsymbol{x}_3$、$\boldsymbol{x}_4$、$\boldsymbol{x}_6$ 距离类 3 最近，由此得到聚类结果 $C_1=\{\boldsymbol{x}_1\}$，$C_2=\{\boldsymbol{x}_2,\boldsymbol{x}_5\}$，$C_3=\{\boldsymbol{x}_3,\boldsymbol{x}_4,\boldsymbol{x}_6\}$。

根据上述第一次聚类结果，更新各聚类中心。类 C_1 只有样本 $\boldsymbol{x}_1$，故该类中心还是 $\boldsymbol{x}_1$，

即 $\boldsymbol{\mu}_1=\boldsymbol{x}_1$。对于类 C_1，类中心更新为 $\boldsymbol{\mu}_2=\left[\frac{2+4}{2},\frac{3+7}{2}\right]^{\mathrm{T}}=[3,5]^{\mathrm{T}}$。对于类 C_3，类中心更新为 $\boldsymbol{\mu}_3=\left[\frac{7+8+5}{3},\frac{3+2+7}{3}\right]^{\mathrm{T}}=\left[\frac{20}{3},\frac{12}{3}\right]^{\mathrm{T}}$。

计算各个样本点到新的聚类中心点的距离，计算结果如表 7-2 所示。

表 7-2　样本点到新聚类中心点的距离

类 \ 样本	$\boldsymbol{x}_1$	$\boldsymbol{x}_2$	$\boldsymbol{x}_3$	$\boldsymbol{x}_4$	$\boldsymbol{x}_5$	$\boldsymbol{x}_6$
类 1	0	1	26	36	29	34
类 2	10	5	20	34	5	8
类 3	25.8	22.8	1.1	5.8	16.1	11.8

根据表 7-2 的结果可得第二次聚类结果为：$C_1=\{\boldsymbol{x}_1,\boldsymbol{x}_2\}$，$C_2=\{\boldsymbol{x}_5,\boldsymbol{x}_6\}$，$C_3=\{\boldsymbol{x}_3,\boldsymbol{x}_4\}$。再次根据新的聚类结果更新三个类的中心点，得到新的类中心点分别为：$\boldsymbol{\mu}_1=\left[2,\frac{5}{2}\right]^{\mathrm{T}}$，$\boldsymbol{\mu}_2=\left[\frac{9}{2},7\right]^{\mathrm{T}}$，$\boldsymbol{\mu}_3=\left[\frac{15}{2},\frac{5}{2}\right]^{\mathrm{T}}$。

再次计算各样本到第二次更新后的聚类中心点的距离，结果如表 7-3 所示。

表 7-3　样本点到新聚类中心点的距离

类 \ 样本	$\boldsymbol{x}_1$	$\boldsymbol{x}_2$	$\boldsymbol{x}_3$	$\boldsymbol{x}_4$	$\boldsymbol{x}_5$	$\boldsymbol{x}_6$
类 1	0.5	0.5	5.02	6.02	4.92	5.41
类 2	5.59	4.72	4.72	6.10	0.5	0.5
类 3	5.52	5.52	0.71	0.71	5.7	5.15

根据表 7-3 的结果可得第三次聚类的结果，依然是 $C_1=\{\boldsymbol{x}_1,\boldsymbol{x}_2\}$，$C_2=\{\boldsymbol{x}_5,\boldsymbol{x}_6\}$，$C_3=\{\boldsymbol{x}_3,\boldsymbol{x}_4\}$，因此更新后的聚类中心不再发生变化，K-means 聚类算法结束。

上述计算过程和结果如图 7-2 所示。从图中可以看出，在第三次迭代时，K-means 聚类算法收敛。

K-means 聚类算法是解决聚类问题的一种简单、高效的算法。该算法对于球形簇形状的数据集效果良好，但对于非球形簇形状的数据集效果可能不佳，且对异常值和噪声敏感。此外，K-means 聚类算法对初始聚类中心的选择敏感，可能陷入局部最小值，而且需要预先设定簇的数量。在实际应用中，使用 K-means 聚类算法时，通常需要多次运行算法，并选择效果最好的一组聚类结果。同时，在应用 K-means 之前，最好先对数据进行探索性分析，确保它满足算法的假设。

K-means 聚类算法对于非球形簇数据集效果可能不佳。如图 7-3 所示，当 K-means 聚类算法在处理环形数据的聚类时，它就产生了错误的结果，这时就需要用到基于密度的聚类方法了。下节将介绍一种经典的密度聚类算法 DBSCAN 算法。

7.3.2　DBSCAN 聚类算法

密度聚类算法是一种基于数据样本密度分布的聚类方法，它通过识别数据集中的高密度

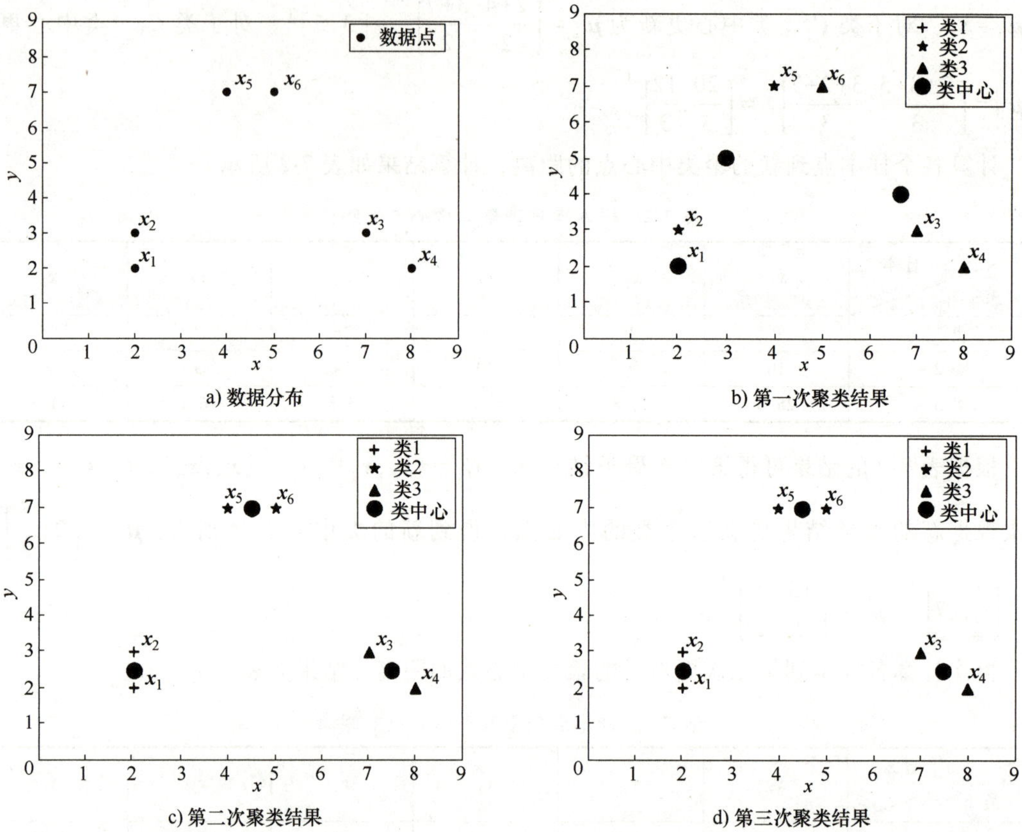

图 7-2　例 7-1 的聚类过程

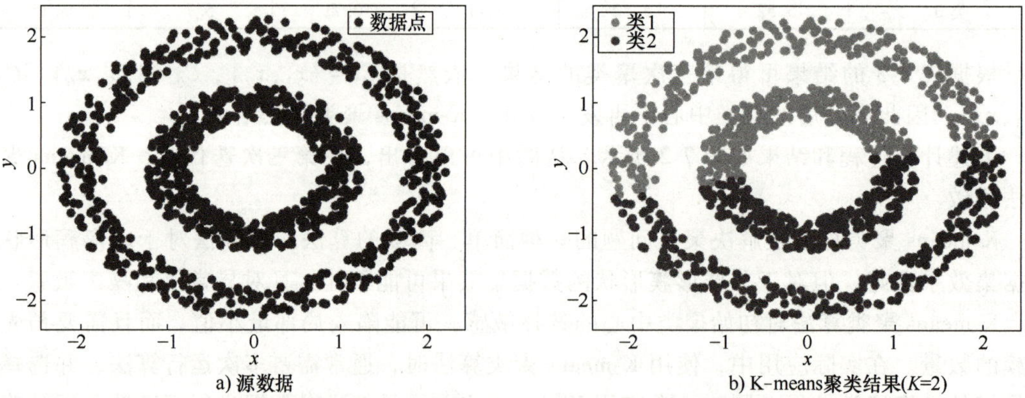

图 7-3　K-means 聚类算法在环形数据上的聚类结果

区域来形成聚类。这类算法能够发现任意形状的聚类，并且对噪声数据不太敏感，也不需要预先定义簇的数量。

DBSCAN 算法是密度聚类中最著名的算法之一，它使用两个主要参数 ε 和 MinPts 定量表示邻域中样本的紧密程度。其中，ε 表示邻域半径，用于判断某个样本是否属于某邻域的距离阈值；MinPts 是指定稠密区域的密度阈值，表示某一样本距离为 ε 邻域中样本个数的阈值，用于判定某个邻域是否稠密。DBSCAN 将簇定义为密度相连的点的最大集合，并且可以从任意未访问的数据点开始，通过识别核心对象（其 ε-邻域内包含至少 MinPts 个点）来扩展聚类。该算法通过递归地寻找密度可达的点来扩展聚类，直到达到最终的结果。

给定数据集 $D=\{\boldsymbol{x}_1,\boldsymbol{x}_2,\cdots,\boldsymbol{x}_n\}$ ε 和 MinPts 为用户指定的参数，有如下定义：

【定义 7.6】　ε-邻域：对于 $\forall \boldsymbol{x}_i\in D$，其 ε-邻域定义为 $N_\varepsilon(\boldsymbol{x}_i)=\{\boldsymbol{x}_k\in D: d(\boldsymbol{x}_i,\boldsymbol{x}_k)\leqslant\varepsilon\}$，即数据集 D 中满足到样本 $\boldsymbol{x}_i$ 的距离不超过 ε 的样本集合。

【定义 7.7】　核心对象：对于 $\forall \boldsymbol{x}_i\in D$，若 $\boldsymbol{x}_i$ 的 ε-邻域中至少包含 MinPts 个样本，即 $|N_\varepsilon(\boldsymbol{x}_i)|\geqslant\text{MinPts}$，则 $\boldsymbol{x}_i$ 是一个核心对象。

【定义 7.8】　直接密度可达：若样本 $\boldsymbol{x}_k$ 在 $\boldsymbol{x}_i$ 的 ε-邻域内，且 $\boldsymbol{x}_i$ 是核心对象，则称 $\boldsymbol{x}_k$ 由 $\boldsymbol{x}_i$ 直接密度可达。

例如，在图 7-4 中，$\varepsilon=1$，MinPts=5，则 $\boldsymbol{x}_i$ 是核心对象，$\boldsymbol{x}_k$ 由 $\boldsymbol{x}_i$ 直接密度可达。

【定义 7.9】　密度可达：对于 $\boldsymbol{x}_i,\boldsymbol{x}_j\in D$，若存在样本序列 $\boldsymbol{p}_1,\boldsymbol{p}_2,\cdots,\boldsymbol{p}_{n_1}\in D$，其中 $\boldsymbol{p}_1=\boldsymbol{x}_i$，$\boldsymbol{p}_{n_1}=\boldsymbol{x}_j$，且 $\boldsymbol{p}_{i+1}$ 可由 $\boldsymbol{p}_i$ 直接密度可达，则称 $\boldsymbol{x}_j$ 由 $\boldsymbol{x}_i$ 密度可达。

例如，在图 7-5 中，$\varepsilon=1$，MinPts=5，$\boldsymbol{x}_i$ 是核心对象，$\boldsymbol{x}_k$ 是从 $\boldsymbol{x}_i$ 关于 ε 和 MinPts 直接密度可达的，$\boldsymbol{x}_j$ 又是从 $\boldsymbol{x}_k$ 关于 ε 和 MinPts 直接密度可达的，因此 $\boldsymbol{x}_j$ 由 $\boldsymbol{x}_i$ 密度可达。

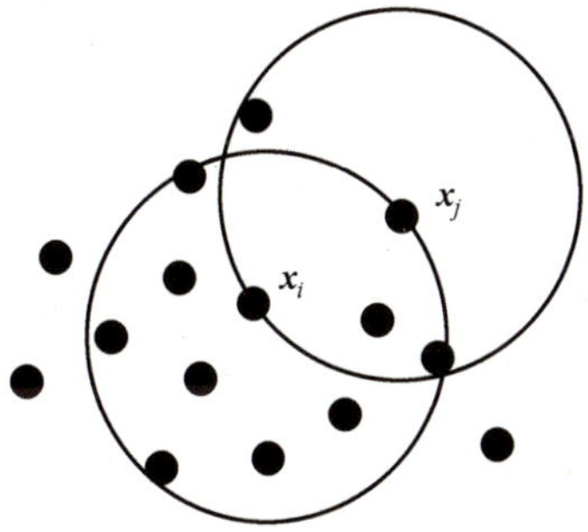

图 7-4　直接密度可达

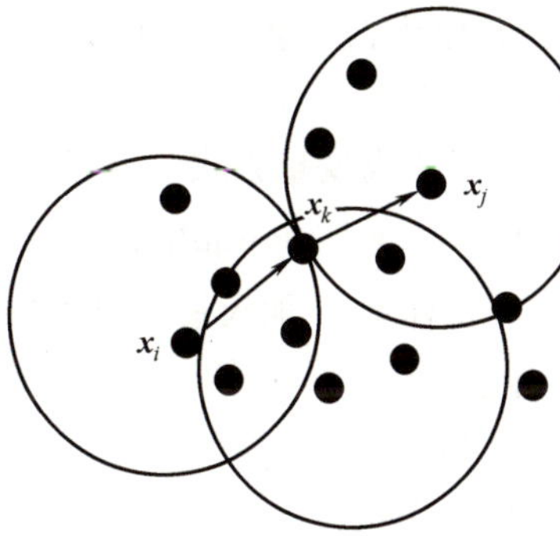

图 7-5　密度可达

【定义 7.10】　密度相连：对于 $\boldsymbol{x}_i,\boldsymbol{x}_j\in D$，若存在样本 $\boldsymbol{x}_k\in D$，使得 $\boldsymbol{x}_i$ 和 $\boldsymbol{x}_j$ 均由 $\boldsymbol{x}_k$ 密度可达，则称 $\boldsymbol{x}_i$ 和 $\boldsymbol{x}_j$ 密度相连。

例如，在图 7-6 中，$\boldsymbol{x}_3$ 和 $\boldsymbol{x}_7$ 均可由 $\boldsymbol{x}_1$ 密度可达，因此，$\boldsymbol{x}_3$ 和 $\boldsymbol{x}_7$ 密度相连。

从上述定义不难发现，直接密度可达和密度可达不满足对称性，密度相连满足对称性，即根据 $\boldsymbol{x}_k$ 由 $\boldsymbol{x}_i$（直接）密度可达不能得到 $\boldsymbol{x}_i$ 由 $\boldsymbol{x}_k$（直接）密度可达，根据 $\boldsymbol{x}_i$ 和 $\boldsymbol{x}_j$ 密度相连可以得到 $\boldsymbol{x}_j$ 和 $\boldsymbol{x}_i$ 密度相连。

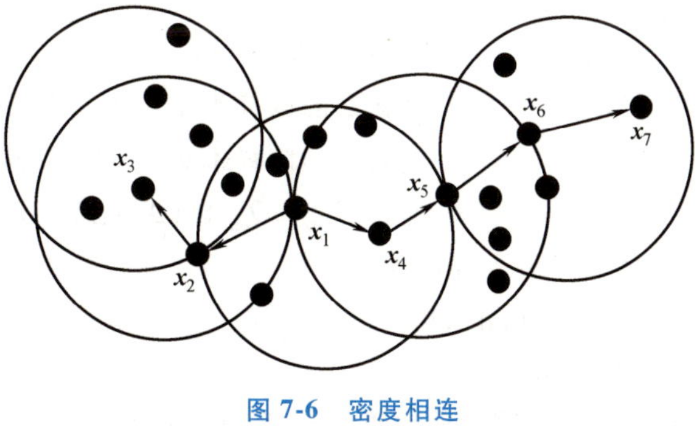

图 7-6　密度相连

同时，根据上述定义可将数据集中的样本分为核心对象、边界对象、噪声。其中，边界对象是指非核心对象，但落在某个核心对象的 ε-邻域内，噪声是不包含在任何样本的 ε-邻域内，即既非核心对象也非边界对象的样本。

基于上述概念，DBSCAN 将簇定义为：由密度可达关系导出的最大密度相连样本的集合。DBSCAN 的簇里可以有一个或者多个核心对象。若只有一个核心对象，则簇里其它的非核心对象都在这个核心对象的 ε-邻域内；若有多个核心对象，则簇里任意一个核心对象的 ε-邻域中一定有一个其它的核心对象，否则这两个核心对象无法密度可达。这些核心对象的 ε-邻域内所有的样本集合组成了一个 DBSCAN 聚类簇。

DBSCAN 任意选择一个没有类别的核心对象，然后找到所有这个核心对象能够密度可达的样本集合，即为一个聚类簇。接着继续选择另一个没有类别的核心对象去寻找密度可达的样本集合，这样就得到另一个聚类簇。直到所有核心对象都有类别为止，算法结束，得到最终的聚类结果。DBSCAN 伪代码如算法 7-2 所示。

算法 7-2　DBSCAN 聚类算法

输入：样本集合 $D=\{x_1, x_2, \cdots, x_n\}$ 邻域半径 ε；点数阈值 MinPts

输出：簇划分 $C=\{C_1, C_2, \cdots, C_k\}$

过程：
1. 初始化核心对象集合 $\Omega = \varnothing$，聚类簇数 $k=0$，未访问样本集合 $\Gamma = D$，簇划分 $C = \varnothing$
2. For $i=1, 2, \cdots, n$
3. 　通过距离度量方式，计算样本 x_i 的 ε-邻域 $N_\varepsilon(x_i)$
4. 　If $|N_\varepsilon(x_i)| \geqslant$ MinPts, then
5. 　　将样本 x_i 加入核心对象集合，即 $\Omega = \Omega \cup \{x_i\}$
6. 　End If
7. End For
8. While $\Omega \neq \varnothing$
9. 　从核心对象集合 Ω 随机选择一个核心对象 o，初始化当前核心对象队列 $\Omega_{cur} = \{o\}$
10. 　令 $k=k+1$，$C_k = \{o\}$，更新未访问的样本集合 $\Gamma = \Gamma - \{o\}$
11. 　While $\Omega_{cur} \neq \varnothing$
12. 　　在当前簇核心对象队列 Ω_{cur} 中取出一个核心对象 o'，并计算 $N_\varepsilon(o')$
13. 　　If $|N_\varepsilon(o')| \geqslant$ MinPts, then
14. 　　　令 $\Delta = N_\varepsilon(o') \cap \Gamma$
15. 　　　更新当前簇样本集合 $C_k = C_k \cup \Delta$
16. 　　　更新未访问样本集合 $\Gamma = \Gamma - \Delta$
17. 　　　更新 $\Omega_{cur} = \Omega_{cur} \cup (\Delta \cap \Omega) - \{o'\}$
18. 　　End If
19. 　End While
20. End While
21. 输出簇划分结果 $C=\{C_1, C_2, \cdots, C_k\}$

例 7-2　使用 DBSCAN 聚类算法对表 7-4 所示的数据集进行聚类。

表 7-4　样本数据集

序号	属性 1	属性 2	序号	属性 1	属性 2
1	1	0	7	4	1
2	4	0	8	5	1
3	0	1	9	0	2
4	1	1	10	1	2
5	2	1	11	4	2
6	3	1	12	1	3

令 $\varepsilon=1$，MinPts = 4，则聚类过程和结果如表 7-5 所示。

表 7-5　DBSCAN 聚类过程和结果

步骤	选择的点	在 ε-邻域中点的个数	通过计算可达点而找到的新簇
1	1	2	无
2	2	2	无
3	3	3	无
4	4	5	簇 C_1：{1,3,4,5,9,10,12}
5	5	3	已在一个簇 C_1 中
6	6	3	无
7	7	5	簇 C_2：{2,6,7,8,11}
8	8	2	已在一个簇 C_2 中
9	9	3	已在一个簇 C_1 中
10	10	4	已在一个簇 C_1 中
11	11	2	已在一个簇 C_2 中
12	12	2	已在一个簇 C_1 中

综上，聚类结果为 {1，3，4，5，9，10，12}，{2，6，7，8，11}。

DBSCAN 可处理任意形状的数据集。图 7-7 是使用 DBSCAN 处理环形数据的聚类结果。

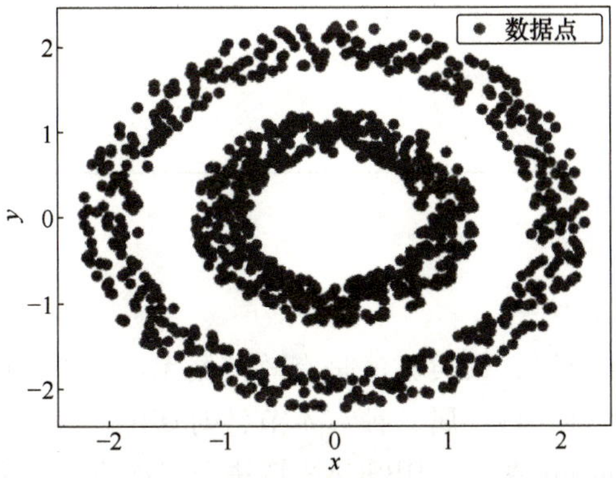

a) 源数据

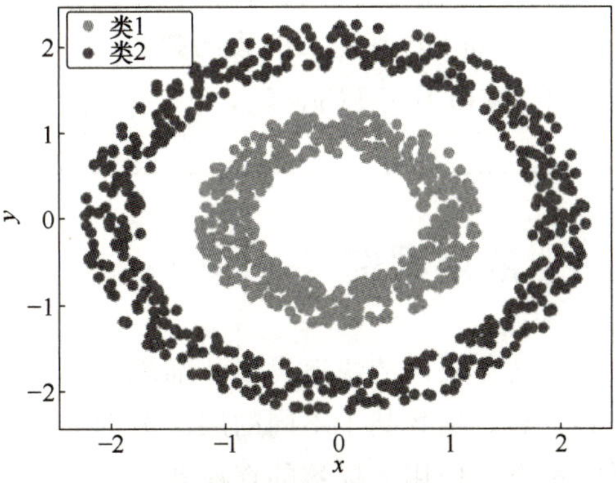

b) DBSCAN聚类结果(ε=0.2，MinPts=5)

图 7-7　DBSCAN 聚类过程

DBSCAN 聚类算法的目的在于过滤低密度区域，发现稠密度区域，与 K-means 聚类算法只能发现凸形簇不同，如图 7-7 所示使用 DBSCAN 聚类算法处理环形数据的结果。此外，DBSCAN 算法可以发现任意形状的聚类簇，且其不需要预先指定簇的数目，对噪声不敏感，在需要时可以输入过滤噪声的参数。

DBSCAN 聚类算法直接对整个数据集进行操作，且使用了一个全局性的表征密度的参数，当数据量很大时，要求较大的内存作为支撑；当遇到密度分布不均匀且聚类间距相差很大的数据时，聚类效果较差。

7.3.3 层次聚类算法

层次聚类算法对给定的数据集进行层次的分解，直到某种条件满足为止，具体可分为凝聚的层次聚类算法和分裂的层次聚类算法。其中，凝聚的层次聚类是一种自底向上的策略，首先将每个对象作为一个簇，然后合并这些原子簇为越来越大的簇，直到某个终结条件被满足。分裂的层次聚类算法采用自顶向下的策略，它首先将所有对象置于一个簇中，然后逐渐细分为越来越小的簇，直到达到了某个终结条件。层次聚类的代表是 AGNES 自底向上聚类（agglomerative nesting，AGNES）算法，而层次分类的代表是分裂层次聚类（divisive analysis，DIANA）算法。本节将对 AGNES 算法进行介绍。

自底向上聚合算法最初将每个对象作为一个簇，然后这些簇根据某些准则被一步步地合并，两个簇间的相似度由这两个不同簇中距离最近的数据点对的相似度来确定，聚类的合并过程反复进行直到所有的对象最终满足簇数目，其伪代码如算法 7-3 所示。

算法 7-3 AGNES 聚类算法

输入：样本集合 $D=\{\boldsymbol{x}_1, \boldsymbol{x}_2, \cdots, \boldsymbol{x}_n\}$ 终止条件簇的数目 k

输出：簇划分 $C=\{C_1, C_2, \cdots, C_k\}$

1. 将每个对象当成一个初始簇
2. Repeat
3. 　　根据两个簇中最近的样本找到最近的两个簇
4. 　　合并两个簇，生成新的簇的集合
5. Until 达到定义的簇的数目
6. 输出 $C=\{C_1, C_2, \cdots, C_k\}$

7.4 应用案例

移动互联网的快速发展，涌现了海量的无标注数据，聚类算法是有效挖掘无标注数据的核心工具。植物基于不同的层次分为界、门、纲、目、科、属、种。本节针对鸢尾花存在不同的种类，使用无标签的鸢尾花数据集分别对 K-means 聚类、DBSCAN 算法和层次聚类进行应用验证，结果如图 7-8 到图 7-10 所示。

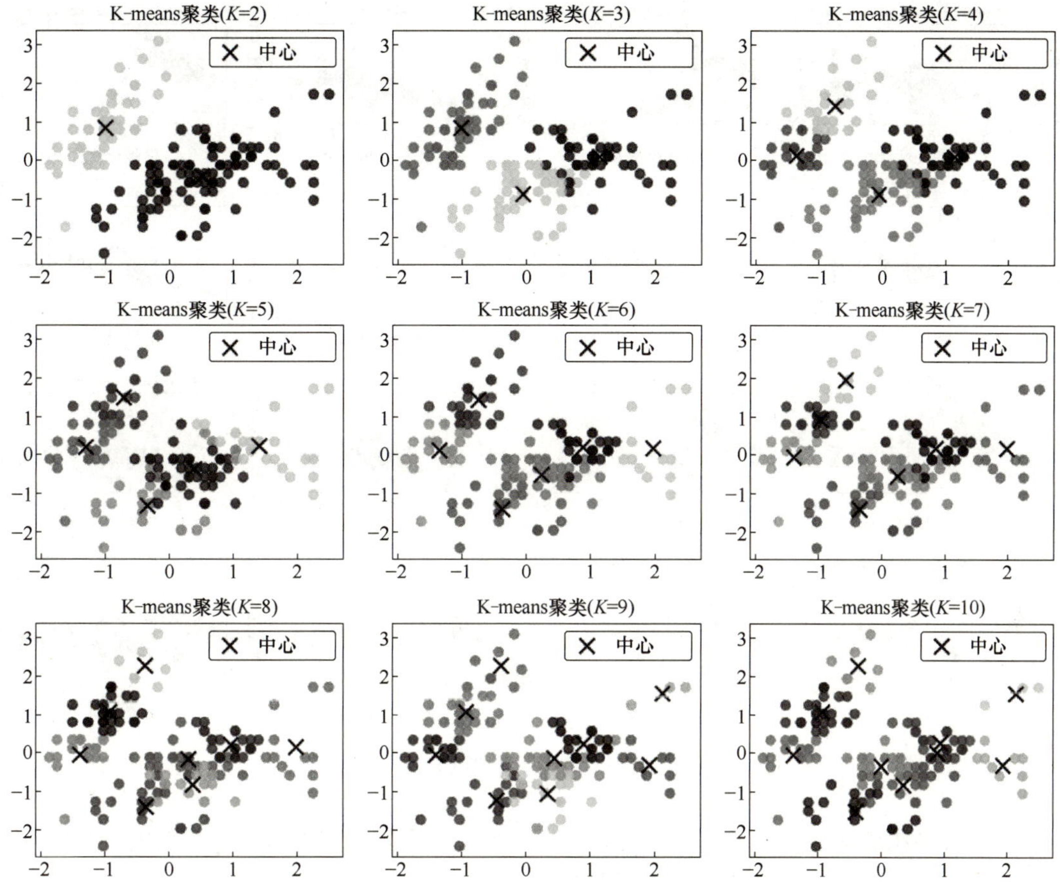

图 7-8　K-means 算法：不同聚类簇数下的聚类效果

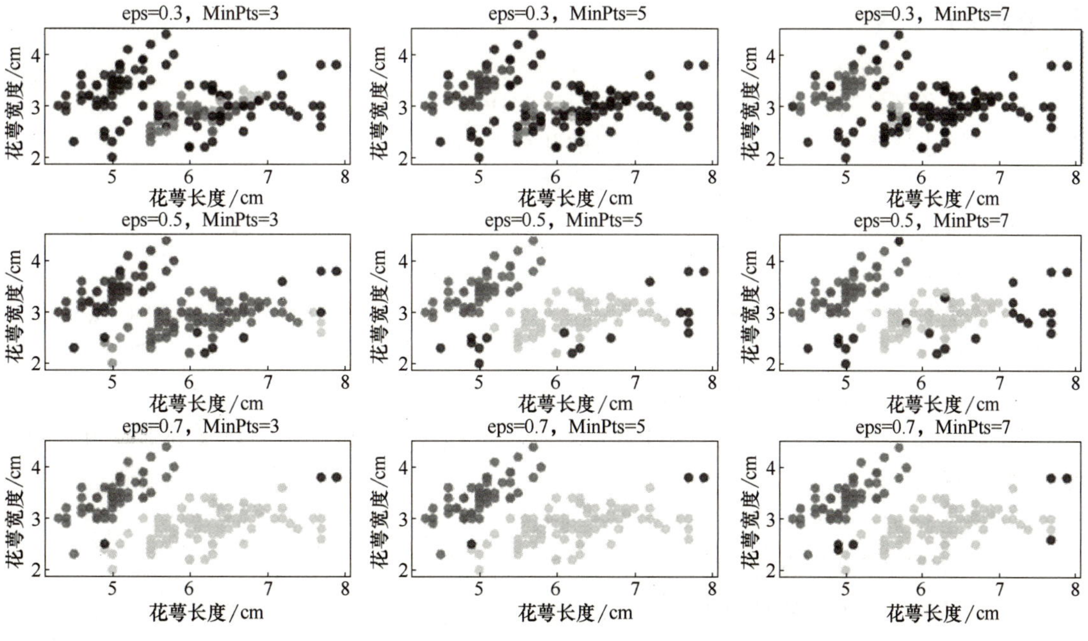

图 7-9　DBSCAN 算法：不同参数下的聚类效果图

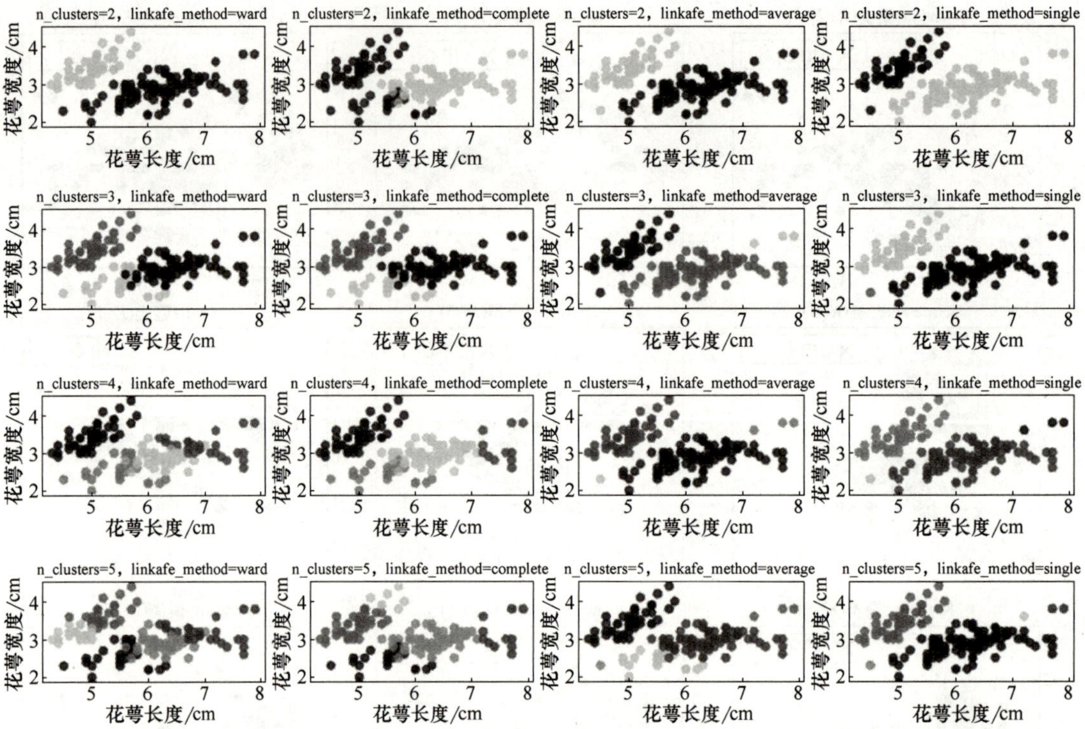

图 7-10　层次聚类：不同参数组合下的聚类效果图

通过鸢尾花数据集验证了三类聚类算法的效果，在实际应用中需要基于数据分布特点选择相应的聚类算法，从而满足现实应用需求。

思考题与习题

7-1　什么是聚类，并解释它在机器学习中的作用。

7-2　描述聚类分析中相似性度量常用的几种方法。

7-3　讨论聚类的主要挑战，如簇的数目确定。

7-4　描述 K-means 聚类算法的工作原理，包括均值向量初始化、样本所属簇划分、均值向量更新和终止条件。

7-5　详细解释 DBSCAN 聚类算法的工作原理，并说明什么样的数据点是核心点、边界点和噪声点。

7-6　解释层次聚类的两种主要方法：凝聚层次聚类和分裂层次聚类。

7-7　使用 K-means 算法对图 7-11 所示数据集进行聚类，讨论簇的数量分别取值 2 和 3 时的如下情况：

1）描述每次迭代后的簇分配情况和新的簇中心位置。

2）该过程经过几次迭代后收敛？

3）最终簇中心的坐标是多少？

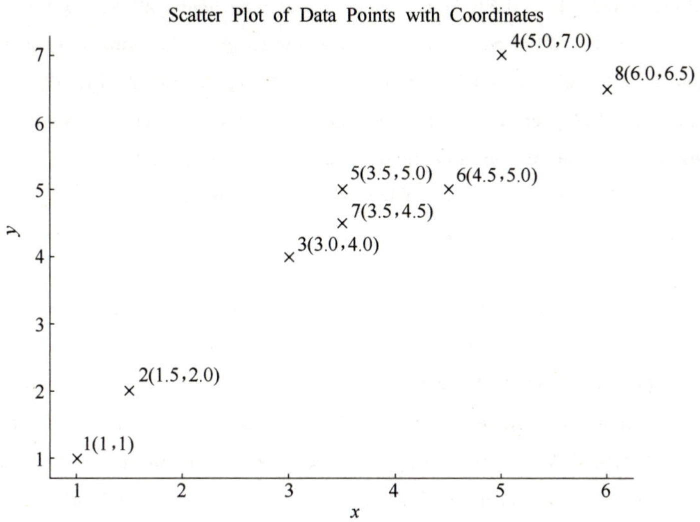

图 7-11　K-means 数据集

参考文献

[1]　李航. 机器学习方法 [M]. 北京：清华大学出版社，2022.

[2]　周志华. 机器学习 [M]. 北京：清华大学出版社，2016.

[3]　张宪超. 数据聚类 [M]. 北京：科学出版社，2018.

[4]　李超，廖红梅，徐晓，等. 基于密度分布的鲁棒谱聚类算法 [J]. 计算机学报，2024，47 (11)：2645-2663.

[5]　陶新民，王若彤，常瑞，等. 基于低密度分割密度敏感距离的谱聚类算法 [J]. 自动化学报，2020，46 (7)：1479-1495.

[6]　纪霞，施明远，周芃，等. 自适应相似图联合优化的多视图聚类 [J]. 计算机学报，2024，47 (2)：310-322.

[7]　张清华，周靖鹏，代永杨，等. 基于代表点与 K 近邻的密度峰值聚类算法 [J]. 软件学报，2023，34 (12)：5629-5648.

[8]　JAIN A K，MURTY M N，FLYNN P J. Data clustering：a review [J]. ACM computing surveys，1999，31 (3)：264-323.

[9]　JAIN A K. Data clustering：50 years beyond k-means [J]. Pattern Recognition Letters，2009，31 (8)：651-666.

[10]　MAULIK U，BANDYOPADHYAY S. Performance evaluation of some clustering algorithms and validity indices [J]. IEEE Transactions on Pattern Analysis and Machine Learning，2002，24 (12)：1650-1654.

[11]　NOCK R，NIELSEN F. On weighting clustering [J]. IEEE Transactions on Pattern Analysis and Machine Intelligence，2006，28 (8)：1223-1235.

[12]　RODRIGUEZ A，LIAN A. Clustering by fast search and find of density peaks [J]. Science，2014，334：1492-1496.

[13]　LAROSE D T，LAROSE C D. Discovering knowledge in data：an introduction to data mining [M]. New Jersey：John Wiley & Sons，2014.

[14]　WU C H，OUYANG C S，CHEN L W，et al. A new fuzzy clustering validity index with a median factor for

centroid-based clustering [J]. IEEE Transactions on Fuzzy Systems, 2014, 23 (3): 701-718.

[15] HUANG D, WANG C D, WU J S, et al. Ultra-scalable spectral clustering and ensemble clustering [J]. IEEE Transactions on Knowledge and Data Engineering, 2019, 32 (6): 1212-1226.

[16] ZHANG C, FU H, HU Q, et al. Generalized latent multi-view subspace clustering [J]. IEEE transactions on pattern analysis and machine intelligence, 2018, 42 (1): 86-99.

[17] KHAN I, LUO Z, HUANG J Z, et al. Variable weighting in fuzzy k-means clustering to determine the number of clusters [J]. IEEE Transactions on Knowledge and Data Engineering, 2019, 32 (9): 1838-1853.

[18] LIN Y, CHEN S. A centroid auto-fused hierarchical fuzzy c-means clustering [J]. IEEE Transactions on Fuzzy Systems, 2020, 29 (7): 2006-2017.

[19] MIKLAUTZ L, TEUFFENBACH M, WEBER P, et al. Deep clustering with consensus representations [C]// IEEE International Conference on Data Mining, Orlando: IEEE, 2022: 1119-1124.

[20] GRAINGER R, PANIAGUA T, SONG X, et al. PaCa-ViT: learning patch-to-cluster attention in vision transformers [C]//Proceedings of the IEEE/CVF Conference on Computer Vision and Pattern Recognition, Vancouver: IEEE, 2023: 18568-18578.

[21] QIU T, LI Y J. Fast LDP-MST: An efficient density-peak-based clustering method for large-size datasets [J]. IEEE Transactions on Knowledge and Data Engineering, 2023, 35 (5): 4767-4780.

[22] IKOTUN A M, EZUGWU A E, ABUALIGAH L, et al. K-means clustering algorithms: A comprehensive review, variants analysis, and advances in the era of big data [J]. Information Sciences, 2023, 622: 178-210.

第 8 章　集成学习

导读

集成学习（ensemble learning）的历史可以追溯到 20 世纪 20 年代，当时的一项研究试图通过将多个学生的回答结合在一起来预测一个问题的正确答案。随着计算机技术的发展，集成学习在各种机器学习任务中得到了广泛的应用，如分类、回归、聚类等。随着数据量和计算能力的增加，集成学习的应用范围不断拓展，尤其是在深度学习领域。目前，集成学习已经成为机器学习和人工智能领域的一个重要研究方向。

集成学习是将多个弱机器学习器结合，构建一个有较强性能的机器学习器的方法。首先产生一组“个体学习器”，再用某种集成策略将它们组合起来解决一个问题，最后利用集成模型完成最终的学习任务。

集成学习的目的是用于提高分类、预测、函数估计等学习的性能，降低模型选择不当的可能性，提高学习模型的泛化能力。集成方法本身不是一个单独的机器学习算法，而是通过在数据上构建具有多样性的个体学习器，集成结合成一个综合的结果，构建一个更强大的学习模型，达到减小方差（如 Bagging）、偏差（如 Boosting）、改进学习（如 Stacking）、减低过拟合风险的效果，以此来获取比单个模型要好的分类或回归表现。

本章知识点

- 集成学习基本原理
- 集成学习集成策略
- 集成学习主要基本算法

8.1　引言

前面的章节介绍了多类典型机器学习模型，如 Logistic 回归、SVM、决策树、人工神经网络等。这些模型（学习器）$f(\boldsymbol{x})$ 最终目的是在完成任务上提升性能。学习理论中“没有免费的午餐定理”说明不存在一种机器学习算法适合于任何任务。为了提升学习模型 $f(\boldsymbol{x})$ 的性能，自然的办法是“集思广益，群策群力”，亦即采取集成学习方法，用某种集成策略将一组“个体学习器”（$b_1(\boldsymbol{x})$，$b_2(\boldsymbol{x})$，…，$b_i(\boldsymbol{x})$）结合起来，构建一个整体的学习模型 $f(\boldsymbol{x})$ 来解决一个问题，从而完成最终的学习任务，如图 8-1 所示。人们运用集成学习策略在日常生活中非常常见，如对病情复杂患者的“专家会诊”就是其中典型的例子。专家会诊是指在医疗领域中由多位医学专家共同对患者进行诊治方案讨论的一种方式，它可以帮助制定科学合理的治疗方案，提高治疗效果，减少误诊率。若把“会诊过程”看作学习决策模型 $f(\boldsymbol{x})$，把各位擅长领域不一样的医学专家看作“个体学习器” $b_i(\boldsymbol{x})$，于是“专家会诊”显然可以看作是为完成病情诊治任务的一种集成学习方法，通过某种策略将多个“个体学习器” $b_i(\boldsymbol{x})$ 集成起来，通过综合模型 $f(\boldsymbol{x})$ 来做出群体决策，提高准确率。

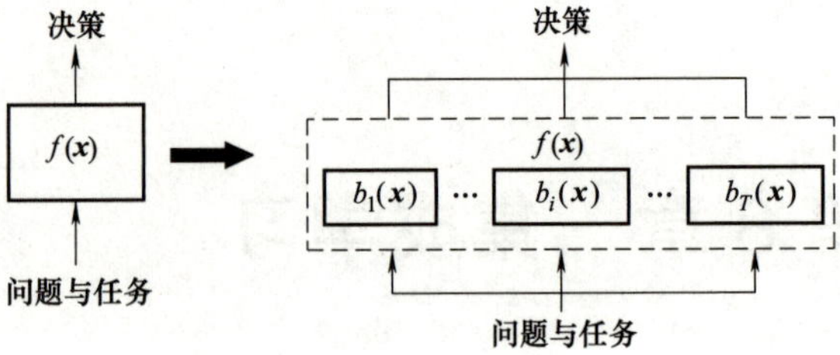

图 8-1　集成学习示意图

集成学习是目前非常流行的机器学习方法之一，在实践中获得了巨大成功，受到学术界和产业界的广泛关注。

8.2　集成学习基本原理

8.2.1　集成学习的结构

图 8-2 是集成学习的一般结构示意图，先学习生成一组“个体学习器”，再用某种集成结合策略将它们集成起来。“个体学习器”通常由现有的学习算法从训练数据产生，如决策树算法、神经网络算法等。

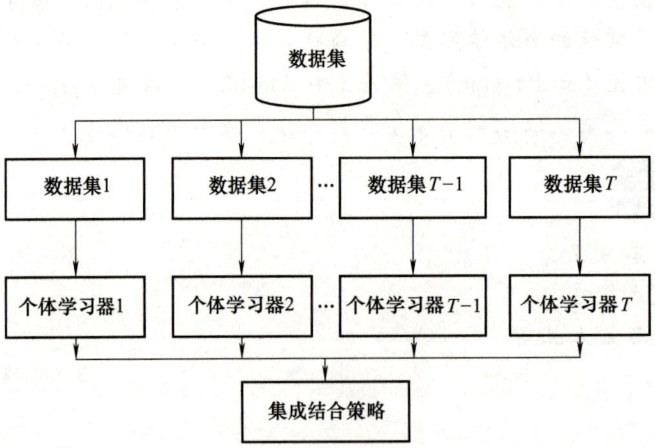

图 8-2　集成学习一般结构示意图

为方便讨论，用适当的变量表征集成学习的组件，如图 8-3 所示。任何集成学习系统的一般框架是使用集成函数 G 集成个体学习器 b_1，b_2，…，b_T 的集合 B，产生一个输出。如给一个尺寸 n 和 d 维特征向量的数据集 $D=\{(\boldsymbol{x}_i, y_i)\}_{i=1}^{n}$，$\boldsymbol{x}_i \in \mathbb{R}^d$，基于这个集成方法的输出预测由式（8-1）给定。如集成采用加权平均法结合，则有产生的集成 $G(\boldsymbol{x})=\sum_{i=1}^{T}\alpha_i b_i(\boldsymbol{x})$，其中 α_i 是第 i 个个体学习器的权重。集成学习方法目前已成为一个主要的学习范式。

$$y_i = f(\boldsymbol{x}_i) = G[b_1(\boldsymbol{x}_1), b_2(\boldsymbol{x}_2), \cdots, b_T(\boldsymbol{x}_T)] \tag{8-1}$$

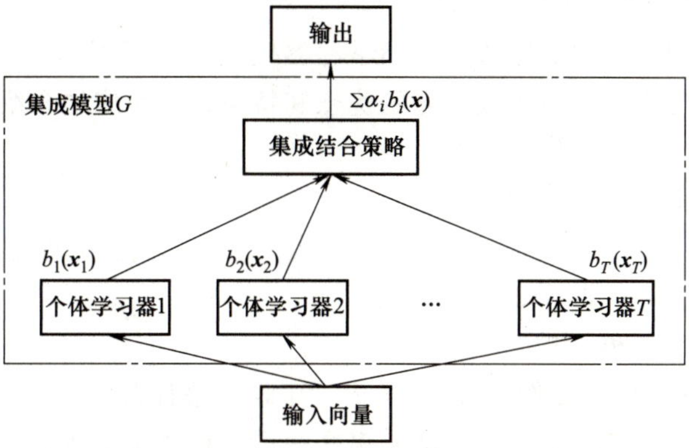

图 8-3　集成学习范式结构示意图

8.2.2　集成学习理论分析

日常的实践和诸多机器学习竞赛表现的结果表明，若集成学习应用得好的话，可以取得很好的效果。

8.2.2.1　从“基于简单投票机制的集成模型”例子分析集成学习的特性和优点

下面对一个简单的例子——基于简单投票机制的集成模型 $G(\boldsymbol{x})$ 见式（8-2）进行分析，可得到结论：一般而言，为了获得更好的集成效果，集成学习所集成的个体学习器模型应该具备一定的差异性；而当集成学习中的个体学习器数量增多，其错误率也会下降。

$$G(\boldsymbol{x}) = \frac{1}{T}\sum_{i=1}^{T} b_i(\boldsymbol{x}) \tag{8-2}$$

不妨假定我们有一个学习任务，其输入 $\boldsymbol{x}$ 和输出 y 的真实关系为 $y=g(\boldsymbol{x})$。令基于简单投票机制的集成模型 $G(\boldsymbol{x})=\frac{1}{T}\sum_{i=1}^{T} b_i(\boldsymbol{x})$ 的期望错误为 $R(G)$。该集成模型有 T 个不同个体学习器模型 $b_1(\boldsymbol{x})$，$b_2(\boldsymbol{x})$，…，$b_T(\boldsymbol{x})$，其平均期望错误为 $\overline{R}(b)$。根据集成模型期望错误的定义和简单推导，有如下分析过程：

$$\begin{aligned} R(G) &= E_{\boldsymbol{x}}\left[\left(\frac{1}{T}\sum_{i=1}^{T} b_i(\boldsymbol{x}) - g(\boldsymbol{x})\right)^2\right] \\ &= \frac{1}{T^2}E_{\boldsymbol{x}}\left[\sum_{i=1}^{T}\sum_{n=1}^{N}\varepsilon_i(\boldsymbol{x})\varepsilon_n(\boldsymbol{x})\right] \\ &= \frac{1}{T^2}\sum_{i=1}^{T}\sum_{n=1}^{N}E_{\boldsymbol{x}}[\varepsilon_i(\boldsymbol{x})\varepsilon_n(\boldsymbol{x})] \end{aligned} \tag{8-3}$$

式中，$E_{\boldsymbol{x}}[\varepsilon_i(\boldsymbol{x})\varepsilon_n(\boldsymbol{x})]$ 是两个不同个体学习器模型错误的相关性。容易得到结论：$\overline{R}(b) \geqslant R(G) \geqslant \frac{1}{T}\overline{R}(b)$。由此简单的例子分析可见，若个体学习器性能好，而且各自具备差异性，个体学习器数量也较多，那么集成学习的性能就更好。由 8.5 节应用案例实验结果也可见，集成学习较之个体学习器分类性能更好。

8.2.2.2 从学习理论来分析集成学习的特性和优点

为了构建泛化能力强的集成方法，个体学习器应该“好而不同”。为保证集成学习发挥优势，从以下几方面理论来分析集成学习的优点和特点，并对应地介绍发挥集成学习优势的一些有力措施。

1. 从统计、计算和表示方面来分析

Dieterich 从统计、计算和表示方面总结了集成方法有提高泛化性能、降低进入局部最小点风险和扩大假设空间等优点，如图 8-4 所示。

（1）从统计的方面来看

学习模型被视为在搜索空间 H 中的若干假设中搜索最优假设 h。当可用于训练的数据量与假设空间的大小相比很小的时候，可能有多个假设在训练集上达到同等性能。通过集成这些假设（多个个体学习器），集成所得的分类器能平均分类意愿，降低错误风险，提高泛化性能。如图 8-4a 所示，外曲线表示假设空间 H，内曲线表示在训练集中取得很好性能的假设。标记 g 点表示真实的假设，b 是在训练集中得到好性能的假设。由图可见，通过对几个假设 b 求平均值，可以得到 g 很好的近似。

（2）从计算的方面来看

许多学习算法往往由于某种形式的局部搜索而陷入局部最优。例如，神经网络算法对训练数据应用梯度下降方法最小化误差函数，而决策树采用贪婪分裂策略（greedy splitting rule）生长决策树。即使有足够的训练数据，学习算法寻找最佳假设仍然是非常困难的计算问题。如图 8-4b 所示，集成模型经不同起点执行局部搜索，来克服以上问题，从而能更好地近似真实的模型（函数）g。

（3）从表示的方面来看

如图 8-4c 所示，当真实假设 g 不在当前学习算法考虑的假设空间 H 中时，那么个体学习器 b 应该是无效的。这时，通过集成方法结合多个假设（个体学习器），通过假设的加权和扩展表示函数的假设空间，可得到更好的近似假设结果。

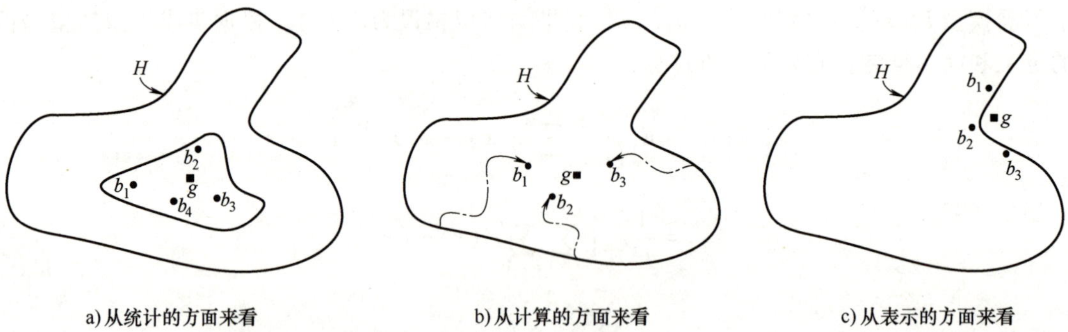

图 8-4 Dieterich 从统计、计算和表示方面总结集成方法优点

2. 从“偏差-方差分解”来分析

泛化误差可分解为偏差、方差与噪声之和。以回归任务为例，对学习算法的期望泛化误差进行分解：

$$
\begin{cases}
R[y-g]^2 = \text{bias}^2 + \dfrac{1}{T}\text{var} + \left(1-\dfrac{1}{T}\right)\text{covar} \\
\text{bias} = \dfrac{1}{T}\sum_i (R[y_i] - g) \\
\text{var} = \dfrac{1}{T}\sum_i R[y_i - R[y_i]]^2 \\
\text{covar} = \dfrac{1}{T(T-1)}\sum_i \sum_{j \neq i} R[y_i - R[y_i]][y_j - R[y_j]]
\end{cases}
\tag{8-4}
$$

式中，g 是目标；y_i 是第 i 个模型（个体学习器）的输出；T 是集成个体学习器的数量；bias 表示个体学习器和集成模型输出间的平均差异；var 是所有个体学习器的平均方差；covar 是协方差项，表示个体学习器成对间变化趋势的差异。

值得注意的是，若两个个体学习器变化趋势相反，其协方差是负值。当偏差和方差被约束为正值的时候，协方差可以为负数。

由式（8-4）可知，若能减小偏差和方差，且个体学习器存在一定的差异，则可以降低集成学习的期望误差。此理论可以指导如何构建好的集成方法，如在 8.4 节介绍的集成方法 Bagging 能够提高弱分类器性能的原因是减少基分类器方差，而基于 Boosting 的集成学习模型能够提升弱分类器性能的原因是会减少偏差和方差。

3. 多样性

在前面的介绍中，已经了解构建集成有两个步骤：首先产生个体学习器，然后将它们集成结合起来。为了获得一个好的集成性能，希望每个个体学习器应该尽可能准确，同时又尽可能不同，亦即个体学习器应“好而不同”。换言之，集成学习取得成功的一个主要原因是增加了个体学习器的多样性。这里我们首先做个简单的理论分析，试图从该理论分析得到如上结论。之后，介绍有关多样性增强的一些技巧。

（1）误差-分歧分解（error-ambiguity decomposition）

假定用个体学习器 b_1，b_2，…，b_T 通过加权平均法结合产生的集成 $G(\boldsymbol{x})$ 来完成回归学习任务 g：$\mathbb{R}^d \mapsto \mathbb{R}$，则

$$
G(\boldsymbol{x}) = \sum_{i=1}^{T} \alpha_i b_i(\boldsymbol{x}) \tag{8-5}
$$

对于示例 $\boldsymbol{x}$，可以定义学习器 b_i 的“分歧”为

$$
A(b_i \mid \boldsymbol{x}) = (b_i(\boldsymbol{x}) - G(\boldsymbol{x}))^2 \tag{8-6}
$$

则集成的“分歧”（个体学习器“分歧”的加权均值）$\overline{A}(B \mid \boldsymbol{x})$ 为

$$
\begin{aligned}
\overline{A}(B \mid \boldsymbol{x}) &= \sum_{i=1}^{T} \alpha_i A(b_i \mid \boldsymbol{x}) \\
&= \sum_{i=1}^{T} \alpha_i (b_i(\boldsymbol{x}) - G(\boldsymbol{x}))^2
\end{aligned}
\tag{8-7}
$$

式（8-7）化简为

$$
\overline{A}(B \mid \boldsymbol{x}) = \sum_{i=1}^{T} \alpha_i [(b_i(\boldsymbol{x}) - G(\boldsymbol{x}))^2]
$$

$$= \sum_{i=1}^{T} \alpha_i(b_i(\boldsymbol{x}))^2 - \sum_{i=1}^{T} 2\alpha_i b_i(\boldsymbol{x}) G(\boldsymbol{x}) + \sum_{i=1}^{T} \alpha_i(G(\boldsymbol{x}))^2$$

$$= \sum_{i=1}^{T} \alpha_i(b_i(\boldsymbol{x}))^2 - 2G(\boldsymbol{x}) \sum_{i=1}^{T} \alpha_i b_i(\boldsymbol{x}) + (G(\boldsymbol{x}))^2 \sum_{i=1}^{T} \alpha_i \tag{8-8}$$

设 $\sum_{i=1}^{T} \alpha_i = 1$ 将 $G(\boldsymbol{x}) = \sum_{i=1}^{T} \alpha_i b_i(\boldsymbol{x})$ 和 $\sum_{i=1}^{T} \alpha_i = 1$ 代入式（8-8）化简结果，得

$$\overline{A}(B \mid \boldsymbol{x}) = \sum_{i=1}^{T} \alpha_i(b_i(\boldsymbol{x}))^2 - 2\boldsymbol{G}(\boldsymbol{x}) G(\boldsymbol{x}) + (G(\boldsymbol{x}))^2$$

$$= \sum_{i=1}^{T} \alpha_i(b_i(\boldsymbol{x}))^2 - (G(\boldsymbol{x}))^2 \tag{8-9}$$

另一方面，个体学习器 b_i 的平方误差有

$$R(b_i \mid \boldsymbol{x}) = (b_i(\boldsymbol{x}) - g(\boldsymbol{x}))^2 \tag{8-10}$$

集成学习模型 G 的平方误差有

$$R(G \mid \boldsymbol{x}) = (G(\boldsymbol{x}) - g(\boldsymbol{x}))^2 \tag{8-11}$$

令 $\overline{R}(B \mid \boldsymbol{x}) = \sum_{i=1}^{T} \alpha_i R(b_i \mid \boldsymbol{x})$ 表示个体学习器误差的加权均值，有

$$\overline{A}(B \mid \boldsymbol{x}) = \sum_{i=1}^{T} \alpha_i R(b_i \mid \boldsymbol{x}) - R(G \mid \boldsymbol{x})$$

$$= \overline{R}(B \mid \boldsymbol{x}) - R(G \mid \boldsymbol{x}) \tag{8-12}$$

化简式（8-12），可得

$$\overline{A}(B \mid \boldsymbol{x}) = \sum_{i=1}^{T} \alpha_i R(b_i \mid \boldsymbol{x}) - R(G \mid \boldsymbol{x})$$

$$= \sum_{i=1}^{T} \alpha_i(b_i(\boldsymbol{x}) - g(\boldsymbol{x}))^2 - (G(\boldsymbol{x}) - g(\boldsymbol{x}))^2$$

$$= \sum_{i=1}^{T} [\alpha_i(g(\boldsymbol{x}))^2 - 2\alpha_i g(\boldsymbol{x}) b_i(\boldsymbol{x}) + \alpha_i(b_i(\boldsymbol{x}))^2]$$

$$- [(g(\boldsymbol{x}))^2 - 2g(\boldsymbol{x}) G(\boldsymbol{x}) + (G(\boldsymbol{x}))^2]$$

$$= (g(\boldsymbol{x}))^2 \sum_{i=1}^{T} \alpha_i - 2g(\boldsymbol{x}) \sum_{i=1}^{T} \alpha_i b_i(\boldsymbol{x}) + \sum_{i=1}^{T} \alpha_i(b_i(\boldsymbol{x}))^2$$

$$- (g(\boldsymbol{x}))^2 + 2g(\boldsymbol{x}) G(\boldsymbol{x}) - (G(\boldsymbol{x}))^2$$

又有 $G(\boldsymbol{x}) = \sum_{i=1}^{T} \alpha_i b_i(\boldsymbol{x})$，且约束条件 $\sum_{i=1}^{T} \alpha_i = 1$，则

$$\overline{A}(B \mid \boldsymbol{x}) = (g(\boldsymbol{x}))^2 - 2g(\boldsymbol{x}) G(\boldsymbol{x}) + \sum_{i=1}^{T} \alpha_i(b_i(\boldsymbol{x}))^2$$

$$- (g(\boldsymbol{x}))^2 + 2g(\boldsymbol{x}) G(\boldsymbol{x}) - (G(\boldsymbol{x}))^2$$

$$= \sum_{i=1}^{T} \alpha_i(b_i(\boldsymbol{x}))^2 - (\boldsymbol{G}(\boldsymbol{x}))^2$$

该推导结果与式（8-9）相同，可见两种定义等价。

由上述分析，集成的“分歧”项表征了个体学习器在样本 $\boldsymbol{x}$ 上的不一致性，即在一定程度上反映了个体学习器的多样性。对于示例 $\boldsymbol{x}$，有 $\overline{A}(B|\boldsymbol{x})=\overline{R}(B|\boldsymbol{x})-R(G|\boldsymbol{x})$ 成立，即个体学习器分歧的加权均值等于个体学习器误差的加权均值与集成 $H(\boldsymbol{x})$ 误差的差。

对于全体样本，令 $p(\boldsymbol{x})$ 表示样本的概率密度，可得

$$\sum_{i=1}^{T} w_i \int A(b_i \mid \boldsymbol{x}) p(\boldsymbol{x}) \mathrm{d}\boldsymbol{x} = \sum_{i=1}^{T} w_i \int R(b_i \mid \boldsymbol{x}) p(\boldsymbol{x}) \mathrm{d}\boldsymbol{x} - \int R(H \mid \boldsymbol{x}) p(\boldsymbol{x}) \mathrm{d}\boldsymbol{x} \tag{8-13}$$

类似地，个体学习器 b_i 在全样本上的泛化误差和分歧项分别为

$$R_i = \int R(b_i \mid \boldsymbol{x}) p(\boldsymbol{x}) \mathrm{d}\boldsymbol{x} \tag{8-14}$$

$$A_i = \int A(b_i \mid \boldsymbol{x}) p(\boldsymbol{x}) \mathrm{d}\boldsymbol{x} \tag{8-15}$$

集成的泛化误差表示为

$$R = \int R(G \mid \boldsymbol{x}) p(\boldsymbol{x}) \mathrm{d}\boldsymbol{x} \tag{8-16}$$

令 $\overline{R}=\sum_{i=1}^{T}\alpha_i R_i$ 表示个体学习器泛化误差的加权均值，$\overline{A}=\sum_{i=1}^{T}\alpha_i A_i$ 表示个体学习器的加权分歧值，结合式（8-13）、式（8-14）、式（8-15）、式（8-16），可得

$$R=\overline{R}-\overline{A} \tag{8-17}$$

由式（8-17）可见，集成学习器的误差等于个体学习器的误差均值减去集成分歧，即个体学习器准确性越高（个体学习器的误差越低）、多样性越大（分歧较大），则集成学习性能越好。

集成学习中个体分类器的多样性，可以用个体分类器的两两相似/不相似性来度量。常见的多样性度量有：不合度量（disagreement measure）、相关系数（correlation coefficient）、Q-统计量（Q-statistic）和 κ-统计量（κ-statistic）。

（2）多样性增强

一个有效的集成学习需要生成多样性大的个体学习器。在集成学习中，一般可以通过在学习过程中引入随机性以增强多样性。常见个体学习器多样性的增强方法有对数据样本扰动、输入属性扰动、输出表示扰动、算法参数扰动。

1）数据样本扰动：在集成学习中，将初始数据集产生不同子集，利用不同子集训练出不同个体学习器，之后再集成结合。这里通常基于采样法，如 Bagging 方法的自助采样，或 AdaBoost 方法中使用的序列采样。数据样本扰动法对决策树、神经网络这样的“不稳定基学习器”很有效。但线性学习器、支持向量机、朴素贝叶斯、k 近邻等“稳定基学习器”对数据样本扰动不敏感。

2）输入属性扰动：集成学习中训练样本采用不同特征属性子集训练出不同个体学习器。著名的随机子空间（random subspace）算法采用了输入属性扰动。

3）输出表示扰动：该方法主要是对输出表示进行操纵以增强多样性。比如采用翻转法（flipping output），随机改变一些训练样本的类标记。

4）算法参数扰动：该方法中，通过对基学习算法随机设置不同的参数（如在神经网络的隐含层神经元数量、初始连接权值等），以产生差别较大的个体学习器。

8.2.3 集成学习的类型

基于以上理论分析，结合集成学习框架（见图 8-3），用影响集成学习性能的三个特性定义集成学习的类型。表 8-1 总结了常见集成学习类型。

表 8-1 常见集成学习类型

方法	依赖性	集成策略	异质性
Bagging	Parallel	Weight Voting	Homogeneous
Random Forest	Parallel	Weight Voting	Homogeneous
Boosting	Sequential	Weight Voting	Homogeneous
Ada Boost	Sequential	Weight Voting	Homogeneous
Stacking	Parallel	Meta Learning	Heterogeneous
Hybrid Ensemble	Both	Both	

（1）集成策略

第一个特性是集成策略（fusion methods），其包括为集成个体学习器输出选择一个优质的集成结合方式、以达到好的集成学习，比如使用不同权重投票法或者元学习（meta-learning）法。

（2）个体学习器间的依赖关系

第二个特性是个体学习器的生成方式与训练中个体学习器的依赖性，其或是个体学习器间存在强依赖关系、必须串行生成的序列化方法（Sequential），或是个体学习器间不存在强依赖关系、可同时生成的并行化方法（Parallel）。前者代表性方法是 Boosting 类方法，后者代表性方法是 Bagging 类方法。

（3）“同质集成”与“异质集成”

第三个特性是包含的个体学习器的异质性，是同质的还是异质的。集成学习类型包括“同质（Homogeneous）”和“异质（Heterogenous）”两种。图 8-5 是同质和异质两类集成方式的框架结构示意图。

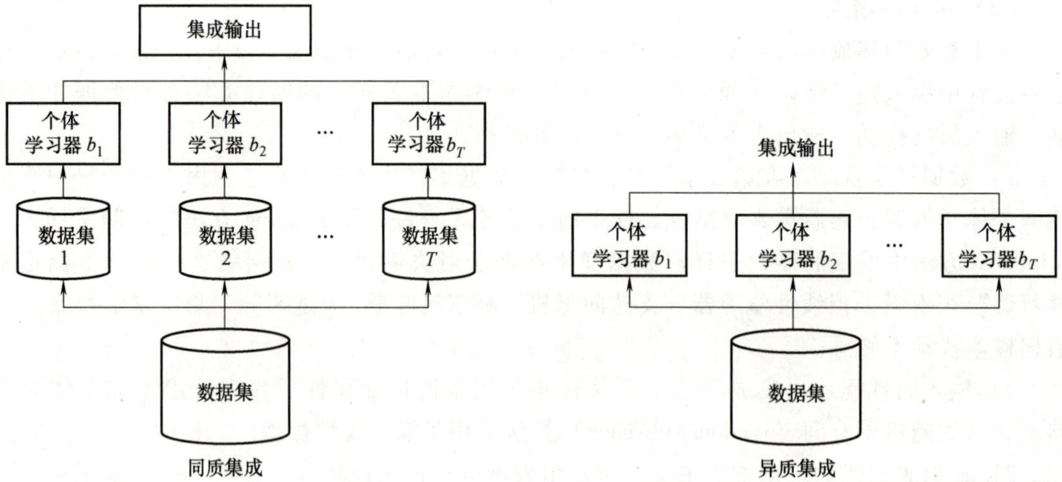

图 8-5 同质和异质集成框架结构

同质集成指利用多个同质的个体学习器共同解决一个问题，这里“同质”指的是个体学习器属同一种类型，例如都是决策树，神经网络等。同质集成中的个体学习器亦称“基学习器”(base learner)，相应的学习算法称为“基学习算法”(base learning algorithm)。每个基学习器基于不同数据，而对于不同的训练数据，其特征选择方法是相同的。在同质集成形式中，主要的困难是如何从相同基学习算法产生多样性。

异质集成指使用多个不同类型的“个体学习器”集成，例如同时包含决策树和神经网络，这样的集成是“异质”的。异质集成中的个体学习器由不同的学习算法生成，也称为“组件学习器”(component learner)。每个基学习器可基于相同的数据生成。

8.3 集成策略

集成学习首要的问题是如何集成多个模型，接下来介绍几种常见的集成策略方法：平均法，投票法和学习法。假定集成模型中包含 T 个个体学习器 $\{b_1, b_2, \cdots, b_T\}$，其中 b_i 在示例 $\boldsymbol{x}$ 上的输出为 $b_i(\boldsymbol{x})$。

8.3.1 平均法

平均法常用于对于数值型输出 $b_i(\boldsymbol{x}) \in \mathbb{R}$ 的任务（如回归预测）中，包括简单平均和加权平均。

（1）简单平均法（simple averaging）：

$$G(\boldsymbol{x}) = \frac{1}{T}\sum_{i=1}^{T} b_i(\boldsymbol{x}) \tag{8-18}$$

（2）加权平均法（weighted averaging）：

$$G(\boldsymbol{x}) = \sum_{i=1}^{T} \alpha_i b_i(\boldsymbol{x}) \tag{8-19}$$

式中，α_i 是个体学习器 b_i 的权重，通常要求 $\alpha_i \geqslant 0$ 且 $\sum_{i=1}^{T} \alpha_i = 1$。

可见简单平均法是加权平均法的特例。一般而言，对于个体学习器性能相差较大的情况，使用加权平均法；而对于个体学习器性能相近时用简单平均法。对于数据规模大的集成情形，其学习权重多，使用加权平均法易导致过拟合。集成学习中的各种集成结合策略都可以看成是加权平均法的变种或特例。因此，加权平均法可以被认为是集成学习研究的基本出发点。

8.3.2 投票法

投票法常用于分类任务。比如在引言中的“专家会诊”学习，可以采用投票方式，少数服从多数，达成最终会诊结果。这就是常见的集成结合策略——投票法（voting）。

对分类任务来说，个体学习器 b_i 预测出某个标记（从类别标记集合 $\{1,2,\cdots,C\}$ 中预测其中一个）。用一个 C 维向量 $[b_i^1(\boldsymbol{x}), b_i^2(\boldsymbol{x}), \cdots, b_i^C(\boldsymbol{x})]$ 表示 b_i 在样本 $\boldsymbol{x}$ 上的预测输出，其中 $b_i^j(\boldsymbol{x})$ 是个体学习器 b_i 在类别标记 j 上的输出，且这里的输出值类型没有限制。

（1）多数投票法

预测为得票最多的标记，若同时有多个标记的票最高，则从中随机选取一个，则

$$G(\boldsymbol{x}) = \underset{j}{\operatorname{argmax}} \sum_{i=1}^{T} b_i^j(\boldsymbol{x}) \tag{8-20}$$

（2）加权投票法

该方法提供预测结果，与加权平均法类似，如式（8-21）所示。

$$G(\boldsymbol{x}) = \underset{j}{\operatorname{argmax}} \sum_{i=1}^{T} \alpha_i b_i^j(\boldsymbol{x}) \tag{8-21}$$

式中，α_i 是个体学习器 b_i 的权重，通常要求 $\alpha_i \geqslant 0$ 且 $\sum_{i=1}^{T} \alpha_i = 1$。

（3）硬投票（hard voting）与软投票（soft voting）

在现实任务中，权值相同、一人一票的投票方式并不一定是最合理的。因此还有带权值的投票方式。亦即依据不同类型个体学习器可能产生不同类型的 $b_i^j(\boldsymbol{x})$ 值，分为“硬投票”和“软投票”两种形式。

1）“硬投票”是直接使用类标记投票的方式。这里 $b_i^j(\boldsymbol{x}) \in \{0,1\}$，若 b_i 将样本 $\boldsymbol{x}$ 预测为类别 j，则取值为 1，否则为 0。

2）“软投票”是使用类概率的投票方式。这里 $b_i^j(\boldsymbol{x}) \in [0,1]$，相当于应用 $P(j|\boldsymbol{x})$ 作权重投票。软投票为每类标签计算预测概率，并计算出最大概率的类别标签。

8.3.3 学习法

在投票法中，集成学习用投票方式集成融合个体学习器的结果；在平均法中，集成学习用求均值方式集成融合个体学习器的结果；而学习法，集成学习则是用另一个学习器集成融合个体学习器的结果。

学习法是一种强大的集成策略，常用于在训练数据很多，而投票法和平均法误差较大时的情形，Stacking 算法是学习法的典型代表。

在这里我们结合 Stacking 算法的结构框架，简要说明什么是“学习法”。图 8-6 是典型代表 Stacking 集成学习框架示意图。如图 8-6 所示，学习法是利用个体学习器的预测结果组成新的学习样本，如 $z=([b_1(\boldsymbol{x}),b_2(\boldsymbol{x}),\cdots,b_T(\boldsymbol{x})]^{\mathrm{T}},y)$，然后在新学习样本集上通过另一个学习器产生一个假设（“元学习（meta learning）），从而完成集成学习。集成分类器的决策函数为 $f(\boldsymbol{x})=G[b_1(\boldsymbol{x}),b_2(\boldsymbol{x}),\cdots,b_T(\boldsymbol{x})]$。

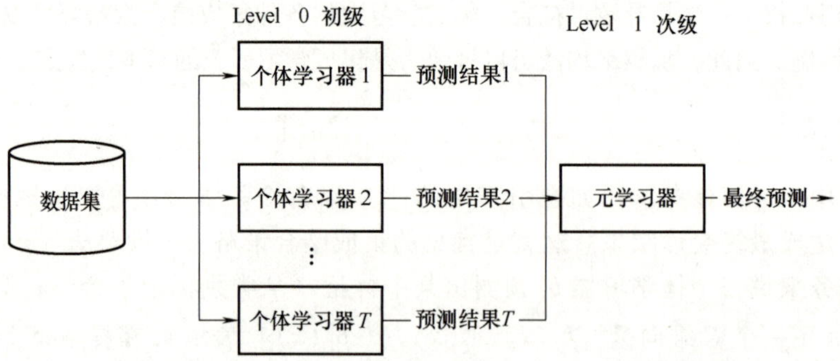

图 8-6 学习法的典型代表 Stacking 集成学习框架示意图

集成融合方法——元学习，也称为“学会学习”，是向学习者学习的过程。“元学习”一词涵盖了基于以往其他任务经验的学习。因此，其在实验结果的基础上，通过改变学习算法的某些方面来提高学习算法的性能和结果。元学习方法与传统机器学习模型的不同之处在于，它涉及多个学习阶段，这里个体学习器输出作为元学习器的输入，并由元学习器集成结合产生模型的最终输出。目前人们对元学习的兴趣越来越大。目前机器学习（包括深度学习）面临着许多挑战，例如在训练阶段由于多次实验运行成本过高、对于某个数据集需要很长时间才能找到最佳性能模型等等。元学习可以改进学习算法、寻找性能更好的学习算法、减少所需实验数量加快学习过程、帮助学习算法更好地适应不断变化的条件、优化超参数以获得最佳结果等，在数据大小、计算复杂性和泛化等方面，帮助解决目前机器学习（包括深度学习）的许多挑战。

8.4 集成学习主要算法

8.4.1 Bagging 方法

Bagging 类集成学习方法示意图如图 8-7 所示。Bagging 类方法是通过随机构造训练样本、随机选择特征等方法来提高个体学习器的多样性，代表性方法有 Bagging 和随机森林等。Bagging（bootstrap aggregating）通过不同训练数据集的独立性来提高多样性。随机森林（random forest）是在 Bagging 的基础上再引入了随机特征，进一步提高每个基模型（决策树）之间的多样性。

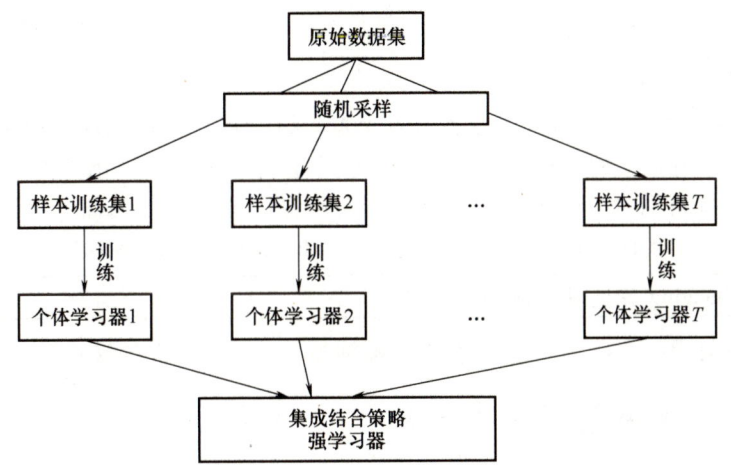

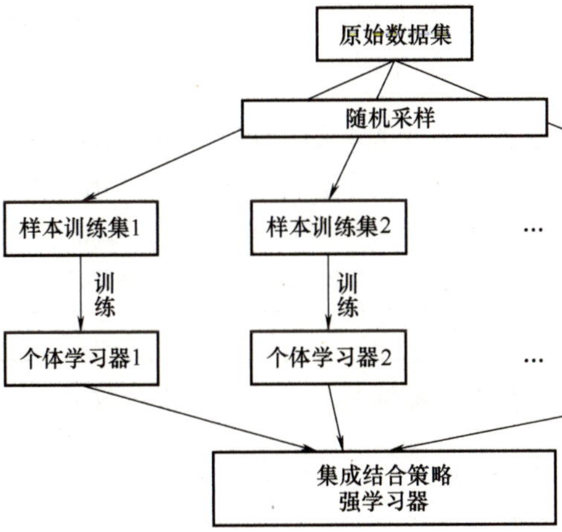

图 8-7 Bagging 类集成学习方法示意图

1. Bagging

Bagging 方法个体学习器间不存在强依赖关系，可并行化生成个体学习器，通过有放回采样的自助采样法产生多个子训练集、增强个体学习器的多样性。

（1）有放回取样和不放回取样

由前面介绍可以知道，为了得到好的集成学习效果，个体学习器要有多样性，可通过从原始样本数据集中取样部分数据、产生多个不同训练样本子集，以模拟数据中的随机性，从而提高多样性。取样操作有两种方式：每次放回取样和不放回取样。在统计学中，Bootstrapping 直接以有放回采样法（Bootstrap sampling）为基础，随机采样的自助采样法（Bootstrap）如图 8-8 所示。Bagging 采用有放回采样法，这种采样方式让其极易并行化处理。

（2）包外（Out-Of-Bag，OOB）估计讨论

Bagging 采用有放回采样法。例如在原始训练集上进行有放回的随机采样，得到 T 个较小的训练集并训练得到对应的个体学习器。在放回取样过程中，有些样本可能被多次采样，而有些样本可能根本没有被采样。这部分未被采样的样本（平均大约有 36.8%的样本），被称为包外样本，如图 8-9 所示。这样的采样过程给机器学习过程带来了一个优点：剩下约 36.8%的样本可作为验证集，对泛化性能进行“包外估计”（out-of-bag estimate）。此外，包外样本在机器学习中还有其它用途，如对决策树类型的基学习器辅助实现剪枝，对神经网络类型的基学习器辅助实现早期停止等处理等。

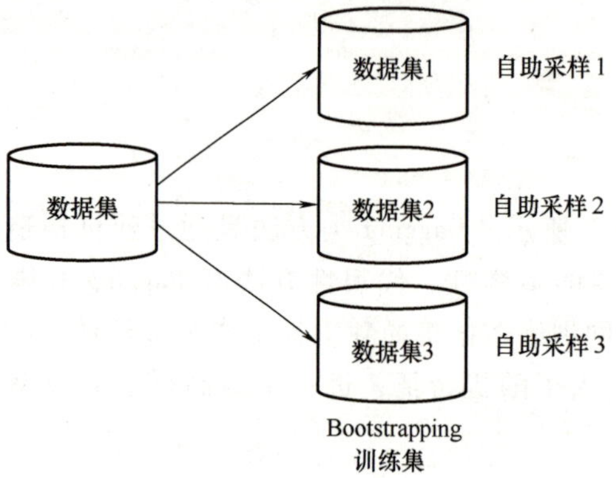

图 8-8　随机采样的方法：自助采样法（Bootstrap）

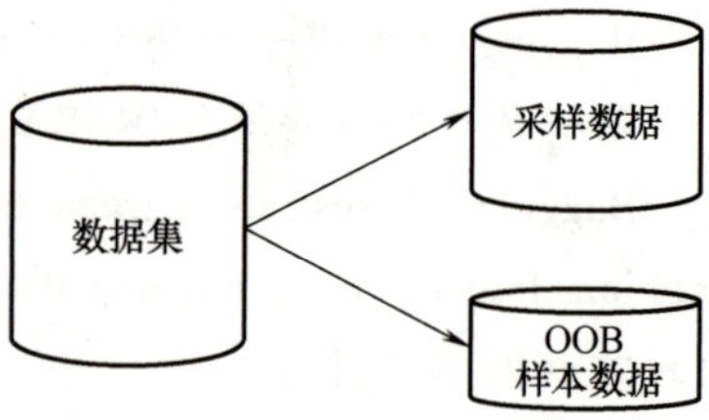

图 8-9　OOB 样本数据集图示

（3）Bagging 算法基本流程

Bagging 是并行式集成学习方法最著名的代表。如图 8-7 所示，Bagging 集成学习方法在原始训练集上进行有放回的随机采样，组成较小的子训练集（采样出 T 个含 m 个训练样本的采样集）并训练得到对应的个体学习器，再采用集成策略（如用简单投票法实现分类任务，用简单平均法实现回归任务）进行集成结合。Bagging 的算法基本流程如算法 8-1 所示。

算法 8-1　Bagging 算法基本流程

输入：训练集 $D=\{(\boldsymbol{x}_i,y_i)\}_{i=1}^{n}$；基学习器演算算法 A；迭代轮数 $t=1, 2, \cdots, T$

输出：$G(\boldsymbol{x})=\underset{y\in Y}{\operatorname{argmax}}\sum_{t=1}^{T}\mathbb{I}(b_t(\boldsymbol{x})=y)$　　//$\mathbb{I}(\boldsymbol{x})$是指示函数

过程：

function Bagging（D，A）　　//Bagging 算法过程

1. for $t=1, 2, \cdots, T$ do
2. 　从训练集 D 中有放回抽样的方式生成 $\overline{D}_t$，取样规模为 m
3. 　用基学习算法学习 A（$\overline{D}_t$），得到对应的个体学习器 b_t
4. end for

（4）更多和 Bagging 相关的讨论

训练一个 Bagging 集成与直接使用基学习算法训练学习器的复杂度同阶，可见 Bagging 是一个很高效的集成学习算法。此外，与标准 AdaBoost 只适用于分类任务不同，Bagging 可以不经修改地应用于多分类、回归等任务。从偏差-方差分解的角度来看，Bagging 主要关注降低方差，因此它在不剪枝决策树、神经网络等易受样本扰动的学习器上作用明显。

2. 随机森林

随机森林（random forest）首先建立很多决策树的基学习器，组成一个决策树的“森林”，之后通过投票法进行集成结合、形成决策预测。其是 Bagging 的扩展，它在 Bagging（以决策树为基学习器构建）的基础上，进一步在决策树的训练过程中引入了随机特征选择，有着更快的训练速度。

随机森林方法同时使用了数据样本扰动和输入属性扰动，对特征和数据集都随机取样，实现个体学习器的多样性增强。该方法采用 Bootstrapping 自助采样法实现随机选择样本。随机选择特征是指每个节点在分裂过程中都是随机选择特征的（区别于每棵树随机选择一批特征），在随机的特征子集上寻找最优划分特征。这种随机性相比于单个导致随机森林的偏差会有稍微的增加（相比于单棵不随机树），但由于随机森林的“平均”特性，会使得它的方差减小，而方差的减小补偿了偏差的增大，因此总体而言是更好的模型。算法 8-2 是随机森林算法基本流程。

随机森林分类器有诸多的优点，在很多机器学习实践中展现了强大的性能：①随机森林算法的输入数据是从整个训练样本随机且有放回地选取，且在每棵决策树构建中所需要的特征是从整个特征集中随机选取出来，可以有效地避免过拟合现象发生；②随机森林可以有效地处理高维特征的输入样本，不需要单独对样本的特征进行选择和降维；③在训练分类器的过程中，随机森林可以给出特征之间的相互作用和影响；④相对于 Boosting 系列的 AdaBoost 和 GBDT（Gradient Boosting Decision Tree），随机森林容易实现，计算开销小；⑤随机森林训练速度较快、实施较简单及泛化能力较强，可对数据进行并行化处理，因此其能够处理大规模的样本数据集。

但随机森林在噪声较大的数据集上容易陷入过拟合，且容易忽略数据样本之间的相关性。在各类别的样本数量不同时，决策树的信息增益的结果可能更偏向于具有更多样本的类别。

算法 8-2　随机森林算法基本流程

输入：训练集 D；迭代轮数 $t=1, 2, \cdots, T$；分支数 C；特征数 d

输出：$G(\boldsymbol{x}) = \underset{y \in Y}{\operatorname{argmax}} \sum_{t=1}^{T} \mathrm{II}\left(b_t(\boldsymbol{x}) = y\right)$　　//所有树的集合成随机森林算法

过程：

FunctionRandomForest（D）：//随机森林算法过程

1.　for $t=1, 2, \cdots, T$ do：

2.　从训练集 D 中有放回抽样的方式生成 $\overline{D}_t$，取样规模为 m

3.　随机从 d 选中选择 d'个特征，且 $d'<d$

4.　使用新的训练集 $\overline{D}_t$ 和 d'个特征，通过 DTree（$\overline{D}_t$，d'）学习一个完整决策树 b_t

5.　end for

FunctionDTree（D，d）：　　//决策树学习过程函数

---

6. if 到达终止条件，则返回基本的假设函数 b_t
7. else
8. 学习分支的划分标 $f(\boldsymbol{x})$，并通过 $f(\boldsymbol{x})$ 将数据集 D 划分为 c 个分支 D_c
9. 根据不同的数据子集 D_c 来求解子树的假设函数 f_c，DTree $(D_c, d) \to f_c$
10. 返回集成假设函数 $b_t(\boldsymbol{x})$，$b_t(\boldsymbol{x}) = \sum_{c=1}^{C} f_c(\boldsymbol{x})$

8.4.2 Boosting 方法

1. Boosting 方法特点

Boosting 方法是一族可将弱学习器提升为强学习器的算法。其工作机制是：按照一定的顺序来先后训练不同的基模型，每个模型都针对前序模型的错误进行专门训练；根据前序模型的结果，来调整训练样本的权重，从而增加不同基模型之间的差异性；之后采用 8.3 节介绍的集成策略对最终的个体学习器进行集成结合。可见 Boosting 方法用序列化方法串行生成个体学习器，在每一轮训练中调整训练数据的样本分布，其个体学习器间存在强依赖关系。Boosting 方法是一种非常强大的集成方法，只要基模型的准确率比随机猜测好，就可以通过集成方法来显著地提高集成模型的准确率。

Boosting 算法如图 8-10 所示，其工作机制是首先从训练集 D 选一个集合 D_1 并用初始权重训练出一个弱学习器（weak classifier，个体学习器或基分类器）b_1，根据弱学习的学习误差率表现更新训练样本的权重，然后基于调整权重后的训练集来训练弱学习器 b_2，如此重复进行，直到弱学习器数达到事先指定的数目 T，最终将这 T 个弱学习器通过集成策略进行整合，得到最终的强学习器（strong classifier，集成模型）$G(\boldsymbol{x})$。

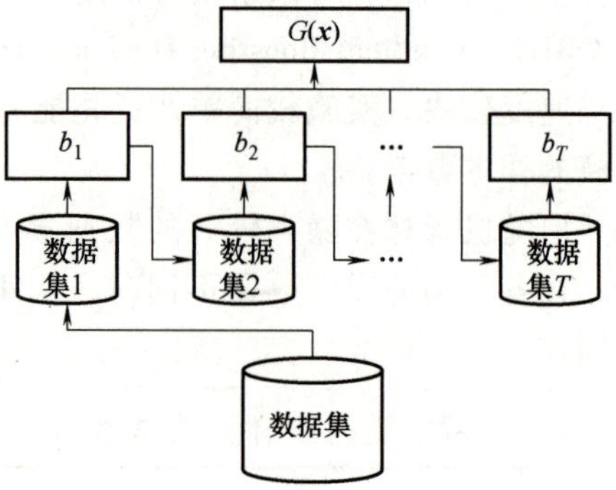

图 8-10 Boosting 集成学习方法示意图

2. AdaBoost（Adaptive Boosting）算法思想

Boosting 方法的代表性模型有 AdaBoost，是一种迭代式的训练算法，用迭代的方法来学习每个弱分类器，即按照一定的顺序依次训练每个弱分类器。在学习了第 t 个弱分类器后，增加其分错样本的权重，使得第 $t+1$ 个弱分类器“更关注”于前面弱分类器分错的样本。这样增加每个弱分类器的差异，最终提升的集成分类器的准确率。

AdaBoost 算法思想是：①初始化训练样本的权值分布，每个样本具有相同权重；②训练弱分类器，如果样本分类正确，则在构造下一个训练集中，它的权值就会被降低，反之提高，用更新过的样本集去训练下一个分类器；③将所有弱分类组合成强分类器，各个弱分类器的训练过程结束后，加大分类误差率小的弱分类器的权重，降低分类误差率大的弱分类器的权重；④后一个模型的训练永远是在前一个模型的基础上完成的。因此，在 AdaBoost 算法中，每个模型都在尝试增强整体的效果，如图 8-11 所示。AdaBoost 算法自适应在于：前一个基分类器分错的样本会得到加强，加权后的全体样本再次被用来训练下一个基分类器；

同时，在每一轮中加入一个新的弱分类器，直到达到某个预定的足够小的错误率或达到预先指定的最大迭代次数。

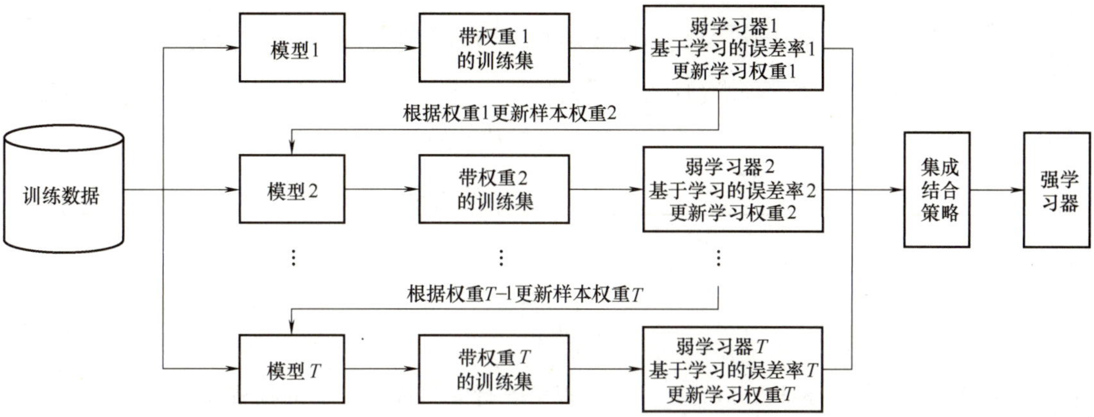

图 8-11　AdaBoost 集成学习方法示意图

3. 算法流程

AdaBoost 算法是前向分布算法（forward stage-wise algotithm）的特例。结合机器学习三个基本要素和基于“加性模型”最小化任务，给出 AdaBoost 的实现流程。以二分类为例子，弱分类器 $b_t(\boldsymbol{x}) \in \{-1,+1\}$。$y_i \in \{-1,+1\}$，$g(\boldsymbol{x})$ 是真实函数。

模型：假设集成模型目标是学习一个加性模型（additive model），即基学习器的线性组合的集成模型。

学习准则：这里学习准则采用最小化指数损失函数（exponential loss function），如式（8-22）所示，亦即策略如式（8-23）所示，其中 α_t 为集成权重，γ_t 为样本权重。机器学习的学习准则采用最小化指数损失函数。该指数损失函数作为替代函数有更好的数学性质。

$$L_{\exp}(G \mid D) = E_{\boldsymbol{x} \sim D}[\mathrm{e}^{-g(\boldsymbol{x})G(\boldsymbol{x})}] \tag{8-22}$$

$$\min_{\alpha_t,\gamma_t} \sum_{i=1}^{n} L(y_i, \sum_{t=1}^{T} \alpha_t b_t(\boldsymbol{x}_i;\gamma_t)) \tag{8-23}$$

算法：这里采用前向分布算法（forward stage-wise algotithm）。因为学习的是加法模型，如果能够从前向后，每一步只学习一个基函数及其系数，逐步逼近优化目标函数，那么就可以降低复杂性。在每步迭代中，只需要优化如下损失函数（见式（8-24））。

$$\min_{\alpha,\gamma} \sum_{i=1}^{n} (y_i, \alpha b(\boldsymbol{x}_i;\gamma)) \tag{8-24}$$

前向分布算法将同时求解从 $t=1$ 到 T 所有参数 α_t，γ_t 的优化问题简化为逐次求解各个 α_t，γ_t 的优化问题。AdaBoost 算法最初赋予每个样本同样的权重。在每一轮迭代中，根据当前样本的权重训练一个新的弱分类器。然后根据这个弱分类器的错误率来计算其集成权重，并调整样本权重。具体的 AdaBoost 算法的训练过程如算法 8-3 所示。第一个基分类器 b_1 是通过直接将基学习算法用于初始数据分布而得；此后迭代地生成 γ_t，b_t 和 α_t，当基分类器 b_t 基于分布 D_t 产生后，该基分类器的权重 α_t 应使得 $\alpha_t b_t$ 最小化指数损失函数，如式（8-25）所示。

$$L_{\exp}(\alpha_t b_t \mid D_t)=E_{x\sim D_t}[e^{-g(x)\alpha_t b_t(x)}]$$
$$=E_{x\sim D_t}[e^{-\alpha_t}I(g(x)=b_t(x))+e^{\alpha_t}I(g(x)\neq b_t(x))]$$
$$=e^{-\alpha_t}P_{x\sim D_t}(g(x)=b_t(x))+e^{\alpha_t}P_{x\sim D_t}(g(x)\neq b_t(x))$$
$$=e^{-\alpha_t}(1-\varepsilon_t)+e^{\alpha_t}\varepsilon_t \tag{8-25}$$

式中，$\varepsilon_t=P_{x\sim D_t}(b_t(x)\neq g(x))$，考虑指数损失函数的导数

$$\frac{\partial L_{\exp}(\alpha_t b_t \mid D_t)}{\partial \alpha_t}=-e^{-\alpha_t}(1-\varepsilon_t)+e^{\alpha_t}\varepsilon_t \tag{8-26}$$

令式（8-26）等于零，可得

$$\alpha_t=\frac{1}{2}\ln\left(\frac{1-\varepsilon_t}{\varepsilon_t}\right) \tag{8-27}$$

由式（8-27）可得算法 8-3 AdaBoost 算法流程第 5 行的集成分类器的权重系数更新公式。

算法 8-3　两类分类的 AdaBoost 算法流程

输入：训练集 $D=\{(x_i,y_i)\}_{i=1}^{n}$

　　基学习算法 A

　　迭代轮数 $t=1, 2, \cdots, T$

输出：$G(x)=\text{sign}\left(\sum_{t=1}^{T}\alpha_t b_t(x)\right)$

过程：

function AdaBoost（D, A）　　//AdaBoost 算法过程

1. 初始化样本权重 $\gamma_1^{(i)}\leftarrow 1/n$，$\forall i\in[1, n]$
2. for $t=1, 2, \cdots, T$ do

　　按照样本权重 $\gamma_t^{(i)}$，学习弱分类器 $b_t=A(D,D_t)$，策略如式（8-24）所示

3. 计算弱分类器 b_t 在数据集上的加权错误 $\varepsilon_t=P_{x\sim D_t}(b_t(x)\neq g(x))$
4. if $\varepsilon_t>0.5$ then break
5. 计算分类器的集成权重 $\alpha_t=\frac{1}{2}\ln\left(\frac{1-\varepsilon_t}{\varepsilon_t}\right)$，如式（8-27）所示
6. 调整样本权重并更新 D_t

　end if　　　$\gamma_{t+1}^{(i)}\leftarrow\gamma_t^{(i)}\exp(-\alpha_t y_i b_t(x_i))$, $\forall i\in[1,n]$

7. end for

---

4. 进一步讨论

AdaBoost 作为分类器时，分类精度很高。在 AdaBoost 的框架下，可使用各种回归分类模型来构建弱学习器，非常灵活。作为简单的二分类器时，构造简单，结果可理解和解释。但是该方法对异常样本敏感，异常样本在迭代中可能会获得较高的权重，影响最终的强学习器的预测准确性。从偏差-方差分解的角度看，Boosting 主要关注降低偏差。

8.4.3 Stacking 方法

1. Stacking 的基本思想

Stacking（堆叠法）是一种将多个预测模型的信息组合起来生成新模型（元学习模型）集成学习方法。如图 8-6 所示，Stacking 体系结构由初级和次级两层模型串联。初级模型包括两个或多个个体学习器模型，次级模型是一个结合个体学习器模型的预测元学习模型。在初级模型中，个体学习器模型学习到预测结果（该输出可能是概率值，或者类标签），从原始数据集 D 中学到 T 个初级学习器（个体学习器模型）的预测结果生成一个新的数据集 D'；接着在次级模型（元学习模型）中，模型学习如何最优地组合个体学习器模型的预测结果，使用 D' 来训练学习次级学习器（元学习模型）。一般在初级上的个体学习器是复杂度高、学习能力强的学习器，而次级的学习器是可解释性强、较为简单的学习器，如决策树、线性回归、逻辑回归等。初级的个体分类器模型需要建立原始数据与标签之间的假设；次级的元学习器集成融合个体学习器做出的假设结果、并最终输出集成学习模型的结果。

2. 算法流程

Stacking 的训练过程如算法 8-4 所示。

算法 8-4 Stacking 算法流程

输入：训练集 $D=\{(\boldsymbol{x}_i,y_i)\}_{i=1}^n$

初级学习算法 $A_1,A_2,\cdots,A_T$

次级学习算法 A

输出：$G(\boldsymbol{x})=b'[b_1(\boldsymbol{x}),b_2(\boldsymbol{x}),\cdots,b_T(\boldsymbol{x})]$

过程：

function Stacking (D, A)

1. for $t=1, 2, \cdots, T$ do
2. 使用初级学习算法 A_t 产生初级学习器 b_t
3. end for
4. $D'=\varnothing$ // 生成次级训练集
5. for $i=1, 2, \cdots, n$ do
6. for $t=1, 2, \cdots, T$ do
7. 从原始数据集 D 中学到 T 个初级学习器 $z_{it}=b_t(\boldsymbol{x}_i)$
8. end for
9. 预测结果生成新的数据集 D'，$D'=D'\cup((z_{i1},z_{i2},\cdots,z_{iT}),y_i)$
10. end for
11. 在 D' 上用次级学习算法 A 产生次级学习器 b'

---

3. 讨论

次级学习器的输入属性表示和学习算法对 Stacking 集成泛化性能有很大影响。模型叠加的一个主要问题是过度拟合。此外，多层叠加对数据来说成本高（因为需要训练大量数据）、耗时长（因为每层添加多个模型）。因而实现堆叠的难点在于：在开始设计堆叠集成时要确定适当数量的可依赖的基线模型，从而能从数据集生成更好的预测。堆叠方法可以使用并行集成技术，其中基线学习器因为没有数据依赖所以可以同时生成，而其融合方法则取决于元学习方法。

8.5 应用案例

CT 检查是现代一种较先进的医学影像检查技术。本节基于肺部图像数据库联盟（Lung Image Database Consortium，LIDC）数据库中 CT 胸部图像，采用集成学习算法对肺结节进行良恶性识别。LIDC 是由美国癌症研究所（National Cancer Institute）发起收集的公开数据库，主要目的是为了研究早期肺癌的诊断。

图 8-12 是 LIDC 中一个良性和恶性肺结节的示例。在 LIDC-IDRI 数据集中，包含了 9 个由放射科医生进行注释定性的语义特征。其中恶性度（malignancy）被量化为五个等级，恶性度等级越高，结节恶性程度也就越高。为简单起见，将恶性属性等级为 3 的不确定性肺结节样本剔除；将等级为 1、2 的结节样本作为良性（正）样本，将等级为 4、5 的结节样本作为恶性（负）样本进行模型的训练；并以之作为数据的分类标签 y。从 LIDC-IDRI 数据库中，可以随机地选取若干个肺结节样本，包括相当的良性结节和恶性结节，构建训练集、验证集和测试集。

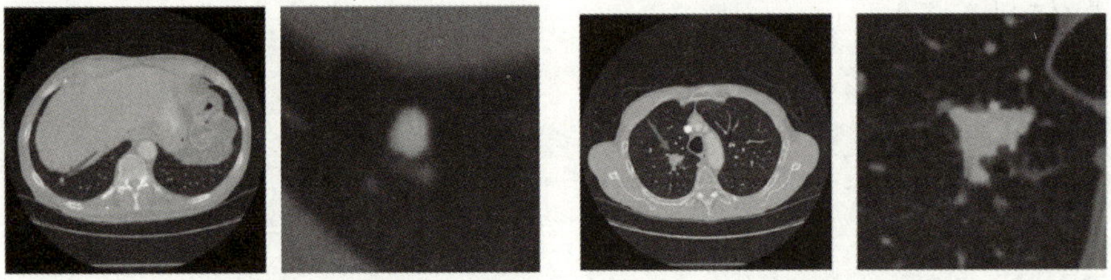

a) 良性肺结节　　b) 恶性肺结节

图 8-12　彩图

图 8-12　LIDC-IDRI 中良恶性肺结节示例

分别采用随机森林（Bagging 方法）、决策树（AdaBoost 方法）和 Stacking 方法（个体学习器包括决策树、多层感知器神经网络和 SVM），识别结果如图 8-13～图 8-15 所示。

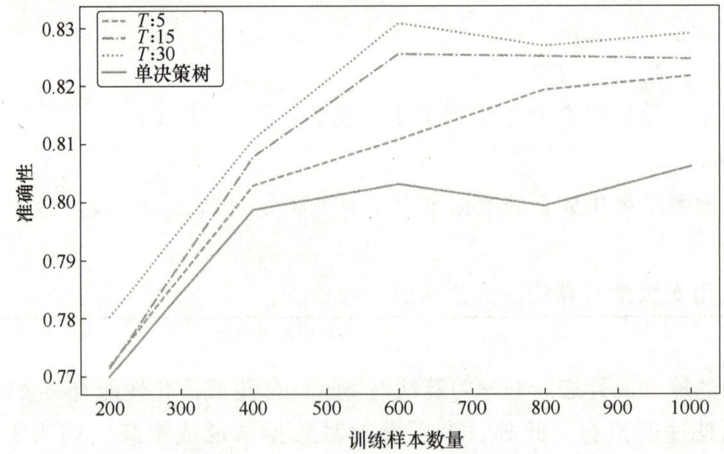

图 8-13　不同数量训练样本集条件下不同规模随机森林的测试结果

图 8-13 表明随机森林的效果与集成规模有一定的关系。一般而言，集成的规模即决策树数量越多，随机森林的效果也越好；图 8-14 表明经过 AdaBoost 集成后，学习性能有明显提升，随着集成的规模即决策树数量的增加，AdaBoost 的效果也越好；图 8-15 表明经过 Stacking 集成后，测试性能优于单一的学习器，性能有大幅度提升。

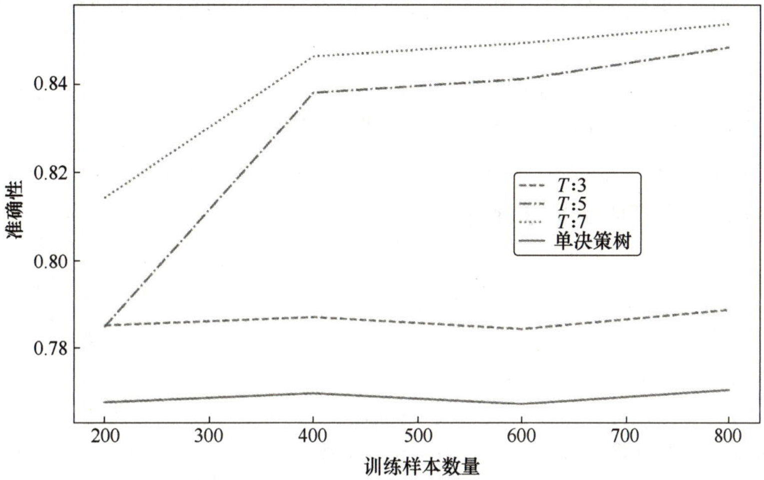

图 8-14　AdaBoost 和单个决策树在测试集上的测试结果

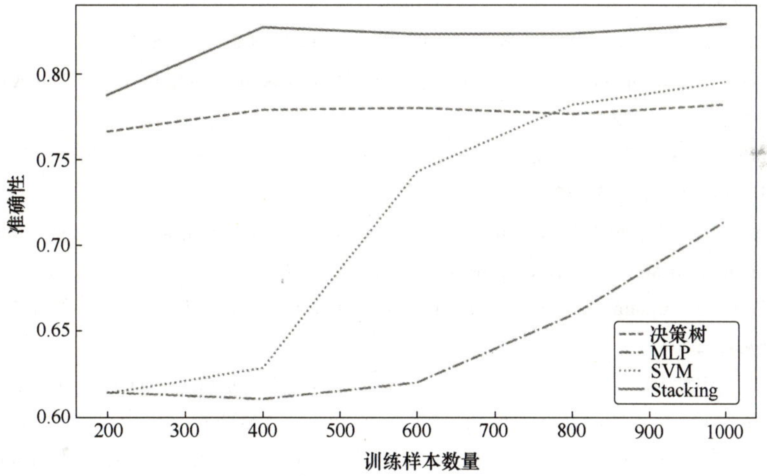

图 8-15　Stacking 与三个初级学习器决策树（decision tree）、支持向量机（SVM）、多层感知器神经网络（MLP）的测试结果

思考题与习题

8-1　什么是集成学习？

8-2　列举并解释集成学习中几种常见的策略，如 Bagging、Boosting 和 Stacking，并指出它们各自的主要特点。

8-3　在 Bagging 方法中，为什么需要对原始数据集进行随机抽样以生成多个训练子集？

这样做的好处是什么？

8-4 解释 AdaBoost 算法的工作原理，包括它是如何调整样本权重以关注难分类样本的，以及最终强分类器是如何构建的。

8-5 随机森林与决策树相比，有哪些主要改进和优势？

8-6 在 Stacking 集成策略中，基学习器和元学习器的作用分别是什么？如何选择合适的基学习器和元学习器？

8-7 讨论集成学习在提高模型泛化能力方面的作用机制，以及它可能带来的计算复杂性和过拟合风险。

8-8 在实际应用中，集成学习模型的选择（如随机森林、AdaBoost、XGBoost 等）通常基于哪些因素？请结合具体场景进行说明。

参考文献

[1] 周志华. 机器学习［M］. 北京：清华大学出版社，2016.

[2] 李航. 统计学习方法［M］. 北京：清华大学出版社，2019.

[3] 邱锡鹏. 神经网络与深度学习［M］. 北京：机械工业出版社，2021.

[4] BREIMAN L. Baggingpredictors [J]. Machine Learning, 1996, 24 (2): 123-140.

[5] FRIEDMAN J, HASTIE T, TIBSHIRANI R. Additive logistic regression: a statistical view of boosting [J]. The Annals of Statistics, 2000, 28 (2): 337-407.

[6] BREIMAN L. Randomforests [J]. Machine Learning, 2001, 45 (1): 5-32.

[7] FRIEDMAN J. Greedy function approximation: a gradient boosting machine [J]. The Annals of Statistics, 2001, 29 (5): 1189-1232.

[8] KIM H C, PANG S, JE H, et al. Constructing support vector machine ensemble [J]. Pattern Recognition, 2003, 36 (12): 2757-2767.

[9] FREUND Y, IYER R, SCHAPIRE R E, et al. An efficient boosting algorithm for combining preferences [J]. The Journal of Machine Learning Research, 2003, 4: 933-969.

[10] KUNCHEVA L I. Combining Pattern Classifiers: Methods andAlgorithms [M]. New Jersey: John Wiley & Sons Press, 2004.

[11] SOARES C, BRAZDIL P B, KUBA P, et al. A meta-learning method to select the kernel width in support vector regression [J]. Machine Learning, 2004, 54 (3): 195-209.

[12] CHRISTOPHER M B. Pattern Recognition and Machine Learning [M]. Berlin: Springer-Verlag, 2006.

[13] PEDREGOSA F, VAROQUAUX G, GRAMFORT A, et al. Scikit-learn: Machine Learning in Python [J]. The Journal of Machine Learning Research, 2011, 12: 2825-2830.

[14] ARMATO Ⅲ S G, MCLENNAN G, BIDAUT L, et al. The lung image database consortium (LIDC) and image database resource initiative (IDRI): a completed reference database of lung nodules on CT scans [J]. Medical Physics, 2011, 38 (2): 915-931.

[15] CHEN T, GUESTRIN C. Xgboost: A scalable tree boosting system [C]//Proceedings of The 22nd ACM SIGKDD International Conference on Knowledge Discovery and Data Mining, New York, ACM, 2016: 785-794.

第 9 章 降维

导读

数据降维是数据预处理的一个重要方面，尤其高维数据处理。降维的目的是减少数据特征的维数，同时尽可能保留原始数据的重要信息。这不仅有助于降低对计算资源的需求，还可以提高某些算法的效能，并有助于可视化和理解数据。随着大数据时代的来临，高维数据处理成为数据分析与机器学习领域的重要挑战。高维数据不仅增加了计算复杂性，还可能导致过拟合。

本章将深入探索降维的核心理念和实用方法。本章将介绍主成分分析（Principal Component Analysis，PCA）、线性判别分析（Linear Discriminant Analysis，LDA）和多维尺度变换（Multidimensional Scaling，MDS）等线性降维方法，以及等度量映射（Lsometric Mapping，ISOMAP）、局部线性嵌入（Locally Linear Embedding，LLE）等非线性降维方法。这些方法各有特点，适用于不同场景。除了介绍具体方法，本章还将通过实际案例，指导读者亲自操作降维方法，感受其在数据处理和分析中的强大作用。

通过本章的学习，希望读者能够掌握降维技术的精髓，并将其应用于实际问题中，提升数据处理和分析的效率与质量。

本章知识点

- 线性降维方法
- 非线性降维方法

9.1 引言

在机器学习的实践中，随着数据收集和处理技术的飞速发展，不可避免地要面对高维数据集。本书前面几章介绍的机器学习算法，如线性回归、支持向量机、决策树、朴素贝叶斯等，在高维数据上可能面临诸多挑战，如以下两个：

1）计算复杂性。高维数据导致计算量激增，模型训练时间显著延长，甚至可能因资源限制而无法收敛。

2）过拟合。当数据维度过高时，模型容易过度拟合训练数据，从而降低其在未知数据上的泛化能力。

为了解决这些问题，降维方法应运而生。降维方法的本质在于通过某种变换或映射，将原始高维空间中的数据点转换到低维空间中，同时尽可能地保留数据的内在结构和关键信息。这样，不仅可以减少数据的存储和计算成本，还可以提高后续数据处理和分析的效率。

根据变换方式的不同，降维方法主要可以分为线性降维方法和非线性降维方法。线性降维方法，假设数据在高维空间中具有线性结构，通过线性变换将数据映射到低维空间中。如主成分分析法、线性判别分析法、多维尺度变换等都属于线性降维方法。这些方法计算简单、易于实现，并且对于某些类型的数据非常有效。然而，当数据具有复杂的非线性结构时，线性降维方法可能无法有效捕捉其内在特征。

为了处理这类数据，引入了非线性降维方法。这些方法通常比线性降维方法更复杂，但能够更好地保留数据的非线性特征。例如，流形学习（ISOMAP、LLE 等）和核方法等非线性降维方法，能够发现数据中的非线性结构，并将其映射到低维空间中。

降维技术在许多领域都有广泛的应用。在图像处理中，降维方法可以用来提取图像的主要特征，提高图像识别的准确性；在生物信息学中，降维方法可以用来识别基因表达模式，揭示基因之间的相互作用关系；在推荐系统中，降维方法可以用来提取用户的兴趣特征，提高推荐的准确性和个性化程度。因此，掌握降维方法对于机器学习和数据科学领域的从业者来说至关重要。

9.2 线性降维方法

线性降维方法作为降维方法的核心之一，依托线性变换的原理，探寻原始数据间的线性关联，进而将数据自高维空间映射至低维空间。此方法不仅直观易懂，而且计算效率极高，因此，在诸多实际场景中展现出了应用价值。线性降维方法的精髓在于，通过线性组合的手段，将原始数据中的多元特征整合为少数或单一的新特征。这些新特征不仅大幅降低了数据的维度，还保留了原始数据中的关键信息。利用线性降维方法，可以简化数据结构，提高数据处理与分析的效率；同时，也能减少模型的复杂度，进而增强其泛化能力。在众多的线性降维技术中，主成分分析无疑是最具代表性的一种。主成分分析通过捕捉数据中的主成分，即方差最大的方向，将数据投影至一个低维空间。这种方法在消除数据噪声和冗余信息方面表现出色，能够有效地保留数据的主要特性。此外，线性判别分析同样是一种广受欢迎的线性降维方法，在处理分类问题时尤为出色，能通过寻找不同类别间的最大区分性方向来实现降维。

在介绍具体的线性降维方法之前，下面先做一个统一假设。假设一个包含 n 个样本的样本集 $\boldsymbol{X}=\{\boldsymbol{x}_1,\boldsymbol{x}_2,\cdots,\boldsymbol{x}_n\}$，其中所有向量都是列向量，维度为 m，即

$$\boldsymbol{x}_i=(x_{i1},x_{i2},\cdots,x_{im})^{\mathrm{T}}\in\mathbb{R}^m,i=1,2,\cdots,n$$

这 m 个特征之间可能存在相关性（互相不独立），这种相关性增加了分析的难度。在很多模型中，会假设各个特征之间是独立的，最有代表性的就是朴素贝叶斯模型。为了减少分析难度，可以用少数不相关的变量来代替相关的变量，这些少数不相关变量可以用来表示数据，并且能够保留数据中的大部分信息。也就是寻找一个变换矩阵 $\boldsymbol{W}_{m\times d}$，使得：

$$\boldsymbol{Y}=\boldsymbol{W}^{\mathrm{T}}\boldsymbol{X} \tag{9-1}$$

式中，$\boldsymbol{X}\in\mathbb{R}^{m\times n}$ 为原始矩阵；$\boldsymbol{Y}\in\mathbb{R}^{d\times n}$ 为降维后的矩阵。每一个观测值由 m 维变为了 d 维，其中 $d\ll m$。原先的 m 维特征可能存在相关性，而降维后的 d 维特征之间相互独立。可以根

据降维的目的不同，定义不同的降维方法。

9.2.1　主成分分析法

主成分分析的起源可以追溯到 20 世纪初的统计学和生物测量学领域。这一方法的最初概念由英国统计学家和生物测量学家卡尔·皮尔逊（Karl Pearson）在 1901 年提出。皮尔逊在研究中发现，通过线性变换可以将原始的多变量数据转换为一组新的变量，这些新变量（即主成分）能够尽可能多地保留原始数据中的信息，同时减少变量的数量。随后，哈罗德·霍特林（Harold Hotelling）在 1933 年进一步发展和推广了主成分分析。霍特林不仅考虑了第一主成分，还考虑了次要的、正交的成分，即第二和第三主成分等。他通过数学上的严谨推导，使主成分分析从一个直观的概念发展成为一个成熟的统计方法，并得到了广泛的应用。

在讨论主成分分析前，首先要理解数据的方差在其中的作用。一般而言，希望数据的方差尽可能大，因为这表示数据点在其主要变化方向上具有较大的分散度，从而保留了更多的信息。因此，主成分分析的主要目标就是找到一个投影方向，使得数据点在这个方向上的投影方差最大化（见图 9-1）。这样，就能保留数据的主要变化模式，同时减少噪声成分的影响。对于一维数据而言，这等同于方差最大化。然而，在大多数实际场景中，处理的是多维数据。在这种情况下，需要协方差最大化，而不仅是单一维度的方差最大化。

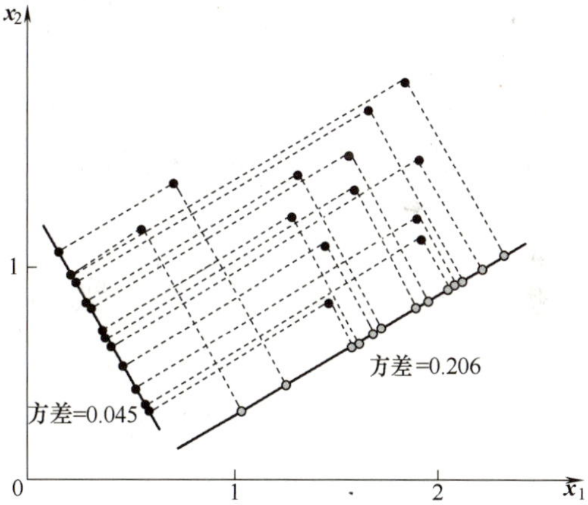

图 9-1　数据点在不同方向投影后的方差及分布

协方差用于衡量两个变量之间的联合变化程度。在主成分分析中，希望找到一组主轴，使得样本点在这些轴上的投影能够尽可能分开。这通常意味着投影后样本点之间的协方差应该最大化。通过最大化投影后的协方差，能够确保数据的主要结构得以保留，同时去除不相关的噪声和冗余信息。因此，主成分分析的目标是通过最大化投影方差（对于一维数据）或协方差（对于多维数据）来找到最优的投影方向，从而实现数据的有效降维和特征提取。

从几何学的角度来看，主成分分析可以被理解为，一种能帮助人们在一个新的坐标系下重新观察和理解数据的方法。通常是在一个标准的笛卡尔坐标系中看待数据的，其中每个维度都是垂直且独立的。然而，在真实世界中，数据点往往不会均匀地分布在这些维度上，有些方向上的数据变化大，而有些方向上的数据变化小。主成分分析的作用就是找到一个新的坐标系，这个新坐标系中的坐标轴（即主成分）是数据变化最大的方向。

这个过程就像是在看一幅画，从正面看可能只看到山脉的轮廓，但如果稍微旋转一下视角，就可能会看到山峰的更多细节。主成分分析就是这样一种“旋转”数据的方法。它重新排列坐标轴，使得数据在新的坐标轴上分布得更为合理，即数据的变化主要集中在少数几个坐标轴上。这样，就可以选择保留这些变化最大的坐标轴，而忽略变化较小的坐标轴，从而达到降维的目的。

那么，怎么才能找到这样的坐标轴呢？寻找这样的坐标轴应遵循以下两个原则：

1）最大投影方差。样本点在这个超平面上的投影能尽可能分开。

2）最小重构距离。样本点到这个超平面的距离都足够近。

当数据投影到这些主成分上时，就得到了数据的降维表示。由于这些主成分是根据数据的方差来选择的，因此它们能够最大限度地保留原始数据中的信息。然而，这种投影操作会引入一定的误差，即原始数据点与投影点之间的距离。这个距离就是所谓的重构距离。主成分分析的目标是最小化这个重构距离。这是因为它希望新的特征空间能够尽可能好地表示原始数据。换句话说，主成分分析希望找到一个新的特征空间，使得在这个空间中表示原始数据时引入的误差最小。通过最小化重构距离，主成分分析可以在降维的同时尽可能地保留原始数据中的信息。可以证明，根据最大投影方差和最小重构距离得到的主成分分析的两种推导是等价的，因此从最大投影方差出发推导。

若使所有样本点的投影能尽可能地分开，则应该使投影后样本点的协方差最大化，优化目标可写为

$$\max_{\boldsymbol{W}} \operatorname{tr}\left(\frac{1}{n}(\boldsymbol{Y}-\overline{\boldsymbol{Y}})(\boldsymbol{Y}-\overline{\boldsymbol{Y}})^{\mathrm{T}}\right) \tag{9-2}$$
$$\text{s. t. } \boldsymbol{W}^{\mathrm{T}}\boldsymbol{W}=\boldsymbol{I}$$

将 $\boldsymbol{Y}$ 替换为 $\boldsymbol{W}^{\mathrm{T}}\boldsymbol{X}$，得

$$\max_{\boldsymbol{W}} \operatorname{tr}\left(\frac{1}{n}\boldsymbol{W}^{\mathrm{T}}(\boldsymbol{X}-\overline{\boldsymbol{X}})(\boldsymbol{X}-\overline{\boldsymbol{X}})^{\mathrm{T}}\boldsymbol{W}\right) \tag{9-3}$$
$$\text{s. t. } \boldsymbol{W}^{\mathrm{T}}\boldsymbol{W}=\boldsymbol{I}$$

为了方便计算及表达，先对样本进行中心化处理，即 $(\boldsymbol{X}-\overline{\boldsymbol{X}})\rightarrow\boldsymbol{X}$。于是，优化目标可进一步简化为

$$\max_{\boldsymbol{W}} \operatorname{tr}\left(\frac{1}{n}\boldsymbol{W}^{\mathrm{T}}\boldsymbol{X}\boldsymbol{X}^{\mathrm{T}}\boldsymbol{W}\right) \tag{9-4}$$
$$\text{s. t. } \boldsymbol{W}^{\mathrm{T}}\boldsymbol{W}=\boldsymbol{I}$$

假设 $\boldsymbol{S}=\frac{1}{n}\boldsymbol{X}\boldsymbol{X}^{\mathrm{T}}$，$\boldsymbol{S}\in\mathbb{R}^{m\times m}$，对于式（9-4）使用拉格朗日乘子法，将等式约束下的极值问题转化为无约束的优化问题，即

$$L(\boldsymbol{W},\lambda)=\boldsymbol{W}^{\mathrm{T}}\boldsymbol{S}\boldsymbol{W}-\lambda(\boldsymbol{W}^{\mathrm{T}}\boldsymbol{W}-\boldsymbol{I})$$

优化的必要条件是 $\frac{\partial L}{\partial \boldsymbol{W}_i}=0$，则

$$\frac{\partial L}{\partial \boldsymbol{W}_i}=2\boldsymbol{S}\boldsymbol{W}_i-2\lambda\boldsymbol{W}_i=0$$

也即

$$\boldsymbol{S}\boldsymbol{W}_i=\lambda\boldsymbol{W}_i \tag{9-5}$$

于是，只需对协方差矩阵 $\boldsymbol{S}$ 进行特征值分解。将求得的特征值排序为，$\lambda_1\geqslant\lambda_2\geqslant\cdots\geqslant\lambda_m$；再取前 d 个特征值对应的特征向量构成 $\boldsymbol{W}=(\boldsymbol{w}_1,\boldsymbol{w}_2,\cdots,\boldsymbol{w}_d)$，$\boldsymbol{w}_i\in\mathbb{R}^m$，这就是主成分分析的解。

在数学上，主成分分析通过计算数据的协方差矩阵或相关矩阵的特征值和特征向量来实

现这一过程。特征向量对应新的坐标轴（主成分），而特征值则反映了数据在这些新坐标轴上的方差大小。通过选择协方差最大的前几个特征向量作为新的坐标轴，我们就可以将数据从原始的高维空间投影到一个低维空间，同时保留数据中的主要信息。这样，不仅简化了数据的表示，还有助于我们更好地理解数据的结构和分布。

算法 9-1　主成分分析算法流程

输入：样本集 $\boldsymbol{X}=[\boldsymbol{x}_1,\boldsymbol{x}_2,\cdots,\boldsymbol{x}_n]\in\mathbb{R}^{m\times n}$

其中 $\boldsymbol{x}_i=(x_{i1},x_{i2},\cdots,x_{im})^{\mathrm{T}}\in\mathbb{R}^m$，$i=1,2,\cdots,n$

输出：投影矩阵 $\boldsymbol{W}=(\boldsymbol{w}_1,\boldsymbol{w}_2,\cdots,\boldsymbol{w}_d),\boldsymbol{W}\in\mathbb{R}^{m\times d}$

降维后的矩阵 $\boldsymbol{Y}=\boldsymbol{W}^{\mathrm{T}}\boldsymbol{X},\boldsymbol{Y}\in\mathbb{R}^{d\times n}$

过程：

1. 对所有样本进行中心化：$\boldsymbol{x}_i\leftarrow\boldsymbol{x}_i-\frac{1}{n}\sum_{i=1}^{n}\boldsymbol{x}_i$
2. 计算样本的协方差矩阵 $\boldsymbol{S}=\frac{1}{n}\boldsymbol{X}\boldsymbol{X}^{\mathrm{T}}$
3. 对协方差矩阵 $\boldsymbol{S}$ 做特征值分解
4. 取最大的 d 个特征值所对应的特征向量构成 $\boldsymbol{W}=\boldsymbol{w}_1,\boldsymbol{w}_2,\cdots,\boldsymbol{w}_d$

为了避免过于抽象的讨论，以一个具体例子展示主成分分析的降维过程。

例　假设有 5 条记录，每条记录 2 个字段$\begin{pmatrix}1&1&2&4&2\\1&3&3&4&4\end{pmatrix}$，第一个字段均值为 2，第二个字段均值为 3。

该数据中心化为

$$\begin{pmatrix}-1&-1&0&2&0\\-2&0&0&1&1\end{pmatrix}$$

样本的协方差矩阵为

$$\frac{1}{5}\begin{pmatrix}-1&-1&0&2&0\\-2&0&0&1&1\end{pmatrix}\begin{pmatrix}-1&-2\\-1&0\\0&0\\2&1\\0&1\end{pmatrix}=\begin{pmatrix}\frac{6}{5}&\frac{4}{5}\\\frac{4}{5}&\frac{6}{5}\end{pmatrix}$$

该协方差矩阵的特征值为

$$\lambda_1=2,\lambda_2=2/5$$

对应的特征向量为

$$\boldsymbol{c}_1=\begin{pmatrix}1/\sqrt{2}\\1/\sqrt{2}\end{pmatrix},\boldsymbol{c}_2=\begin{pmatrix}-1/\sqrt{2}\\1/\sqrt{2}\end{pmatrix}$$

降维后的向量为

$$\boldsymbol{Y}=\begin{pmatrix}\frac{1}{\sqrt{2}}&\frac{1}{\sqrt{2}}\end{pmatrix}\begin{pmatrix}-1&-1&0&2&0\\-2&0&0&1&1\end{pmatrix}$$

$$= (-3/\sqrt{2} \quad -1/\sqrt{2} \quad 0 \quad 3/\sqrt{2} \quad 1/\sqrt{2})$$

9.2.2 线性判别分析

主成分分析方法按照协方差从大到小的顺序排列，因此能够保留数据中的主要变化方向，而忽略次要变化。然而，主成分分析在降维过程中仅考虑了数据的整体方差，并未考虑到数据的类别信息。因此，当不同类别的数据在原始空间中重叠较多时，主成分分析可能无法有效地分离它们。为了克服主成分分析的这一缺陷，下面给出线性判别分析。

线性判别分析的起源可以追溯到 Fisher 在 1936 年提出的线性判别思想。Fisher 判别分析，作为线性判别分析的前身，首次引入了线性判别函数的概念，用于解决二分类问题。这种方法的基本思想是通过找到一个线性组合，使得同类样本在该线性组合上的投影尽可能接近，而异类样本的投影尽可能远离。随后，线性判别分析方法进一步发展并完善，成为了一种经典的线性学习方法。与 Fisher 判别分析相比，线性判别分析在假设上稍有不同，它假设各类样本的协方差矩阵相同且满秩。这一假设使得线性判别分析在处理某些特定类型的数据时具有更好的性能。

线性判别分析基本思想就是将带有标签的数据，通过投影的方法，投影到维度更低的空间，同时尽量保持数据的类别信息。也就是使得投影后的点可以按类别区分。如图 9-2 所示，假设有两类数据，分别为红色和蓝色（扫图 9-2 彩图二维码）。将这些数据投影到一维直线上，可以有多种投影方式。线性判别分析目的是让每一种类别数据的投影点尽可能接近，而不同类数据之间的距离尽可能的大。

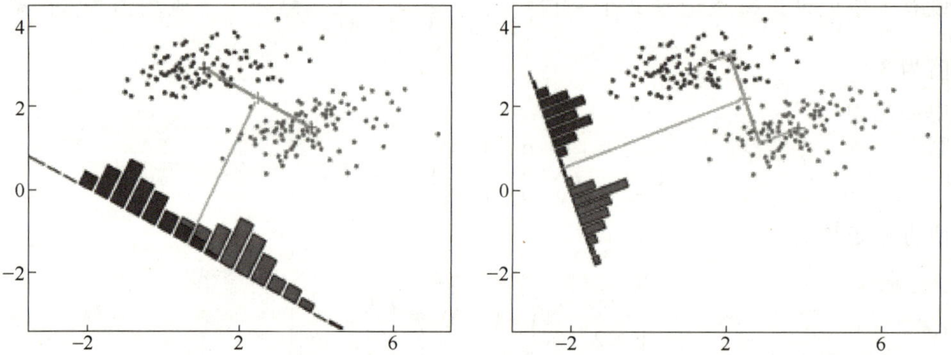

图 9-2 彩图

图 9-2 数据在不同方向投影后的可分性

如图 9-3 所示，线性判别分析通过寻找一个投影方向，使得同类样本的投影点尽可能接近，而异类样本的投影点尽可能远离。这样，线性判别分析不仅能够降低数据的维度，还能在降维的过程中保持数据的判别性，从而有助于提高分类器的性能。

为了便于说明问题。将上一节的协方差矩阵 $\boldsymbol{S}$ 细分为全局散度矩阵$\boldsymbol{S}_{\mathrm{t}}$、类间散度矩阵$\boldsymbol{S}_{\mathrm{b}}$和类内散度矩阵$\boldsymbol{S}_{\mathrm{w}}$。欲使同类样本的投影点尽可能近，可以让同类样本投影点的协方差尽可能小，即$\boldsymbol{S}_{\mathrm{w}}$ 最小。异类样本的投影点尽可能远，可以让异类样本投影点协方差矩阵尽可能大，即$\boldsymbol{S}_{\mathrm{b}}$ 最大。

在前期假设基础上，我们假设 K 类样本，每类数据的样本数为 $n_1, n_2, \cdots, n_K$，其中 $\boldsymbol{X}_i = [\boldsymbol{x}_1, \boldsymbol{x}_2, \cdots, \boldsymbol{x}_{ni}]$ 为第 i 类样本 $n = n_1 + n_2 + \cdots + n_K$。每类数据的均值向量分别为$\boldsymbol{\mu}_1, \boldsymbol{\mu}_2, \cdots, \boldsymbol{\mu}_K$，

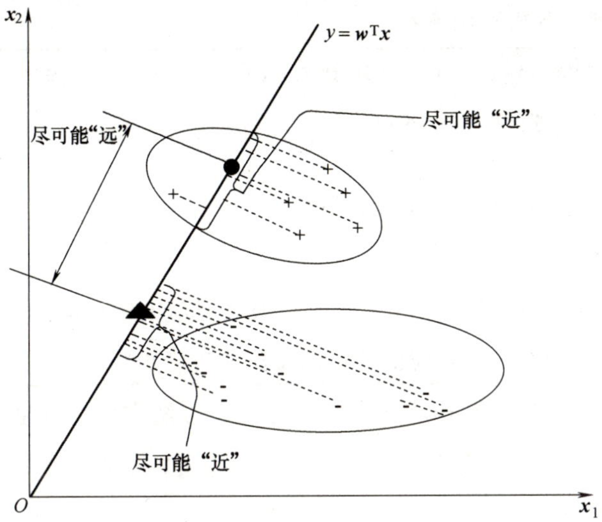

图 9-3　线性判别分析方法的投影目标

总均值向量为 $\boldsymbol{\mu}$。目标是找到一个投影矩阵 $\boldsymbol{W}$，使得投影后的同类样本尽可能接近，异类样本尽可能远离。

1. 计算类内散度矩阵和类间散度矩阵

类间散度矩阵 $\boldsymbol{S}_{\mathrm{b}}$ 衡量的是不同类样本中心之间的分散情况，可表示为

$$\boldsymbol{S}_{\mathrm{b}}=\sum_{i=1}^{K} n_i(\boldsymbol{\mu}_i-\boldsymbol{\mu})(\boldsymbol{\mu}_i-\boldsymbol{\mu})^{\mathrm{T}}$$

类内散度矩阵 $\boldsymbol{S}_{\mathrm{w}}$ 衡量的是同类样本之间的分散情况，可表示为

$$\boldsymbol{S}_{\mathrm{w}}=\sum_{i=1}^{K}\sum_{\boldsymbol{X}\in \boldsymbol{X}_i}(\boldsymbol{X}-\boldsymbol{\mu}_i)(\boldsymbol{X}-\boldsymbol{\mu}_i)^{\mathrm{T}}$$

2. 最大化类间散度与类内散度的比值

线性判别分析的目标是最大化类间散度与类内散度的比值，即最大化目标：

$$J(\boldsymbol{W})=\frac{\mathrm{tr}(\boldsymbol{W}^{\mathrm{T}}\boldsymbol{S}_{\mathrm{b}}\boldsymbol{W})}{\mathrm{tr}(\boldsymbol{W}^{\mathrm{T}}\boldsymbol{S}_{\mathrm{w}}\boldsymbol{W})}$$

3. 求解投影矩阵 W

为了求解 $\boldsymbol{W}$，我们注意到分子分母都是关于 $\boldsymbol{W}$ 的二次项，因此最终解与 $\boldsymbol{W}$ 的长度无关，只与其方向有关。不失一般性，令 $\boldsymbol{W}^{\mathrm{T}}\boldsymbol{S}_{\mathrm{w}}\boldsymbol{W}=1$，则上式等价于

$$\max_{\boldsymbol{W}}\mathrm{tr}(\boldsymbol{W}^{\mathrm{T}}\boldsymbol{S}_{\mathrm{b}}\boldsymbol{W}) \tag{9-6}$$

$$\mathrm{s.\,t.}\ \boldsymbol{W}^{\mathrm{T}}\boldsymbol{S}_{\mathrm{w}}\boldsymbol{W}=\boldsymbol{I}$$

由拉格朗日乘子法，上式等价于

$$\boldsymbol{S}_{\mathrm{b}}\boldsymbol{W}=\lambda\boldsymbol{S}_{\mathrm{w}}\boldsymbol{W}$$

进一步化简为

$$\boldsymbol{S}_{\mathrm{w}}^{-1}\boldsymbol{S}_{\mathrm{b}}\boldsymbol{W}=\lambda\boldsymbol{W}$$

4. 选择最优的投影方向

选择 $\boldsymbol{S}_{\mathrm{w}}^{-1}\boldsymbol{S}_{\mathrm{b}}$ 的最大特征值对应的特征向量组成投影矩阵 $\boldsymbol{W}$。

算法 9-2 线性判别分析算法流程

输入：样本集 $\boldsymbol{X}=[\boldsymbol{x}_1,\boldsymbol{x}_2,\cdots,\boldsymbol{x}_n]$，其中 $\boldsymbol{x}_i=(x_{i1},x_{i2},\cdots,x_{im})^{\mathrm{T}}\in\mathbb{R}^m,i=1,2,\cdots,n$

输出：投影矩阵 $\boldsymbol{W}=(\boldsymbol{w}_1,\boldsymbol{w}_2,\cdots,\boldsymbol{w}_d)$

过程：

1. 计算类内散度矩阵 $\boldsymbol{S}_{\mathrm{w}}$ 和类间散度矩阵 $\boldsymbol{S}_{\mathrm{b}}$
2. 计算矩阵 $\boldsymbol{S}_{\mathrm{w}}^{-1}\boldsymbol{S}_{\mathrm{b}}$
3. 对 $\boldsymbol{S}_{\mathrm{w}}^{-1}\boldsymbol{S}_{\mathrm{b}}$ 进行奇异值分解，得到奇异值 λ_i 及其对应的特征向量 $\boldsymbol{w}_i,i=1,2,\cdots,n$
4. 取 $\boldsymbol{S}_{\mathrm{w}}^{-1}\boldsymbol{S}_{\mathrm{b}}$ 前 d 大的奇异值对应的特征向量组成投影矩阵 $\boldsymbol{W}$

线性判别分析的实现大致与 PCA（主成分分析）方法类似，这里就不列举矩阵运算进行说明。

9.2.3 多维尺度变换

主成分分析的思想是找到一个最佳的投影方向使得数据在该方向投影之后保留足够多的信息。但这样只考虑了数据整体的分布情况（即方差），而没有考虑点与点之间的距离关系。多维尺度变换是一种重要的降维方法，它对于处理复杂数据结构和分析高维数据具有显著的优势。多维尺度变换旨在将高维空间中的数据映射到低维空间中，同时保持数据点之间的相对距离或相似性关系。这种方法的核心思想是寻找一个低维表示，使得数据点之间的相似性或距离关系在低维空间中得以保持。

多维尺度变换的实现通常涉及计算数据点之间的距离或相似度矩阵，然后利用优化算法来找到一个低维嵌入，使得嵌入空间中数据点之间的距离或相似度与原始空间中的尽可能接近。这种方法可以有效地揭示数据的内在结构和关系，使得在低维空间中更容易进行数据分析和可视化。

沿用前边的假设。一个样本集 $\boldsymbol{X}$，里面有 n 个样本，每个样本维度为 m，$\boldsymbol{X}=\{\boldsymbol{x}_1,\boldsymbol{x}_2,\cdots,\boldsymbol{x}_n\}$，其中 $\boldsymbol{x}_i=(x_{i1},x_{i2},\cdots,x_{im})^{\mathrm{T}}\in\mathbb{R}^m,i=1,2,\cdots,n$。降维后样本在 d 维空间的表示 $\boldsymbol{Y}\in\mathbb{R}^{d\times n}$，$d\ll m$。多维尺度变换方法的目标保持数据点之间的相似性或距离关系，使得任意两个样本在 d 维空间中的欧氏距离等于原始空间的距离，即 $\|\boldsymbol{y}_i-\boldsymbol{y}_j\|=\|\boldsymbol{x}_i-\boldsymbol{x}_j\|$。为了便于表述，引入一个矩阵 $\boldsymbol{D}\in\mathbb{R}^{n\times n}$ 表示 n 个样本在原始空间的距离，其第 i 行第 j 列的元素 $d_{ij}=\boldsymbol{x}_i-\boldsymbol{x}_j$ 为样本 $\boldsymbol{x}_i$ 到 $\boldsymbol{x}_j$ 的距离。该目标函数可表示为

$$\min_{y}\sum_{i,j}(\|\boldsymbol{y}_i-\boldsymbol{y}_j\|-d_{ij})^2$$

要想满足这个优化目标，只需要求和的每一项都为 0 即可。也就是令

$$d_{ij}^2=\|\boldsymbol{y}_i-\boldsymbol{y}_j\|^2$$

然后对上式右边进行展开得

$$\|\boldsymbol{y}_i\|^2+\|\boldsymbol{y}_j\|^2-2\boldsymbol{y}_i^{\mathrm{T}}\boldsymbol{y}_j=\boldsymbol{y}_i^{\mathrm{T}}\boldsymbol{y}_i+\boldsymbol{y}_j^{\mathrm{T}}\boldsymbol{y}_j-2\boldsymbol{y}_i^{\mathrm{T}}\boldsymbol{y}_j$$

令 $b_{ij}=\boldsymbol{y}_i^{\mathrm{T}}\boldsymbol{y}_j$，则上式可表示为

$$d_{ij}^2=b_{ii}+b_{jj}-2b_{ij}$$

左右两边对下标 i 求和得

$$\sum_{i=1}^{n} d_{ij}^2 = \sum_{i=1}^{n} b_{ii} + \sum_{i=1}^{n} b_{jj} - \sum_{i=1}^{n} 2b_{ij}$$

令降维后的样本中心化，即 $\sum_{i=1}^{n} y_i = 0$，显然矩阵 $\boldsymbol{B}$ 的行与列之和均为零。即 $\sum_{i=1}^{n} b_{ij} = \sum_{j=1}^{n} b_{ij} = 0$ 。tr( ) 表示矩阵的迹，$\mathrm{tr}(\boldsymbol{B}) = \sum_{i=1}^{n} b_{ii}$ 。则上式可以进一步化简为

$$\sum_{i=1}^{n} d_{ij}^2 = \mathrm{tr}(\boldsymbol{B}) + nb_{jj}$$

同理，可得

$$\sum_{j=1}^{n} d_{ij}^2 = \mathrm{tr}(\boldsymbol{B}) + nb_{ii}$$

$$\sum_{i=1}^{n} \sum_{j=1}^{n} d_{ij}^2 = 2n\mathrm{tr}(\boldsymbol{B})$$

所希望的是得到 $\boldsymbol{B}$，也就是确定它的每个元素 b_{ij}，接下来可以建立一个方程：

$$\begin{cases} d_{ij}^2 = b_{ii} + b_{jj} - 2b_{ij} \\ \sum_{i=1}^{n} d_{ij}^2 = \mathrm{tr}(\boldsymbol{B}) + nb_{jj} \\ \sum_{j=1}^{n} d_{ij}^2 = \mathrm{tr}(\boldsymbol{B}) + nb_{ii} \\ \sum_{i=1}^{n} \sum_{j=1}^{n} d_{ij}^2 = 2n\mathrm{tr}(\boldsymbol{B}) \end{cases}$$

这里的 d_{ij} 是原始的距离，都是已知量。对上式进一步化简为

$$\begin{cases} b_{ij} = \dfrac{1}{2}(b_{ii} + b_{jj} - d_{ij}^2) \\ b_{jj} = \dfrac{1}{n}\left(\sum_{i=1}^{n} d_{ij}^2 - \mathrm{tr}(\boldsymbol{B})\right) \\ b_{ii} = \dfrac{1}{n}\left(\sum_{j=1}^{n} d_{ij}^2 - \mathrm{tr}(\boldsymbol{B})\right) \\ \mathrm{tr}(\boldsymbol{B}) = \dfrac{1}{2n}\sum_{i=1}^{n} \sum_{j=1}^{n} d_{ij}^2 \end{cases}$$

因此，所有未知量均可由已知量来表达：

$$\begin{aligned} b_{ij} &= \frac{1}{2}(b_{ii} + b_{jj} - d_{ij}^2) \\ &= \frac{1}{2}\left(\frac{1}{n}\left(\sum_{j=1}^{n} d_{ij}^2 - \frac{1}{2n}\sum_{i=1}^{n}\sum_{j=1}^{n} d_{ij}^2\right) + \frac{1}{n}\left(\sum_{i=1}^{n} d_{ij}^2 - \frac{1}{2n}\sum_{i=1}^{n}\sum_{j=1}^{n} d_{ij}^2\right) - d_{ij}^2\right) \\ &= -\frac{1}{2}d_{ij}^2 + \frac{1}{2n}\sum_{i=1}^{n} d_{ij}^2 + \frac{1}{2n}\sum_{j=1}^{n} d_{ij}^2 - \frac{1}{2n^2}\sum_{i=1}^{n}\sum_{j=1}^{n} d_{ij}^2 \end{aligned}$$

由此即可通过降维前后保持不变的距离矩阵 $\boldsymbol{D}$ 求取矩阵 $\boldsymbol{B}$。要寻找的是降维后的数据阵 $\boldsymbol{Y}$，但直接求解它是比较麻烦的，而 $\boldsymbol{B} = \boldsymbol{Y}^{\mathrm{T}}\boldsymbol{Y} \in \mathbb{R}^{n \times n}$，利用特征值分解：

$$\boldsymbol{B} = \boldsymbol{U}\boldsymbol{\Lambda}\boldsymbol{U}^{\mathrm{T}} = (\boldsymbol{\Lambda}^{1/2}\boldsymbol{U}^{\mathrm{T}})^{\mathrm{T}}(\boldsymbol{\Lambda}^{1/2}\boldsymbol{U}^{\mathrm{T}}) = \boldsymbol{Y}^{\mathrm{T}}\boldsymbol{Y}$$

则，$Y=\Lambda^{1/2}U^{\mathrm{T}}$，在现实中为了有效降维，往往仅需要降维后的距离与原始空间中的距离尽可能接近，而不必严格相等。此时可取 $d \ll m$ 个最大特征值构成的对角矩阵，即

$$Y=\Lambda_d^{1/2}U_d^{\mathrm{T}} \tag{9-7}$$

算法 9-3　多维尺度变换算法流程

输入：距离矩阵 $D\in\mathbb{R}^{n\times n}$，其中 $d_{ij}=\|x_i-x_j\|$ 为样本 x_i 到 x_j 的距离

　低维空间维数 d

输出：矩阵 $\Lambda_d^{1/2}U_d^{\mathrm{T}}$，每一列是一个样本的低维坐标

过程：

1. 根据公式计算 $\mathrm{tr}(B)$、b_{ii}、b_{jj} 和 b_{ij}
2. 计算矩阵 B
3. 对矩阵 B 做特征值分解
4. 取 Λ 为 d 个最大的特征值构成的对角矩阵，U 为相应的特征向量矩阵

9.3　非线性降维方法

上一节介绍的线性降维方法在很多场景下非常有效，然而，当数据的真实结构呈现非线性特性时，这些线性方法可能无法准确地捕获数据的本质特征。因此，需要使用非线性降维方法。非线性降维方法能够处理那些不能通过线性变换有效表示的数据集。这类方法通常基于流形学习或者核方法。核方法在 5.4 节有相关介绍，这里着重讨论流形学习相关方法。

流形是一种数学概念，它描述了在局部看起来像欧几里得空间（如平面或者空间）的拓扑空间。换句话说，流形是一个可以在局部范围内近似为欧几里得空间的空间。中国第一个拓扑学家江泽涵把 Manifold 翻译为“流形”，即多样化的形。取自文天祥《正气歌》，“天地有正气，杂然赋流形”，而其原始出处为《易经》，“大哉乾元，万物资始，乃统天。云行雨施，品物流形。”流形可以视为近看起来象欧几里得空间或其他相对简单的空间的物体。例如，人们曾经以为地球是平坦的，因为我们相对于地球很小，这是一个可以理解的假象。所以，一个理想的数学上的球在足够小的区域也像一个平面，这使它成为一个流形。

流形学习（manifold learning），是一类借鉴了拓扑流行概念的降维方法。自 2000 年在著名的杂志 *Science* 被首次提出以来，它已成为信息科学领域的研究热点。在理论和应用上，流形学习方法都具有重要的研究意义。

流形学习的基本假设是数据是均匀采样于一个高维欧氏空间中的低维流形。流形学习的主要目标是从高维采样数据中恢复低维流形结构，即找到高维空间中的低维流形，并求出相应的嵌入映射，以实现维数约简或者数据可视化。这种方法有助于从观测到的现象中去寻找事物的本质，找到产生数据的内在规律。以下是几种常见的流形降维方法：

（1）局部线性嵌入

局部线性嵌入是一种基于局部线性拟合的全局非线性降维方法。它假设每个数据点可以由其邻域内的其他数据点的线性组合近似表示。通过保持这种局部线性关系，局部线性嵌入可以在低维空间中重建数据的全局结构。

（2）等度量映射

等度量映射是一种基于流形学习的非线性降维方法。它通过计算数据点之间的最短路径来保持数据间的全局几何关系，然后找到一个低维嵌入，使得这个嵌入中的数据点间的最短路径距离尽可能接近原始数据中的最短路径距离。

9.3.1　等度量映射

ISOMAP 方法是一种非线性降维方法，它的起源可以追溯到 2000 年，由麻省理工学院计算机科学与人工智能实验室的 Josh Tenenbaum 教授在杂志 *Science* 上首次提出。该方法的主要目标是对于给定的高维流形，找到其对应的低维嵌入，使得高维流形上数据点间的近邻结构在低维嵌入中得以保持。相比较 MDS 方法，等度量映射方法考虑到低维流行嵌入高维空间后，直接在高维空间计算直线距离有误导性。因为高维空间中的直线距离在低维嵌入流行上不可达（见图 9-4a）。

ISOMAP 方法的核心思想在于，它并不是简单地使用传统的欧式距离来计算高维空间中数据点之间的距离，而是采用了微分几何中的测地线距离（或称为曲线距离）。测地线距离能够反映数据点在高维流形上的真实距离，特别是当数据具有复杂的非线性结构时。为了实现这一点，ISOMAP 方法首先构建了一个邻域图（见图 9-4b），其中每个数据点只与其相邻的数据点连接。然后，通过计算邻域图中任意两点之间的最短路径，作为这两点之间的测地线距离的近似（见图 9-4c）。ISOMAP 算法的核心步骤包括邻域图构建、测地线距离计算和降维处理。

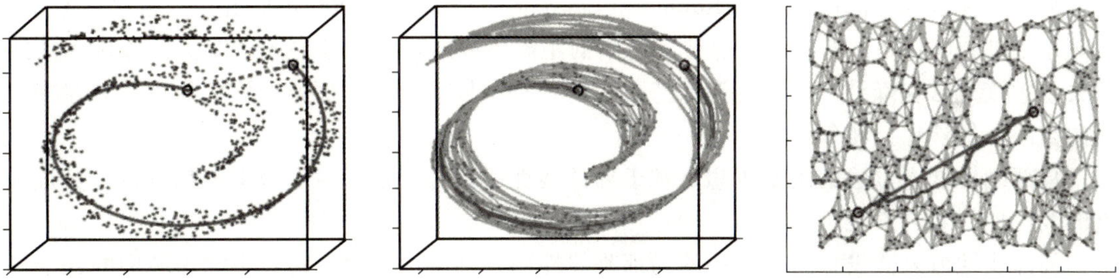

a) 嵌入二维流形中的三维数据点分布　　b) 邻域图　　c) 测地线距离(蓝)与近邻距离(红)

图 9-4　流形空间的测地线距离

1. 邻域图构建

对于输入的高维数据集，ISOMAP 为每个数据点找到其邻居。这通常是通过计算数据点之间的欧氏距离，并设定一个阈值来实现的。当两个数据点之间的距离小于该阈值时，将它们连接成一条边。这样，就得到了一个邻域图，该图反映了数据点之间的局部关系。

图 9-4　彩图

2. 测地线距离计算

在邻域图上，ISOMAP 使用图论中的最短路径算法来计算任意两个数据点之间的最短路径距离，即测地线距离。测地线距离反映了数据点之间的内在几何关系，它更准确地描述了数据点之间的相似性。

3. 降维处理

得到测地线距离矩阵后，ISOMAP 将其作为输入，应用多维尺度变换方法进行降维。多维尺度变换试图在低维空间中保持数据点之间的测地线距离关系，从而得到数据的低维表示。

算法 9-4　ISOMAP 算法流程

输入：样本集 $\boldsymbol{D}=[\boldsymbol{x}_1,\boldsymbol{x}_2,\cdots,\boldsymbol{x}_n]$；近邻参数 k；低维空间维数 d

输出：样本集 $\boldsymbol{D}$ 在低维空间的投影 $\boldsymbol{Y}$

过程：

1. for $i=1,2,\cdots,n$ do
2. 　　确定 $\boldsymbol{x}_i$ 的 k 近邻点
3. 　　$\boldsymbol{x}_i$ 与 k 近邻点之间的距离设置为欧氏距离，与其他点的距离设置为无穷大
4. end for
5. 调用最短路径算法计算任意两样本点之间的距离 $d(\boldsymbol{x}_i,\boldsymbol{x}_j)$
6. 将 $d(\boldsymbol{x}_i,\boldsymbol{x}_j)$ 作为多维尺度变换算法的输入

ISOMAP 算法能够发现数据中的非线性结构，并将其映射到一个低维空间中。通过计算测地线距离，能够更准确地描述数据点之间的内在关系。适用于具有复杂结构的数据集，能够揭示数据的内在低维表示。然而，ISOMAP 算法也存在一些限制，如对参数的选择敏感、计算复杂度较高，以及对于非流形结构的数据可能效果不佳。

9.3.2　局部线性嵌入

局部线性嵌入方法由 Sam T. Roweis 和 Lawrence K. Saul 于 2000 年提出并发表在杂志 *Science* 上。与 ISOMAP 试图保持近邻样本之间的距离不同，局部线性嵌入试图保持邻域间的线性关系。该方法在降维的同时能够保持数据的拓扑结构不变，即原始数据中的相邻点在降维后的空间中仍然保持相邻。

局部线性嵌入方法的主要思想是基于局部线性假设，即认为每个数据点都可以由其近邻点的线性加权组合来表示。

局部线性嵌入假设数据在较小的局部是线性的，即某一个数据可以由它邻域中的几个样本来线性表示。比如有一个样本 $\boldsymbol{x}_i$，在它的原始高维邻域里用 k 近邻方法找到和它最接近的三个样本 $\boldsymbol{x}_1,\boldsymbol{x}_2,\boldsymbol{x}_3$，则 $\boldsymbol{x}_i$ 可以由 $\boldsymbol{x}_1,\boldsymbol{x}_2,\boldsymbol{x}_3$ 线性表示，即

$$\boldsymbol{x}_i=w_{i1}\boldsymbol{x}_1+w_{i2}\boldsymbol{x}_2+w_{i3}\boldsymbol{x}_3 \tag{9-8}$$

式中，w_{i1}，w_{i2}，w_{i3} 是权重系数。

在通过局部线性嵌入降维后，希望 $\boldsymbol{x}_i$ 在低维空间对应的投影 $\boldsymbol{y}_i$ 和 $\boldsymbol{x}_1,\boldsymbol{x}_2,\boldsymbol{x}_3$ 对应的投影 $\boldsymbol{y}_1,\boldsymbol{y}_2,\boldsymbol{y}_3$ 也尽量保持同样的线性关系，即

$$\boldsymbol{y}_i\approx w_{i1}\boldsymbol{y}_1+w_{i2}\boldsymbol{y}_2+w_{i3}\boldsymbol{y}_3 \tag{9-9}$$

也就是说，投影前后线性关系的权重系数 w_{i1}，w_{i2}，w_{i3} 尽量不变或者最小改变的。同时，线性关系只在样本的附近起作用，离样本远的样本对局部线性关系没有影响，因此降维的复杂度降低了很多。局部线性嵌入算法的主要过程如图 9-5 所示。

1. 寻找每个数据点的 k 个近邻点

对于数据集中的每一个数据点，计算它与其他所有数据点之间的距离。选择距离最近的 k 个数据点作为该数据点的邻居。这个 k 值是一个超参数，需要根据具体的数据集和任务来设定。

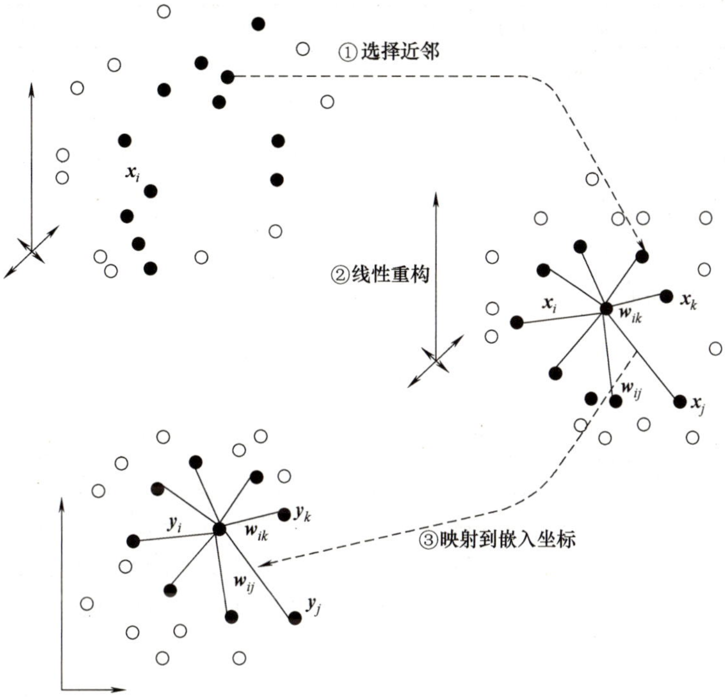

图 9-5 局部线性嵌入

2. 计算局部重建权重

对于每一个数据点，使用它的 k 个近邻点来线性重建该数据点。即

$$\boldsymbol{x}_i = w_{i1}\boldsymbol{x}_1 + w_{i2}\boldsymbol{x}_2 + \cdots + w_{ik}\boldsymbol{x}_k$$

式中，$\boldsymbol{w}_i = (w_{i1}, w_{i2}, \cdots, w_{ik})^{\mathrm{T}} \in \mathbb{R}^k$，$i=1, 2, \cdots, n$。

通过最小化重建误差（通常是加权平方误差）来求解局部重建权重。

$$\boldsymbol{J}(\boldsymbol{w}) = \min_{\boldsymbol{w}_1, \boldsymbol{w}_2, \cdots, \boldsymbol{w}_n} \sum_{i=1}^{n} \| \boldsymbol{x}_i - \sum_{j=1}^{k} w_{ij}\boldsymbol{x}_j \|^2 \tag{9-10}$$

$$\text{s. t.} \quad \sum_{j=1}^{k} w_{ij} = 1$$

权重应满足两个条件：权重和为 1（即所有邻居的权重加起来等于 1），且权重非负（即不允许出现负的权重）。可以通过矩阵和拉格朗日乘子法来求解这个最优化问题。

3. 计算低维嵌入

在低维空间中，同样使用上述的局部重建权重来表示每一个数据点。通过最小化低维空间中数据点的重建误差来求解低维嵌入。

$$\boldsymbol{J}(\boldsymbol{Y}) = \min_{\boldsymbol{w}_1, \boldsymbol{w}_2, \cdots, \boldsymbol{w}_n} \sum_{i=1}^{n} \left\| \boldsymbol{y}_i - \sum_{j=1}^{k} w_{ij}\boldsymbol{y}_j \right\|^2 \tag{9-11}$$

令 $\boldsymbol{Y} = [\boldsymbol{y}_1, \boldsymbol{y}_2, \cdots, \boldsymbol{y}_n] \in \mathbb{R}^{d \times n}$，$\boldsymbol{M} = (\boldsymbol{I}-\boldsymbol{W})^{\mathrm{T}}(\boldsymbol{I}-\boldsymbol{W})$，式（9-10）可重写为

$$\min_{Y} \operatorname{tr}(\boldsymbol{YMY}^{\mathrm{T}}) \tag{9-12}$$

$$\text{s. t.} \ \boldsymbol{YY}^{\mathrm{T}} = \boldsymbol{I}$$

式（9-11）可通过特征值分解求解，$\boldsymbol{M}$ 最小的 d 个特征值对应的特征向量组成的矩阵即为 $\boldsymbol{Y}$。最终得到的低维嵌入 $\boldsymbol{Y}$ 就是局部线性嵌入算法的输出结果。

算法 9-5 局部线性嵌入算法流程

输入：样本集 $\boldsymbol{D}=[\boldsymbol{x}_1,\boldsymbol{x}_2,\cdots,\boldsymbol{x}_n]$

近邻参数 k

低维空间维数 $\boldsymbol{d}$

输出:样本集 $\boldsymbol{D}$ 在低维空间的投影 $\boldsymbol{Y}$

1. for $i=1,2,\cdots,n$ do
2. 确定 x_i 的 k 近邻点
3. 从式(9-10)求得 w_{ij}
4. end for
5. 求解 $\boldsymbol{M}$,并对其进行特征值分解取其最小的 d 个特征值对应的特征向量,即得到样本集在低维空间的矩阵 $\boldsymbol{Y}$

局部线性嵌入方法是一种非线性降维技术，它通过保持数据点在高维空间中的局部线性关系，实现数据从高维到低维的有效映射。相较于线性降维方法如主成分分析，局部线性嵌入能够更好地处理非线性数据结构，从而揭示数据的内在流形结构并保留其本质特征使得局部线性嵌入在图像处理、生物信息学和模式识别等领域中得到了广泛应用。然而，局部线性嵌入方法也存在一些局限性，例如它要求数据分布在不闭合的流形上，且对参数的选择较为敏感，这些都可能导致降维效果不佳。此外，局部线性嵌入方法还需要进行稠密采样，这在某些实际应用中可能带来挑战。尽管如此，局部线性嵌入方法仍然是一种强大的降维工具，通过合理调整参数和结合其他技术，可以进一步提高其降维效果和适用性。

9.4 应用案例

为了深入探究降维技术在实际应用中的效果，精心设计了两组实验。在实验一中，我们专注于人脸识别领域，采用主成分分析方法对人脸数据进行降维处理。实验二则利用鸢尾花数据集，对比分析不同降维方法的差异。通过这两组实验，我们能够更全面地评估各种降维技术的性能优劣，为实际应用提供有力支持。

实验一：主成分分析在人脸数据集上的降维与重构

1. 数据导入和处理

为了便于测试，使用 sklearn 库自带的 Olivetti Faces 人脸数据集（见图 9-6），它包含了 40 个人的 400 张人脸图片，每张图片的大小是 64×64 像素。你可以通过 fetch_olivetti_faces 函数来获取这个数据集。

2. 数据集求均值与数据中心化

对数据集求平均值，得到平均脸（见图 9-7）。将数据集中所有数据减去平均脸，实现数据中心化。

3. 求协方差矩阵、特征值与特征向量并排序

对原始 4096 维的人脸数据，运用主成分分析方法成功将其降至 150 维。在图 9-8 中，展示了经过主成分分析提取的前 20 个主成分对应的特征向量，这些特征向量因形状类似人脸轮廓，故被形象地称为“特征脸”。

图 9-6　sklearn 自带的 Olivetti Faces 人脸数据集

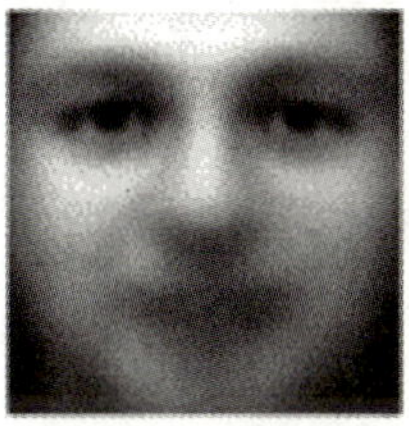

图 9-7　平均脸

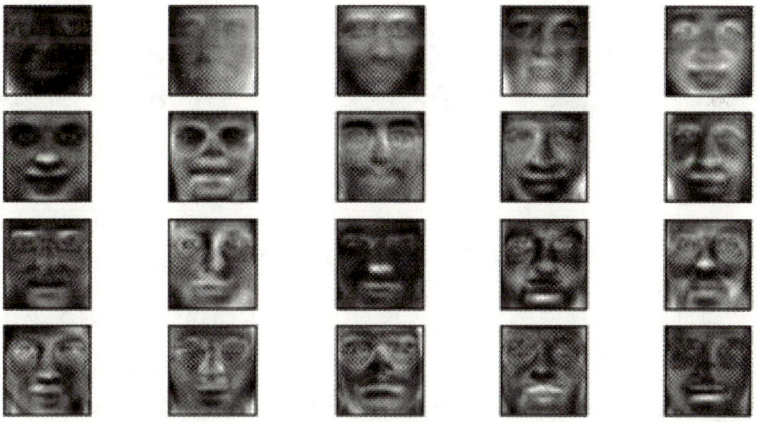

图 9-8　使用主成分分析降维后的前 20 的特征脸

4. 重构人脸

基于特征向量来重建原始人脸。图 9-9 展示了原始人脸以及利用 150 个特征脸进行重建后的人脸图像。从图中可以观察到，尽管相较于原始的 4096 维人脸数据，我们只使用了 150 维数据，但重建后的人脸与原始人脸的差异非常之小。

图 9-9　原始人脸与重建人脸的对比

实验二：鸢尾花数据集上不同降维方法的效果对比

本实验旨在通过鸢尾花数据集测试并直观对比主成分分析、线性判别分析、多维尺度变换、等度量映射和局部线性嵌入这五种降维方法的效果，为后续的机器学习或数据挖掘任务提供降维方法选择的参考。

本实验先对数据进行标准化处理，消除不同特征之间的量纲差异。然后分别使用 PCA、LDA、MDS、ISOMAP 和 LLE 五种降维方法对数据集进行降维处理，将原始四维特征降至二维，以便于可视化对比。降维后的效果如图 9-10 所示。

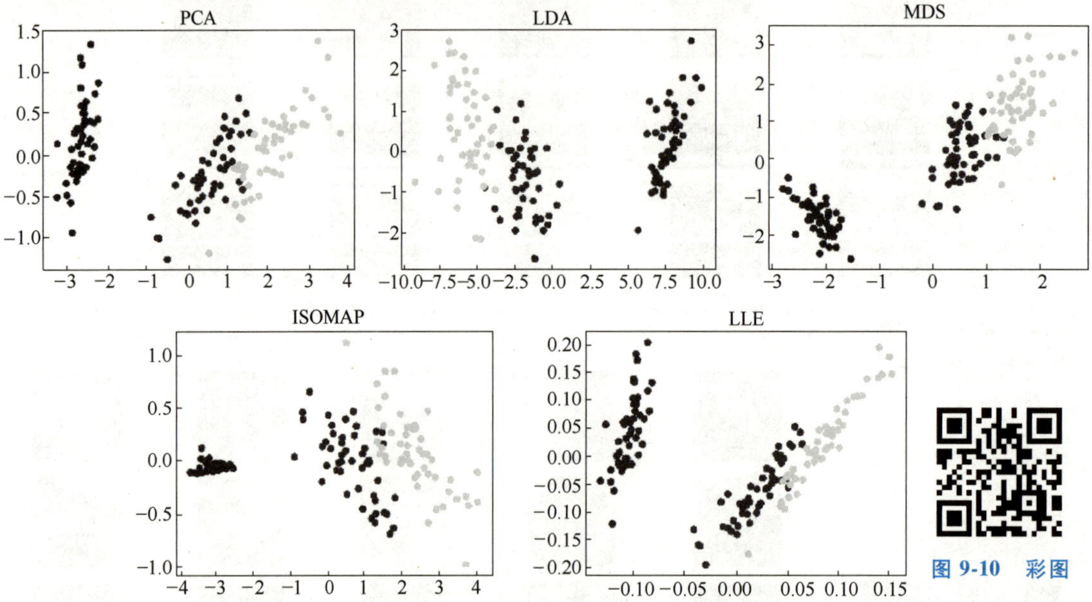

图 9-10 彩图

图 9-10　不同降维方法在鸢尾花数据集上的效果对比

通过绘制降维后的二维散点图，并观察不同降维方法对数据集的分离效果，以及同一类别样本之间的聚集程度，有如下发现：PCA 方法通过投影的方式将数据映射到新的低维空间，降维后的数据保持了原始数据的主要特征。从图中可以看出，PCA 降维后的数据在二维平面上呈现出较好的分离效果。LDA 是一种监督学习方法，通过寻找一个投影方向，使得同类样本尽可能接近，不同类样本尽可能远离。从图中可以看出，LDA 降维后的数据在二维平面上也呈现出较好的分离效果，但相比 PCA，其同类样本之间的聚集程度更加紧密。MDS 试图在降维后的空间中保持数据点之间的相似性。从图中可以看出，MDS 降维后的数据在二维平面上也呈现出一定的分离效果，但相比 PCA 和 LDA，其分离效果可能稍差一些。ISOMAP 是一种非线性降维技术，试图保持数据点之间的测地距离。从图中可以看出，ISOMAP 降维后的数据在二维平面上呈现出的分离效果与其他方法相当，但在某些类别之间的界限可能较为模糊。LLE 假设数据点可以由其局部邻域的线性组合近似，并试图在降维后的空间中保持这种局部线性关系。从图中可以看出，LLE 降维后的数据在二维平面上的分离效果与其他方法相比可能稍差一些，但其在保持局部结构方面可能具有优势。

通过对鸢尾花数据集上五种降维方法的实验对比，可以发现 PCA 和 LDA 在鸢尾花数据集上表现出较好的降维效果，能够在二维平面上实现较好的类别分离和同类样本聚集。MDS 的降维效果相对较差一些，但仍能在一定程度上保留原始数据的相似性。ISOMAP 和 LLE 在非线性降维方面具有一定的优势，但在本实验中其降维效果可能受到数据集特性的影响。在后续的机器学习或数据挖掘任务中，可以根据具体的数据集特性和任务需求选择合适的降维方法。

思考题与习题

9-1　什么是“过拟合”？降维技术如何帮助缓解过拟合问题？

9-2　简述主成分分析的基本原理和步骤，以及其如何帮助减少数据的维度？

9-3　选择一个包含多个特征的数据集（如 Iris 数据集、手写数字数据集等）。应用 PCA 算法对该数据集进行降维，观察降维后数据的分布情况，并绘制降维后的数据可视化图。尝试使用不同的主成分数量（如 2、3、5 等），比较不同主成分数量下数据可视化的效果，并讨论为何选择这些数量。

9-4　将原始数据集划分为训练集和测试集。在原始数据集上训练一个机器学习模型（如 SVM、逻辑回归等），并记录其在测试集上的性能（如准确率、召回率等）。对原始数据集进行 PCA 降维，然后在降维后的数据集上重新训练该模型，并比较两个模型在测试集上的性能差异。分析降维对模型性能的影响，并讨论可能的原因。

9-5　与 PCA 相比，线性判别分析有何不同？

9-6　选择一个包含分类标签的数据集（如鸢尾花数据集、MNIST 手写数字数据集等）。应用 LDA 算法对该数据集进行降维，观察降维后数据的分布情况，并绘制降维后的数据可视化图（如果可能的话）。尝试使用不同的类别数量（如仅选择两个最具代表性的类别），比较不同类别数量下 LDA 降维的效果。分析 LDA 降维与 PCA 降维在数据分布和模型性能方面的差异。

9-7　降维技术在实际应用中可能面临哪些挑战？如何克服这些挑战以提高降维效果？

9-8　选择一个包含非线性结构的数据集（如瑞士卷数据集、S 曲线数据集等）。应用 ISOMAP 或 LLE 算法对该数据集进行降维，并绘制降维后的数据可视化图。观察降维后数据的分布情况，并讨论非线性降维方法在处理非线性结构数据时的优势。

参考文献

[1]　周志华. 机器学习 [M]. 北京：清华大学出版社，2016.

[2]　李航. 机器学习方法 [M]. 北京：清华大学出版社，2022.

[3]　MITCHELL T M. 机器学习 [M]. 北京：机械工业出版社，2008.

[4]　TURK M. Eigenfaces for recognition [J]. Journal of Cognitive Neuroscience, 1991, 3 (1): 71-86.

[5]　ROWEIS S, SAUL L. Nonlinear dimensionality reduction by locally linearembedding [J]. Science, 2000, 290 (5500): 2323-2326.

[6]　TENENBAUM J B, SILVA V D, LANGFORD J C. A global geometric framework for nonlinear dimensionalityreduction [J]. Science, 2000, 290 (5500): 2319-2323.

[7]　MARTINEZ A M, KAK A C. PCA versusLDA [J]. IEEE Transactions on Pattern Analysis and Machine Intelligence, 2001, 23 (2): 228-233.

[8]　WANG X, PALIWAL K K. Feature extraction and dimensionality reduction algorithms and their applications in vowel recognition [J]. Pattern Recognition, 2003, 36 (10): 2429-2439.

[9]　CHOI H, CHOI S. Kernelisomap [J]. Electronics Letters, 2004, 40 (25): 1612-1613.

[10]　CHANG H, YEUNG D Y. Robust locally linearembedding [J]. Pattern Recognition, 2006, 39 (6):

1053-1065.

[11] WEINBERER K Q, SAUL L K. Unsupervised learning of image manifolds by semidefinite programming [J]. International Journal of Computer Vision, 2006, 70 (1): 77-90.

[12] LI X, LIN S, YAN S, et al. Discriminant locally linear embedding with high-order tensordata [J]. IEEE Transactions on Cybernetics, 2008, 38 (2): 342-352.

[13] WEN G H. Dynamically determining neighborhood parameter for locally linear embedding [J]. Journal of Software, 2008, 19 (7): 1666-1673.

[14] SUGIYAMA M, IDE T, NAKAJIMA S, et al. Semi-supervised local fisher discriminant analysis for dimensionality reduction [J]. Machine Learning, 2008, 78 (1-2): 35-61.

[15] CHU D, THYE G S. A new and fast implementation for null space based linear discriminant analysis [J]. Pattern Recognition, 2010, 43 (4): 1373-1379.

[16] SHAFEY L E, MCCOOL C, WALLACE R, et al. A scalable formulation of probabilistic linear discriminant analysis: applied to face recognition [J]. IEEE Transactions on Pattern Analysis and Machine Intelligence, 2013, 35 (7): 1788-1794.

第 10 章　神经网络

导读

神经网络是一种经典的机器学习算法，经过 70 多年的发展，逐渐成为人工智能的主流，尤其是以卷积神经网络（Convolutional Neural Network，CNN）、循环神经网络（Recurrent Neural Network，RNN）、生成对抗网络（Generative Adversarial Networks，GAN）和 Transformer 等为代表的一系列深度学习模型，成功地应用于人脸识别、车牌识别、语音识别、智能助手、推荐系统、自动驾驶、图像视频生成、故障检测、大气环境预测等众多领域。

本章重点介绍四类有代表性的神经网络架构的原理及应用，包括传统神经网络、CNN、RNN 和 Transformer。

传统神经网络主要讲解感知机和前馈神经网络，感知器模型的激活函数可以选择间断函数或 Sigmoid 函数，且其输入可以选择使用实数向量，而不是神经元模型的二进制向量。与神经元模型不同，感知器模型是一个可以学习的模型。受限于单层感知机的局限性，Minsky 等提出了多层感知机模型等经典前馈神经网络模型，其后重点发展了神经网络的训练算法。

自 2006 年以来，神经网络从低谷期再一次回到了大众的视野，标志性事件就是 Hinton 等发表的两篇关于多层次神经网络（也就是深度学习）的论文。特别具有代表性的经典深度学习网络就是 CNN 和 RNN。CNN 是一类包含卷积计算且具有深度结构的前馈神经网络，仿造生物的视知觉（visual perception）机制构建，可以进行监督学习和非监督学习，其隐含层内的卷积核参数共享和层间连接的稀疏性，使得卷积神经网络能够以较小的计算量对格点化（grid-like topology）特征（如像素和音频）进行学习，有稳定的效果且对数据没有额外的特征工程（feature engineering）要求。

在深度学习发展过程中，为了解决时序数据的依赖性，RNN 不断发展壮大。RNN 是一类以序列（sequence）数据为输入，在序列的演进方向进行递归（recursion）且所有节点（循环单元）按链式连接的递归神经网络。

在深度学习研究过程中，Google 在 2017 年的论文 *Attention is all you need* 中提出了 Transformer，为自然语言处理（Natural Language Processing，NLP）各项任务研究开启了一扇窗口。自 2017 年 Google 推出 Transformer 以来，基于其架构的语言模型便如雨后春笋般涌现，其中 Bert、T5 等备受瞩目，而近期风靡全球的大模型 ChatGPT 和 LLaMa 更是大放异彩。Transformer 模型包含输入嵌入、位置编码、多头注意力、残差连接和层归一化、带掩码的多头注意力以及前馈网络等组件，其本质采用编码器-解码器架构，通过多层的多头自注意力模块和前馈神经网络模块，有效地处理和生成序列数据。编码器负责将输入序列转换为隐表示，而解码器则通过自回归的方式生成目标序列。这种架构使得 Transformer 能够更好地捕捉序列中的长距离依赖关系，从而提高模型的性能。此外，Transformer 引入了位置编码来解决其作为序列模型的局限性，即不依赖 RNN 的位置信息。位置编码通过将位置信息嵌入到输入序列中，使得模型能够理解词语的顺序，从而在不使用 RNN 的情况下，仍然能够处理序列数据。

本章知识点

- 神经网络
- 深度学习
- 感知机
- 前馈神经网络
- 卷积神经网络
- 循环神经网络
- Transformer

10.1 前馈神经网络

10.1.1 神经网络基本概念

各类网站、媒体和学术文献等经常涉及人工智能、机器学习、神经网络和深度学习等概念。在很多场景下，大众对以上概念有所混淆，需要阐述一下以上四个概念的相互关系。图 10-1 给出了四个概念的相互包含关系。

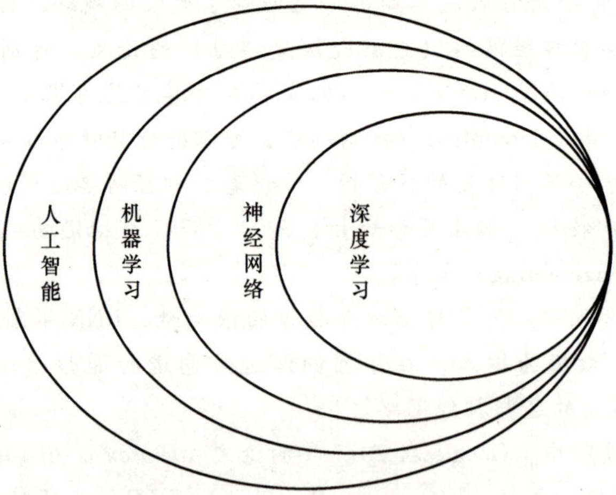

图 10-1 人工智能、机器学习、神经网络和深度学习的相互关系

人工智能是最大的范畴，包括专家系统、多智能体系统、进化计算、模糊逻辑、机器学习、知识表示、推荐系统、自然语言处理和计算机视觉等。机器学习是人工智能最重要的一个分支，旨在让计算机学会学习，能够模拟人类的学习行为，建立学习能力，实现识别和判断。机器学习使用算法来解析海量数据，从中找出规律，并完成学习，用学习出来的思维模

型对真实事件做出决策和预测。神经网络是机器学习的重要组成部分，是模拟人脑神经元连接方式的计算模型，通过训练来学习和识别模式；深度学习则是神经网络的延伸，通过构建多层神经网络来提高学习能力和精度。

10.1.2　感知机和前馈神经网络

1. 单层感知机

感知机是也叫单层神经网络，是最基础的神经网络模型结构，也是前馈神经网络和深度学习的起源。接下来我们给出只有一个神经元的单层感知机，如图 10-2 所示。

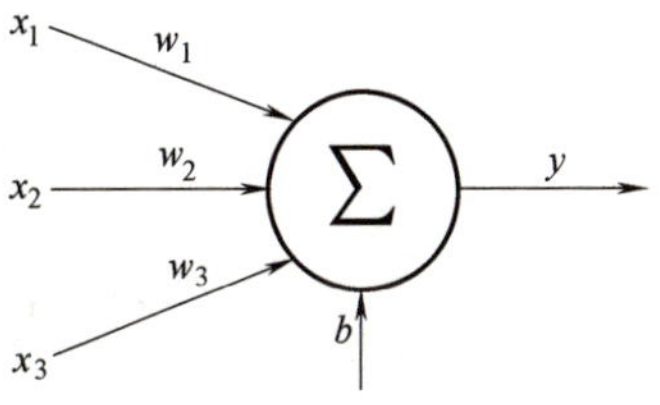

图 10-2　一个神经元的单层感知机

图 10-2 的单层感知机是一个两输入的感知机模型，其神经元的输入是 $\boldsymbol{x}=[x_1,x_2,x_3]^{\mathrm{T}}$，输出是 $y=1$ 和 $y=-1$ 两类，$\boldsymbol{w}=[w_1,w_2,w_3]^{\mathrm{T}}$ 是突触的权重（感知机参数），该感知机可以完成对输入样本的分类。该感知机模型的形式化表示为

$$y=f\left(\sum_{j=1}^{3}w_jx_j+b\right) \tag{10-1}$$

$$f(x)=\begin{cases}+1 & x\geqslant 0,\\ -1 & x<0\end{cases} \tag{10-2}$$

式中，$f(\cdot)$ 是取符号函数；$(\boldsymbol{w},b)$ 为模型参数。

感知机模型训练的目标就是找到$\mathbb{R}^n$空间的一个超平面 $S(\boldsymbol{w}^{\mathrm{T}}\boldsymbol{x}+b=0,\ \boldsymbol{w},\ \boldsymbol{x}\in\mathbb{R}^n,\ b\in\mathbb{R})$，将数据集 $D=\{(\boldsymbol{x}_1,y_1),(\boldsymbol{x}_2,y_2),\cdots,(\boldsymbol{x}_m,y_m)\}$，$y_i\in\{1,-1\}(i=1,2,\cdots,m)$ 中的所有样本点正确地分为两类。超平面 S 是 n 维线性空间中维度为 $n-1$ 的子空间。类似于支持向量机，在二维空间中的超平面是一条直线，三维空间中的超平面是一个二维平面。为了确定超平面 S，首先感知模型要找到一个合适的损失函数，然后通过求解最小化损失函数的优化问题，找到最优模型参数（$\boldsymbol{w},b$）。基于样本点到超平面的距离，定义如下的损失函数：

$$L(\boldsymbol{w},b)=-\sum_{j=1}^{m}y_j(\boldsymbol{w}^{\mathrm{T}}\boldsymbol{x}_j+b) \tag{10-3}$$

感知机模型训练的目标是最小化损失函数 $L(\boldsymbol{w},b)$。当损失函数足够小时，所有误分类点，要么没有，要么离超平面足够近。损失函数中的变量只有 $\boldsymbol{w}$ 和 b，可以用梯度下降法来最小化损失函数，损失函数 $L(\boldsymbol{w},b)$ 对 $\boldsymbol{w}$ 和 b 分别求偏导可得

$$\nabla_{\boldsymbol{w}}L(\boldsymbol{w},b)=-\sum_{j=1}^{m}y_j\boldsymbol{x}_j \tag{10-4}$$

$$\nabla_bL(\boldsymbol{w},b)=-\sum_{j=1}^{m}y_j \tag{10-5}$$

如果用随机梯度下降法，可以随机选取误分类样本（$\boldsymbol{x}_j,y_j$），以 η 为步长对 $\boldsymbol{w}$ 和 b 进行更新：

$$\boldsymbol{w}=\boldsymbol{w}+\eta y_j\boldsymbol{x}_j \tag{10-6}$$

$$b=b+\eta y_j \tag{10-7}$$

通过迭代可以使损失函数 $L(\boldsymbol{w},b)$ 不断减小至 0，即使最终不为 0，也会逼近于 0。通过上

述过程可以把只包含参数（w,b）的感知机模型训练出来。

2. 多层感知机及前馈神经网络

单层感知机只有输入层和输出层，仅适用于线性可分的模式。为了能解决更复杂的分类问题，在单层感知机的输出层和输出层之间增加多个隐层，便成为多层的感知机（Multi-Layer Perceptron，MLP）。图 10-3 是一个三层的多层感知机，包含 1 个输入层、1 个隐层和 1 个输出层，包含 2 层神经网络，其参数远远多于图 10-2 的单层感知机。

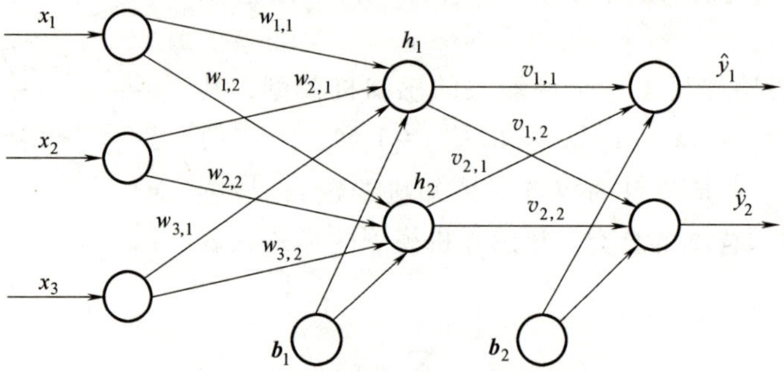

图 10-3　三层感知机

以图 10-3 的感知机为例介绍其基本工作原理，该模型输入层包括 3 个神经元，表示为向量 $\boldsymbol{x}=[x_1,x_2,x_3]^{\mathrm{T}}$；隐层包括 2 个神经元，表示为向量 $\boldsymbol{h}=[h_1,h_2]^{\mathrm{T}}$；输出层包括 2 个神经元，表示为向量 $\hat{\boldsymbol{y}}=[\hat{y}_1,\hat{y}_2]^{\mathrm{T}}$。输入层和隐层神经元之间连接的权重表示为矩阵

$$\boldsymbol{W}=\begin{bmatrix} w_{1,1} & w_{1,2} \\ w_{2,1} & w_{2,2} \\ w_{3,1} & w_{3,2} \end{bmatrix} \tag{10-8}$$

从输入计算隐层的过程为，权重矩阵 $\boldsymbol{W}$ 的转置乘以输入向量 $\boldsymbol{x}$ 得到两个数值（即隐层没有进行非线性激活之前的数值），再加上偏置（bias）$\boldsymbol{b}_1$，$\boldsymbol{b}_1\in\mathbb{R}^2$，然后进行非线性激活函数 σ 计算，得到隐层的输出：

$$\boldsymbol{h}=\sigma(\boldsymbol{W}^{\mathrm{T}}\boldsymbol{x}+\boldsymbol{b}_1) \tag{10-9}$$

从隐层到输出层的计算和上述计算过程类似，隐层到输出层的权重表示为矩阵：

$$\boldsymbol{V}=\begin{bmatrix} v_{1,1} & v_{1,2} \\ v_{2,1} & v_{2,2} \end{bmatrix} \tag{10-10}$$

权重矩阵的转置和隐层输出 $\boldsymbol{h}$ 相乘，再加上偏置 $\boldsymbol{b}_2$，$\boldsymbol{b}_2\in\mathbb{R}^2$，然后进行非线性激活函数计算，得到网络输出 $\hat{\boldsymbol{y}}=\sigma(\boldsymbol{V}^{\mathrm{T}}\boldsymbol{h}+\boldsymbol{b}_2)$。

图 10-3 中三层感知机的模型参数包括 2 个权重矩阵和 2 个偏置：权重矩阵 $\boldsymbol{W}$ 有 6 个参数，加上 1 个偏置 $\boldsymbol{b}_1$，一共 7 个变量；权重矩阵 $\boldsymbol{V}$ 有 4 个参数，加上 1 个偏置 $\boldsymbol{b}_2$，共 5 个变量。因此，如何选择合适的 12 个参数，从而构建面向相应数据的模型是关键。

图 10-3 是只包含一个隐层的浅层神经网络，对复杂非线性过程的表示能力有限。例如，通过浅层神经网络进行复杂的图像识别是不现实的。20 世纪八九十年代，在研究和应用阶

段主要采用浅层神经网络归结于两个方面：一是缺乏足够多的数据和强大的算力支撑；二是从理论角度而言，任何一个非线性函数都可以通过一个三层神经网络加以实现。因此，神经网络提出的一段时间内，并没有被广泛应用，相关研究在很长一段时间内还处于一个低谷。

10.1.3　神经网络训练

神经网络训练是通过调整网络的参数，使得神经网络输出结果 $\hat{\boldsymbol{y}}$ 和真实结果 $\boldsymbol{y}$ 尽量接近。一般而言，神经网络的训练包括正向传播和反向传播两个过程。正向传播（也称为前向传播）的基本原理是，基于训练好的神经网络模型，输入目标通过权重、偏置和激活函数计算出隐层，隐层通过下一级的权重、偏置和激活函数得到下一个隐层，经过逐层迭代，将输入的特征向量从低级特征逐步提取为抽象特征，最终输出目标分类结果。反向传播的基本原理是，首先根据正向传播结果和真实值计算出损失函数 L，然后采用梯度下降法，通过链式法则计算出损失函数对每个权重和偏置的偏导，即权重或偏置对损失的影响，最后更新权重和偏置。下面以图 10-3 的神经网络为例，分别介绍网络的正向传播和反向传播过程（见图 10-4）。

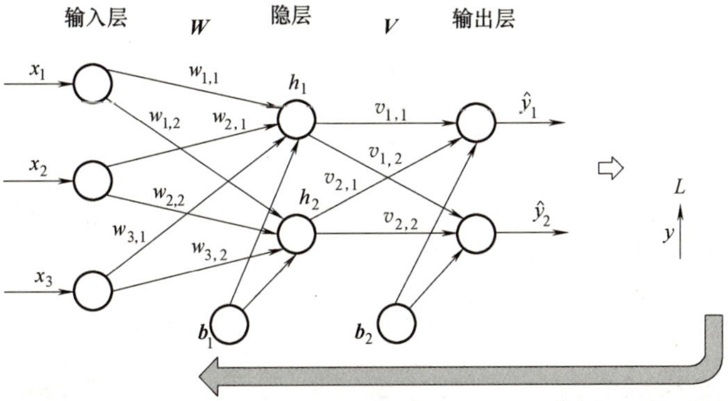

图 10-4　神经网络正向传播和反向传播示意图

1. 正向传播

数据从神经网络输入层开始，经过隐层，最终到达输出层的过程。在这个过程中，信息沿着网络的连接逐层传递，每一层的神经元都会根据其接收到的信号和当前的权重系数进行计算，产生一个输出信号传递给下一层。

图 10-4 的神经网络输入层为 $\boldsymbol{x}=[x_1,x_2,x_3]^{\mathrm{T}}$；隐层包括 2 个神经元 $\boldsymbol{h}=[h_1,h_2]^{\mathrm{T}}$；输出层包括 2 个神经元 $\hat{\boldsymbol{y}}=[\hat{y}_1,\hat{y}_2]^{\mathrm{T}}$。输入层和隐层之间的连接对应的偏置为 $\boldsymbol{b}_1$，$\boldsymbol{b}_1\in\mathbb{R}^2$，权重矩阵为 $\boldsymbol{W}$；隐层和输出层之间的连接对应的偏置为 $\boldsymbol{b}_2$，权重矩阵为 $\boldsymbol{V}$。假设该神经网络采用 Sigmoid 函数

$$\sigma(x)=\frac{1}{1+\mathrm{e}^{-x}} \tag{10-11}$$

在上述假设条件下，从输入层到隐层的正向传播过程可表示为

$$\boldsymbol{z}=\boldsymbol{W}^{\mathrm{T}}\boldsymbol{x}+\boldsymbol{b}_1 \tag{10-12}$$

$$\boldsymbol{h}=\sigma(\boldsymbol{z}) \tag{10-13}$$

类似地可以得到从隐层到输出层的正向传播结果。

2. 反向传播

当神经网络产生输出后，会与期望的输出进行比较，计算出误差。反向传播的目的是通过这个误差来调整网络中的权重系数和偏置项，以最小化损失函数。

以图 10-4 的神经网络为例，采用均方误差作为损失函数，则损失函数定义为

$$L(\boldsymbol{W},\boldsymbol{V},\boldsymbol{b})=\frac{1}{2}(y_1-\hat{y}_1)^2+\frac{1}{2}(y_2-\hat{y}_2)^2 \tag{10-14}$$

由于权重参数（$\boldsymbol{W}$ 和 $\boldsymbol{V}$）和偏置（$\boldsymbol{b}_1$ 和 $\boldsymbol{b}_2$）一般是随机初始化的，因此往往基于初始化的参数得到的损失函数值比较大。为了降低模型参数对损失的影响，下面以 $w_{1,1}$（简记为 w）为例来说明反向传播其更新过程。

步骤 1　基于导数链式法则计算 $L(\boldsymbol{W},\boldsymbol{V},\boldsymbol{b})$ 对 w 的偏导：

$$\frac{\partial L(\boldsymbol{W},\boldsymbol{V},\boldsymbol{b})}{\partial w}=\frac{\partial L(\boldsymbol{W},\boldsymbol{V},\boldsymbol{b})}{\partial \hat{y}_1}\frac{\partial \hat{y}_1}{\partial z_1}\frac{\partial z_1}{\partial w} \tag{10-15}$$

式中，$\boldsymbol{z}=[z_1,z_2]^{\mathrm{T}}$。

步骤 2　更新权重如下：

$$w=w-\eta\times\frac{\partial L(\boldsymbol{W},\boldsymbol{V},\boldsymbol{b})}{\partial w} \tag{10-16}$$

式中，η 是学习率，一般取值范围为（0,1）。

10.1.4 激活函数

激活函数在神经网络中起到了非线性映射的作用，使神经网络能够提取充分的特征。若不使用激活函数，神经网络不能解决非线性问题。图 10-5a 和图 10-5b 分别是未使用激活函数和使用激活函数在非线性数据上的表现。

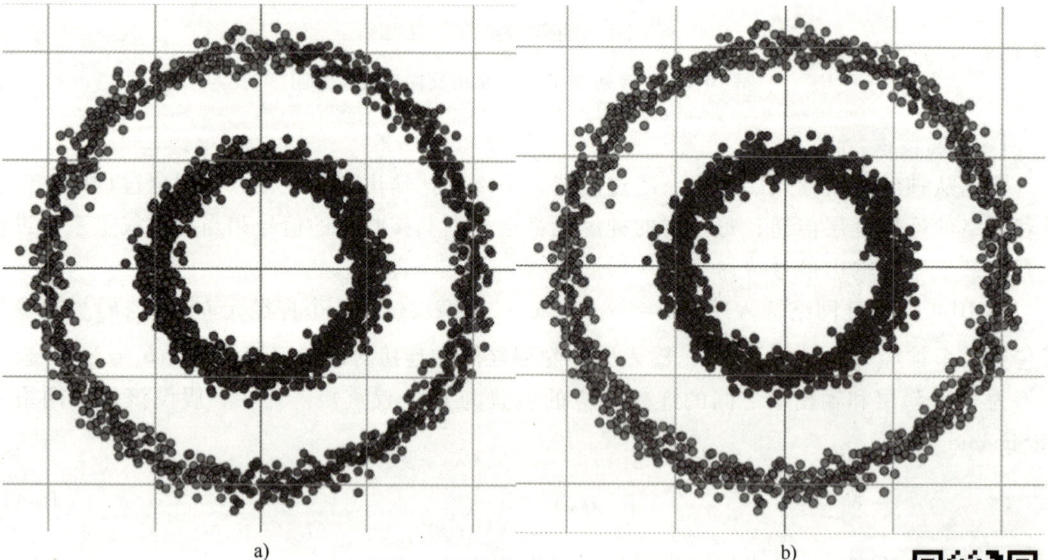

a)　　　　b)

图 10-5　未使用激活函数的分类和使用激活函数分类

图 10-5　彩图

实际选择激活函数时，通常要求激活函数是可微的，输出值的范围是有限的。反向传播的神经网络训练算法使用梯度下降法来做优化训练，所以激活函数必须是可微的。激活函数的输出决定了下一层神经网络的输入。如果激活函数的输出范围是有限的，特征表示受到有限权重的影响会更显著，基于梯度的优化方法就会更稳定；如果激活函数的输出范围是无限的，如一个激活函数的输出域是（0，+∞），神经网络的训练速度可能会很快，但必须选择一个合适的学习率（learning rate）。

如果设计的神经网络达不到预期目标，可以尝试不同的激活函数。常见的激活函数包括 Sigmoid 函数、tanh 函数、ReLU 函数、PReLU/LeakyReLU 函数、ELU 函数等。

1. Sigmoid 函数

Sigmoid 函数是过去最常用的激活函数：

$$\sigma(x)=\frac{1}{1+e^{-x}} \tag{10-17}$$

Sigmoid 函数的几何图像如图 10-6 所示。当 x 非常小时，Sigmoid 的值接近于 0；当 x 非常大时，Sigmoid 的值接近于 1。Sigmoid 函数将输入的连续实值变换到（0,1）范围内，从而可以使神经网络中的每一层权重对应的输入都是一个固定范围内的值，所以权重的取值也会更加稳定。

Sigmoid 激活函数的缺点主要有：①会造成梯度消失的问题；②Sigmoid 函数的中心不是 0。其优点是输出的值是介于 0 与 1 之间的，可以视为概率值。

2. tanh 函数

tanh 激活函数和 Sigmoid 激活函数类似，如图 10-7 所示，也是使用指数进行非线性变换，其表达式为

$$\tanh(x)=\frac{\sinh(x)}{\cosh(x)}=\frac{e^{x}-e^{-x}}{e^{x}+e^{-x}} \tag{10-18}$$

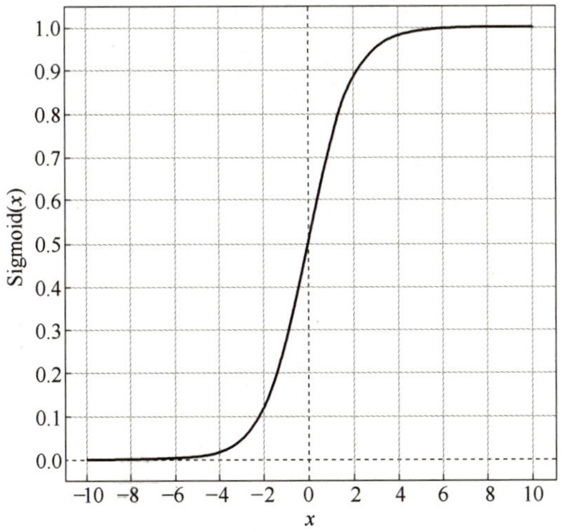

图 10-6 Sigmoid 函数

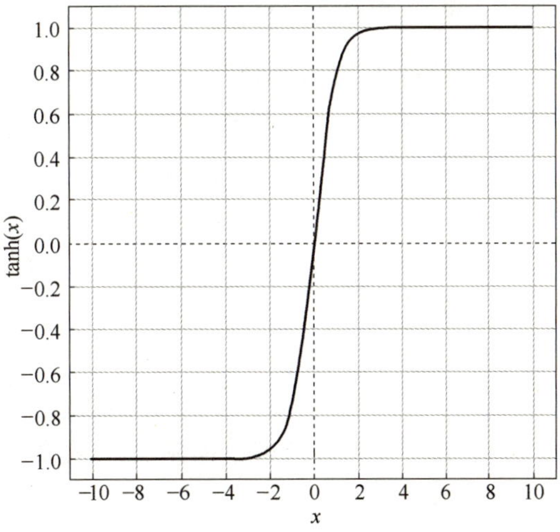

图 10-7 tanh 函数

tanh 激活函数的优点在于其值域在（−1,1）之间，是以 0 为中心的。但是 tanh 激活函数和 Sigmoid 激活函数一样，也有梯度消失的情况。

3. ReLU 函数

为了解决 Sigmoid 函数梯度消失的问题，引入了 ReLU 函数，如图 10-8 所示，ReLU 函数是一个分段函数，其表达式为

$$\mathrm{ReLU}(x)=\begin{cases}x & x\geqslant 0\\ 0 & x<0\end{cases} \tag{10-19}$$

ReLU 激活函数的优点是避免了梯度消失的问题，但是它对于小于 0 的特征会直接剔除，会造成神经元失活的现象，即特征小于 0 的神经元不会被更新。

4. LeakyReLU 函数

为了解决 ReLU 激活函数神经元失活的现象，又产生了一种新的激活函数 LeakyReLU，如图 10-9 所示，其表达式为

$$\mathrm{LeakyReLU}(x)=\max(\alpha x,x) \tag{10-20}$$

式中，$\alpha\leqslant 1$。该函数可避免梯度消失，对于小于 0 的特征又不会失活。

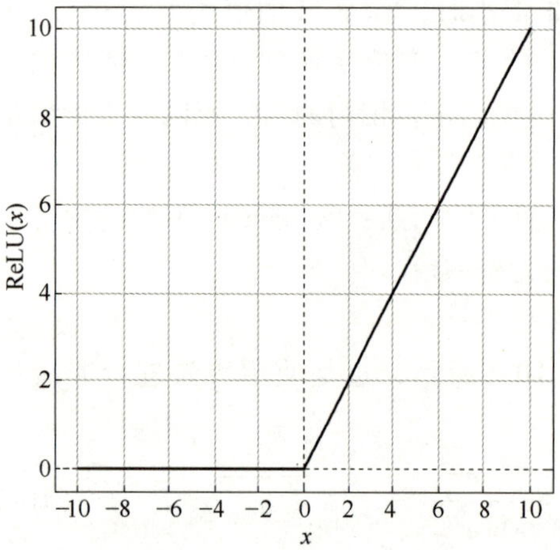

图 10-8 ReLU 函数

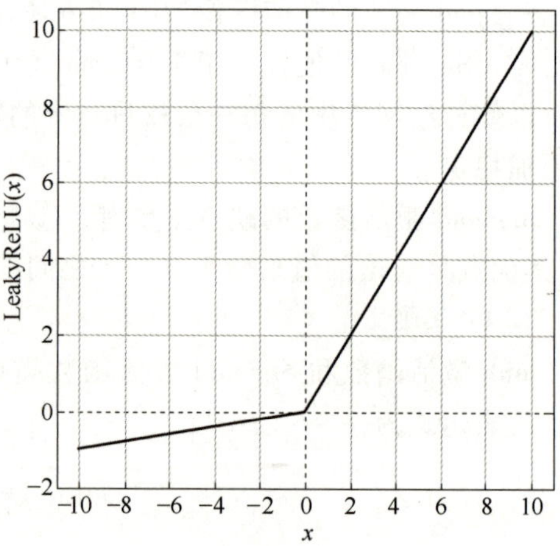

图 10-9 LeakyReLU 函数

LeakyReLU 激活函数的优点是对于小于 0 的特征也可以进行传播，避免了神经元的失活现象。但是多了一个超参数，需要事先确定。

5. ELU 函数

ELU（Exponential Linear Unit，指数线性单元）函数融合了 Sigmoid 和 ReLU 函数，如图 10-10 所示，其定义为

$$\mathrm{ELU}(x)=\begin{cases}x & x>0\\ \alpha(\mathrm{e}^{x}-1) & x\leqslant 0\end{cases} \tag{10-21}$$

式中，α 是可调参数，可以控制 ELU 在负值区间的饱和位置。

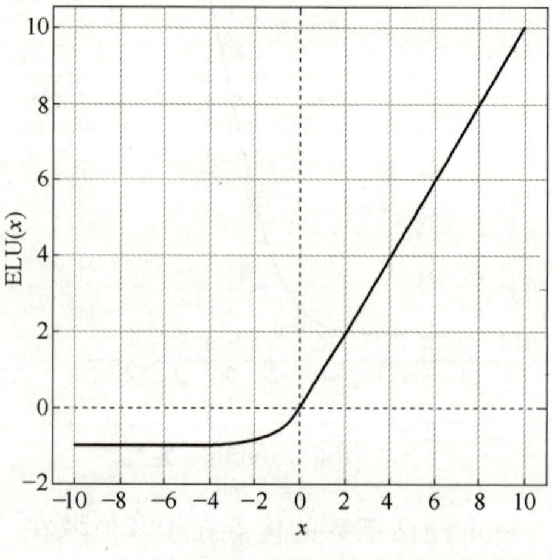

图 10-10 ELU 函数

ELU 激活函数上所有点都是连续可微的（$\alpha=1$），所以不存在梯度消失和梯度爆炸的问题。ELU 在 $x>0$ 部分与 ReLU 相似，而在 $x<0$ 部分与 Sigmoid/tanh 相似，这样就能很好地结合两者的

优点。ELU 的缺点是涉及指数运算，计算复杂度比较高。

以上讨论了五类主要使用得激活函数，如何选择激活函数，取决于以下四个方面：

1）比较深的网络，隐藏层不要使用 Sigmoid 函数和 tanh 函数，因为会造成梯度消失，使神经网络训练提前终止。

2）通常选择 ReLU 函数作为激活函数，但是使用该激活函数的时候要注意学习率的选择，如果学习率较大，会造成大部分神经元失活。

3）LeakyReLU 和 ReLU 激活函数要注意设置合理的超参数。

4）对于一些特殊的神经网络，有的神经网络层指定了激活函数，就使用指定的激活函数，比如 LSTM 的遗忘门指定了 Sigmoid 作为激活函数，LSTM 的更新门指定了 tanh 作为激活函数。

10.2　卷积神经网络

当处理图像或其他具有空间结构的数据时，CNN 是一种常用的深度学习模型。CNN 的设计灵感源自人脑的视觉处理方式。与传统的全连接神经网络不同，CNN 通过在输入数据上应用卷积操作来提取局部特征，并通过训练过程自动学习这些卷积操作的参数。CNN 在图像处理领域展现出显著的优势，其成功主要归功于两大核心思想：

1）局部连接（local connectivity）：鉴于视觉信息的局部性特点，即相邻的像素点往往共同构成图像中的某个物体或特征，CNN 采用局部连接的方式，仅对图像的局部区域进行密集连接。这种策略既考虑了像素间的邻域关系，又有效减少了网络的参数数量，提高了计算效率。

2）权重共享（weight sharing）：CNN 通过引入卷积核（也称为滤波器或卷积模板）来实现权重共享。这意味着在整个图像的不同位置，可以使用相同的卷积核进行卷积操作，从而抽取图像中的特定特征。这种策略进一步减少了网络的参数数量，使得模型更加轻便，同时也增强了模型对图像特征的泛化能力。

基于局部连接和权重共享这两种关键技术，卷积神经网络能够大幅减少处理图像时所需的权重数量，不仅提高了计算效率，还有效地避免了过拟合问题，使得 CNN 在图像识别、目标检测等任务中取得了卓越的性能。

10.2.1　卷积神经网络组成

以广泛应用的卷积神经网络 VGG16 为例，详细阐述卷积神经网络的组成结构。如图 10-11 所示，卷积神经网络的核心组件是卷积层（convolution layer），每个卷积层都配备一组卷积核来提取图像中的特定特征。卷积层的输入和输出通常是特征图（feature map），它们在尺寸上通常保持相对稳定。为了减小特征图的尺寸并降低模型的复杂度，通常在卷积层之后设置池化层（pooling layer）。在图 10-11 中，输入图像是一张 224×224 大小的 RGB 图片。经过第一组卷积层处理后，得到 64 个 224×224 大小的特征图，这些特征图代表了 64 个不同的卷积核从图像中抽取出的 64 种不同特征，而特征图的尺寸在此时并未改变。接着，通过池化层的作用，特征图的尺寸减小到 112×112。在卷积神经网络中，卷积层和池化层通常以交替的方式出现，特征图的尺寸逐渐减小，从 112×112 变为 56×56，最终缩减至 7×7。与此同时，随着网络的深入，抽取出的特征数量逐渐增加，从第一组卷积层的 64 种特征，增加到第二组卷积层的 128 种特征，直至最后一组卷积层抽取出的 512 种特征。在特征提取完成后，通常使用全连接层将卷积层输出的特征图与输出层连接起来。全连接层中的每个神经元都与上一层的所有神经元相连，以实现特征的综合和分类。在卷积层和全连接层内部，除了进行向量内积运算外，还会应用激活函数以增强模型的非线性表达能力。最后，为了将模型的输出转换为概率分布，通常会在输出层使用 Softmax 函数进行分类概率的凸显、抑制以及归一化，从而得到最终的分类结果。

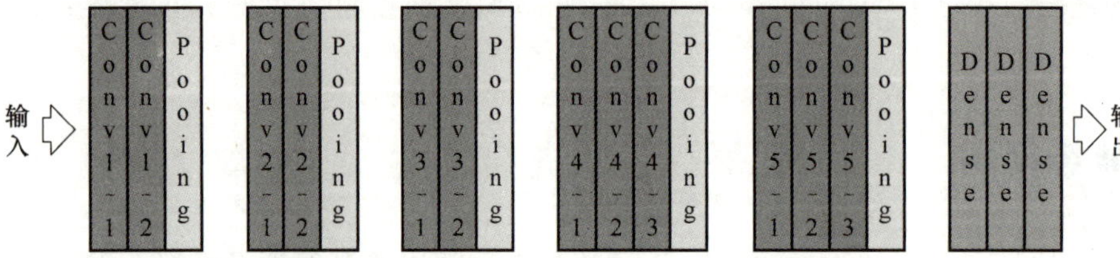

图 10-11 VGG16 卷积神经网络的结构

图 10-11 彩图

10.2.2 卷积层

卷积层在卷积神经网络中扮演着核心角色，它们通过卷积运算能够抽取出图像中复杂的特征。由于卷积层具有局部连接和权重共享的特性，对于图像中的不同区域，卷积操作仅关注相邻像素间的关联，如图 10-12 所示。这意味着在对一张图片进行卷积时，不相邻的区域不会被同时考虑在内，从而极大地减少了计算量和模型复杂度。

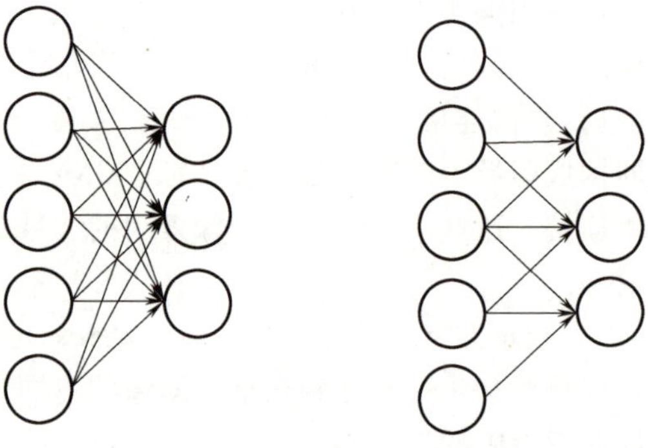

图 10-12 全连接（左）与局部连接（右）

相比之下，传统的浅层神经网络通常采用全连接方式，即计算一个输出时需要考虑所有的输入。然而，在卷积神经网络中，计算卷积层的一个输出仅需要用到局部区域内的输入，这个区域的大小由卷积核的尺寸决定，常见的卷积核大小有 1×1、3×3、5×5、7×7 等。这种局部连接的方式不仅减少了计算量，还使得模型能够专注于图像中的局部特征。

此外，在浅层神经网络中，所有神经元之间的连接都采用不同的权重，这导致了一个具有 m 个输入和 n 个输出的全连接层需要 $m \times n$ 个权重。然而，在卷积神经网络中，卷积层的一对输入特征图和输出特征图共享同一组权重，即一个卷积核仅对应一组权重。因此，即使卷积层的输入和输出特征图数量增加，权重的数量也仅与卷积核的大小和数量相关，这大大减少了权重的数量，提高了模型的训练效率和泛化能力。

1. 卷积运算

卷积神经网络中的卷积运算实质上是对输入矩阵（通常是图像或特征矩阵）与卷积核（也称为滤波器或权重矩阵）进行逐元素相乘后求和的操作。以图 10-13 为例，假设输入的特征矩阵 $\boldsymbol{X}$ 的大小为 6×6，卷积核 $\boldsymbol{K}$ 是 3×3 的矩阵，且卷积步长（stride）设置为 1。为了计算输出矩阵的第一个值，将卷积核 $\boldsymbol{K}$ 的左上角对齐到输入矩阵 $\boldsymbol{X}$ 的((1,1))位置，然后将对应位置的元素一一相乘并求和，得到的结果即为输出矩阵的第一个值。计算过程如下。

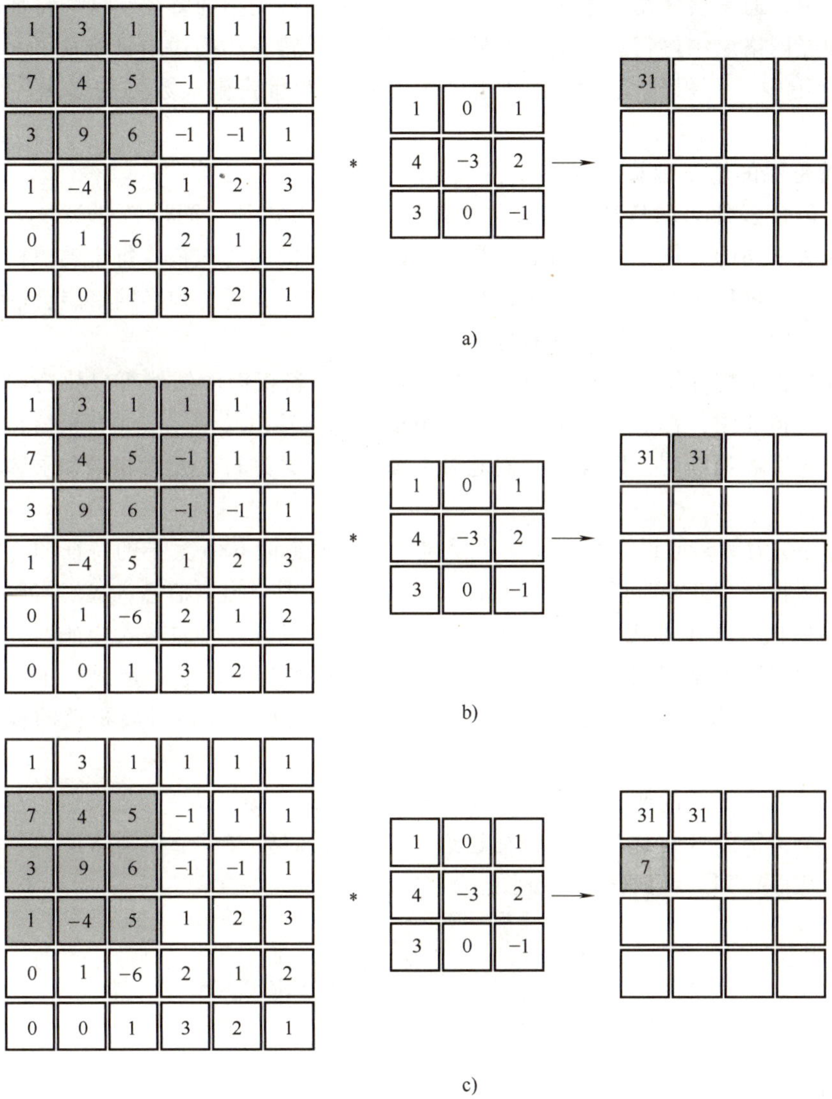

图 10-13　步长为 1 的卷积计算

图 10-13　彩图

$$Y_{0,0}=X_{0,0}\times K_{0,0}+X_{0,1}\times K_{0,1}+X_{0,2}\times K_{0,2}+X_{1,0}\times K_{1,0}+X_{1,1}\times K_{1,1}+X_{1,2}\times K_{1,2}+X_{2,0}\times K_{2,0}+X_{2,1}\times K_{2,1}+X_{2,2}\times K_{2,2}$$
$$=|X|+3\times0+|X|+7\times4+4\times(-3)+5\times2+3\times3+9\times0+6\times(-1)=31$$

随后，保持卷积核的大小和形状不变，将其向右移动一个步长（即一格），然后重复上述的乘加操作，得到输出矩阵的第二个值。这个过程会持续进行，直到卷积核覆盖完输入矩阵的第一行所有可能的区域，从而得到输出矩阵的第一行所有值。当完成第一行的计算后，将卷积核移动到输入矩阵的第二行第一个位置（即((2,1))位置），并重复上述的乘加操作，以得到输出矩阵第二行的第一个值。之后，继续移动卷积核并重复操作，直至覆盖整个输入矩阵，最终得到完整的输出矩阵。这个过程描述了单个卷积核如何应用于输入矩阵来提取特定类型的特征。

在卷积神经网络中，通常会使用多个不同的卷积核来提取不同类型的特征，这些特征随后将被用于后续的神经网络层中进行更高级别的处理。因此，尽管上述描述中只涉及了一个卷积核，但在实际应用中，卷积神经网络会利用多个卷积核来捕获输入数据的多种不同特征。

2. 多输入输出特征图的卷积运算

图像中确实可能包含多种边缘特征，如对角线特征、三角形特征、圈形特征等复杂形状。为了有效提取这些不同的特征，神经网络通常会设计多个不同的卷积核。每个卷积核都能从输入数据中学习到一种特定的特征，因此，在经过卷积操作后，每个神经网络层会输出多个特征图，每个特征图都代表了一种独特的特征。

当网络层的输入是多个特征图时（即具有多个输入通道），卷积操作依然可以执行。具体来说，对于每个输入特征图，都需要一个对应的卷积核来进行卷积操作。这些卷积核在结构上与输入特征图的通道数相匹配，以确保它们能够正确地对齐并进行逐元素相乘和求和的操作。

以图 10-14 中的卷积为例，假设卷积层的输入是包含 3 个通道的 6×6 大小的特征图，分别代表对角线特征、圈特征和三角形特征。为了从这些输入特征图中提取信息，我们需要使用 3 个不同的 3×3 卷积核（每个卷积核也是 3 通道），每个卷积核与对应的输入特征图进行卷积操作。这三个卷积操作的结果（每个都是 4×4 大小）随后被加在一起，形成一个单一的 4×4 输出特征图。这个输出特征图综合了所有输入特征图的信息，并通过卷积核的权重进行了加权和提取。

在卷积运算中，输入特征图的通道数和卷积核的通道数必须一致，这是卷积操作的基本要求。如果输入有 3 个特征图（也称为 3 个特征通道），那么就需要有 3 个相同通道的卷积核来执行卷积操作，从而得到最终的输出特征图。

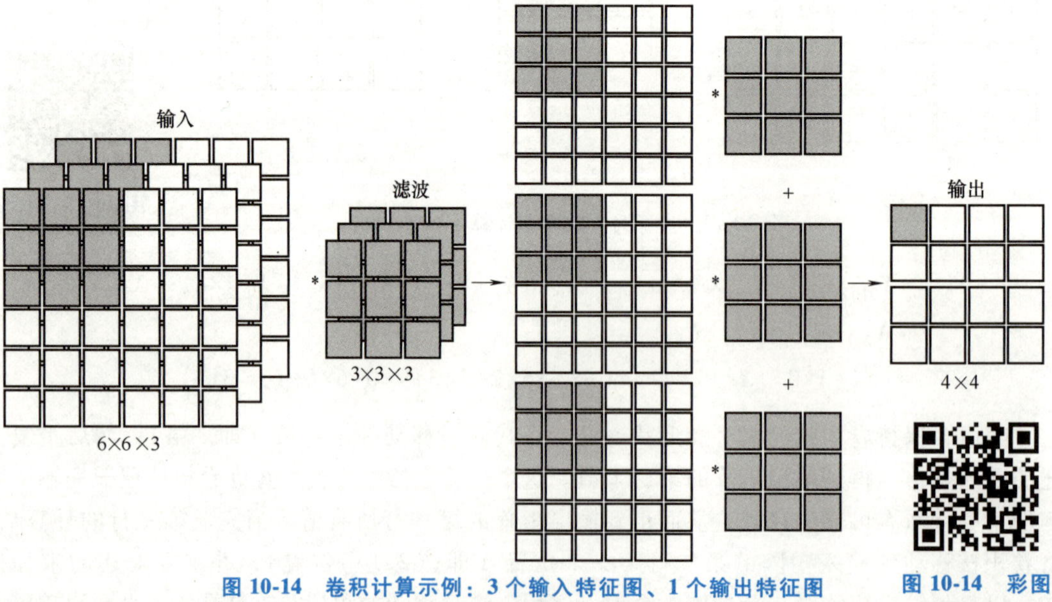

图 10-14 卷积计算示例：3 个输入特征图、1 个输出特征图

图 10-14 彩图

为了计算输出特征图((0,0))位置的值，首先会从每个输入特征图的左上角取出一个 3×3 的子矩阵，并与对应的 3×3 卷积核进行二维卷积运算。这个过程会为每个输入特征图产生一个单独的卷积结果。例如，对于第 1 个输入特征图，进行二维卷积运算后，得到的结果是 1。类似地，第 2 个和第 3 个输入特征图与它们各自的卷积核进行卷积运算后，分别得到 0 和 1。然后，将这三个结果相加，即 1+0+1=2，这就是输出特征图((0,0))位置的值。

为了得到输出特征图上其他位置的值，可以在输入特征图上按照指定的步长（如向右移一格或向下移一格）移动卷积核，并在每个新位置重复上述的卷积和加和过程。这样可以依次计算出输出特征图上所有位置的值。

如果输入仍然是 3 个特征图，但希望输出是 2 个特征图，那么就需要使用两组卷积核，每组包含 3 个与输入特征图通道数匹配的卷积核。每一组卷积核都将独立地对输入特征图进行卷积运算，并生成一个输出特征图。因此，总共需要 6 个卷积核（3 个特征图通道数乘以 2 个输出特征图）。如图 10-15 所示，这种结构允许神经网络学习并提取多种不同的特征，并在不同的输出特征图中表示这些特征。

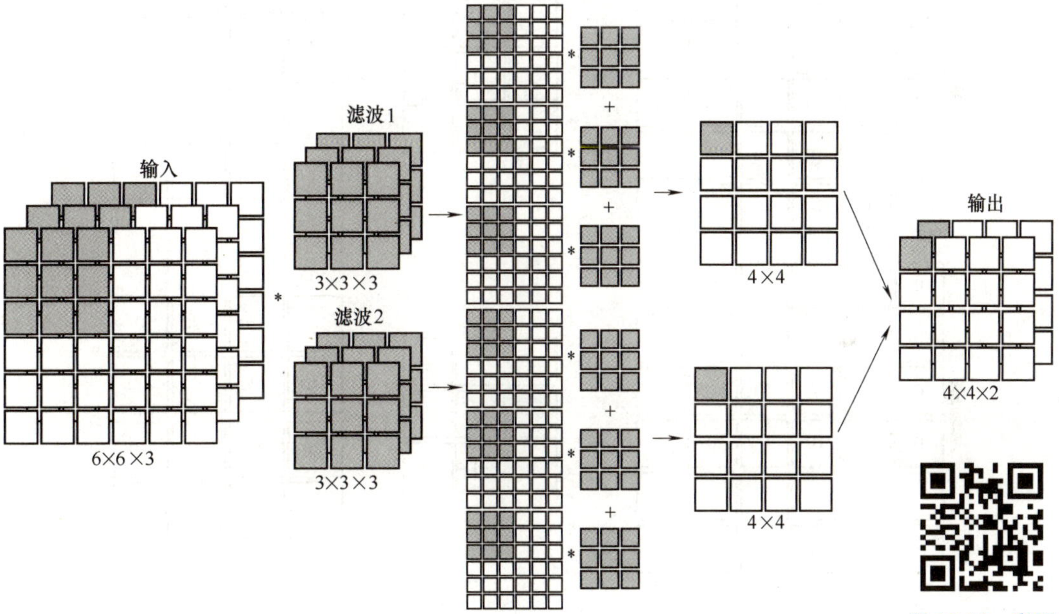

图 10-15 卷积计算示例：3 个输入特征图、2 个输出特征图

图 10-15 彩图

输入特征图与第 1 组卷积核进行卷积运算，将产生第 1 个输出特征图；同样地，输入特征图与第 2 组卷积核进行卷积运算，将产生第 2 个输出特征图。通过这种方式，我们可以完成所有的卷积运算，从而得到多个输出特征图，每个输出特征图都捕捉了输入特征图中不同的特征。

图 10-15 由 3 个输入特征图通道和 2 个输出特征图构成，因此需要两组卷积核，每组包含 3 个 3×3 的卷积核。因此，总共有 2×3=6 个 3×3 的卷积核。每个卷积核有 3×3=9 个卷积系数，所以总共需要 6×9=54 个卷积系数。

3. 卷积层如何检测特征

下面以图 10-16 为例介绍卷积层如何检测特征。在图 10-16a 中，我们有一个 6×6 大小的输入特征图或图片，其中 10 代表白色，0 代表黑色。图片中间有一条垂直线，将黑白区域分开，这是要检测的边缘特征。

为了抽取这个垂直边缘特征，可设计一个 3×3 的卷积核，该卷积核在垂直方向上具有差异，以便能够检测垂直边缘。一个常用的卷积核是

$$\begin{bmatrix} 1 & 0 & -1 \\ 1 & 0 & -1 \\ 1 & 0 & -1 \end{bmatrix}$$

称其为垂直边缘检测器。

将这个卷积核与输入图片进行卷积操作时，卷积核会在输入图片上滑动，并在每个位置执行点积运算。由于卷积核在垂直方向上的权重差异，当卷积核与垂直边缘对齐时，输出值会达到最大。

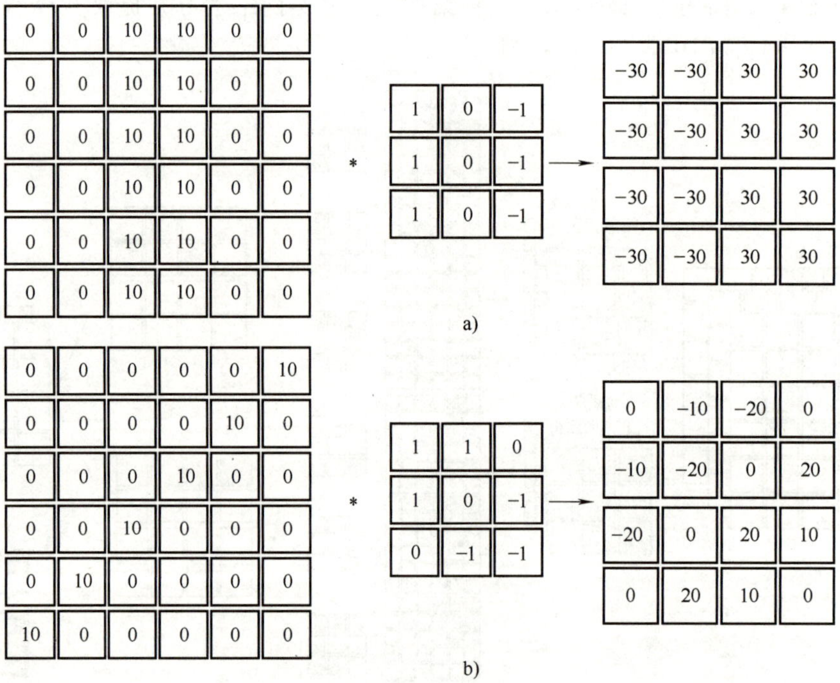

图 10-16　检测特征

如果要检测图 10-16b 左侧输入特征图中的对角线边缘特征，可以使用卷积核：

$$\begin{bmatrix} 1 & 1 & 0 \\ 1 & 0 & -1 \\ 0 & -1 & -1 \end{bmatrix}$$

该卷积核对角线上的系数是 0，右下的 3 个系数是−1，左上的 3 个系数是 1。用该卷积核和输入做卷积，可以得到右侧的输出。在该输出中，仅副对角线两侧有值，右下角和左上角的值均为 0，因为输入特征图中左上角和右下角没有变化。通过上述过程，可以用卷积核把垂直边缘或对角线边缘找出来。

4. 边界扩充

在进行卷积运算时，如果不采取边界扩充（padding）措施，卷积操作后的输出尺寸将

会自然地略微缩小。假设输入的图片或特征图的大小为 $W \times H$，卷积核的大小为 $F \times F$，并且忽略步长（stride）和边界处理方式（如是否使用零填充），则卷积操作后输出的特征图大小将为（$W-F+1$）×（$H-F+1$）。边界扩充如图 10-17 所示。为了计算输出特征图上的每个点，卷积核必须完全覆盖在输入特征图上。

举例来说，如果输入是一张 32×32 大小的图像，并使用一个 4×4 大小的卷积核进行卷积，那么在不进行边界扩充的情况下，输出的特征图大小将是 29×29。如果继续用同样大小的卷积核对这个 29×29 的特征图进行卷积，输出大小将进一步缩小至 26×26。继续这个过程，每经过一层卷积，特征图的尺寸都会有所减小。

在构建深度神经网络时，特别是在需要多层卷积的网络结构中，如不进行边界扩充，随着卷积层数的增加，特征图的尺寸会迅速减小，最终可能导致无法再进行有效的卷积操作。因此，为了避免这种情况的发生，通常会在卷积操作之前对输入特征图进行边界扩充，以确保在多层卷积之后仍能得到足够大的特征图。

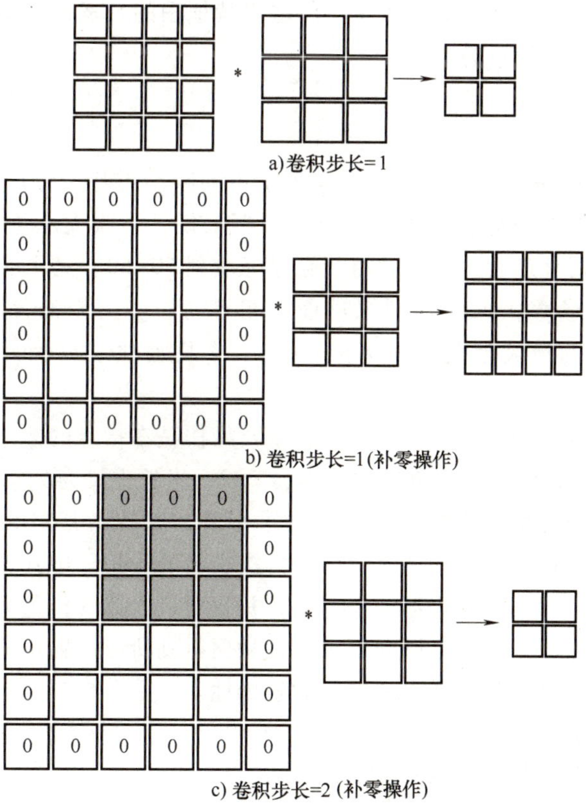

图 10-17 彩图

图 10-17　原始图像大小为 4×4、卷积核大小为 3×3 时的卷积示例

边界扩充的主要作用是为了在神经网络进行卷积操作时，确保输入特征图和输出特征图的尺寸保持一致。具体实现方法是在图像的四周添加一圈 0 值像素，以扩大图像的尺寸。例如，在图 10-17b 中，若神经网络的输入特征图或图片原始大小为 4×4，而卷积核大小为 3×3，为了保持卷积后特征图的尺寸仍为 4×4，就需要在原始图像的四周各加上一圈 0 值像素，将其扩充至 6×6 的大小。随后，对扩充后的图像进行卷积运算，得到的输出特征图大小就会是 4×4。通过这种边界扩充的方法，图片在经过多层卷积处理后，其尺寸不会持续减小。

此外，边界扩充还有助于强化图像的边缘信息，因为扩充部分的像素值全为 0，在卷积过程中可能会凸显出边缘处的特征，特别是当图像边缘含有重要特征时，这种作用会更为明显。

5. 卷积步长

如果想要输出特征图的尺寸发生显著变化，可以调整卷积步长（stride）。在之前提到的例子中，卷积步长通常设为 1，这意味着卷积核在输入特征图上每次向右或向下滑动一个单位距离后再进行卷积操作，结合边界扩充，得到的输出特征图的大小通常与输入特征图保持一致。然而，有些神经网络算法会采用大于 1 的卷积步长。在这种情况下，卷积核在输入特征图上滑动时会跳过多个单位距离，例如，步长为 2 时，卷积核会一次跳过两个单位距离（见图 10-17c）。通过增大卷积步长，不仅可以加快每一层的运算速度，还能有效地缩小输出特征图的尺寸。这种降采样的方法有助于利用局部特征，并使得网络对输入图像中的平移变换具有更好的鲁棒性。

在选择卷积步长时，需要根据具体的应用需求来确定。如果希望保持特征图的尺寸不变，可以采用边界扩充的策略。而如果希望将输出特征图的长宽都减半，则可以在进行边界扩充的同时，将卷积步长设置为 2。

10.2.3 池化层

池化层（pooling layer）在神经网络中起到了主动减小图片尺寸的作用，进而减少了参数的数量和计算量，有助于抑制过拟合现象。举例来说，一张大小为 100×100 的输入图片或特征图在经过池化层处理后，其尺寸可能会被缩减到 50×50。池化层的一个显著特点是其通常不包含可训练的参数，因此在训练过程中相对简单。关于池化的方法，有多种类型可供选择，包括常见的最大池化（max pooling）、平均池化（average pooling）以及 L^2 池化等。

最大池化法作为其中的一种常用方法，其主要操作是在指定的池化窗口内寻找并输出最大值。以图 10-18 为例，假设池化窗口的大小为 2×2，步长也设为 2，并且不进行边界扩充。从输入特征图的左上角开始，选取一个 2×2 的子矩阵，并找出其中的最大值 7 作为第一个输出值。然后，池化窗口向右移动 2 个单位，再次在新的子矩阵中找出最大值 5 作为第二个输出。接着，池化窗口继续向右移动 2 个单位，并找出最大值 3 作为第三个输出。按照这种方式，池化窗口可以沿着输入特征图向下滑动，从而得到所有的输出值。最大池化法通过仅保留池化窗口内特征的最大值，增强了特征的鲁棒性。

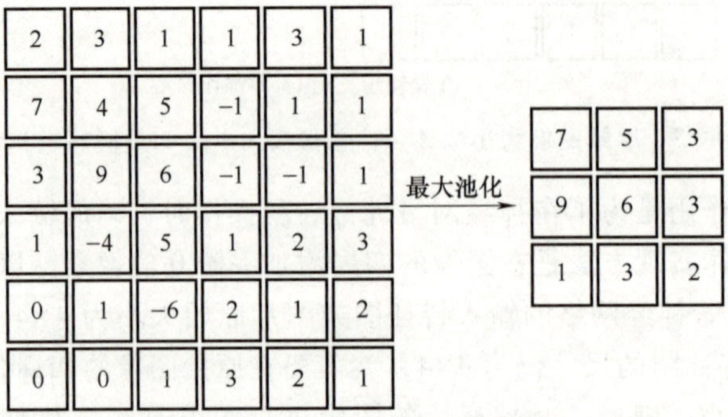

图 10-18　最大池化计算示例

平均池化法同样是一种广受欢迎的池化技术。该方法通过对池化窗口内的所有数值取平均值，将图像中的某些特征进行平均化处理，实现了一种模糊化的效果。

L^2 池化法则是在池化窗口内对每个数值进行平方运算，然后将这些平方值累加，最后对累加和进行开平方根的操作。

从硬件设计的角度来看，最大池化法由于只需找出池化窗口内数值的最大值，因此在实现上相对简单。相比之下，L^2 池化法由于涉及到了平方和开平方根的计算，其硬件实现的复杂度则要高一些。历史上，还曾出现过使用几何平均进行池化的方法，但这种方法的复杂度更高。例如，当几何池化的窗口大小为 2×2 时，需要进行 4 次方根的运算；而当窗口大小为 3×3 时，则需要计算 9 次方根。由于几何池化的计算时间较长，虽然可能在某种程度上带来精度的提升，但在实际应用中却会面临诸多不便。因此，最大池化法由于其简单性和高效性，成为了最常用的池化方法。

10.2.4 全连接层

卷积层和池化层共同构成了神经网络中的特征提取器，负责从输入数据中提取有用的特征。而全连接层（fully-connected layer）则扮演着分类器的角色。全连接层的作用是将经过特征提取器处理得到的高维特征图转化为一个一维的特征向量，这个特征向量包含了所有关键的特征信息，可以进一步转化为对各个类别的分类概率。例如，一张 224×224 大小的输入图片在经过多层卷积和池化处理后，可能会被转化为 4096 个 1×1 大小的特征图。基于这 4096 个特征，可以构建一个全连接层，从而判断图片最终属于猪、狗、猫、牛、羊中的哪一类。

在卷积神经网络中，尽管全连接层常常被用作最终输出的决策层，但也有一些网络选择使用 softmax 层作为最终的输出层。通过 softmax 的计算，可得到每个类别的概率分布，其中较大的输入值会被转化为较高的概率，而较小的输入值则会被抑制，从而显著地突出主要特征并决定最终的分类概率。

10.2.5 应用案例

图像分类技术是计算机视觉领域的核心任务之一，旨在通过提取输入图像的特征，将图像划分到预定义的类别中。卷积神经网络的应用，使得模型在处理复杂视觉信息时表现出色。图像分类的应用领域非常广泛，包括但不限于自动驾驶、医疗影像分析、安防监控、社交媒体内容审核等。在自动驾驶领域，图像分类技术可以用于车辆识别交通标志、行人和其他车辆，从而提高行驶安全性；在医疗影像分析中，图像分类可以用于识别疾病特征，辅助医生进行诊断；在安防监控中，图像分类技术能够实时识别可疑行为，提高安保能力。

基于图 10-19 所示的 CIFAR-10 数据集，构建卷积神经网络进行图像分类。CIFAR-10（Canadian institute for advanced research）是一个常用的彩色图片数据集，总共有 60000 张 32×32 像素的彩色图片，它们分为 10 个类别：airplane、automobile、bird、cat、deer、dog、frog、horse、ship、truck，每个类别有 6000 张图像，且不同类别没有重叠。其中 50000 张训练图像和 10000 张测试图像，常用于评估不同图像分类算法的性能。

本节分别构建了一个 VGG 网络和一个两个卷积层（输出通道数分别为 6 和 16，卷积核大小均为 3×3，步幅均为 1，每个卷积层后连接一个最大池化层）的卷积神经网络，训练过

图 10-19　CIFAR-10 数据集

程中 VGG 网络和卷积神经网络分类 loss 变化曲线如图 10-20 所示，蓝色曲线展示了 VGG 网络变化情况，橘黄色曲线展示了卷积神经网络 loss 变化情况，可以看到 VGG 网络 loss 明显低于卷积神经网络。

图 10-19　彩图

VGG16 网络由多个卷积层、全连接层、Softmax 输出层构成，卷积层和池化层进行特征提取，全连接层负责完成分类任务，层与层之间使用最大池化分开，隐藏层

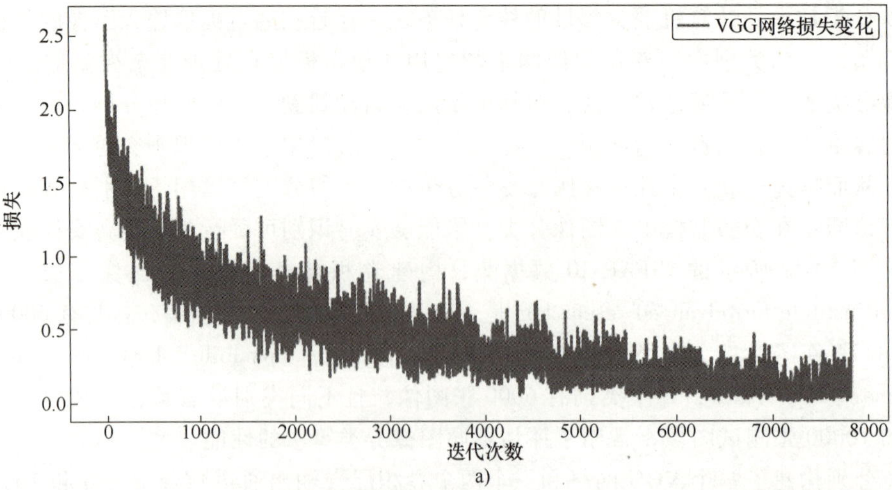

图 10-20　loss 变化曲线

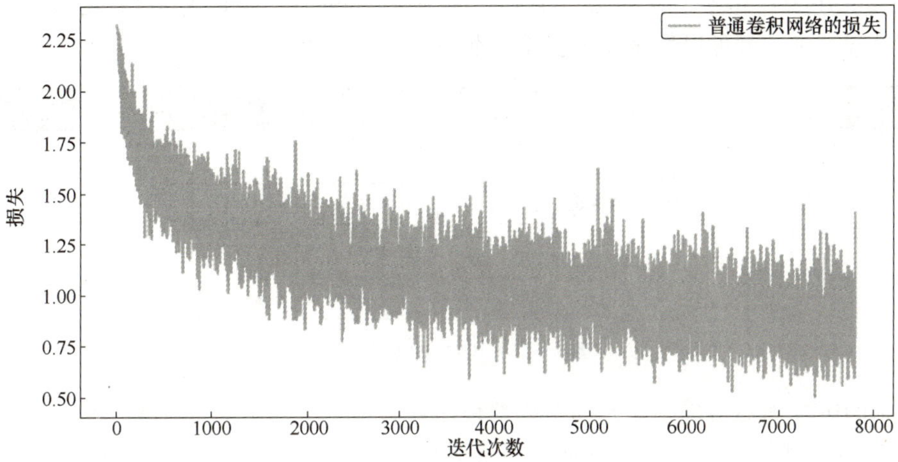

b)

图 10-20　loss 变化曲线（续）

的激活单元采用 ReLU 函数。此外，VGG 采用多个较小的卷积核（3×3）替代较大的卷积核，不仅能在保持感受野大小不变的同时减少参数量，还能进行更多地非线性映射，增加网络拟合能力。实验结果显示，普通卷积神经网络在 CIFAR-10 数据集上的分类准确率能够达到 62.82 %，而 VGG16 网络的分类准确率能够达到 77.81%。VGG16 网络的分类性能远高于一般的多层卷积神经网络。

10.3　循环神经网络

RNN 是一种能够处理序列数据的神经网络模型，属于深度学习范畴，与传统的前馈神经网络不同，RNN 在处理每个输入时都会保留一个隐藏状态，该隐藏状态会被传递到下一个时间步，以便模型能够记忆之前的信息。RNN 因擅于捕捉到输入序列的上下文信息，从而能够更好地处理序列数据的特点。迄今为止 RNN 在自然语言处理、语音识别、机器翻译等任务上取得了很大的成功。

10.3.1　循环神经网络

1. RNN 结构

RNN 使用带自反馈的神经元，可以处理任意长度的序列数据。图 10-21 展示了 RNN 的基本结构，其输入是 $\boldsymbol{x}$，输出为 $\boldsymbol{y}$，隐层为 $\boldsymbol{h}$。$\boldsymbol{h}$ 是网络的隐层记忆单元，具有存储信息的能力，其输出会影响其下一时刻的输入。图 10-21 给出了 RNN 按时间展开后的基本结构图。给定网络在时刻 t 的输入为 $\boldsymbol{x}^{(t)}$，输出为 $\boldsymbol{y}^{(t)}$，隐藏状态为 $\boldsymbol{h}^{(t)}$，那么 $\boldsymbol{h}^{(t)}$ 既和当前时刻的输入 $\boldsymbol{x}^{(t)}$ 有关，也与上一时刻的隐藏状态 $\boldsymbol{h}^{(t-1)}$ 相关。t 时刻的网络输出 $\boldsymbol{y}^{(t)}$ 计算如下：

$$\begin{cases}\boldsymbol{h}^{(t)}=f(\boldsymbol{W}\boldsymbol{h}^{(t-1)}+\boldsymbol{V}\boldsymbol{x}^{(t)}+\boldsymbol{b}_1)\\ \boldsymbol{o}^{(t)}=\boldsymbol{U}\boldsymbol{h}^{(t)}+\boldsymbol{b}_2\\ \boldsymbol{y}^{(t)}=g(\boldsymbol{o}^{(t)})\end{cases}\tag{10-22}$$

式中，$\boldsymbol{V}$、$\boldsymbol{W}$ 和 $\boldsymbol{U}$ 分别是输入层-隐层、隐层-隐层、隐层-输出层连接的权重矩阵；$\boldsymbol{b}_1$ 和 $\boldsymbol{b}_2$

是偏置向量；$f(\cdot)$ 和 $g(\cdot)$ 是激活函数，通常是 Softmax、tanh 或 ReLU 函数等。若反复将 $\boldsymbol{h}^{(t)}$ 代入 $\boldsymbol{y}^{(t)}$ 中，就可以发现输出值受前面历次输入的影响。

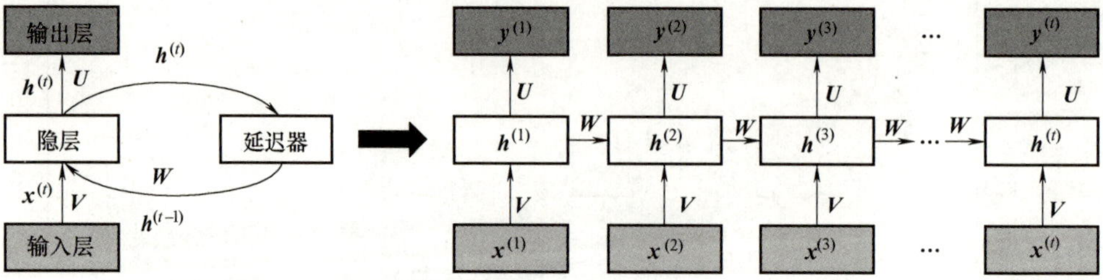

图 10-21　RNN 的基本结构

通过图 10-21 所示的网络结构就可以建模序列信息，序列中的数据 $\boldsymbol{x}^{(t)}$ 和 $\boldsymbol{x}^{(t+1)}$ 前后相互关联和影响。例如“刘备三顾茅庐”和“诸葛亮出山”两者之间就存在相关性。RNN 的循环特点体现在对每个输入的操作是一样的，可以循环往复地重复这些相同的操作，每个时刻的参数 $\boldsymbol{V}$ 和 $\boldsymbol{W}$ 都是相同的。RNN 有记忆功能，以 $\boldsymbol{h}^{(3)}$ 为例，其理论上蕴藏了 $\boldsymbol{x}^{(1)}$，$\boldsymbol{x}^{(2)}$ 和 $\boldsymbol{x}^{(3)}$ 的信息，而 $\boldsymbol{h}^{(t)}$ 理论上可能捕捉了 t 之前的所有信息，其记忆的内容可以无限长，但实际训练时受制于梯度爆炸等原因导致其能够获得的记忆是非常有限的。

RNN 有多种灵活的输入-输出结构支持各类应用，一般包括一对多、多对一、多对多等结构。图 10-22 是一传统没有循环的三层神经网络架构，包括输入层、隐层和输出层，该网络架构不存在历史信息的学习和更新。图 10-23 是一对多的 RNN 结构，输入是一种类型，输出是一个序列。典型的一个应用就是图像标注，输入一张图片，输出则是对图片理解的描述，比如我们输入一张几个人踢足球的图片，输出可能是“几个人在草坪上踢足球”的图像标注。图 10-24 是多对一的 RNN 结构，输入是一个序列，输出可能是一个标签。例如输入一整篇文章，输出文章具体类型，是散文、议论文或者诗词等。图 10-25 是同步多对多 RNN 结构，输入和输出的序列个数相同，如输入为视频序列，输出为每一帧对

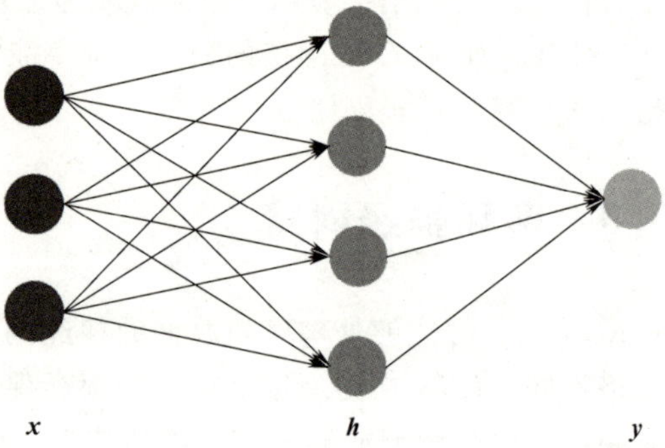

图 10-22　三层传统神经网络结构

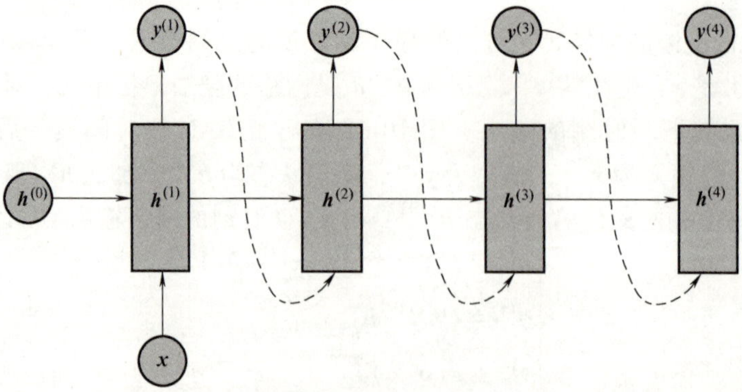

图 10-23　一对多的 RNN 结构

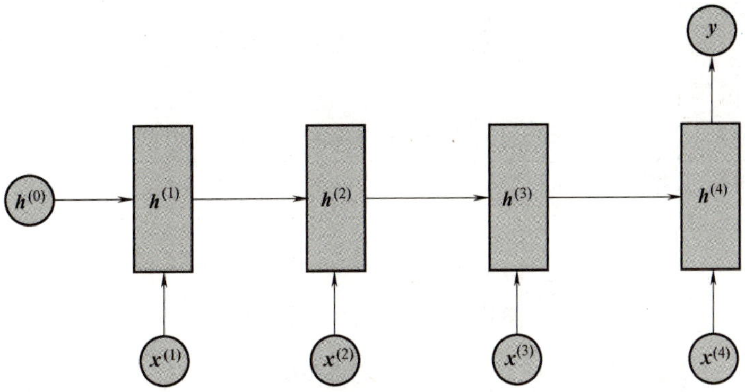

图 10-24　多对一的 RNN 结构

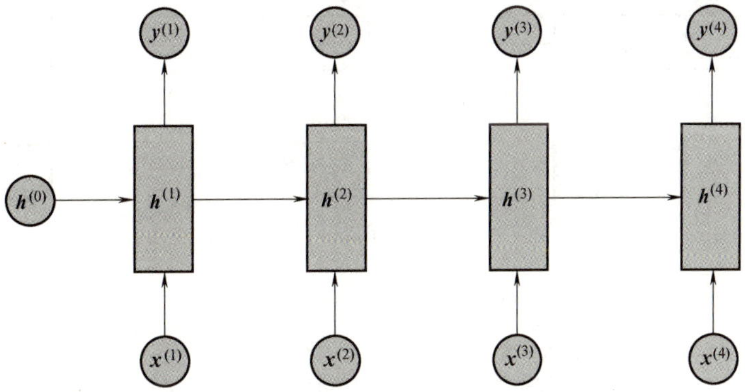

图 10-25　同步多对多 RNN 结构

应的标签。图 10-26 是异步多对多 RNN 结构，这种结构又叫 Encoder-Decoder 模型，也可以称为 Seq2Seq 模型，输入和输出的序列个数不同，如机器翻译中，源语言和目标语言的句子往往并没有相同的长度。

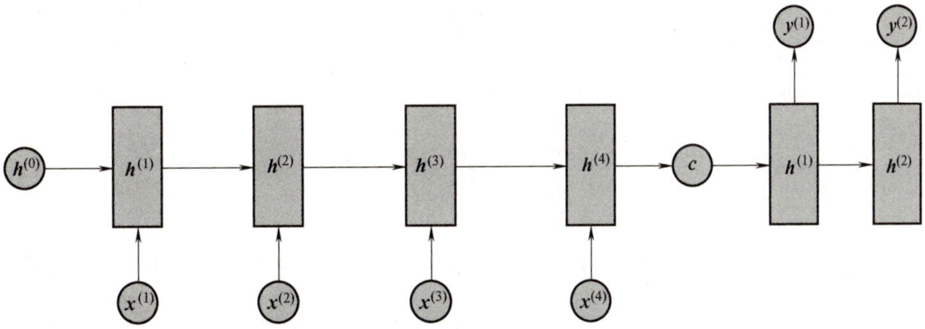

图 10-26　异步多对多 RNN 结构

2. RNN 的反向传播

类似于基于反向传播学习的前馈神经网络，RNN 基于一种变种的反向传播方法进行训练。如图 10-27 所示，训练的核心思想是将 RNN 按时间展开后做反向传播，完成正向传播后一般用交叉熵作为损失函数，接下来做梯度下降。损失函数 L 为每个时刻的损失函数 $L^{(t)}$ 之和：

$$L = \sum_{t=1}^{\tau} L^{(t)} = -\sum_{t=1}^{\tau} \boldsymbol{y}^{(t)} \ln \boldsymbol{y}^{(t)} \tag{10-23}$$

损失函数对 $\boldsymbol{U}$ 求偏导：

$$\frac{\partial L}{\partial \boldsymbol{U}} = \sum_t \frac{\partial L^{(t)}}{\partial \boldsymbol{U}} = \sum_t \frac{\partial L^{(t)}}{\partial \boldsymbol{y}^{(t)}} \frac{\partial \boldsymbol{y}^{(t)}}{\partial \boldsymbol{o}^{(t)}} \frac{\partial \boldsymbol{o}^{(t)}}{\partial \boldsymbol{U}} = \sum_t \frac{\partial L^{(t)}}{\partial \boldsymbol{y}^{(t)}} \frac{\partial \boldsymbol{y}^{(t)}}{\partial \boldsymbol{o}^{(t)}} \boldsymbol{h}^{(t)\mathrm{T}} \tag{10-24}$$

损失函数对 $\boldsymbol{W}$ 求偏导：

$$\frac{\partial L}{\partial \boldsymbol{W}} = \sum_t \frac{\partial L^{(t)}}{\partial \boldsymbol{W}} = \sum_t \frac{\partial L^{(t)}}{\partial \boldsymbol{y}^{(t)}} \frac{\partial \boldsymbol{y}^{(t)}}{\partial \boldsymbol{o}^{(t)}} \frac{\partial \boldsymbol{o}^{(t)}}{\partial \boldsymbol{h}^{(t)}} \frac{\partial \boldsymbol{h}^{(t)}}{\partial \boldsymbol{W}} \tag{10-25}$$

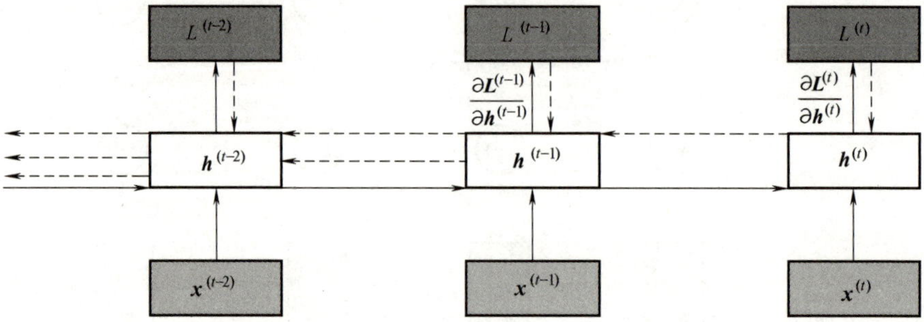

图 10-27　RNN 的反向传播过程

由偏导链式法则，有

$$\frac{\partial L}{\partial \boldsymbol{W}} = \sum_t \sum_{k=1}^{t} \frac{\partial L^{(t)}}{\partial \boldsymbol{y}^{(t)}} \frac{\partial \boldsymbol{y}^{(t)}}{\partial \boldsymbol{o}^{(t)}} \frac{\partial \boldsymbol{o}^{(t)}}{\partial \boldsymbol{h}^{(t)}} \frac{\partial \boldsymbol{h}^{(t)}}{\partial \boldsymbol{h}^{(k)}} \frac{\partial \boldsymbol{h}^{(k)}}{\partial \boldsymbol{W}} \tag{10-26}$$

$$\frac{\partial \boldsymbol{h}^{(t)}}{\partial \boldsymbol{h}^{(k)}} = \prod_{i=k+1}^{t} \frac{\partial \boldsymbol{h}^{(i)}}{\partial \boldsymbol{h}^{(i-1)}} = \prod_{i=k+1}^{t} \boldsymbol{W}^{\mathrm{T}} \mathrm{diag}(1 - (\boldsymbol{h}^{(i)})^2) \tag{10-27}$$

式中，$\mathrm{diag}(1-(\boldsymbol{h}^{(i)})^2)$ 是对角矩阵。偏导的链式求解过程如图 10-27 所示，基于式（10-26）和式（10-27），有

$$\frac{\partial L}{\partial \boldsymbol{W}} = \sum_t \sum_{k=1}^{t} \frac{\partial L^{(t)}}{\partial \boldsymbol{y}^{(t)}} \frac{\partial \boldsymbol{y}^{(t)}}{\partial \boldsymbol{o}^{(t)}} \frac{\partial \boldsymbol{o}^{(t)}}{\partial \boldsymbol{h}^{(t)}} \left(\prod_{i=k+1}^{t} \boldsymbol{W}^{\mathrm{T}} \mathrm{diag}(1 - (\boldsymbol{h}^{(i)})^2) \right) \frac{\partial \boldsymbol{h}^{(k)}}{\partial \boldsymbol{W}} \tag{10-28}$$

同理，损失函数对参数 $\boldsymbol{V}$ 求偏导：

$$\frac{\partial L}{\partial \boldsymbol{V}} = \sum_t \sum_{k=1}^{k=t} \frac{\partial L^{(t)}}{\partial \boldsymbol{y}^{(t)}} \frac{\partial \boldsymbol{y}^{(t)}}{\partial \boldsymbol{o}^{(t)}} \frac{\partial \boldsymbol{o}^{(t)}}{\partial \boldsymbol{h}^{(t)}} \left(\prod_{i=k+1}^{t} \boldsymbol{W}^{\mathrm{T}} \mathrm{diag}(1 - (\boldsymbol{h}^{(i)})^2) \right) \frac{\partial \boldsymbol{h}^{(k)}}{\partial \boldsymbol{V}} \tag{10-29}$$

当 $t \gg k$ 时，$\left\| \prod_{i=k+1}^{t} \boldsymbol{W}^{\mathrm{T}} \mathrm{diag}(1 - (\boldsymbol{h}^{(i)})^2) \right\|_2$ 会把一个小的梯度传播到下一个时刻变成更小的梯度，这个过程一直持续下去，梯度很快就趋近于 0，也就是典型的“梯度消失”现象。与之相对应的是梯度愈来愈大，梯度趋向于无穷大，出现“梯度爆炸”现象。由于 RNN 很容易出现梯度消失或梯度爆炸，一般只能学到短期的依赖关系，比如就近几个时刻内的依赖关系和知识。

RNN 中的“梯度消失”或者“梯度爆炸”现象是由其循环结构导致。一般多层神经网络相邻两层的权重矩阵是不同的，但 RNN 中每一层的权重矩阵是相同的，这就会导致梯度急剧变小或者变大。通过一个简单的自然语言案例来说明由于 RNN 梯度消失导致无法精确处理长期依赖性问题。

在自然语言处理中，根据当前语句预测下一个单词。如果预测“鸭子正在湖里自由自在的____”最后一个词语，不需要太多上下文就可以确定下一个词语是“游泳”，这是因为相关信息“鸭子”和“在湖里”与预测的词语间隔很小。针对这类问题，RNN 一般可以准确地给出预测结果。若输入的句子是“小明抱着买的西瓜走在回家路上，突然汽车的鸣笛声把小明吓了一跳，西瓜掉在地上摔碎了。想起妈妈让自己买西瓜，他又掉转头去了商场。小明去商场买____”。若要预测空白处的词语，可能就无法得到准确结果，这是因为关键词“西瓜”和“摔碎了”等与预测词语的间隔很大，这就是由于梯度消失导致的结果。

为了有效地解决“梯度消失”或者“梯度爆炸”现象导致预测不准确的问题，一系列变种的 RNN 相继提出。针对梯度爆炸问题，Pascanu 等提出了梯度截断的方法，当梯度大于预定义的阈值时进行截断。针对梯度消失问题，可以用目前广为应用的长短期记忆网络（Long Short-Term Memory，LSTM）或门控循环单元（Gated Recurrent Unit，GRU）。

10.3.2　长短期记忆网络

LSTM 是一种时间循环神经网络，是为了解决一般的 RNN 存在的长期依赖问题而专门设计出来的，所有的 RNN 都具有一种重复神经网络模块的链式形式。其核心思想是，很长时刻之前的信息可能很重要，需要保留，但神经网络的记忆是有限的，要想记住过去的重要信息，就要丢掉新学到的不重要信息。因此，LSTM 会去判定一个新的信息是否重要。如果重要，就应当进入网络长期记忆，持久地保留；否则，属于网络短期记忆，很快就要丢掉。

为了达到这个目的，LSTM 循环网络设计了 LSTM 单元来替代 RNN 中的隐层单元。图 10-28 是 LSTM 循环单元的结构。相对于 RNN，每个 LSTM 单元的输入和输出不变，但增加了状态和多个门限单元来控制信息的传输。其中最重要的是单元状态 $\boldsymbol{c}$，由前一状态和当前输入组合而成，并通过遗忘门单元和输入门单元分别控制前一状态和当前输入的信息传输。极端情况下，如果所有的遗忘门为 0，则忽略前一状态；如果所有的输入门为 0，则忽略当前输入计算出的状态。

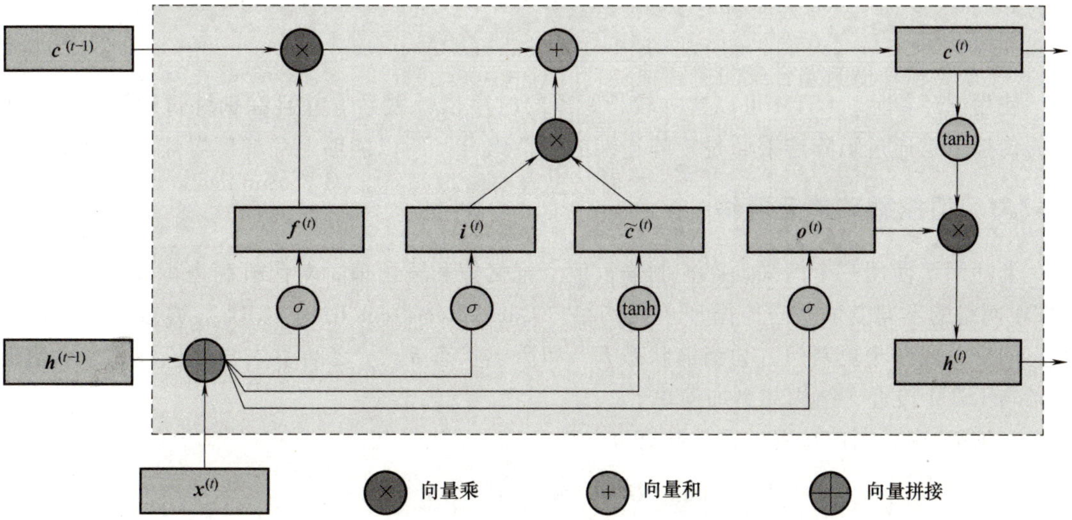

图 10-28　LSTM 循环单元结构

LSTM 单元中有 3 个门限单元，包括遗忘门（forget gate）、输入门（input gate）和输出门（output gate）。遗忘门单元用来控制需要记住前一时刻单元状态的多少内容，并通过 sigmoid 函数将遗忘门的值限制在 0 到 1 之间。第 t 时刻的遗忘门单元为

$$f^{(t)}=\sigma(\boldsymbol{U}^f\boldsymbol{x}^{(t)}+\boldsymbol{W}^f\boldsymbol{h}^{(t-1)}+\boldsymbol{b}^f)=\sigma\left(\boldsymbol{w}_f\begin{pmatrix}\boldsymbol{h}^{(t-1)}\\ \boldsymbol{x}^{(t)}\end{pmatrix}+\boldsymbol{b}^f\right) \tag{10-30}$$

式中，$\boldsymbol{x}^{(t)}$ 是当前时刻的输入；$\boldsymbol{h}^{(t)}$ 是当前隐藏状态；$\boldsymbol{U}^f$、$\boldsymbol{W}^f$、$\boldsymbol{b}^f$分别是输入权重矩阵、循环权重矩阵和遗忘门的偏置；$\boldsymbol{w}_f$由 $\boldsymbol{W}^f$和 $\boldsymbol{b}^f$分别拼接得到。

输入门单元用来控制写入多少输入信息到当前状态。其计算方式与遗忘门类似，也是通过 Sigmoid 函数将取值范围限制在 0 到 1 之间。第 t 时刻的输入门单元为

$$\boldsymbol{i}^{(t)}=\sigma(\boldsymbol{U}^i\boldsymbol{x}^{(t)}+\boldsymbol{W}^i\boldsymbol{h}^{(t-1)}+\boldsymbol{b}^i)=\sigma\left(\boldsymbol{w}_i\begin{pmatrix}\boldsymbol{h}^{(t-1)}\\ \boldsymbol{x}^{(t)}\end{pmatrix}+\boldsymbol{b}^i\right) \tag{10-31}$$

式中，$\boldsymbol{U}^i$、$\boldsymbol{W}^i$、$\boldsymbol{b}^i$ 分别是输入权重矩阵、循环权重矩阵和输入门的偏置。当前输入计算出的状态 $\widetilde{\boldsymbol{c}}^{(t)}$，与 RNN 中隐藏状态计算相同：

$$\widetilde{\boldsymbol{c}}^{(t)}=\tanh(\boldsymbol{U}\boldsymbol{x}^{(t)}+\boldsymbol{W}\boldsymbol{h}^{(t-1)}+\boldsymbol{b})=\tanh\left(\boldsymbol{w}_c\begin{pmatrix}\boldsymbol{h}^{(t-1)}\\ \boldsymbol{x}^{(t)}\end{pmatrix}+\boldsymbol{b}\right) \tag{10-32}$$

LSTM 单元的内部状态更新为

$$\boldsymbol{c}^{(t)}=f^{(t)}\boldsymbol{c}^{(t-1)}+i^{(t)}\widetilde{\boldsymbol{c}}^{(t)} \tag{10-33}$$

输出门单元可以控制当前单元状态的输出。第 t 时刻的输出门单元为

$$g^{(t)}=\sigma(\boldsymbol{U}^0\boldsymbol{x}^{(t)}+\boldsymbol{W}^0\boldsymbol{h}^{(t-1)}+\boldsymbol{b}^0)=\sigma\left(\boldsymbol{w}_0\begin{pmatrix}\boldsymbol{h}^{(t-1)}\\ \boldsymbol{x}^{(t)}\end{pmatrix}+\boldsymbol{b}^0\right) \tag{10-34}$$

式中，$\boldsymbol{U}^0$、$\boldsymbol{W}^0$、$\boldsymbol{b}^0$ 分别是输入权重矩阵、循环权重矩阵和输出门的偏置。LSTM 单元的输出为

$$\boldsymbol{h}^{(t)}=g^{(t)}\tanh(\boldsymbol{c}^{(t)}) \tag{10-35}$$

使用循环单元，LSTM 可以建立较长距离的时序依赖关系。并且在训练过程中，由于梯度的传播不是通过矩阵连乘而是矩阵连乘的线性组合，所以能够避免梯度爆炸和梯度消失。

10.3.3 门控循环单元网络

上述网络使用三个门来动态控制输入值、记忆值和输出值，对门机制进行改进可以获得 LSTM 网络的不同变体。门控循环单元网络（Gated Recurrent Unit，GRU）通过将输入门和遗忘门合并成一个更新门，为当前状态 $\boldsymbol{h}^{(t)}$ 和历史状态 $\boldsymbol{h}^{(t-1)}$ 之间引入线性依赖关系。它的效果与 LSTM 接近，结构却更加简单。

在 GRU 中，当前位置的候选状态 $\widetilde{\boldsymbol{h}}^{(t)}$ 为

$$\widetilde{\boldsymbol{h}}^{(t)}=\tanh(\boldsymbol{U}^h\boldsymbol{x}^{(t)}+\boldsymbol{W}^h(r^{(t)}\odot\boldsymbol{h}^{(t-1)})+\boldsymbol{b}^h) \tag{10-36}$$

式中，$r^{(t)}$是重置门，取值范围为［0,1］，控制候选状态是否依赖上一时刻的状态：

$$r^{(t)}=\sigma(\boldsymbol{U}^r\boldsymbol{x}^{(t)}+\boldsymbol{W}^r\boldsymbol{h}^{(t-1)}+\boldsymbol{b}^r) \tag{10-37}$$

当 $r^{(t)}=0$ 时，候选状态只与当前输入有关；当 $r^{(t)}=1$ 时，候选状态受当前输入和历史状态的影响。

隐状态 $\boldsymbol{h}^{(t)}$ 的计算方式为

$$\boldsymbol{h}^{(t)}=z^{(t)}\odot\boldsymbol{h}^{(t-1)}+(1-z^{(t)})\odot\widetilde{\boldsymbol{h}}^{(t)} \tag{10-38}$$

式中，$z^{(t)}$ 是更新门，取值范围 [0,1]，控制当前状态（单元输出）从历史状态和候选状态中接受的信息：

$$z^{(t)}=\sigma(\boldsymbol{U}^z\boldsymbol{x}^{(t)}+\boldsymbol{W}^z\boldsymbol{h}^{(t-1)}+\boldsymbol{b}^z) \tag{10-39}$$

当 $z^{(t)}=0$ 时，单元输出和历史状态之间是非线性关系；当 $z^{(t)}=0$ 且 $r^{(t)}=1$ 时，网络退化为简单循环神经网络；当 $z^{(t)}=0$ 且 $r^{(t)}=0$ 时，单元输出只和当前输入有关；当 $z^{(t)}=1$ 时，当前状态等于历史状态，与当前输入无关。

图 10-29 是 GRU 单元的结构。第 t 个单元的输入是数据 $\boldsymbol{x}^{(t)}$，前一时刻的状态 $\boldsymbol{h}^{(t-1)}$，输出是当前状态 $\boldsymbol{h}^{(t)}$。重置门 $r^{(t)}$，更新门 $z^{(t)}$ 有相同的结构，都是以 $\boldsymbol{x}^{(t)}$ 和 $\boldsymbol{h}^{(t-1)}$ 为输入的函数。首先以当前输入和重置门作用历史状态计算候选状态 $\widetilde{\boldsymbol{h}}^{(t)}$，然后用历史状态和候选状态的加权和计算当前状态 $\boldsymbol{h}^{(t)}$，作为单元的输出。

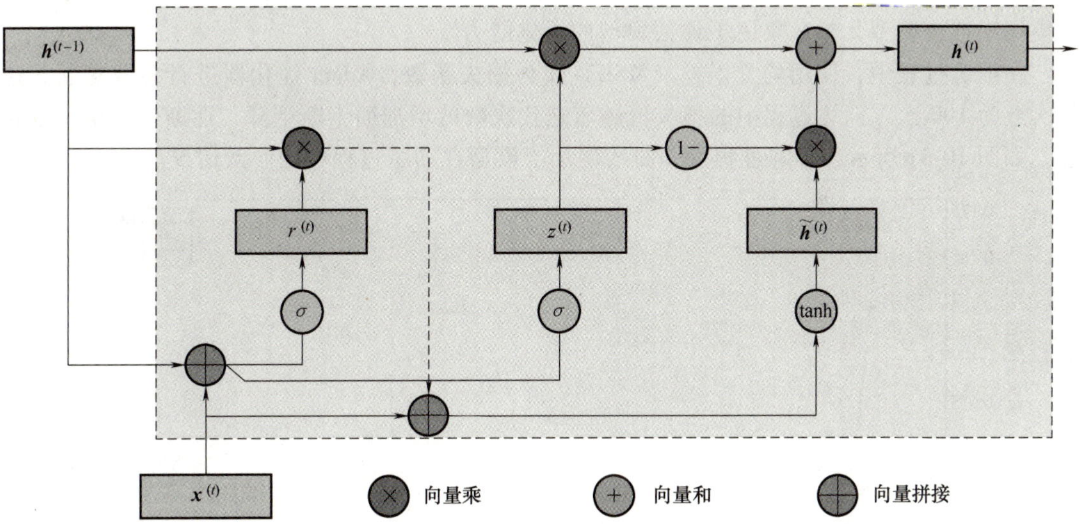

图 10-29　GRU 循环单元结构

10.3.4　应用案例

气温预测在气象、农业、能源管理等多个领域具有重要应用。例如，在气象领域，气温预测可以帮助预警异常天气，为防灾减灾提供依据；在农业领域，气温预测可以帮助农民合理安排种植、收割时间，保障农作物的产量和品质；在能源管理领域，气温预测可以帮助调度供暖、制冷资源，提高能源使用效率和客户满意度。

本节基于图 10-30 所示的数据集所示，采用 LSTM 模型对气温数据进行预测。数据集记录了 2019 年 1 月 1 日到 6 月 30 日虹桥机场的气温数据，记录间隔为 1 小时。该数据集为

csv 格式，共两列（日期，温度），4345 行，温度数据经过标准化处理，使得模型可以更快地收敛。

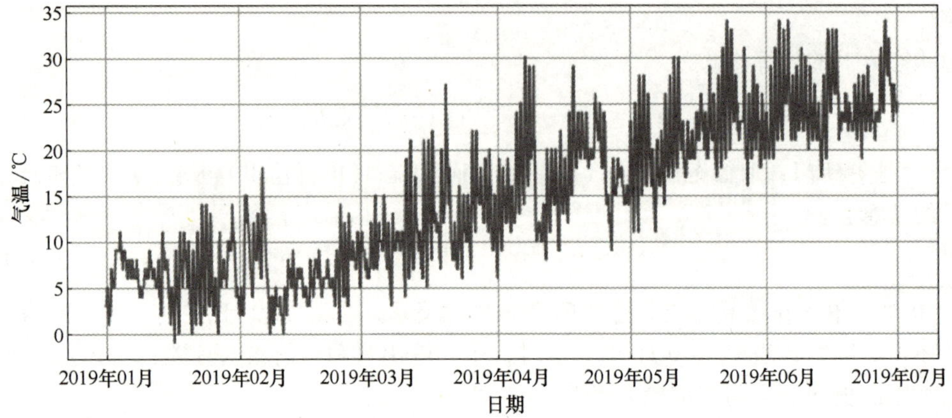

图 10-30　气温数据集

选择 LSTM 模型作为气温预测的核心，因为气温数据具有显著的时间序列特性，即当前的气温与前几天的气温密切相关。LSTM 能够自动选择性地记住或遗忘信息，可以很好地建模气温随时间的变化趋势。在 LSTM 模型中，数据集按照时间顺序分为训练集和测试集，训练集用于拟合模型，测试集用于评估模型的泛化能力。

在训练过程中，使用均方误差（MSE）作为损失函数，Adam 优化器进行参数更新，迭代次数为 100 次。训练过程中的损失值随着迭代次数的增加而不断下降，逐渐收敛至稳定状态。如图 10-31 所示，训练过程 loss 曲线展示了模型在训练过程中的收敛情况。

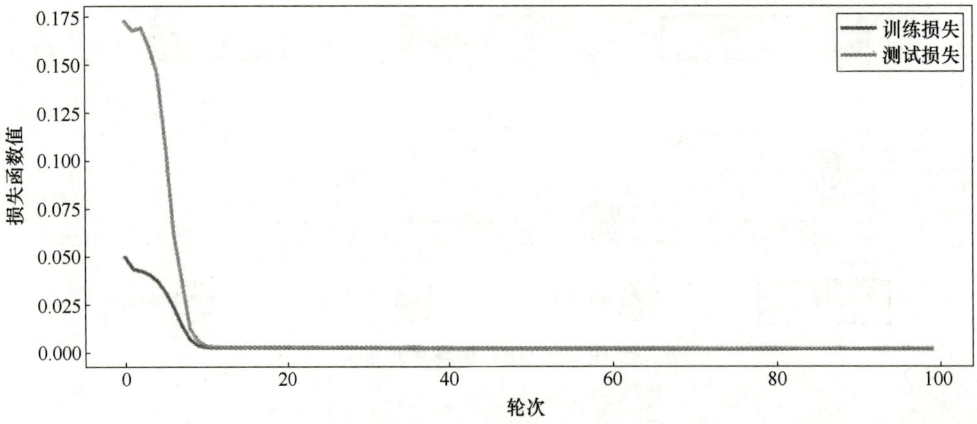

图 10-31　损失函数值变化曲线

在预测过程中，将测试集输入到 LSTM 模型中，得到未来数日的气温预测值。如图 10-32 所示的气温预测结果显示，LSTM 模型成功捕捉到气温的变化趋势，预测结果与实际气温非常接近。图 10-33 是预测结果在全部数据集的展示，不仅符合气温序列的细节特征，还符合其趋势特征。这一结果表明 LSTM 模型在处理气温预测等时间序列任务时具有良好的适用性和精准度。

LSTM 模型的优越性能得益于其在长短期依赖的建模能力，能够捕捉到气温数据中的短期波动与长期趋势。同时，通过调整 LSTM 模型的层数、隐藏单元数量等参数，模型能够进一步提升预测效果并避免过拟合。

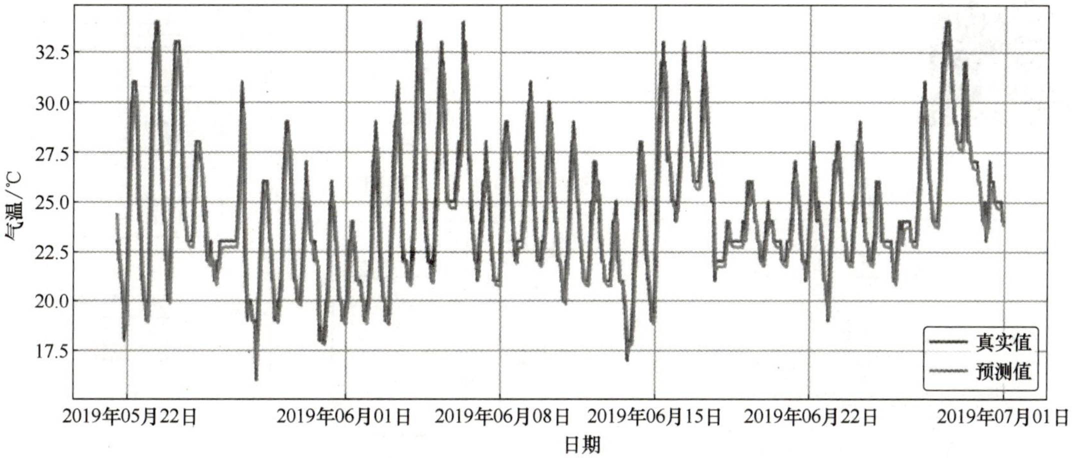

图 10-32　预测结果与真实值

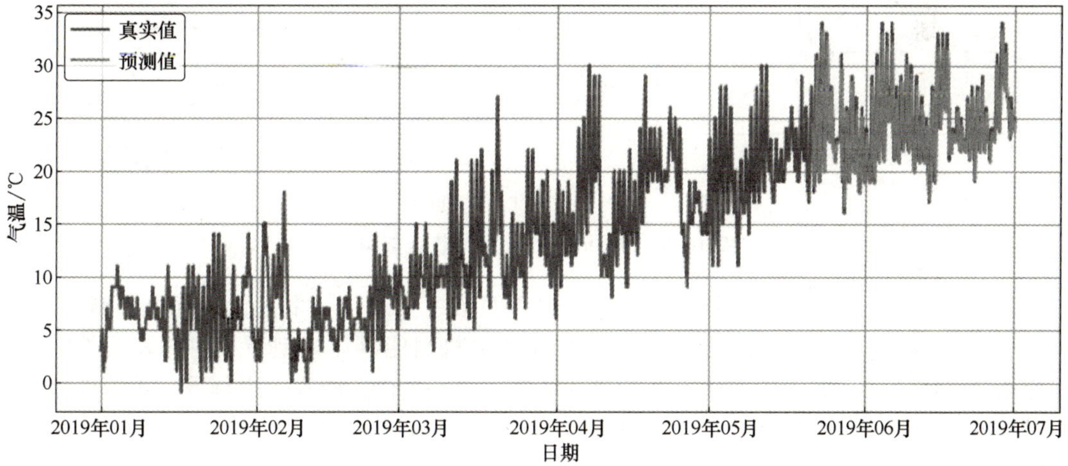

图 10-33　预测结果在全部数据集上的效果

10.4　Transformer

Transformer 是一种深度学习模型，由 Vaswani 等于 2017 年提出。它是一种基于自注意力机制（self-Attention）的序列转换模型，旨在处理各种序列数据任务，如自然语言处理（Natural Lauguage Processing，NLP）、图像识别和音频处理等。Transformer 模型的出现极大地推动了自然语言处理领域的发展，成为了许多 NLP 任务的核心架构。

自注意力机制是 Transformer 的核心组成部分，它允许模型在处理序列的每个元素时，考虑序列中的所有其他元素。这种机制使 Transformer 能够捕捉序列内长距离依赖关系，这在 RNN 和 LSTM 中是难以实现的。

Transformer 模型主要由编码器（Encoder）和解码器（Decoder）两部分构成，如图 10-34 所示。

图 10-34　彩图

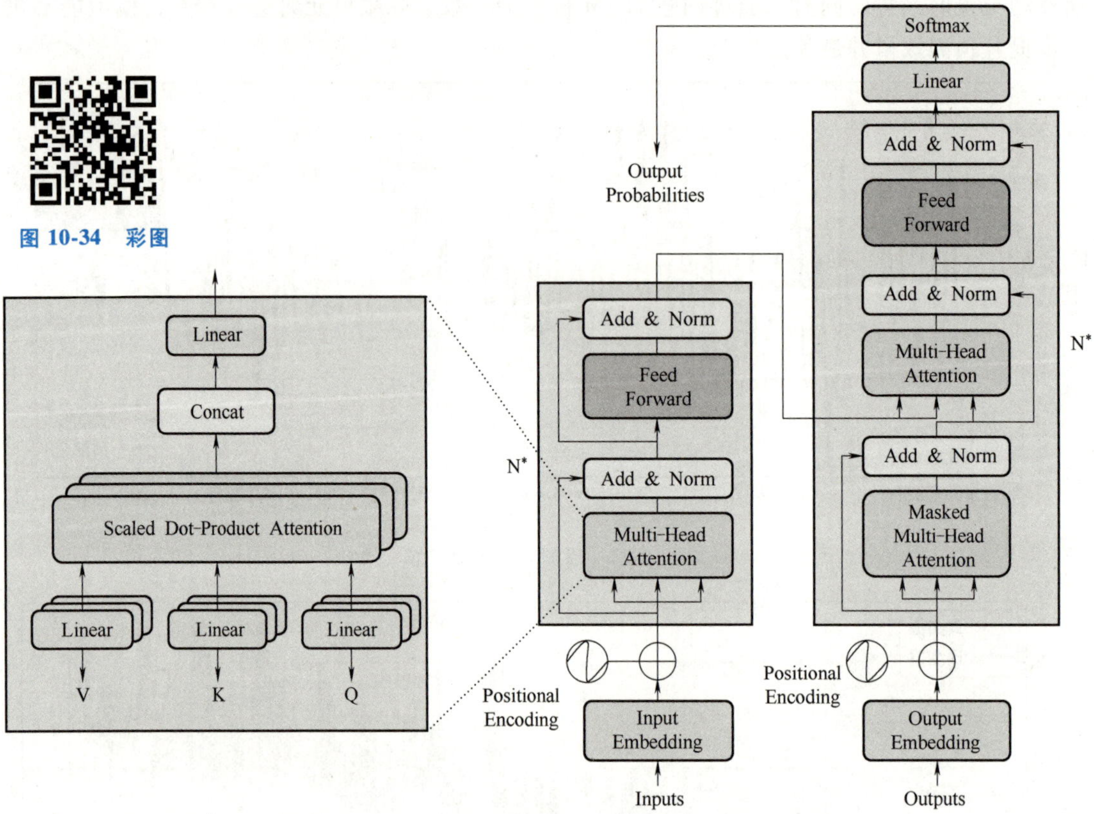

图 10-34　Transformer 网络模型架构图

编码器由多个相同的层堆叠而成，每层包含两个主要组件：多头自注意力机制（multi-head self-attention）和前馈神经网络。多头自注意力机制能够让模型在不同的表示子空间中并行地学习输入序列的不同方面。前馈神经网络则对每个位置的表示进行进一步的处理。解码器的结构与编码器类似，但在每层中增加了一个额外的多头注意力机制，用于关注编码器的输出。这使得解码器能够根据编码器的输出和之前生成的元素来生成序列的下一个元素。Transformer 模型的另一个关键特性是位置编码（positional encoding），它向模型提供了序列中各元素位置的信息。由于 Transformer 本身并不具有捕捉序列顺序的能力，位置编码是实现这一功能的重要手段。

自从 Transformer 模型的提出以来，它已经成为了许多高效深度学习模型的基础，包括著名的 BERT（bidirectional encoder representations from transformers）、GPT（generative pre-trained transformer）和 T5（text-to-text transfer transformer）等。这些模型在各种自然语言处理任务中取得了突破性的成果，如文本分类、机器翻译、问答系统和文本生成等。

总的来说，Transformer 模型凭借其强大的自注意力机制和灵活的架构，在自然语言处理和其他领域展现出了巨大的潜力和广泛的应用前景。

10.4.1　位置编码

Transformer 模型中的位置编码是一种关键机制，用于赋予模型对输入序列中元素位置信息的感知能力。由于 Transformer 的自注意力机制是位置不变的（即它不考虑序列中元素的位置)，因此需要通过位置编码来向模型提供关于元素位置的信息。

位置编码的目的是为序列中的每个元素生成一个唯一的位置向量，这个位置向量与元素的嵌入向量相加，从而使得模型能够根据元素的位置来调整其行为。位置编码向量的维度与嵌入向量的维度相同，以便进行相加操作。

在原始的 Transformer 模型中，位置编码是通过一种特定的函数来生成的，该函数使用正弦和余弦函数的组合来为每个位置生成唯一的向量。对于序列中的第 i 个位置，其位置编码向量的第 j 个元素定义如下：

$$PE_{(i,2k)} = \sin\left(\frac{i}{10000^{\frac{2k}{d_{\text{model}}}}}\right) \tag{10-40}$$

$$PE_{(i,2k+1)} = \cos\left(\frac{i}{10000^{\frac{2k}{d_{\text{model}}}}}\right) \tag{10-41}$$

式中，i 是位置索引；$j=2k$ 或 $j=2k+1$ 是向量维度的索引；d_{model} 是嵌入向量的维度。

通过这种方式，每个位置的位置编码向量将包含一系列不同频率的正弦和余弦波，这使得模型能够学习到位置信息。

位置编码的一个主要优势是它能够使模型捕获序列中元素的相对和绝对位置信息。由于正弦和余弦函数是周期性的，因此位置编码向量能够表示元素之间的相对位置关系。同时，由于不同位置的向量是不同的，模型也能够感知到元素的绝对位置。

在 Transformer 模型中，位置编码对于处理序列任务至关重要。它使得模型能够理解词语在句子中的顺序，这对于诸如机器翻译、文本生成和语言理解等任务是非常重要的。

尽管原始的 Transformer 模型使用正弦和余弦函数作为位置编码，但在后续的研究中，人们提出了许多位置编码的变体和替代方案。例如，一些研究尝试使用可学习的位置编码，即将位置编码作为模型参数进行训练，以适应特定的任务。还有一些研究探索了基于注意力机制的位置编码方法，以及将位置信息直接融入到自注意力计算中的方法。

总之，位置编码是 Transformer 模型的一个重要组成部分，它使得模型能够理解序列中元素的位置信息。通过合理的设计和实现，位置编码可以显著提高模型在处理序列任务时的性能和效果。

10.4.2　自注意力机制

Transformer 中的自注意力机制是一种在序列模型中捕获序列内部依赖关系的方法。它通过计算序列中每个元素对其他所有元素的注意力分数，来实现对序列的全局理解。这种机制使得 Transformer 能够在处理长距离依赖关系时表现出色，这在传统的 RNN 和 LSTM 中是一个挑战。自注意力机制的示意图如图 10-35 所示。

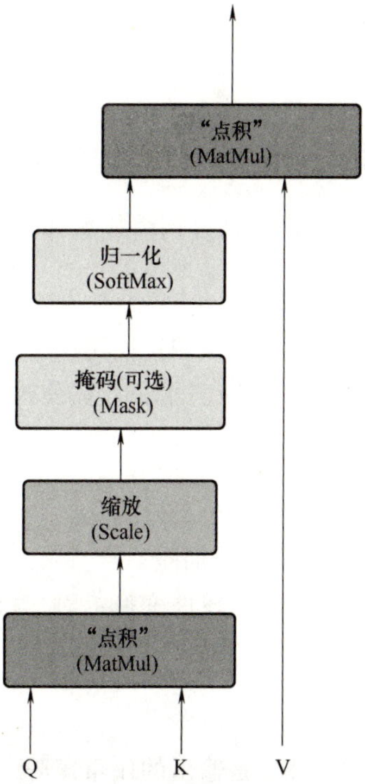

图 10-35　自注意力机制示意图

在机器翻译任务中，自注意力机制通常用于编码器和解码器中，以捕获输入句子和输出句子中的单词之间的关系。在自注意力机制中，每个元素的表示都是通过加权求和其他所有元素的表示来得到的。权重系数由元素之间的相似度决定，这种相似度通常通过计算元素的内积来得到。具体来说，对于序列中的每个元素，都会计算它与序列中其他所有元素的注意力分数，并使用这些分数对其他元素的表示进行加权求和，以得到该元素的新表示。

假设有一个输入句子 $X=\{\boldsymbol{x}_1,\boldsymbol{x}_2,\cdots,\boldsymbol{x}_n\}$，其中 $\boldsymbol{x}_i$ 是句子中第 i 个单词的嵌入向量，希望使用自注意力机制来编码这个句子。自注意力机制的计算过程可以分为以下几个步骤：

1）输入线性变换：对序列中的每个元素进行线性变换，得到三个新的表示，分别称为查询（Query）、键（Key）和值（Value）。这三个表示是通过将元素的原始表示与三个不同的权重矩阵相乘得到的，计算公式如下所示：

$$\boldsymbol{Q}_i=\boldsymbol{W}_Q\boldsymbol{x}_i \tag{10-42}$$

$$\boldsymbol{K}_i=\boldsymbol{W}_k\boldsymbol{x}_i \tag{10-43}$$

$$\boldsymbol{V}_i=\boldsymbol{W}_v\boldsymbol{x}_i \tag{10-44}$$

式中，$\boldsymbol{W}_Q$、$\boldsymbol{W}_k$ 和 $\boldsymbol{W}_v$ 分别是查询（Query）、键（Key）和值（Value）的权重矩阵。

2）计算注意力分数：计算序列中每个元素的查询与其他所有元素的键之间的相似度，通常通过计算它们的内积来实现。得到的注意力分数会通过一个 Softmax 函数进行归一化，以确保所有元素的注意力分数之和为 1，注意力分数的计算公式如下：

$$a_{ij}=\frac{\exp\left(\dfrac{\boldsymbol{Q}_i\cdot\boldsymbol{K}_j}{\sqrt{d_k}}\right)}{\displaystyle\sum_{k=1}^{n}\frac{\boldsymbol{Q}_i\cdot\boldsymbol{K}_j}{\sqrt{d_k}}} \tag{10-45}$$

式中，$\boldsymbol{Q}_i\cdot\boldsymbol{K}_j$ 是查询向量 $\boldsymbol{Q}_i$ 和键向量 $\boldsymbol{K}_j$ 的内积；d_k 是键向量的维度，用于缩放内积的结果，以防止梯度消失或爆炸问题；$\displaystyle\sum_{k=1}^{n}\frac{\boldsymbol{Q}_i\cdot\boldsymbol{K}_j}{\sqrt{d_k}}$ 是对所有单词的键向量进行内积运算后的指数和，用于归一化。

3）加权求和：使用归一化后的注意力分数对序列中所有元素的值进行加权求和，得到每个元素的新表示，计算公式如下：

$$a_i=\sum_{k=1}^{n}a_{ij}\boldsymbol{V}_j \tag{10-46}$$

式中，$\boldsymbol{V}_j$ 是值向量。

4）输出线性变换：对加权求和得到的新表示进行线性变化，得到最终的输出，线性变换的公式如下：

$$y_i=\boldsymbol{W}_0 z_i \tag{10-47}$$

式中，$\boldsymbol{W}_0$ 是输出的权重矩阵。

整个自注意力机制的输出是句子中每个单词的新表示 $\{y_1,y_2,\cdots,y_n\}$，这些新表示捕获了句子内部单词之间的全局依赖关系。在解码器中，自注意力机制还可以用于捕获已生成的部分翻译句子中单词之间的关系，以及输入句子和部分翻译句子之间的交互关系。

自注意力机制的一个重要特点是它的并行性。由于计算每个元素的注意力分数和新表示时，不需要考虑序列中其他元素的顺序，因此可以同时对序列中的所有元素进行处理。这使得自注意力机制在处理长序列时比传统的循环神经网络更加高效。自注意力机制还具有可解释性。通过分析注意力分数，可以了解序列中的哪些元素对当前元素的表示有更大的影响，从而更好地理解模型的决策过程。

总的来说，自注意力机制通过计算序列中每个元素对其他所有元素的注意力分数，并使用这些分数进行加权求和，实现了对序列的全局理解。这种机制的并行性和可解释性使得它在处理长序列和理解序列内部依赖关系方面具有显著优势。

10.4.3　多头注意力机制

多头注意力机制是 Transformer 模型中的一个关键组件，它扩展了传统的自注意力机制，使模型能够同时从不同的表示子空间中捕获信息。这种机制使得 Transformer 能够更有效地处理复杂的序列依赖关系，并提高了模型的表达能力。多头注意力机制的示意图如图 10-36 所示。

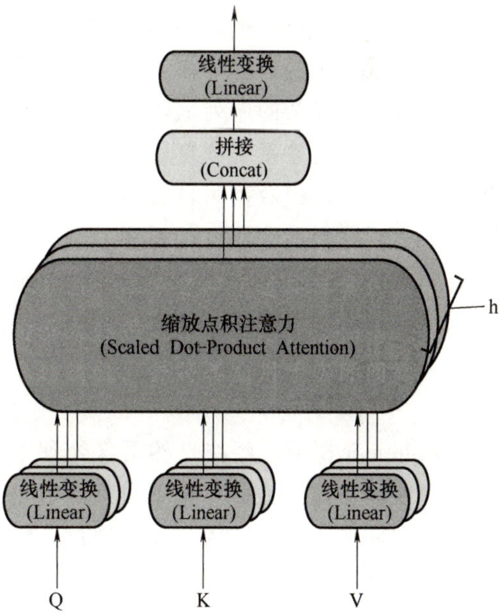

图 10-36　多头注意力机制的示意图

在传统的自注意力机制中，每个元素的新表示是通过计算其与序列中其他所有元素的注意力分数，并使用这些分数进行加权求和得到的。然而，这种方式可能无法充分捕获序列中的多种依赖关系，因为它只使用了一个单一的表示空间。

多头注意力机制通过将自注意力分解为多个“头”来解决这个问题。每个头都有自己的一组权重矩阵（查询、键和值的权重矩阵），并独立地执行自注意力操作。这样，每个头可以专注于序列中的不同方面，从而捕获更丰富的信息。最后，所有头的输出被拼接在一起，并通过一个线性变换得到最终的输出。

多头注意力机制的计算过程可以分为以下几个步骤：

1）线性变换：对于序列中的每个元素 $\boldsymbol{x}_i$，通过不同的线性变换得到每个头的查询（Query）、键（Key）和值（Value），计算公式如下所示：

$$\boldsymbol{Q}_i^h = \boldsymbol{W}_Q^h \boldsymbol{x}_i \tag{10-48}$$

$$\boldsymbol{K}_i^h = \boldsymbol{W}_K^h \boldsymbol{x}_i \tag{10-49}$$

$$\boldsymbol{V}_i^h = \boldsymbol{W}_V^h \boldsymbol{x}_i \tag{10-50}$$

式中，h 是头的索引，$\boldsymbol{W}_Q^h$、$\boldsymbol{W}_K^h$ 和 $\boldsymbol{W}_V^h$ 分别是第 h 个头的查询、键和值的权重矩阵。

2）自注意力计算：对于每个头，独立地计算自注意力，注意力得分和加权求和公式如下：

$$a_{ij}^{h}=\frac{\exp\left(\frac{\boldsymbol{Q}_{i}^{h}\cdot\boldsymbol{K}_{j}^{h}}{\sqrt{d_{k}}}\right)}{\sum_{k=1}^{n}\frac{\boldsymbol{Q}_{i}^{h}\cdot\boldsymbol{K}_{j}^{h}}{\sqrt{d_{k}}}}\tag{10-51}$$

$$z_{i}^{h}=\sum_{j=1}^{n}a_{ij}^{h}\boldsymbol{V}_{j}^{h}\tag{10-52}$$

式中，a_{ij}^{h} 是第 h 个注意力头的查询向量 $\boldsymbol{Q}_{i}^{h}$ 和键向量 $\boldsymbol{K}_{j}^{h}$ 的内积后得到的注意力分数；$\boldsymbol{V}_{j}^{h}$ 是第 h 个注意力头的值向量。

3）拼接和线性变换：将所有头的输出拼接在一起，然后通过一个线性变换得到最终的输出：

$$y_{i}=\boldsymbol{W}_{0}\mathrm{Concat}(z_{i}^{1},z_{i}^{2},\cdots,z_{i}^{H})\tag{10-53}$$

式中，H 是头的总数；$\boldsymbol{W}_{0}$ 是输出的权重矩阵。

多头注意力机制的优势在于它能够让模型在不同的表示子空间中捕获信息，这使得模型能够更好地处理复杂的序列依赖关系，如长距离依赖和细微的语义关系。这种机制在机器翻译、文本摘要、问答系统等自然语言处理任务中表现出色。此外，多头注意力机制的并行性使得它在处理大规模数据时具有高效性。每个头都可以独立地执行自注意力操作，这使得多头注意力机制非常适合并行计算和 GPU 加速。

总的来说，多头注意力机制是 Transformer 模型的核心组件之一，它通过并行地在不同的表示子空间中捕获信息，提高了模型的表达能力和处理复杂序列依赖关系的能力。

10.4.4 应用案例

Transformer 模型已经在自然语言处理中占据主导地位，并成为了当今人工智能领域最有影响的深度学习模型之一。除了自然语言处理，Transformer 模型在时间序列分析、预测和其他数据挖掘任务中广为应用。下面通过一个典型的机器翻译案例和一个空气质量监测指数预测来展示其魅力。

1. 机器翻译

机器翻译作为自然语言处理的一个核心领域，一直都是研究者们关注的焦点。其目标是实现计算机自动将一种语言翻译成另一种语言，而不需要人类的参与。Transformer 模型的核心是自注意力机制，它允许模型在处理序列中的每个元素时，考虑到序列中所有其他元素的信息。这种全局依赖关系的捕捉对于理解上下文和生成准确的翻译至关重要。因此，本节使用 Transformer 模型处理序列到序列（Seq2Seq）任务进行应用示范，以一个简单的机器翻译任务为例，将德语文本翻译成英语文本。构建 Transformer 模型的步骤包括：

步骤 1 训练数据和测试数据准备：实验中使用多个英语和德语句子作为序列文本进行训练。并使用词汇表将这些文本转换成数值形式。本实验中，测试数据使用训练数据中的句子。

步骤 2 确定模型结构。

编码器（Encoder）：处理输入的德语句子，生成上下文向量。

解码器（Decoder）：根据编码器生成的上下文向量，生成对应的英语句子。

多头注意力机制（Multi-head attention）：允许模型在不同的表示子空间中关注输入序列的不同部分。

位置前馈网络（Position-wise feed forward network）：对每个位置的表示进行变换，增加模型的非线性能力。

步骤 3 训练数据：根据任务特点设置模型维度、前馈网络维度、编解码器层数等超参数，选择损失函数和优化器，设置训练周期。

实验结果如图 10-37 所示，通过以上步骤，可以对输入的德文句子进行翻译输出。解码器自注意力权重图如图 10-38 所示，这个图展示了解码器在生成输出序列时，各个词之间的自注意力分布，反映了解码器在生成每个词时，如何参考之前生成的词，有助于理解模型在生成过程中如何利用上下文信息。

```
Epoch: 0001 cost = 1.974811
Epoch: 0002 cost = 2.575705
...
Epoch: 0050 cost = 0.789012
'ich mochte ein bier P' -> ['i', 'want', 'a', 'beer', 'E']

Process finished with exit code 0
```

图 10-37 Transformer 模型机器翻译实验结果

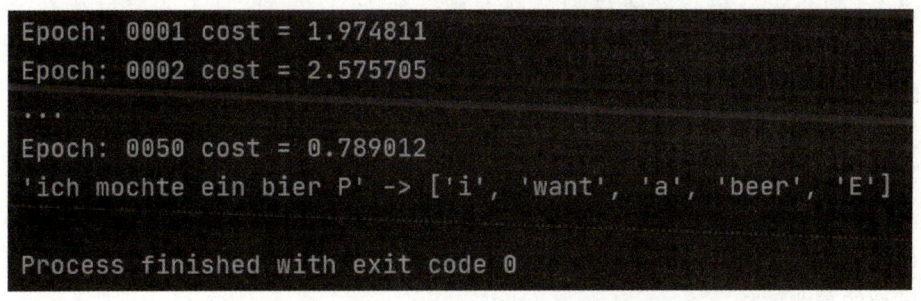

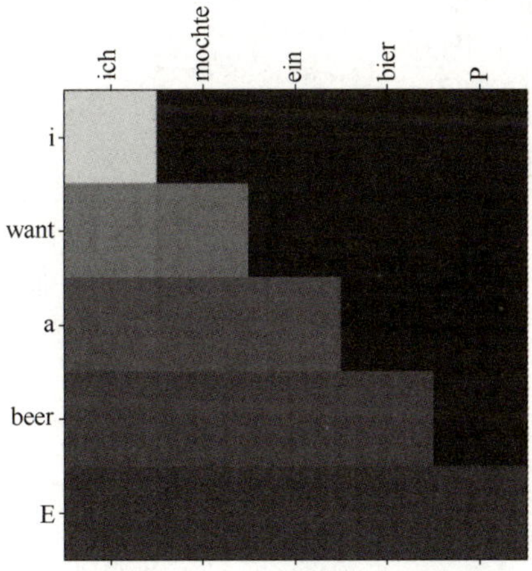

图 10-38 解码器自注意力权重图

图 10-38 彩图

通过机器翻译实例，我们可以更深入地理解 Transformer 模型的工作机制，尤其是在处理序列数据时如何捕捉词之间的关系和上下文信息方面。Transformer 模型通常采用编码器-解码器架构，其中编码器处理输入序列，解码器生成输出序列。这种架构非常适合翻译任务，因为它可以分别处理源语言和目标语言的序列。由于这些特性，Transformer 模型已经成为自然语言处理领域中许多任务的首选模型，尤其是在机器翻译、文本摘要、问答系统等需要处理序列数据的任务中。

2. PM2.5 预测

PM2.5 指空气动力学当量直径小于或等于 2.5μm 的悬浮颗粒物。它在大气中滞留时间长，传输距离远，含多种有毒有害物质，而且与其他空气污染物存在着复杂的转化关系。PM2.5 的准确预测可为空气污染治理提供科学的指导和支持，更好地建设美丽中国。基于福州市 2017 年 2 月 12 日到 2017 年 10 月 20 日每小时 1 次的监测数据，构建基于 Transformer 的 PM2.5 预测模型。每个数据点包含 8 维特征（一氧化碳、二氧化氮、二氧化硫、臭氧、PM2.5、PM10、温度和湿度）。模型步骤包括：

步骤 1 数据预处理：首先对数据集进行预处理，包括数据清洗、标准化处理，以及将数据集划分为训练集、验证集和测试集。

步骤 2 模型构建：构建 Transformer 模型，包括编码器和解码器部分。模型的输入是历史时间序列数据，输出是对未来时间点的预测。

步骤 3 超参数设置：设置模型的超参数，如学习率、批量大小、层数和注意力头数等。

步骤 4 模型训练：使用训练集数据训练模型，并在验证集上进行调参，以避免过拟合。

步骤 5 模型评估：在测试集上评估模型的性能。

预测结果如图 10-39 和图 10-40 所示，Transformer 模型在数据集上的预测性能表现良好，表明模型能够较好地捕捉时间序列数据的内在规律。通过调整超参数和模型结构，可以进一步优化模型的预测效果。

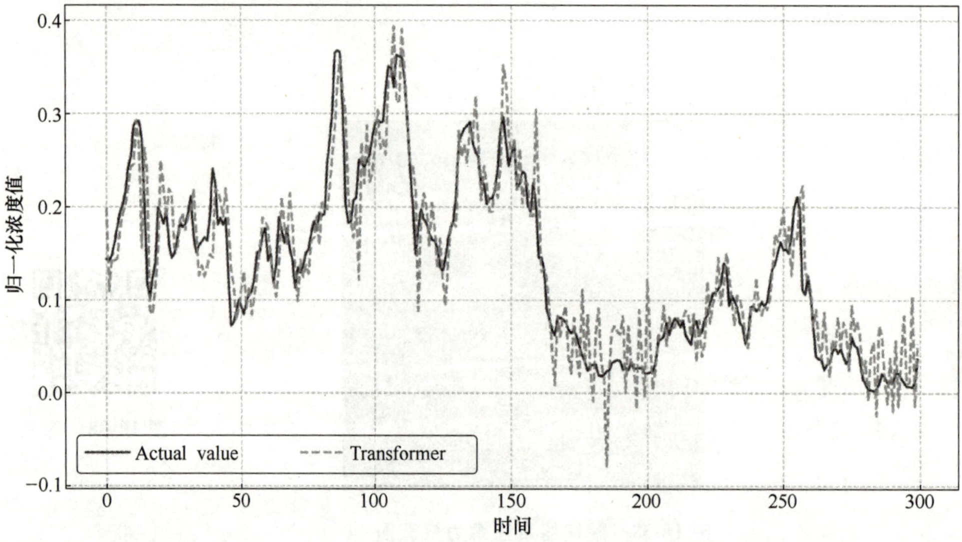

图 10-39 彩图

图 10-39 Transformer 模型 PM2.5 预测结果

综上所述，Transformer 模型的自注意力机制、无须进行复杂的预处理或后处理来适应不同长度的时间序列数据以及可以使用未来掩码来防止模型在预测时看到未来数据的特点使其在处理长序列时间序列预测问题时具有显著的优势，尤其是在捕捉长距离依赖关系、提高训练效率和表达能力方面。这些优势使得 Transformer 模型成为处理长序列时间序列数据的强大工具。

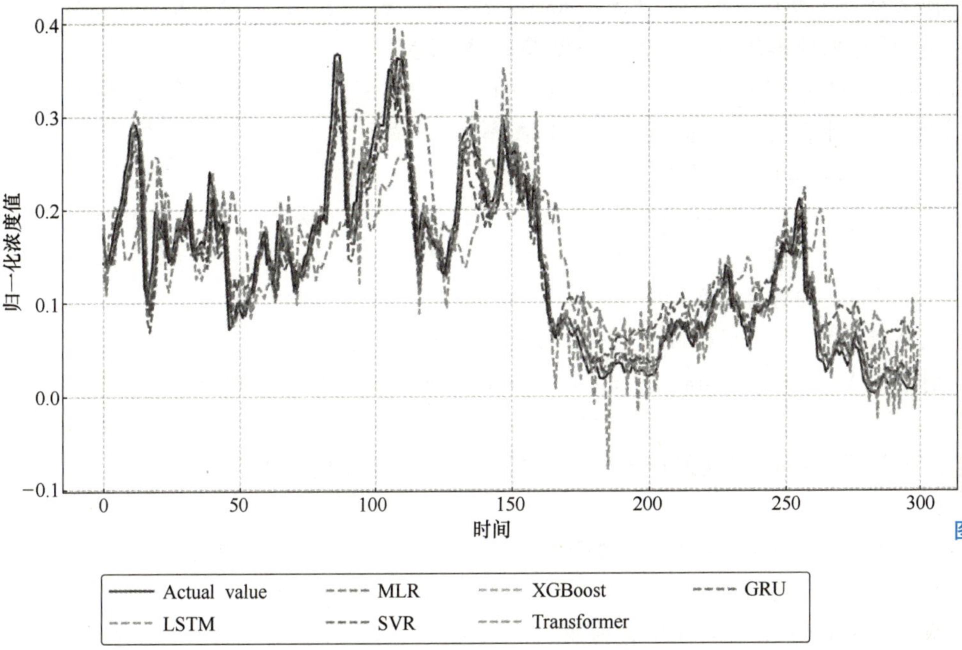

图 10-40　彩图

图 10-40　不同预测模型的 PM2.5 预测结果

思考题与习题

10-1　什么是卷积神经网络（Convolutional Neural Network，CNN）？描述卷积运算和池化操作的作用，并说明它们在 CNN 中的应用。

10-2　简要介绍 CNN 的网络框架，包括卷积层、池化层、全连接层等。对于给定的图像分类任务，如何设计和构建一个基本的 CNN 模型？

10-3　输入图片大小为 7×7，使用 3×3 的滤波器，步长设置为 1，具有 1 个像素边框的填充，计算输出图像的尺寸。

10-4　输入图片大小为 32×32×3，1 使用 10 个大小为 5×5×3 的卷积核，步长为 1，填充为 2，请计算输出图片大小以及这一层的参数数量。

10-5　解释什么是前馈神经网络（Feedforward Neural Network，FNN）？简要描述多层感知机（MultiLayer Perceptron，MLP）的结构和工作原理。

10-6　简要描述前馈神经网络的基本架构，包括输入层、隐藏层和输出层。对于给定的前馈神经网络，如何确定隐藏层的数量和每个隐藏层的神经元数量？

10-7　解释反向传播（Backpropagation，BP）算法的原理和步骤。说明在训练神经网络时，反向传播算法如何更新网络中的权重和偏置。

10-8　简要介绍 CNN 的网络框架，包括卷积层、池化层、全连接层等。对于给定的图像分类任务，如何设计和构建一个基本的 CNN 模型？

10-9　循环神经网络（Recurrent Neural Network，RNN）的展开计算图是什么？说明如何将一个 RNN 展开成一个深层的前馈神经网络。

10-10 什么是长短期记忆网络（Long Short-Term Memory，LSTM）？简要描述 LSTM 的结构和功能，并说明它如何解决梯度消失和梯度爆炸的问题。

10-11 什么是门控循环单元（Gated Recurrent Unit，GRU）？与 LSTM 相比，GRU 有何不同之处？请说明在什么情况下选择使用 GRU 而不是 LSTM。

10-12 什么是 Transformer？有何特点？

10-13 使用 Python 中的 PyTorch 库，加载一个经典的图像分类数据集（如 MNIST、CIFAR-10 等），并构建一个基于多层感知机（MLP）的前馈神经网络模型进行分类。训练模型并评估其在测试集上的性能。

10-14 试分析注意力头数（head）对结果和计算复杂度的影响。

10-15 请使用 Vision Transformer（ViT）对 mini-ImageNet 数据集进行分类，展示分类结果。

10-16 试分析 Transformer 在处理长序列数据时如何有效捕捉长距离依赖关系？请详细阐述其原理及相关机制。

10-17 试对比 Transformer 与传统的循环神经网络（RNN）和卷积神经网络（CNN）在处理序列数据时的优势和劣势。

10-18 在 Transformer 的解码器中，掩码（masking）操作起到了什么作用？请详细解释掩码操作的类型及其在不同场景下的必要性。

10-19 假设你正在使用 Transformer 进行图像分类任务，如何对图像数据进行预处理以适应 Transformer 的输入要求？请描述具体步骤和可能遇到的挑战。

参考文献

[1] 余凯，贾磊，陈雨强，等. 深度学习的昨天、今天和明天［J］. 计算机研究与发展，2013，50（9）：1799-1804.

[2] 周志华. 机器学习［M］. 北京：清华大学出版社，2016.

[3] 焦李成，杨淑媛，刘芳，等. 神经网络七十年：回顾与展望［J］. 计算机学报，2016，39（8）：1697-1716.

[4] 邱锡鹏. 神经网络与深度学习［M］. 北京：机械工业出版社，2020.

[5] 陈云霁，李玲，李威，等. 智能计算系统［M］. 北京：机械工业出版社，2020.

[6] 李航. 机器学习方法［M］. 北京：清华大学出版社，2022.

[7] SRIVASTAVA N, HINTON G, KRIZHEVSKY A, et al. Dropout: a simple way to prevent neural networks from overfitting［J］. The Journal of Machine Learning Research, 2014, 15（1）: 1929-1958.

[8] LECUN Y, BENGIO Y, HINTON G. Deep learning［J］. Nature, 2015, 521（7553）: 436-444.

[9] JORDAN M I, MITCHELL T M. Machine learning: Trends, perspectives, and prospects［J］. Science, 2015, 349（6245）: 255-260.

[10] SCHMIDHUBER J. Deep learning in neural networks: An overview［J］. Neural networks, 2015, 61: 85-117.

[11] POUYANFAR S, SADIQ S, YAN Y, et al. A survey on deep learning: Algorithms, techniques, and applications［J］. ACM computing surveys（CSUR）, 2018, 51（5）: 1-36.

[12] ZHANG Y, CHEN Y, WANG J, et al. Unsupervised deep anomaly detection for multi-sensor time-series signals［J］. IEEE Transactions on Knowledge and Data Engineering, 2021, 35（2）: 2118-2132.

[13] GAO S, ZHUANG X. Bayesian image super-resolution with deep modeling of image statistics [J]. IEEE Transactions on Pattern Analysis and Machine Intelligence, 2022, 45 (2): 1405-1423.

[14] YANG Y, ZHANG C, ZHOU T, et al. Dcdetector: Dual attention contrastive representation learning for time series anomaly detection [C] //Proceedings of ACM SIGKDD Conference on Knowledge Discovery and Data Mining, California: ACM, 2023: 3033-3045.

[15] ZHENG Y, KOH H Y, JIN M, et al. Correlation-aware spatial-temporal graph learning for multivariate time-series anomaly detection [J]. IEEE Transactions on Neural Networks and Learning Systems, 2023, 34 (2): 137-151.

[16] SHI Y, WANG B, YU Y, et al. Robust anomaly detection for multivariate time series through temporal GCNs and attention-based VAE [J]. Knowledge-Based Systems, 2023, 275 (4): 38-49.

[17] ZHENG Y, KOH H Y, JIN M, et al. Graph spatiotemporal process for multivariate time series anomaly detection with missing values [J]. Information Fusion, 2024, 106 (3): 56-68.

[18] FOUMANI N M, TAN C W, WEBB G I, et al. Improving position encoding of transformers for multivariate time series classification [J]. Data Mining and Knowledge Discovery, 2024, 38 (1): 22-48.